성장의 챔피언

The Growth Agenda

GROWTH CHAMPIONS

The Battle for Sustained Innovation Leadership

THE GROWTH AGENDA 지음, **뿌브아르 경제연구소** 감수 | **김정수** 옮김

성장의 챔피언

삼성, 아우디, 구글은 어떻게 글로벌 기업이 되었나

∪ί유아이북스
Ultimate Information

Growth Champions

삼성, 아우디, 구글은 어떻게 글로벌 기업이 되었나

성장의 챔피언

1판 1쇄 발행 2013년 1월 10일
1판 2쇄 발행 2014년 3월 1일

지은이 The Growth Agenda
감 수 뿌브아르 경제연구소
옮긴이 김정수
펴낸이 이윤규

펴낸곳 유아이북스

출판등록 2012년 4월 2일
주소 서울시 용산구 효창원로 64길 6
전화 (02) 704-2521
팩스 (02) 715-3536
이메일 uibooks@uibooks.co.kr

ISBN 978-89-98156-04-6 03320

값 17,000원

성장은 기업뿐 아니라
국가의 고민이기도 하다

오늘날 기업 현장에서는 가히 혁신의 전투가 벌어지고 있다. 《성장의 챔피언》은 승리자들이 어떻게 성장을 창출해 이를 촉진하고, 유지할 수 있었는지에 대해 논의한다. 내용은 풍부한 정보에 근거한다. 각종 연구, 인터뷰, 예화, 사례들에 바탕을 둔 이 책은 기업 지도자들이 미래를 향해 도전하는 데 필요한 조언으로 가득하다. 혁신의 대가들이 던지는 차별화된 핵심 교훈들을 보여주는 데 목적이 있다.

지속성장은 요즘 대부분의 리더들이 추구하는 목표다. 그것은 이들이 사활을 거는 전략의 중심일 뿐만 아니라, 조직 문화의 핵심사항이기도 하다. 이 목표가 달성될 수 있다면 긍정적인 영향이나 결과는 다양하게 나타난다. 세인의 이목이 집중된 기업들, 즉 애플과 구글, 펩시와 나이키 같은 기업들을 생각해보라.

오늘날 기업들은 대부분 어떻게 성장을 촉진시킬까를 주로 고민한다. 국가들 역시 성장이 경제 전략의 핵심이다.

GSK(영국계 다국적 제약회사)와 화이자(Pfizer), 보잉, 얼라이언스 부츠(Alliance-Boots: 유럽 최대의 의약품 도소매업체) 등의 일부 기업들은 때때로 인수합병(M&A)이라는 성장 수단을 선택해 왔다. 하지만, 몇 년에 걸쳐 학술 단체, 자문회사, 정부 등의 전문가들이 실시한 연구결과를 보면 단순한 인수합병보다는 유기적인 성장 방식(organic growth)의 성공률이 더 높다는 게 뚜렷이 드러난다. 서로 다른 문화들을 결합하고 제품 구성을 간소화해야 했던 AOL과 타임워너, HP와 컴팩, 다임러와 크라이슬러 등의 몇 가지 합병 사례를 살펴보면, 서로 다른 기업들을 통합할 때 여러 난관들이 되풀이돼 나타난다. 대조적인 전략 목표들도 종종 문제를 일으킨다. 이와 대조적으로, 시장 확대 전략이나 고강도 혁신으로 이룬 성장은 언제나 지속 가능한 성공을 가져왔다. 그것이 오늘날 우리가 알고 있는 성공한 기업들의 핵심역량이다.

한 부문에서 창출된 기술과 접근 방법이 실제로 검증되면 다른 부문으로 이전되는 게 보통이다. 많은 기업이 그 기술과 방법을 주된 수단으로 삼아 혁신 역량을 강화하고 있다. 이는 실제로 매출이나 이윤 증가로 이어져 왔다. 때문에 지난 20여 년 동안, 훌륭한 혁신가가 되는 건 CEO들의 가장 절실한 소원이었다. 〈비즈니스위크〉와 IBM, 그리고 영국 산업 연맹(Confederation of British Industries)과 같은 산업 단체들도 누가 최고의 혁신가인지에 대해 거듭 논쟁을 벌인다.

요약하자면 경쟁자보다 영향력이 더욱 강한 지속 가능한 성장을 이루는 건 기업의 가장 중요한 문제다.

우리는 혁신과 성장 분야의 전문가다. 지난 20여 년 동안 수많은 세계 최고의 혁신가들과 협력해, 어떤 접근 방법이 효과적인지 연구해 왔다. 또한, 몇 가지 획기적인 성장 프로그램에 참여해 왔다. 더불어 수많은 책과 논문, 기사도 써왔다. 이 책은 그 핵심 내용을 나누기에 가장 좋은 때 나왔다.

《성장의 챔피언》은 많은 기업이 예나 지금이나 터득하려 애쓰고 있는 핵심 주제들에 초점을 맞추고 있다. 따라서 CEO와 CIO(최고혁신책임자) 등이 현재 중요시 여기는 여러 문제에 답하려 했다. 그들이 제기하는 문제들은 다음과 같다.

- **주요 산업의 성장 챔피언은 누구이며, 그들을 주목해야 하는 이유는 무엇인가?**

- 치열한 경쟁구도에서 성장 챔피언은 어떻게 계속 성장하는가?
- 그들은 어떤 면에서 우월하기에 매출과 수익을 계속 증가시키고 있는가?
- 어떤 전략적 우선 과제가 유기적 성장으로 이끌었는가? 그 이유는 무엇인가?
- 그들은 어떤 방법으로, 또 어떤 부분에서 현명한 투자를 하고 있는가?
- 성장 챔피언은 어떻게 직원들이 제 할 일을 할 수 있게 이끄는가?
- 기업 문화를 어떻게 꾸준히 혁신해 직원들을 목표에 집중하게 하는가?
- 성장 챔피언의 행동 중 공통점과 차이점은 무엇인가?
- 지금 경쟁의 판도를 바꿀 수 있는 게 새롭게 나타나고 있는가?

요즘은 새로운 경쟁자들이 그 어느 때보다 재빨리 등장한다. 발전하고 있는 신흥국의 기업들은 선진국의 조직들보다 점점 더 많은 우위를 점해간다. 사업정보도 누구나 접근 가능하게 공유되고 있다. 베스트 프랙티스(best practice: 항상 우수한 결과를 보여준 방법이나 기술)는 사람들이 이를 이해할 수 있는 속도보다 더 빨리 변한다. 이런 세상에서 《성장의 챔피언》은 지속성장을 위한 싸움에서 누가 승리하고 있는지를 우선 보여준다. 그리고 그렇게 된 이유와 방법을 탐구한다.

성장의 주된 요소는 전략과 문화, 두 가지다.

이 책은 전략과 문화 사이의 특별한 관계와 성장을 위해 둘이 어떻게 협력하는지를 집중적으로 다룬다. 일부는 프로세스와 신기술, 도구 등의 세 가지가 성과의 차이를 낳는다고 말한다. 현장 경험이 풍부한 사람들이라면 다르게 생각할 것이다. 그 세 가지를 단순한 일반재로 본다. 여기서 말하는 일반재란 누구나 이용할 수 있으며 모방하기 쉽고, 경쟁 우위를 제공하지 않아 아무런 차이를 낳지 않는 요소를 뜻한다. BCG 매트릭스 등 누구든 똑같은 사고체계를 따른다면 어느 누가 경쟁자와 차별화할 수 있겠는가? 물론 남들 하는 것조차 따라가지 못한다면 불리하겠지만, 설사 비슷한 프로세스나 신기술 등을 갖추었다 해도 그 자체로는 뚜렷하게 차별화하기 어렵다. 성장 경쟁을 주도하기 위해 무엇보다 중요한 건 어떻게 독보적 역량을 개발해 이용하느냐는 것이다. 이를 위해 중요한 건 어떻게, 왜, 그리고 어디에서 자원과 역량을 집중하느냐 하는 것이다. 조직과 인적 네트워크의 성장을 촉진하는 방법과 이유도 따져봐야 한다. 올바른 환경을 조성해 인재들을 결집하기 위해서다.

이 책은 혁신의 전쟁에서 항상 승리하는 기업들의 전략적 결정들과 문화적 역동성에 특별히 초점을 맞춘다. 10가지 분야의 대표적인 성장 챔피언들을 살펴보면서, 이들이 성공한 각각의 이유와 함께 다른 기업들이 배워서 적용할 수 있는 노하우를 공개한다.

우리는 이 책과 배경 연구를 기획하면서 혁신과 성장 분야의 자료를 취합하기 위해 웹사이트를 개설했다. 책에서는 주로 성장의 본보기로 입증된 기업들의 심층 사례를 제공한다. 이들 기업들은 각종 분석을 기반으로 선정됐다. 연구를 통해 얻은 통찰을 효율적으로 공유하기 위해 책을 세 개의 주요 섹션으로 구성했다. 부분마다 각기 다른 초점과 목적을 지닌다.

Part 1. 지금까지의 혁신은 버려라

지난 몇 년에 걸쳐 기업들은 고강도 혁신을 단행했다. 그 주변 배경엔 몇 가지 흥미로운 발전요소가 있었다. 이 주제에 관심 있는 사람들은 모두 그 발전 내용을 깊이 이해하는 게 중요하다. 그래서 이 1부에서는 요즘의 기업 경영에 있어 중요한 요소들부터 자세히 살펴본다. CXO(CEO, CFO 등, 최고경영자들을 모두 일컫는 용어)들이 지녀야 할 혁신 리더십과 성장을 위한 전략적 목표는 물론, 개방형 혁신과 협력, 그리고 성장 기반에 대한 지평 너머를 예측하는 것까지를 말한다.

우리는 1부에서 이들의 핵심이 뭔지, 또 어떻게 그것들이 발생했는지를 설명했다. 각 영역에 있어 어떤 회사들이 시대를 앞서 왔는지, 그리고 지금 현재 성장의 의제에 어떤 영향을 미치고 있는지도 간결하게 다뤘다. 1부의 의도는 혁신 분야의 기초 정보를 알려주는 한편, 전문가들에게도 자극제를 제공하는 것이다. 다양한 기업들이 더 넓어진 경기장에서 자신의 게임을 어떻게 변화시켰는지를 탐구하며 세계화의 의미도 분석했다. 이에 연관된 적절한 사례들로 뒷받침된 1부에서는 지속 성장에 대한 포괄적인 해석 수단을 제공한다. 주제를 단순히 소개하는 게 아니고 변화를 바라보는 획기적인 관점을 공유해 의문을 불러일으킨다. 이와 연관된 주된 경영전략과 문화적 쟁점들에 대한 탐구도 함께 한다.

Part 2. 성장의 챔피언들

이 책의 핵심 부분이다. 서로 다른 여러 부문에 걸쳐 성장 챔피언으로 입증된 회사들 10쌍을 분석했다. 문화와 전략의 두 축에서 그들이 어떤 점에 있어 특별했는지를 연구한다. 2부에 언급되는 회사들이나 산업 분야는 주관적인 CEO 조사를 통해 선택된 게 아니다. 이들 회사가 스스로 성장 챔피언이라고 자처한 건 더더욱 아니다.

10년 동안 해마다 실시돼 갱신된 객관적인 분석 데이터를 근거로 한다. 이렇게 선정된 세계적인 '혁신 리더들'은 이용할 수 있는 자원들을 일관성 있게 배치해 왔음은 물론, 매출과 수익을 증가시킨 획기적인 신제품과 서비스를 생산해냈다. 그들은 언제나 새로운 일을 시도하고, 현상에 도전했다. 판도를 바꾸고, 경계를 넓히고, 경쟁자를 앞지르면서 계속해서 상품을 내놓았다. 이들이 모두 유명한 건 아니다. 일부는 재계나 소비자들에게 잘 알려져 있지 않다. 애플, 구글, 네슬레, 펩시코, 삼성 등의 이름을 알아보지 못하는 사람은 거의 없겠지만, ARM, 인디텍스(Inditex), 나라야나 흐루다알라야(Narayana Hrudayalaya: 인도 최대의 병원체인), 레킷 벤키저(Reckitt Benckiser), 스타우드 호텔은 잘 모르는 이들이 많은 게 사실이다.

Part 2에 언급되는 10년간의 분석 연구는 수치만 나열된 게 아니다. 관련 기업과의 협력에서 얻은 개인 경험, 중심인물들과의 인터뷰, 경쟁업체들과의 대화, 그리고 세계적인 분석가, 컨설턴트, 또 학자들의 토론 자료를 활용했다.

이 책에서는 지속 성장에 성공한 기업들의 전략 결정과 문화 행동 패턴을 보다 깊이 이해하는 데 필요한 수단을 제시한다. 이들이 보인 특별한 전략 결정과 문화 행동은 그들을 일반 회사들보다 탁월한 업체로 만드는 요소들이다. 그것은 상품 개발에서 주가에까지 도움을 줬다. 평범한 회사를 탁월한 조직으로 변모시킨 비결이기도 하다. 성장의 리더는 많은 경우 가장 효율적이면서 효과적인 혁신업체다. 또한 지금의 지속성장 챔피언이다.

우리는 독자들이 여러 대안을 살펴볼 수 있도록 서로 비교할 수 있는 두 기업씩을 묶어 살펴보기로 했다.

Part 3. 미래를 위한 교훈

이 부분에선 과거를 바탕으로 현재와 미래를 살핀다. 오늘날 성장의 문제점은 무엇이며, 미래를 위한 교훈은 무엇인지를 알아본다. 혁신과 성장이란 주제와 관련해 앞으로 일어날 일들을 탐구하면서, 기업들이 지속적인 성장을 이루고 유지하는 방법에 관한 일부 쟁점들을 살피는 게 주제다. 우선은 전 세계 기업들이 실적을 높이려 할 때 마주하는 공통적인 문제들을 망라한다. 이후 앞으로 몇 년에 걸쳐 어떤 분야들이 큰 영향력을 발휘할 것인지도 살펴본다. 전체적으로 우리가 어디로 향하고 있는지에 대한 일련의 의견들을 다루면서, 현재 추진 중인 기업들의 성장 전략과 조직 문화에 대한 주요 쟁점들을 요약한다.

더 자세한 소개 글이나 수정 사항은 웹사이트 www.growthchampions.org를 통해 정기적으로 갱신된다. 성장 어젠다(The Growth Agenda) 네트워크의 연구 결과가 담긴 이 책이 여러분의 성장에 유용하게 쓰일 수 있기를 바란다.

2012년 팀 존스, 데이브 맥코믹, 캐롤라인 듀잉

시대정신과 삼성

2008년 글로벌 금융위기 이후 아직도 세계 경제는 침체의 늪에서 빠져나오고 있지 못하다. 덕분에 1998년 먼저 외환위기를 겪어 유비무환의 경영을 하고 있던 한국 기업들에게는 기회라는 날개가 달렸다. 글로벌 금융위기의 원인이 '금융 산업'에 있었기에 상대적으로 제조업이 강한 나라의 경제가 건실한 성장을 이룰 수 있었던 것도 한국에겐 좋은 흐름을 이어주었다.

두 번의 위기를 겪으며 우리 경제는 더 강해졌다.

기자생활을 할 때인 1993년 일본에 갔을 때 특파원 선배의 말이 떠오른다.

"한국은 일본을 절대 못 따라잡는다. 초등학교 교육부터 뜯어고치지 않는 한…"

실제로 당시 내가 받은 느낌도 똑같았다. 그러나 세상 일은 아무도 모른다. 우리가 모르는 우리의 강점이 당시 뿌리를 내리고 싹이 터 자라고 있었음을.

고 2, 3학년들로 하여금 자신의 극한에 도전하게 하는 노력, 여전히 '맹모삼천'도 부족한 교육열, 사회 전체의 치열한 경쟁구도. 여기에 이웃나라 중국이 세계의 시장으로 떠오르고 있었고 '금모으기 운동'을 할 수 있는 애국심이 있다는 걸 우리는 간과하고 있었다.

2012년 겨울 현재 일본은 한국을 다시 바라보고 있다. 물론 주요 부품산업, 핵심 기술 등에서 여전히 우리가 배워야 할 점은 있지만 일본은 스스로 '갈라파고스 경제'를 자초했고 후유증을 다스리기에 시기적으로 너무 늦은 건 사실이다.

10월말 원고 전체를 한번 훑어 본 뒤 떠오른 단어는 '시대 정신'과 '삼성'이었다.

'시대 정신'이란 단어의 정의에는 논란의 여지가 있다. 한국 경제에는 현재 '복지'란 단어가 우선시되기 때문이다.

그러나 이 책은 '성장'을 다시 시대 정신의 화두로 내세웠다. 생존을 위해서는 끝없이 성장해야 하는 게 사실이다. 수명이 정해진 인간과 달리 기업은 전략에 따라 영속성을 가질 수 있다. 그리고 기업이 영원히 살아남기 위해서는 '20대의 청춘'을 유지하는 전략, 즉 성장만이 유일한 해답이라고 이 책은 말한다.

우리나라 경제를 떠올리면 마침 잘 어울린다. 정부는 '복지'로 돌아섰지만 민간 기업 부문까지 '복지와 분배'를 염두에 둔 경제민주화를 이뤄내지는 못했다. 물론 기업의 사회적인 책임이 어느 부분까지 포함돼야 하느냐에 대한 논란은 존재한다. 그리고 우리 기업은 현재까지 성장 위주의 경영을 해 온 게 사실이다.

우리 경제가 방향을 틀려고 할 때마다 묘하게 세계는 우리에게 먼저 신호를 주었다. 그 덕에 우리는 선진국의 시행착오를 되짚어 볼 수 있었다.

최근의 사례는 복지에 관한 논쟁이다. 노무현 정부 이후 복지라는 단어가 화두가 됐다. 국민 모두 공감한다. 다만 복지는 국가의 현실에 맞춘 적절한 복지만이 정답이다. 그리스, 스페인 등 유럽 국가들의 경제 위기는 우리에게 그 적절한 복지란 어느 정도까지인가를 다시 생각하게 해 줬다.

서구의 경제학과 경영학은 그동안 우리에게 길을 제시했고 우리는 따라갔다. 그런데 이제 서구에서 아시아 시장 등 신흥시장을 바라보며 다시 성장을 외치고 있다. 이 책이 그 증거다.

이 책에는 20개 기업의 사례가 펼쳐져 있다. 대부분 현재 세계 최강의 기업들이다. 그러나 우리가 생각하는 그 기업의 강점과 책이 말하는 강점은 다르다. 예를 들면 삼성을 아우디와 함께 묶고 '디자인'으로 성장을 이뤄냈다고 평가하는 식이다.

책에서 말하는 구글, 애플, 삼성, P&G, BMW 등 20개 성장기업의 공통점 10가지는 '명확한 목표–독보적 역량–최우선 과제인 혁신–독특한 통찰력–조직적 자신감–높은 위험 선호도–균형감 있는 혁신–파괴적 혁신–현명한 투자–신속한 행동' 등이다.

10가지 공통점에 20개 기업을 차분히 대입해 보면 삼성은 10가지 부분에서 대부분 고개를 끄덕이게 만든다. '높은 위험 선호도' 부문에서 약간의 의문점이 생기지만 나머지 19개 기업과 비교하면 그래도 상위권에 속한다.

종합적으로 볼 때 이 책은 현재 삼성 등 한국의 글로벌 기업이 처해 있는 상황에서 적절한 가이드 역할을 할 수 있을 것으로 보인다.

2012년 12월

뿌브아르 경제연구소 대표 노성호

차례

성장 어젠다(The Growth Agenda)

성장 어젠다는 기업들이 새로운 기회를 찾아 이용할 수 있게 도와주는 국제 네트워크 조직이다. 기업들이 미래 변화 흐름을 이해해 성장 전략을 개발하고, 혁신을 통해 가치를 창출하고 포착할 수 있도록 지원하는 게 주요 업무다.

이들은 기업들의 혁신과 변화 과정에 주목하고 있다. 앞으로 10년 동안 나타날 주요 도전들에 대해 국제적 시각을 통한 성장 기반도 탐구하고 있다. 이를 위해 광범위한 조직에서 온 전문가들의 맞춤 팀이 운영된다. 유명 경영대학원의 교수들과 주요 기업들의 기술최고책임자, 마케팅최고책임자, 전략 책임자, 수석 컨설턴트, 그리고 영향력 있는 정부 정책 자문관들로 꾸려져 있다.

제임스 알렉산더(James Alexander)

'더 파운데이션(The Foundation)'의 파트너. 더 파운데이션은 기업들이 신속하게 새로운 분야로 성장을 꾀할 때 전체 매출에 대한 위협을 막아낼 수 있게 지원하는 컨설팅 회사다. 그는 그린 싱(GreenThing)과 알에스피비(RSPB)의 이사도 맡고 있다. P2P 대출 회사 조파(ZOPA)의 공동 설립자였다. 에그(Egg)와 렉스(LEK) 컨설턴트의 전략 책임자로 일하기도 했다.

피터 브라이언트(Peter Bryant)

켈로그 이노베이션 네트워크(Kellogg Innovation Network)의 선임연구원이며 덴버에 본사를 둔 클라레오 파트너스(Clareo Partners)의 파트너다. IT와 항공우주, 소재 부문 기업들이 새로운 기회를 찾아내고 이용할 수 있게 지원하는 데 많은 경험이 있다.

데이비드 코츠(David Coates)

최근 다양한 부문에서 활동하는 영국 기술 전략위원회(Technology Strategy Board)의 지식거래소(Knowledge Exchange) 소장을 지냈다. 퓨처 어젠다(Future Agenda) 프로그램 팀의 일원이다. 그는 기술과 혁신, 전략 컨설팅에 폭넓은 경험을 갖추고 있다.

찰리 도슨(Charlie Dawson)

더 파운데이션의 설립 파트너. 1999년에 그가 설립한 이 회사는 장기적으로 지속 가능한 성장을 하려면 다양한 세계(고객과 기업, 창의성과 엄격함, 전략과 현실성)를 종합한 접근 방법이 필요하다는 통찰에서 생겨났다. 대우자동차를 론칭한 광고대행사의 MD를 역임했다.

클리프 데닛(Cliff Dennett)
게임 음악을 제작하는 소시 게임스(SOSHI Games)의 광고 디자인 감독. 오렌지(Orange)의 수석 전략가와 EDS의 혁신 총괄 이사를 지냈고, 독립 트레이너와 혁신 코치로 일하기도 했다.

로저 데니스(Roger Dennis)
미래적 사고와 혁신 연계 전략 전문가. 유럽의 에그 뱅크(Egg Bank)의 미래 기술 전문가를 지냈으며, 뉴질랜드에 본사를 둔 이노베이션 매터스(Innovation Matters)를 설립했다.

캐롤라인 듀잉(Caroline Dewing)
커뮤니케이션 컨설턴트. 과거 보다폰에서 퓨처 어젠다 프로그램을 운영했으며, 환경, 지속 가능성, 정신 건강, 사생활, 표현의 자유와 같은 쟁점들에 대한 홍보를 담당했다.

마리아 하트만(Mariah Hartman)
영국 스페이스 닥터스(Space Doctors)의 문화 커뮤니케이션 전략가. 노련한 마케팅 담당자인 그녀는 브랜드에서 기업까지, 커뮤니케이션에서 제품 혁신까지, 다양한 부문에 걸쳐 특수한 마케팅 전략이나 쟁점에 대해 기호학적 연구 결과를 적용하는 것을 전문으로 한다.

루시 후버먼(Lucy Hooberman)
워윅 대학(University of Warwick) 교수이자 디지털 미디어·혁신학과 과장. TV 프로그램 제작을 담당했고, 경영 간부를 지냈다. BBC를 아날로그 조직에서 디지털 조직으로 전환하는 일을 담당한 혁신 팀에 참여했다.

스티븐 존스턴(Stephen Johnston)
뉴욕 포드캐슬(Fordcastle) CEO이며 신기술 응용에 관한 선구적 사상가다. 노키아의 비즈니스 개발 부장으로 활동하며 새로운 성장 분야를 찾아내기 위한 기업 전략 프로그램을 이끌었다.

팀 존스(Tim Jones)
성장 어젠다의 설립자이며 세계적인 개방형 예측력 프로젝트인 퓨처 어젠다 프로그램 디렉터. 이노바로(Innovaro)의 설립자이기도 한 그는 혁신, 성장, 예측력에 관한 전문가로 인정받고 있으며, 이 문제들에 관해 전 세계적 광범위한 기업들에 자문을 하고 있다.

조스 랑포드(Joss Langford)
디자인과 혁신 문제를 컨설팅하는 아치 인터페이스(Arch Interface)사의 이사로 있다. 이전 직장에선 레킷 벤키저 등과 협력한 바 있으며 혁신활동에 있어 탁월한 통찰력을 자랑한다.

데이브 맥코믹(Dave McCormick)

30년 동안 셸에 근무하며 전략 개발을 지휘, 비즈니스 시나리오를 개발, 새로운 성장 기회 탐색, 전략적 결정을 내리는 일을 지원했다. 현재 독립 컨설턴트이자 카스 경영대학원 강사다.

리사 맥도웰(Lisa McDowell)

더 파운데이션의 전략 컨설턴트. 더 파운데이션은 기업들이 자신의 세계를 다른 관점에서 볼 수 있게, 즉 밖에서 안을 봄으로써 유기적 성장을 창출할 수 있게 지원하는 단체. 영국 베이커스 그룹(Barkers Group)의 플래너로 일하기도 했다.

사티시 라오(Satish Rao)

시카고 클라레오 파트너스(Clareo Partners)의 사장으로, 고객 기업들이 새로운 시장과 제품, 고객, 유통 경로를 찾아 성장 문제를 해결하고, 지속 가능한 경쟁력의 우위를 창출할 수 있게 지원한다. IBM, 모토로라, 에릭슨에서 전략과 통신 분야를 담당하기도 했다.

토바이어스 루니(Tobias Rooney)

혁신 컨설팅 회사인 ?왓이프!(?What!f!)에 근무하며, 고객을 위한 성장 전략 프로젝트를 담당하고 있다. 이전에 프랑스의 로디아(Rhodia)에서 전략 디렉터로 일했고, 캡 제미니(Cap Gemini)와 이노바로(Innovaro)의 수석 컨설턴트로서 생명 과학과 비즈니스 모델 혁신을 주로 담당했다.

함시니 시브쿠마르(Hamsini Shivkumar)

델리의 리프프로그 스트러티지 컨설팅(Leapfrog Strategy Consulting)의 설립자이며, 인도의 광고대행사인 JWT의 부사장을 지냈다. 20년에 걸쳐 소비자 통찰과 브랜드화를 담당한 경험이 있으며, 소비자 중심의 혁신과 브랜드 전략, 트렌드, 소비자 문화에 대한 전문가다.

팰리 스마트(Palie Smart)

크랜필드 경영대학원(Cranfield School of Management)의 전략 혁신 경영학 부교수이며, 혁신 리더십 센터(Innovation Leadership Centre)의 부소장을 지냈다. 혁신의 문화와 혁신을 위한 리더십, 혁신 네트워크 등을 주로 연구한다.

닐 스톤(Neal Stone)

리프스톤(leapSTONE)의 이사로, 기업들이 디자인과 디자인 경영을 잘 활용할 수 있게 지원한다. 영국항공사의 디자인실장을 지냈으며, 그가 지휘한 다양한 프로젝트 가운데 항공기 선실을 새롭게 설계한 클럽 월드(Club World) 선실이 상을 받기도 했다.

The Growth Agenda

GROWTH
CHAMPIONS

The Battle for Sustained
Innovation Leadership

Part

1

지금까지의 혁신은 버려라

왜 성장인가?

경제학자의 관점 | 성장과 웰빙, 무엇이 우선일까?

경제 성장은 일반적으로 좋은 것으로 여겨져 왔다. 이를 위해 국가는 서로 무역을 해왔고, 자국의 자연 자원을 활용하거나 이웃 나라나 교역 상대국의 자원을 착취해 부강해졌다. 막강한 군사력은 이들에게 필수였다. 그리스와 로마에서, 대영제국과 프랑스 제국에 이르기까지 안정적인 경제활동을 위해 무역항로를 보호해야 할 필요성은 시대를 초월한다. 그러나 지난 반세기는 예전과 양상이 달랐다. 경제력과 군사력 간의 상관관계가 줄어든 것이다. 석유와 같은 광물 자원의 경우는 예외가 되겠지만 무역을 하면서 제조업이나 서비스로 먹고 사는 나라들의 성장동력은 대체로 생산성 향상에 있었다.

국내총생산(GDP)은 국가의 경제 실적을 측정하는 척도로 널리 받아들여지고 있다. 많은 사람은 GDP가 자연적인 인구 증가분보다 더 성장하면 전체 인구의 생활수준을 향상시킬 수 있다고 믿고 있다. 그래서 1인당 GDP와 같은 자료에 관심을 기울이는 것이다. 제2차 세계대전 이후 몇 십 년 동안의 경제 성장은 국민의 생활수준을 높이고, 영향력을 높였다. 국가 간 갈등이 잦아들고 국제 무역이 활성화되면서 나타난 현상이다. 한 국가의 GDP가 연간 2.5%씩 성장한다면 30년 후에는 두 배가 된다. 아시아 국가들의 GDP 성장률을 생각해보자. 이들이 연간 8%씩 성장한다면 불과 10년 만에 지금의 두 배를 달성할 수 있다.

핵심 기술들이 획기적인 발전을 한다면 기업과 국가들의 효율성이 비약적으로 향상된다. 자연히 성장 추세의 기울기도 상승한다. 증기기관과 고급 철강 제조 공정의 발명이 이런 맥락에서 자주 언급되는 사례다. 화석연료 이용과 전력의 발명도 이런 변곡점으로 볼 수 있다. 열차와 전화, 자동차, 비행기, 트랜지스터, 인터넷의 발명 역시 새로운 성장 기반이었다.

성장동력에 대한 생각은 역사에 따라 변화해 왔다.

18세기 경제학자인 애덤 스미스(Adam Smith)는 성장이 어떻게 부와 권력, 그리고 안정을 창출하는지를 연구했다. 1776년에 출판된 《국부론》에서 그는 '생산력'이야말로 성장의 동력이라고 주장했다. 약 40년 후 비교우위론을 주장한 데이비드 리카도(David Ricardo)를 비롯한 다른 경제학자들은 무역역량이 성장을 가져오는 근본적인 차이점이라고 봤다. 20세기 중반, 로버트 솔로우(Robert Solow)와 트레버 스완(Trevor Swan)은 대안 이론인 신고전파 성장 모형 등을 제시했다. 그들의 주장에 따르면 기술 변화의 역할은 자본 축적만큼 중요하며, 모든 나라는 언젠가 결국 꾸준한 성장 상태에 이르게 된다. 그러나 1942년경 등장한 조셉 슘페터(Joseph Schumpeter)는 현재 대부분의 기업과 국가들이 경제 정책의 기반으로 삼는 성장과 혁신, 기업가 정신 사이엔 서로 연관성이 있다고 주장했다. 그는 저서에서 기업가란 새로운 아이디어를 성공적인 혁신으로 전환시킬 수 있는 사람으로 봤다.

슘페터는 '창조적 파괴'란 말을 유행시켰다. 이는 여러 시장에 걸쳐 새로운 제품이나 서비스, 그리고 사업 모형을 창출해 성장을 추진하는 방법으로 설명된다. 성공한 장기적 성장의 핵심에는 바로 창조적 파괴가 있다. 이론에 따르면 성공한 기업가는 균형 상태를 깨면서 경제 발전을 이룩한다.

슘페터에 따르면, 혁신은 변화의 핵심이다. 혁신은 우선 비정상적인 수익을 올릴 수 있는 일시적 독점을 창출한다. 그렇게 나타난 독점 기업은 다시 경쟁자나 모방자들과 경쟁을 벌이게 된다. 이런 경쟁은 수요를 충족시키거나 촉진하는 제품과 서비스를 창출해 수익을 높이고 경제를 성장시킨다.

슘페터는 금융이 생산성과 기술 변화에 영향을 미침으로써 성장에 긍정적으로 작용할 수 있다는 견해를 제시하기도 했다. 최근 여러 아시아 경제국들은 정부 주도 투자가 지속적인 경제 성장을 위한 핵심적인 촉매제였다고 주장한다. 서구의 많은 사람들도 슘페터의 견해에서 크게 벗어나지 않는다. 그의 아이디어는 유럽연합의 핵심적인 발전 계획인 리스본 전략(Lisbon Strategy)과 같은 야심찬 계획에 영향을 미쳤다고 본다.

얼마 전까지만 해도 성장은 사회에 유익하다는 게 통설이었다. 카토 연구소(Cato Institute)에서 실시한 조사를 보면, 1인당 GDP 약 1만5000달러 수준까지는 국민의 행복도가 정비례한다. 만약 사회적인 부가 전체 인구와 적절하게 나눠진다면, 성장의 '열매'는 국민의 빈곤을 완화한다. 나아가 경제 사다리의 다음 단계로 올라갈 수 있게 할 수 있다. 하지만, 근래 들어 성장이 지나친 소비와 자원 고갈, 지속 불가능한 생활 방식을 조장한다는 주장들이 늘고 있다. 그래서 여러 대안이 나온다. '웰빙'이 단순한 성장보다 더 유익한 목표라고 생각하는 사람들이 있는가 하면, 부탄에서처럼 국내총행복(gross domestic happiness)과 같은 대안적인 척도로 측정할 것을 요구하는 사람들도 있다.

이런 주장들 가운데는 명확하고, 설득력 있는 것들도 많다. 하지만 안타깝게도 대부분 현실에서 잘 받아들여지지 않는다. 여전히 대다수는 다른 쟁점들을 제쳐놓고 최우선 과제인 성장을 창출하기에 여념이 없다. 예컨대, 성장과 자원 이용을 분리하는 것은 훌륭한 생각이지만, 사회 지도층은 그런 개념을 납득조차 못하는 경우가 대부분이다. 혁신과 변화를 통한 성장이 미덕이라는 슘페터의 견해를 여전히 따르고 있는 것이다.

성장의 성격 | 과거와 다른 '성장의 패턴'이 생겼다

일부 성공적인 성장 사례들을 탐구하기에 앞서, 성장의 성격과 성장이 이루어지는 방식, 그리고 그 의미가 무엇인지를 살펴보는 게 좋겠다.

거시적 관점에서 보면 경제 성장과 번영은 여러 가지 상호작용의 결과다. 이는 기업과 산업, 국가와 세계경제까지 다양한 단계에서 이뤄진다. 각각의 단계에서 성장은 수많은 요소들의 영향을 받는다. 기술 기반과 환경 변화, 정치적·경제적·사회적 변화, 그리고 산업 또는 국가 차원에서의 새로운 법률과 규제 등이 그런 것들이다. 성장은 복잡하게 뒤얽힌 다양한 쟁점들에 의해 추진된다. 이들 가운데는 특정 기업이나 산업 내에 속한 것이어서 좀 더 쉽게 관리할 수 있는 것도 있지만, 통제 불가능한 외부 요인도 있다.

성장에 영향을 미치는 변화를 통제하기 위해 발전한 게 경영 비즈니스다. 가용 자원을 좀 더 효율적으로 사용할 수 있도록 새로운 접근 방법과 도구, 모형들이 창출돼 왔다. 본질상 복잡하고, 상호 연관돼 끊임없이 변화하는 시스템을 통제하게 된다. 이것은 질서나 위계, 규칙을 부여하려는 방식일 때가 많다.

그렇게 되는 한 가지 이유는 경영 이론이 주로 미국의 철학과 대규모 제조업에 근거해 왔기 때문이다. 대규모 제조업의 경우, 경영 이론에서 비롯된 사업모형은 기업 경영자들에게서 공감을 얻어냈다.

알프레드 챈들러(Alfred Chandler), 이고르 앤소프(Igor Ansoff), 피터 드러커(Peter Drucker), 마이클 포터(Michael Porter)는 미국의 제조업을 공통적인 준거점으로 이용했다. 새천년 이후 인시아드(INSEAD) 경영대학원에 등장한 가장 인기 있는 모형의 하나인 '블루오션' 전략도 마찬가지다.

하지만 오늘날의 세계에서는 이런 접근 방식이 정확히 들어맞지는 않는다. 우선 지난 10년 동안 등장한 고성장 기업들 가운데 구글, 넷플릭스(Netflix), 페이스북 같은 많은 기업부터가 제조업체와 동일한 규칙을 따르지 않기 때문이다. 더욱이 최근의 금융 위기는, 금융이나 경제 제도를 관리하기 위해 설정된 많은 분석 모형들이 전혀 기능을 발휘하지 못한다는 사실을 보여주고 있다.

실제로 성장을 엄격하게 통제하는 건 불가능하다. 많은 전문가는 기업 조직이나 정부가 이용할 수 있는 수단들이 다양해지고 있다고 말한다. 하지만 끊임없이 상호 연관성이 깊어가는 세계에서 대부분 한계가 있다. 식물을 키우는 일이나 유조선을 운행하는 일 등 효율성을 높이고 과정을 최적화하기 위해 할 수 있는 방법은 분명 존재한다. 그렇다고 우리가 통제할 수 없는 요소들까지 통제한다는 얘기는 아니다. 인간의 변덕스러운 성격이나 질병, 태풍 등 자연재해는 임의로 조정이 불가능하다. 단지 이런 요소들을 예측해 대처할 수 있는 계획 정도만 세울 수 있을 뿐, 언제 어디서 어떤 일이 일어날지 정확히 알 수는 없다.

그러나 현재 우리가 어디에 있고, 알고 있는 게 무엇인지는 짚어볼 수 있다. 현실과 이론 사이의 간극을 감안하면, 과거의 경제 사상에서 찾아볼 수 있는 성장기회는 무엇이 있을까? 우선 현재 이루어지고 있는 성장 유형을 인식하고 분류해 패턴을 파악해볼 수 있다. 핵심적인 특징은 몇 가지로 요약된다. 이는 국가, 지역적 차원은 물론 기업 조직 모두에 해당되는 얘기다.

국가적, 국제적 경제 성장 | **고성장 기업은 고용 등 여러 가지 면에서 국가경제에 도움을 준다**

성장에 대한 경제적 관점은 분명하다. 생산성이 높아지면 경제적 번영의 수준도 높아진다는 것이다. 경쟁력이 향상되면 투자 수익도 높아져 국가의 성장 잠재력이 개선되는 것은 물론, 기업과 시민들의 소득 수준도 올릴 수 있다. 세계경제포럼의 '국가 경쟁력 보고서(Global Competitiveness Report)'는 국가 경제가 지속적으로 성장하고 장기적 번영을 이룰 수 있게 하는 여러 동력을 제시한다.

보고서에 따르면 국가들은 크게 세 단계로 분류된다. 이는 다음과 같은 일반적인 경제 개발 이론과 일치한다.

- **1단계:** '요소' 중심의 경제-국가들은 비숙련 노동력을 기반으로 경쟁하고, 기업들은 기초 제품과 상품을 사고 팔 때 가격으로 경쟁한다.
- **2단계:** '효율성' 중심의 경제-고효율의 생산 공정 개발과 제품 품질 향상이 성장의 기반이다.
- **3단계:** '혁신' 중심의 경제-기업들은 최첨단 공정을 이용해 새롭고 다양한 제품이나 서비스를 생산하고 납품해 경쟁한다.

2010년 현재 브릭스(BRICs: 브라질, 러시아, 인도, 중국)를 보면, 인도는 대체로 1단계에 머물러 있고, 브라질, 중국, 러시아는 2단계에 있다. 대부분의 선진국들은 현재 3단계라고 볼 수 있다.

이런 분류가 정확한 건 아니다. 중국의 경쟁력은 상당부분 다른 선진 경제국들을 앞질러 3단계 경제를 향해 질주하고 있는 양상이다. 그러나 이런 분류 방식은 다른 경제를 쉽게 이해하는 데 도움을 주는 게 사실이다. 경제체제를 규제 당국이 주도하든 산업계가 이끌든 상관없이 대입할 수 있는 틀이다.

기업은 다음과 같은 세 가지 차원에 걸쳐 성장한다.

- **1차원:** '기존 시장 성장'-가격 등의 경쟁우위를 활용해 기존 시장에서 점유율을 넓힌다.
- **2차원:** '고객 중심의 시장 성장'-기존 제품에 대한 새로운 고객을 창출한다.
- **3차원:** '혁신 중심의 제품과 서비스 성장'-혁신적인 제품이나 서비스, 또는 사업 모형을 제공해 새로운 시장을 창출한다.

이런 세 가지 차원에 속한 각각의 기업들은 경쟁에서 승리하기 위해 다양한 기술을 구사해왔다. 성장을 촉진하고 효율성을 향상시키기 위해서다. 이는 마이클 포터가 산업에서의 경쟁적 대항(competitive rivalry)이라고 표현한 것이다. 고성장 기업은 한 가지 이상의 차원에서 뛰어난 면모를 보인다. 이는 다른 기업보다 훨씬 높은 성장으로 이어진다.

국가와 기업의 관점을 한데 연결하면, 고성장 기업은 고용 수준을 높이는 데 크게 기여한다. 다른 동종 기업보다 생산성이 높기에 경제 성장의 상당한 부분을 감당해내는 건 분명하다. 고성장 기업은 한 부문에서 다른 기업보다 더 많은 성공을 거둘 뿐 아니라, 세계적인 범위에서 국가 경제의 경쟁력을 높이는 데 도움을 준다. 다른 말로 그들은 영웅이다. 단지 사람들이 일하고 싶어 하는 직장일 뿐만 아니라, 국가가 키우거나 받아들이려고 하는 조직이다.

성장에 성공한 기존 기업들 | 100년이 넘었거나 아주 신생이거나 둘 중의 하나

〈이코노미스트〉, 〈파이낸셜타임스〉, 〈비즈니스위크〉, 〈월스트리트저널〉의 다양한 자료들을 살펴보면, 대기업들이야말로 지난 50여 년에 걸쳐 각 국가나 세계경제의 지속적인 성장동력이었다. 미국의 엑슨(Exxon)과 GM, GE, IBM, 보잉, P&G, 유나이티드 테크놀로지스(United Technologies), AT&T, 캐터필러(Caterpillar), 인도의 타타(Tata)와 릴라이언스(Reliance), 유럽의 BP와 셸, 롤스로이스, 에릭슨, 보시(Bosch), 피아트(Fiat), 노바티스(Novartis), 폭스바겐 같은 곳들이 여기 속한다. 대기업들은 사람들의 소득을 높이고, 더 많은 사람을 고용하고, 주주들에게는 더 많은 배당금을, 그리고 정부에는 더 많은 세금을 지불했다.

다만 과거 대기업 경영을 뒷받침하던 옛 모형들은 새로운 것들로 교체되고 있다.

미국을 중심으로 살펴보면, 1955년도 〈포춘〉지 선정 500대 기업에 속한 상위 100대 기업 중 50년 후 같은 그룹에 남아 있는 기업은 11개에 지나지 않는다. 에너지 관련 회사들만 그나마 자리를 지켰고, 1950년대부터 많은 주요 기업들이 더 큰 기업에 흡수되거나 숨을 거뒀다. 대신 은행과 소매업체, 그리고 수많은 새로운 기술 기업들로 대체됐다. 10년 전만 해도 아마존과 구글은 100대는커녕 500대 기업에도 속하지 못했다.

비교적 최근 영국의 사업 기업 규제 개혁부(Department for Business, Enterprise, and Regulatory Reform)에서 실시한 고성장 기업에 관한 연구를 보면, 수많은 국제적 요인들이 성공 동력인 것을 알 수 있다. 이런 성공한 기업들의 평균 나이와 관련한 흥미로운 결과가 있다. 놀랍게도 영국과 미국의 거대 기업들 중에는 100년이 넘은 곳이 많을 뿐 아니라, 그 중 절반은 창립일이 1900년대 이전으로 거슬러 올라간다는 사실이다. 과연 이런 기업엔 어떤 특별한 점이 있을까?

성장에 성공한 기업들 중의 일부는 꽤 오랫동안 존재해 왔다. 그렇지만 〈패스트 컴퍼니〉지가 집중 조명한 많은 혁신 기업들은 비교적 신생 기업들이다. 그루폰(Groupon: 미국 시카고에서 시작된 세계 최초, 최대의 소셜 커머스 기업)과 징가(Zynga: 소셜게임 서비스 회사)는 모두 2011년에 〈패스트컴퍼니〉 선정 10대 혁신 기업에 올랐지만 5년 전만 해도 존재하지 않았다. 구글과 함께, 넷플릭스(Netflix)와 에포크레이츠(Epocrates)와 같은 다른 곳들은 그 뿌리가 1990년대 정도로 거슬러 올라갈 수 있다. 현재 혁신의 흐름을 탈 준비가 돼 있는 신생 기업들도 이들처럼 그 대열에 합류하게 될 것이다. 현재 페이스북과 트위터, 링크트인(LinkedIn)이 높은 평가를 받고 있는 것처럼, 앞으로 10년 후 새로운 기회를 포착하는 신생 기업들이 더 큰 영향력을 누릴지 모른다.

국가 간 경제 구도도 비슷한 상황이다. 싱가포르, 인도, 중국과 같은 나라들은 모두 지난 20년에 걸쳐 세계 평균보다 두 배나 더 성장했다. 중국과 인도의 성장을 브릭스 경제 번영의 중심으로 보는 사람들이 많지만, 오히려 싱가포르에서 이들 국가들의 뚜렷한 특색을 발견한다.

싱가포르는 정부 주도로 경제를 성장시킨 가장 중요한 사례다. 비슷한 모델을 추구하는 다른 나라들도 모방하려 하는 나라다. 두바이, 카타르에서 태국, 필리핀까지, 테마섹(Temasek: 싱가포르의 국부펀드)과 싱가포르 경제개발청(Economic Development Board)은 갖가지 투자성과로 여러 나라의 찬사를 받는다. 100% 정부 소유인 테마섹은 특히 지난 30여 년에 걸쳐 투자의 승률이 높았다. 테마섹은 기업의 성장과 부의 창출을 국민의 자산과 연결하며 지금까지 가장 성공적인 국부펀드가 됐다.

성장에 대한 대안 전략

성공적인 성장의 동력을 분석하기 위해 우리가 이용할 수 있는 성공담들은 광범위하다. 따라서 사례를 선택하는 기준을 명확히 해야 한다. 하지만 그에 앞서 성장과 관련한 여러 전략이 지닌 상대적 장점을 각각 살펴보는 게 좋겠다.

인수합병(M&A)을 통한 비유기적 성장 | 실패확률이 높다

M&A를 통한 성장은 여러 해 동안 큰 찬사를 받았다. 그것은 시장 점유율을 단시간에 높이거나 새로운 시장에 진출하는 탁월한 도구였다. 그럼에도 불구하고, 이를 통해 이득을 창출하는 능력엔 일관성이 없었다. KPMG, 맥킨지(MaKInsey), 딜로이트(Deloitte)는 모두 입을 모아 M&A의 단점을 말한다. M&A의 약 70%는 기대를 충족시키지 못하고, 절반 이상이 기존의 중심 가치를 파괴한다는 설명이다. 1995년으로 돌아가 보면 마이클 포터(Michael Porter)도 기업 인수의 50~60%가 실패한 것을 확인했다. 1995년, 머서 매니지먼트 컨설팅(Mercer Management Consulting)은 중요한 기업인수 사례를 10년간 분석했다. 분석은 〈비즈니스위크〉 선정 500대 기업을 주요 대

상으로 했다. 인수를 통해 몸집을 키운 기업들의 60%가 산업 평균보다 수익성이 낮았다는 결과를 확인할 수 있었다. 맥킨지도 이런 주장을 거들었다. 2004년의 보고서를 보면 기업 인수 가운데 23%만이 투자 수익률에 긍정적인 영향을 미쳤다.

많은 수의 M&A는 결국 기업 가치에 악영향을 미쳤다. 그런데도 왜 기업들은 아직도 M&A를 통한 성장에 미련을 버리지 못할까?

많은 M&A 활동의 이면엔 경쟁의 강도를 완화하려는 욕망이 있다. 여기서 '경쟁의 강도'란 포터의 다섯 가지 요인 모형(Porter's five forces)에 나오는 개념이다. 이 모형은 구매자의 협상력(power of buyers), 공급자의 협상력(power of suppliers), 새로운 진입자의 위협(threat of new entrants), 대체재의 위협(threat of substitutes), 경쟁의 강도(riverly)로 산업을 분석한다.

AOL-타임 워너, HP-컴팩(Compaq), 다임러벤츠(Daimler-Benz)-크라이슬러(Chrysler), 알카텔(Alcatel)-루슨트(Lucent) 등은 기업 합병이 가치 창조로 전환되지 못한 실패 사례다. 다임러벤츠-크라이슬러의 경우처럼 적대적 인수가 아니라 동등한 기업들이 합의해 이뤄진 합병일 때도 결론은 바뀌지 않는다. M&A를 이용한 성장은 좋은 결과를 낳지 않는다는 것이다. 기업 문화의 차이로 생기는 문제라든지, 리더십의 갈등이나 시장 시너지 효과의 파탄 등의 문제를 유의해야 한다. 이제 점점 많은 기업이 M&A를 좋지 못한 선택으로 보고 있다. 기피해야 할 결정으로 여기는 기업도 많다. 물론 대표적인 M&A 사례 중 성공한 30% 경우는 이런 문제에서 예외다. 그렇다고 일반적으로 인수합병을 통한 성장은 실패할 가능성이 높다는 사실은 부정할 수 없다.

그러나 M&A가 꼭 나쁜 면만 있는 건 아니다. 지속적인 성장을 위한 유기적 전략의 일부로서 활용할 만하다. 소규모 인수는 전략이나 여건에 따라 필요하단 얘기다.

유기적 성장의 성공사례 | '혁신성공'이 성장의 모멘텀이 된다

지난 몇 십 년에 걸쳐 되풀이된 학술 조사나 컨설팅 보고서, 경험적 증거 등을 종합해 보면 기업 가치를 높이는 핵심 전략으로 유기적 성장은 중요한 개념이다. 가만히 살펴보면 대규모 M&A보다 성공 확률이 높다는 사실을 알 수 있다. 그 논거는 내부에서 혁신 중심의 성장을 추구하는 기업들이 다른 기업들보다 더 나은 실적을 올리고 있다는 사실이다. 즉, 유기적 성장전략을 택하는 기업들은 대체로 성공한 업체다.

1964년으로 돌아가, '성장을 위한 전략'이라는 제목의 〈캘리포니아 매니지먼트 리뷰〉 기사를 살펴보자. 피터 구트만(Peter Gutmann)은 기사에서 50개 이상의 미국 기업들이 어떻게 영업과 총 이윤, 주식 당 수익 면에서 급속한 확장을 이뤄 왔는지 조사했다. 그에 따르면 이유는 아직 성장의 초기 단계에 있는 산업에 적극 참여한 결과였다. 여기엔 그 사업 부문을 신중하게 선택한 내부 결정이 함께 했다.

그는 이른바 '내적' 성장과 '외적' 성장의 조합이 성공의 열쇠라고 봤다. 내적 성장은 시장에 새로운 제품을 내놓는 것에 집중하는 것이고, 외적 성장은 조직이나 기업 인수를 통해 이뤄지는 결과다. 외적 성장은 그가 살펴본 기업들 가운데 절반도 안 되는 업체들에서 발견됐다. 반면에 강력한 내적 성장은 모든 성공한 기업의 일반적인 현상이었다.

그 후 반세기에 걸쳐 마이클 포터, 프라할라드(C.K. Prahalad), 개리 하멜(Gary Hamel), 클레이튼 크리스텐센(Clayton Christensen), 마이클 투시먼(Michael Tushman), 존 베상트(John Bessant), 헨리 체스브로(Henry Chesbrough) 등은 이런 맥락에서 성장동력으로서의 혁신에 대해 연구했다.

그 핵심에 대해 몇 가지만 인용한다.

- 혁신은 경제적 번영의 핵심 문제다(포터, 1990년).

- 혁신에 성공한 기업들은 급속히 변화하는 세계 시장에서 경쟁력 우위를 확보한다. 그런 기업들을 만들어내고 유지하는 경제가 번영한다(왈시, 1990년).
- 성공적인 신제품이나 새로운 공정을 도입해야만 기업과 국가는 경쟁력을 높일 수 있다(포터, 1990년).
- 미래를 꿈꾸지 못하는 기업은 미래를 누리지 못할 것이다(프라할라드와 하멜, 1990년).
- 혁신과 신제품 개발은 경쟁력 우위의 가장 중요한 원천이다(투시맨과 앤더슨, 1997년).
- 혁신하지 않는 기업은 망한다(체스브로, 2003년).
- 모든 나라는 혁신의 관점에서 자체적인 비교 우위의 원천을 찾고 있다(카오, 2007년).

〈MIT 슬론 매니지먼트 리뷰MIT Sloan Management Review〉의 2011년도 기사에서 줄리안 버킨쇼(Julian Birkinshaw)와 동료들은 '혁신이야말로 모든 대기업의 생명선'이라고 결론을 내렸다. 학자들의 견해는 명확하다. 혁신이 가장 중요하다는 것이다. 혁신은 유기적 성장의 중심축이기에 그것 없이는 기업이나 국가나 경쟁에서 밀린다는 설명이다.

'혁신 리더들(Innovation Leaders)'에 대한 연구는 이 책에 부분적인 영향을 미쳤다. 이 연구는 혁신에 성공한 기업이 평균보다 높은 성장을 이룬다는 증거를 제시한다. 지난 10년 동안 이뤄진 이 연구는 25개 부문에서 혁신 자원을 최대한 활용한 기업들을 찾아낸다. 그들은 대부분 내부에서 매력적인 새로운 제품과 서비스, 사업을 창출함으로써 매년 경쟁업체들을 앞서 왔다.

주가 흐름도 남달랐다.

혁신 주도 기업들 주식으로 투자 포트폴리오를 짜보면 과거의 주가 흐름이 다우존스(DOW), 나스닥(NASDAQ), FTSE 100의 시장평균지수보다 언제나 높았다는 걸 알 수 있다. 2002년의 혁신 리더들의 주가는 60% 이상 성장한 반면, 시장은 평균 20%

에도 미치지 못했다. 2003~2006년에도 매년 비슷한 차이가 났다. 경기 침체 중에도 마찬가지였다. 2007년에 시장 전체 지수는 평균 30~40% 정도 하락했지만, 혁신 주도 기업들 경우는 20%밖에 떨어지지 않았다. 2008년에는 비슷했지만 전 세계 주식시장이 회복된 2009년은 더 민감하게 반응했다. 전 세계 시장이 40~70% 성장한 상황에 혁신 주도 기업들의 평균 주가는 130%나 상승했다.

지난 10년의 데이터를 살펴보면 혁신 역량이 수익과 이윤, 가치 창출의 면에서 지속적으로 성장에 영향을 미친다는 증거를 보여준다. 혁신 주도 성장이 효과를 발휘한다는 것이다. 문제는 이런 사실이 경쟁자들에게도 상식이라는 것이다. 때문에 시장에서 성공하기 위해선 경쟁자들보다 혁신역량 면에서 앞서야 한다.

혁신의 기술 | 실적 향상을 위한 5가지 방법(1990년대)

지난 30여 년에 걸쳐 기업들은 혁신의 성공률을 높이면서 기업 성장을 이루기 위해 여러 접근 방법을 채택했다. 일부는 학술적인 분석에서 나왔고, 어떤 것은 한 회사에서 다른 회사로 이전됐다. 여기서는 1990년대 말에 인기가 높았던 다섯 가지 접근 방법을 집중적으로 다룬다.

❶ 핵심역량 : 기업이 규정한 한 회사의 경쟁력

아마도 세월의 시험을 이겨낸 가장 중요한 전략적 관점은 핵심역량 사고에 있을 것이다. 《미래를 위한 경쟁Competing for the Future》에서 프라할라드와 개리 하멜은 여러 대기업의 지속적인 성장의 배경에는 핵심역량을 개발하고 유지하는 능력이 있다고 강조했다. 그들에 따르면, 핵심역량은 기업의 경영진이 규정하고 합의한, 한 회사의 '경쟁력(competitive strength)'을 나타낸다. 이 핵심역량을 의지하면 즉각 경쟁력의 우위를 얻는다. 그렇기에 다른 기업도 경쟁에 뛰어들기 전에 비슷한 역량을 결집해야 한다. GE에서 NEC, 캐논까지 모두 이런 과정을 거쳐 성장했다는 게 프라할라드와 개리 하멜의 의견이다. 따라서 조직의 경쟁력에 집중하는 게 성공하는 전략적 성장의 중심이라고 주장했다.

현재 GE는 제트 엔진과 풍력 발전 터빈을 만드는 재료 공학과 같은 분야에서 오랜 시간 핵심역량을 구축해 왔다. 한편, 캐논은 정밀 기계와 정밀 광학, 초소형 전자공학, 전자 영상 시스템이라는 네 가지 핵심 분야에서 경쟁력 유지에 주력했다. 그 결과 사무기기와 영상 시스템 시장에서 지속적으로 성공할 수 있었다. 이들과 같은 1990년대의 여러 사례들은 핵심역량을 중심으로 하는 사고에 힘을 실어준다.

❷ 다기능 팀 : 다양한 시각, 접근·시도가 가능

1990년대 기업들은 조직적 측면에서 어떻게 팀들을 좀 더 효과적으로 운영할지를 고민했다. 대기업들이 분과와 사업 단위를 중심으로 더욱 체계화되면서 기능부서 간의 장벽이 발생했다. 여러 부서가 참여하는 다기능 팀들은 다양한 역량 분야의 간극을 메우는 수단이 됐다. 많은 경우 특히 마케팅과 연구 개발(R&D) 조직의 간극이 문제가 된다. 각각의 부서들은 보통 같은 현상이라도 서로 다른 업무 용어로 말을 한다. 또, 공통적인 쟁점에 대한 관점 역시 서로 다르다. 근본적으로 서로 다른 렌즈를 통해 혁신을 본다. 이 때문에 다기능 팀이 필요하다.

임시로 '경량급' 팀을 조직하든, 아니면 철저하게 상급 부서와 독자적으로 활동하는 자율적인 팀과 '비밀 작업실'을 설치하든, 조직 내의 협력 강화는 중요한 문제다. 혼다는 이런 다기능 팀 중심의 접근 방법을 선도한 기업으로, 일찍부터 주목을 받았다. 노하우는 주변 기업에 전파됐다. 곧 HP와 IBM에서 소니, BP, 심지어 일부 은행까지 거의 모든 대기업이 혁신과 성장 프로그램을 위해 팀 중심의 접근 방법을 채택하고 있었다.

❸ 단계별 점검 과정 : 각 단계 사이의 폭 넓은 과정

전략이나 조직이 변화의 흐름을 타자 상품이나 서비스 개발 과정도 함께 진화했다. 이런 맥락에서 단계별 개발 과정이 나왔다. 이는 개발 속도를 가속화하면서 다양한 자원 그룹들이 서로 협력하게 하는 수단이라고 할 수 있다.

'아이디어 산출'은 이제 개발과 시험, 출시라는 개념과 분리됐다. 각 단계 사이에 도입된 결정 관문들은 진행 과정에 대한 다양한 평가와 성장 기회에 대한 폭넓은 관점을 가능케 한다. 맥길 대학의 로버트 쿠퍼(Robert Cooper)와 같은 사람들의 사고방식이 인기를 끈 데 힘입어, 단계별 점검 과정과 그 이후에 등장한 IT 기반의 점검 과정이 대세가 됐다. 4단계 접근 방법을 택하든, 아니면 5, 6, 7단계 접근 방법을 택하든, 거의 모든 대기업은 개발 과정을 개선하기 위한 프로그램을 운영한다.

❹ 고객의 통찰력(또는 고객의 목소리) : 외부로부터의 피드백과 질책

20세기 말에 이르러 또 하나의 변화는 고객의 필요 사항에 대한 관심이 커진 점이다. 출시를 앞둔 제품의 검증과 보완을 위해 포커스 그룹(focus group: 시장 조사나 여론 조사를 위해 각 계층을 대표하는 소수의 사람들로 이뤄진 그룹)을 이용하는 것보다는 고객을 상품 개발 과정에부터 참여시키는 방법이 인기를 끌고 있다. 이렇게 얻은 고객의 통찰은 어떤 제품을 어떤 곳에 출시할지에 관한 중요한 결정에 영향을 미친다. '고객의 목소리'라는 말은 이제 업계에서 흔히 쓰이게 됐다.

기업들은 '사용자 중심'의 솔루션을 개발하기 위한 결합 분석(conjoint analysis)이나 민족지적인 연구 등 새로운 양적, 질적 기법을 꾸준히 채택해 왔다. 필립스와 P&G

에서 인텔, 하스브로(Hasbro), 보잉에 이르기까지 혁신과 성장을 위한 소비자 통찰 프로그램을 개설한 곳은 많다. 이런 프로그램들을 통해 각 기업들은 예전보다 시장의 필요에 더욱 적합한 제품을 생산할 수 있었다.

❺ 기술 라이선스 : 지적 재산은 성장의 열쇠가 된다

새로운 플랫폼들은 기업이 성장을 하는 데 중요한 구실을 한다. 기업들은 여기에 최고의 기술을 활용하는 방법을 오랫동안 고민해 왔다. 많은 회사는 플랫폼을 지원할 새로운 기술을 선보이기 위해 사내 R&D에 투자했다. 반면, 어떤 곳들은 타 업체로부터 관련 기술을 도입하기도 한다. 지적 재산의 가치가 높아지자, 많은 회사는 자사가 지닌 지적 재산 포트폴리오에 큰 관심을 기울였다. 이는 기업 성장으로 연결됐다.

다우(Dow)와 텍사스 인스트루먼트(Texas Instruments)와 같은 회사들이 주도하는 가운데, 필립스, IBM, 에릭슨 등은 모두 그들의 기술이나 관련 지적 재산을 타 회사에 제공해 실제 수익을 올리고 있다. 필립스는 1980년대에 CD를 비롯한 여러 가지 특허를 취득한 이후, 가전제품 부문 전체에 걸쳐 특허 기술 이전을 통해 성공적인 수익 모델을 만들었다. IBM은 광범위한 특허 포트폴리오를 주요 국제 거래에 지렛대로 이용했다. 에릭슨은 블루투스 특허 풀을 만들어냈다. 내부 자산을 수익을 증가시키는 수단으로 삼는 지적 재산 이전은 기술 분야는 물론 연관 사업 모델 분야로 급속히 확산되는 추세다.

위생 요인들(hygiene factors) | 진정한 차별화와 거리가 멀다

여기서 언급한 다섯 가지 접근 방법, 즉 핵심역량 사고, 다기능 팀, 단계별 점검 과정, 고객의 통찰, 기술 라이선스 등에 얽혀 몇 년 동안 수많은 싸움이 벌어졌다. 1990년대 초에는 누구나 조직 내에서 다양한 역량을 개발하려 애썼다. 90년대 말이 되자 거의 모든 대기업이 그 목표를 효과적으로 달성했다. 하지만 그 결과물은 모두 위생 요인(hygiene factors)이 됐다. 위생 요인이란 다른 모든 조직과 동일한 기준을 충족시키기 위해 수행돼야 하지만, 실제로는 아무런 차별화를 가져오지 않는 것들을 가리킨다. 혁신과 성장 실적을 경쟁자들보다 더욱 높이기 위해서는 위생 요인을 뛰어넘는 뭔가가 있어야 한다. 한마디로, 기업들은 역량을 키워 잠재적 차별화의 새로운 원천을 찾아내야 한다는 말이다.

실적 향상을 위한 최근의 접근 방법 | 정보 공유가 답이다

지난 10년 동안 기업을 혁신하고, 새로운 시장에 접근해, 새로운 청중과 교류하고 새로운 유통 수단을 창출하는 등 성장을 이룩하는 가장 큰 동력은 인터넷이었다. 더 나은 정보에 대한 접근성을 강화해 효율적인 변화를 일으킬 수 있는 방법은 다양했다. 인터넷으로 인해 이베이와 같은 온라인 시장이 도래했으며 엑스피디아(Expedia), 그루폰과 같은 애그리게이터(aggregator: 여러 회사의 상품이나 서비스에 대한 정보를 모아 하나의 웹사이트에서 제공하는 인터넷 회사 및 사이트-옮긴이)도 탄생했다. 유튜브와 아이튠스, 랩소디, 스포티파이, 네트릭스, 그리고 www.cnn.com을 통한 미디어 소비의 재창출 역시 인터넷 기술의 힘이다. 인터넷 은행과 UPS 및 페덱스(Fedex)를 추적하는 실시간 물류, 아마존과 페이스북, 트위터, 포스퀘어(Foursquare) 등을 통해 완전히 새로운 공간을 창조하는 데까지, 사회와 소비자, 기업에 미치는 인터넷의 영향은 반론의 여지가 없다.

정보 공유 세계는 밀접하게 연결돼 새로운 비즈니스 기회를 제공했다. 아울러 성장에 관한 기업의 사고방식도 변화시켰다.

개방형 혁신 | 외부에서 아이디어를 빌려라

개방형 혁신은 널리 알려진 개념 중 하나다. 지난 몇 십 년 동안 지적 재산권 거래와 기술 이전은 일부 부문에서만 정착됐다. 이런 가운데 회사 밖에서 아이디어를 가져와 활용한다는 헨리 체스브로(Henry Chesbrough)의 '개방형 혁신'은 기업들의 상상력을 자극했다. P&G와 같은 기업들이 앞장서서 이 개념을 받아들였다. 이후 개방형 혁신은 다양한 분야에서 주문처럼 되뇌는 말이 됐다. 회사 내부는 물론 외부에서도 새로운 아이디어를 얻을 가능성이 높아지자 체스브로는 최근 이렇게 말했다.

"대기업 중 약 70%가 개방형 혁신 프로그램을 개설했다. 하지만 이제까지 그중에 약 10%만 구체적인 성과를 올렸다."

〈하버드 비즈니스 리뷰〉에 휴스턴(Huston)과 사카브(Sakkab)가 기고한 유명한 기사가 있다. P&G의 '연결과 개발'(Connect+Develop)이라는 개방형 혁신 프로그램에 관한 내용이다. 이 글은 그동안 다른 많은 기업이 모방하려 애써온 개방형 혁신에 대한 열망을 보여준다. 당시 P&G의 CEO는 외부 아이디어에서 회사 수입의 50%를 얻을 것이라고 선언했다. 사내 R&D는 기존 제품군 내에서 혁신을 계속 추진하겠지만, 외부에서 들여온 신제품들을 통한 성장이 추가로 이뤄지게 될 것이란 예상이었다. '연결과 개발' 프로그램을 운영한 처음 몇 년간은 P&G의 R&D 생산성이 거의 60%나 상승했다. 개인과 소기업들은 자신의 아이디어를 대기업과 기꺼이 공유하고 싶어 했다. 이런 점이 작용하여 대기업들은 줄지어 개방형 혁신 프로그램을 개설했다. 대부분 새로운 아이디어가 회사로 유입되는 통로를 마련하는 데 집중한 것이다. 프랑스 텔레콤, 유니레버, 보다폰(Vodafone), 헨켈(Henkel), 아크조노벨(AkzoNobel), 크래프트, 보잉, BBC, 구글 등이 이런 곳들이었다.

영리한 M&A | 핵심을 키우는 데 필요한가?

대규모 M&A는 많은 수가 큰 성공을 거두지 못했다. 그렇지만 여전히 M&A를 핵심적인 혁신 성장 전략의 일부로 활용해 지속적으로 성장한 기업들이 있다. 그 목록에는 대규모보다 소규모 조직을 인수하는 데 집중하는 기업들이 수두룩하다. 그들은 자신들의 혁신과 성장 전략의 핵심 요소로써 M&A를 활용한다. 그렇다고 내부 혁신 속도를 늦추진 않는다. '영리한 M&A' 전문 기업들 가운데 최고는 시스코(Cisco)다. 인수 전략을 활용한 이 회사의 혁신전략은 업계에서 베스트 프랙티스 사례로 꼽힌다.

시스코는 기업을 인수해 그 회사가 가진 기술을 자사 포트폴리오로 성공적으로 통합해 성장했다. 구글과 메드트로닉(Medtronic: 미국의 의료 기기 전문 업체)도 그 뒤를 따랐다. 이들도 신생 기술 역량을 일찍 인수한 선도적인 기업이 됐다. 그들은 신생 기업이 일정한 규모로 성장하기까지 기다리지 않고, 성공 가능성이 있는 기업을 일찍 발견해 더 큰 울타리 안으로 끌어들이는 데 전문이었다. 특히 구글은 새로운 기술 기반을 찾아내, 그 가치가 급등하기 전에 인수를 거듭했다. 그래서 해당 회사가 가진 기술을 더 넓은 자사 생태계로 통합시켰다. 유튜브와 같은 유명 기업을 인수한 적도 있지만, 대부분은 잠재력이 높은 기술이나 사업 모델을 지닌 소기업을 인수하는 데 주력했다.

미네소타주에 본사를 둔 메드트로닉(Medtronic)은 지난 5년에 걸쳐 한 해에 6개 기업을 인수했다. 그 기업들을 통해 심장 판막과 최소 침습용 도관에서 심혈관계 질환 치료까지 여러 분야의 새로운 역량들을 확보할 수 있었다. 조기에 비용이 비교적 적게 드는 시점에서 이뤄지는 이런 소규모 인수는 미래 기술 기반과 성장 포트폴리오를 효율적으로 짜는 방법이다.

고객 참여 | '팬 기반 혁신'은 중요

소비자 교류의 세계로 돌아가 보자. MIT 슬론 경영대학원의 기술 혁신학 교수인 에릭 폰 히펠(Eric von Hippel)은 2005년에 《혁신을 민주화하기Democratizing Innovation》라는 제목으로 독창적인 내용의 책을 썼다. 그 책에서 히펠은 '제품과 서비스 사용자들, 즉 회사와 개인 소비자 모두 스스로 혁신할 수 있게' 하면 이점이 있다는 점에 주목했다. 초기의 '사용자 중심의 설계'나 '고객의 목소리'와 같은 방법들은 고객의 태도나 필요에 관한 통찰들을 기업에 인식시키는 데 필요한 것이다. 반면, 히펠은 고객들을 혁신 과정과 사내 성장 활동에 적극 참여시키는 데 관심을 뒀다. BMW, 유니레버, 스테이플스 등의 다양한 회사들은 그의 의견을 실제로 반영해 제품과 기술, 서비스 개발에 고객들을 참여시켰다.

나중에 좀 더 상세히 다루겠지만, 지금까지 가장 의미 있는 변화를 이룬 회사는 레고였다. 이 회사는 웹사이트, www.legofactory.com을 이용해 수백만 고객들에게 온라인으로 자신의 제품을 설계한 다음 가장 마음에 드는 것을 구매할 수 있게 했다. 레고는 이렇게 고객 아이디어의 통로가 됐고 '팬 기반 혁신'이라는 개념을 상업 주류 속에 도입했다.

2011년 록 밴드 카이저 칩스(Kaiser Chiefs)의 사례도 있다. 이 밴드는 공식 앨범 발매에 앞서 신곡 20곡을 한 웹사이트에 올렸고, 팬들은 디지털 앨범용으로 10곡을 골라 표지를 디자인하고 값을 치른 다음, 자기만의 앨범을 내려 받았다. 또 그 웹사이트를 이용해 자기가 디자인한 앨범을 시장에 내놓고 판매할 수도 있었다. 이후의 고객들은 이미 만들어진 앨범을 선택할 수 있었고, 원작자는 팬들이 한 장씩 내려 받을 때마다 보상을 받았다. 모든 팬이 두 세 장씩만 판매하면 수익을 올릴 수 있었다.

전략적 제휴 | 핵심역량 보완형 제휴가 포인트

개방형 혁신 운동과 아울러, 조직들이 협력하는 방법에도 변화가 있었다.

'전략적 제휴 관계'라는 용어는 자주 단순한 아웃소싱 합의와 혼동된다. 아웃소싱 계약에서는 액센추어(Accenture)나 IBM, 인포시스와 같은 한 회사가 BT나 콜게이트팔몰리브(Colgate-Palmolive), GM보다 더 훌륭하면서도 저비용의 역량을 신속히 만들어낸다. 아웃소싱은 운영상의 효율성을 개선하는 수단으로 보면 효과적이다. 하지만 이게 혁신은 아니다. 최근 몇 년에 걸쳐 기업의 성장 전략과 매출, 이윤 증가에 큰 영향을 미친 요소는 다름 아닌 제휴 관계였다. 기업들은 각자 분야에서만 핵심역량을 갖추고 있다. 근래 들어 다른 기업이 내부 역량을 보완할 수 있다는 사실을 깨달았다.

최근 전략적 제휴의 숫자가 뚜렷이 증가한 배경에는 신시장 개척이라든지, 새로운 분야로의 사업 확장, 혹은 새로운 기술 기반 등이 있다. 모바일 산업을 예로 들면, 우리는 보다폰과 베리존 사이의 제휴나 구글과 삼성 및 HTC와 같은 기기 제조업체들 사이에 이뤄진 제품군을 중심으로 한 제휴 관계를 떠올린다. 이런 경우 기업들은 고립 상태를 피하기 위해서라도 서로 협력한다. 이는 더 풍부하고, 더 유익하고, 더 깊은 경험과 기능을 창출하기 위한 일이다.

많은 제약회사는 자체적인 개방형 혁신의 일부로 생명공학 기업을 활용한다. 나아가 새로운 회사와 심도 깊은 전략적 제휴 관계를 맺기도 한다. 겐자임(Genzyme)과 로시(Roche)처럼 일부는 1대 1로 이뤄지지만, 노바티스(Novartis)처럼 400가지가 넘는 연구 협력망을 갖추기도 한다. 이런 곳들은 생명공학 기업, 신생 회사, 대학 등과의 전략적 협력을 최대한 활용해 왔다. 전략적 제휴는 저급한 업무를 하도급 준다는 것과 차원이 다르다. 상호 성장을 위한 진정한 제휴에 초점을 맞춘 관계다.

예측력 이용 | 정확한 미래예측이 성패를 가른다

소비자와 소비자의 통찰에 대한 정보는 어느새 공공재가 됐다. 싸움터는 자연스레 예측의 영역으로 옮겨갔다. 상황은 녹록치 않다. 성장 기회는 더 이상 한 분야에 갇혀있지 않고 기술 변화도 가속화되고 있다. 기업들은 더 열심히 성장의 기회를 찾으려 한다. 지난 몇 년간, 시스코와 P&G, 보다폰과 마이크로소프트에 이르기까지 다양한 기업들이 잠재된 시장 기회를 찾아내기 위해 새로운 분야를 탐색하기 시작했다. 각자의 예측력으로 시장에 발생할 일을 알려주는 조기 신호를 찾는다. 성공하는 기업은 이런 예측력을 활용해 의사 결정하는 능력이 탁월하다. 훌륭한 예측은 풍부한 통찰이나 아이디어에서 끝나는 게 아니다. 적절한 때에 해당 의사 결정권자에게 효과적으로 전달돼야 한다.

활동 계획이 몇십 년째 그대로인 셸과 같은 회사들도 있지만, 많은 회사들이 공식적인 예측력 개발 프로그램을 운영한다. IBM의 경우 '글로벌 기술 전망(Global Technology Outlook, GTO)'을 이용해 핵심 사업 활동을 중심으로 어떤 발전이 이뤄지는지를 지속적으로 파악해 왔다. 정기적으로 다양한 견해를 받아들이기 위해 '글로벌 혁신 전망(Global Innovation Outlook, GIO)' 프로그램도 추가로 개설했다. GIO는 셸의 기술의 미래(Technology Futures) 프로그램과 아주 비슷한 접근 방법을 이용한다. 기업 전문가 100명 정도를 모아 새로운 쟁점이나 문제, 기회를 논의하기 위한 워크숍을 연다. 해마다 3가지 주제(예컨대 건강관리, 운송, 물)를 골라 논의한 덕분에 IBM은 핵심 사업 주변의 발전 상황을 더 정확하게 파악하게 됐다. 이는 새로운 성장 기회와 밀접하다. 매력적인 분야가 확인되면, 사업 개발을 위해 '새로운 사업 기회

(Emerging Business Opportunity)' 프로그램으로 정보가 전달된다. 기회를 수십억 달러 짜리 사업으로 전환시키기 위한 이런 체계적 방법은 여러 성과를 낳았다. 대표적으로 2008년에 시작된 '첨단 수질 관리(Advanced Water Management)' 사업이 있다.

개방형 예측력 플랫폼과 같은 프로젝트는 현재 산업계가 필요로 하는 사업이다. 많은 회사가 예측력을 새로운 성장 전략의 핵심으로 받아들이고 있기 때문이다. 미래를 위해 장기적인 기회를 찾는 활동은 단기적 역량 개발이나 혁신 프로그램과 균형을 이룬다. 더욱이 사업 모델 혁신이 한창 논의되는 가운데 일찍 기회를 포착해 새로운 접근 방법으로 경쟁자를 뛰어넘는 능력은 점점 중요해진다.

채택과 상품화 | 진입장벽의 높이도 중요

개방형 혁신, 영리한 M&A, 고객 참여, 전략적 협력, 그리고 예측 프로그램은 기업 성장을 위해 당장 실행해볼 만한 수단이다. 이는 보통 경쟁업체에 대한 경쟁력 우위와 연결된다. 그러나 일용소비재(FMCG), 가전제품, 그리고 전자 통신과 같은 부문들에서는 예외가 될 수 있다. 다른 산업에서도 새로운 접근 방법은 점점 위생요소로 바뀌는 모습이다. 앞서 언급한 1990년대 전략처럼 어느 순간 누구나 하는 일로 변할 수 있다는 얘기다. 그렇다면 미래에는 어떤 전략을 써야 경쟁력이 있을까? 이들을 살펴보기 전에 성장의 구도를 바꾸는 요소들을 먼저 살펴본다. 이는 현재 일어나고 있는 변화의 동력을 말한다.

변화의 동력

위축되는 대기업 | 정보민주화와 국제 가치사슬

과거에는 규모가 중요했다. 대기업이 소기업보다 영향력도 높았고, 더 많은 자원을 배치해 더 많은 보상을 얻을 수 있었다. 국가의 경우 강력한 대기업 몇 개만 있으면 지속적인 경제적 성공을 웬만큼 보장할 수 있었다. 이런 맥락에서 살펴보면 IBM, 유니레버, GE, 포드와 같은 다국적 기업들은 대표적인 성장동력으로 볼 수 있다. 해당 기업들에게 여러 곳에 시설들을 세우도록 장려하는 것이 국가적인 혁신이나 외국인 직접 투자 전략의 핵심이었다. 대기업이 이룰 수 있는 성과와 소기업이 이룰 수 있는 것 사이에는 엄청난 격차가 있었다. 하지만 현재 그 격차는 급속히 줄어들고 있다.

21세기 서구 경제에서 중소기업은 일자리 창출 면에서 중요한 역할을 하고 있다. 그 기세를 유지하는 것이 여러 국가에서 성장 계획의 핵심이다. 예컨대 미국에서는 소기업(종업원이 500명 미만인)이 GDP의 약 절반, 전체 고용의 절반 이상을 차지하고 있다. 더욱이 이들 기업은 전체 수출의 약 3분의 1을 담당한다. 이는 20년 전 수치의 두 배다.

접근하기 쉬워진 기술들, 예컨대 클라우드 컴퓨팅(cloud computing) 등을 통해 소기업도 대기업처럼 행동할 수 있게 됐다. 대기업과 소기업 사이의 생산성 격차가 좁혀지고 있다는 얘기다. 작은 기업이라도 전 세계에서 활약할 수 있고 여러 나라 고객들을 상대하는 게 가능하다. 인터넷 기반 플랫폼은 지역을 초월한다. 대기업과의 임금 격차도 줄어들어, 중소기업은 강력한 자석처럼 전 세계 인재 풀에서 최고의 지식을 끌어들이게 됐다. 실제로 북미와 유럽에서는 최근 몇 년간 중소기업이 일자리 창출에서 대기업을 능가했고, 이는 강력한 혁신의 원천이 됐다. 과거 중소기업의 자원 부족은 성장의 장애물이다. 그러나 현재는 작은 조직이 지닌 유연성과 대응 속도가 돋보인다. 이를 기반으로 중소기업은 더 훌륭한 혁신 기업으로 떠올랐다. 중소기업이 전 세계로 거침없이 뻗어나갈 수 있게 되자, 국제적인 가치 사슬에 통합된 다국적 중소기업들도 등장했다.

그와 동시에 많은 대기업의 규모도 점점 줄어들고 있다. 해외 업무 위탁과 아웃소싱이 꾸준히 증가하는 가운데, 인사, 조달, 물류와 같은 비영업 부서의 기능은 많은 부분 기업 밖으로 이전됐다. 또한 유연한 노동 계약이나 자유 계약직이 늘어나면서, R&D 같은 전략적 역할조차 외부로 이동하는 상황이다. 대기업이 현재 직접 채용하는 인원은 2, 3년 전의 약 50%에 지나지 않는다. 시애틀에 있는 MS사 본부에는 약 1만2000명이 근무하고 있지만 그 중 절반만이 정식 직원이다. 나머지는 계약직이거나 컨설턴트다. 기업들은 여전히 성장하고 수입도 늘고 있지만, '조직 내'의 직원들은 줄었다. 따라서 대기업과 소기업의 격차가 다시 희미해지고 있다. 얼마 전만해도 소기업은 유연하고 대기업은 변화를 실행할 자원이 풍부하다는 인식이 있었지만 이제는 그렇지 않다. 기업이 성장하는 방법이나 협력하는 대상에 관한 선택은 이제 덩치보다 사업 목표에 좌우된다.

여기에서 핵심은 네트워크와 다자 간 협력이다. 오늘날엔 적절한 연결망만 있으면, 유능한 개인들을 팀으로 묶기가 비교적 쉽다. 이를 활용하는 기업은 점점 늘고 있다. 일관된 기획이 있으면, 네트워크 전체에 걸친 혁신을 창출하는 활동 공유가 더욱 쉬워진다. 애플리케이션과 오픈 소스의 세계에서 사람들의 관심은 소프트웨어 개발에 쏠려 있다. 하지만 ARM에서 집카(Zipcar)까지 기업들은 미래 성장동력 개발의 일부 수단으로도 네트워크를 이용한다.

성장을 위한 또 다른 촉매는 새로운 사업 창출 방법이나 사내 기업가 정신이다. 이는 보통 대기업이 새로운 사업을 성공적으로 구축하는 데 활용해 왔다. 전통적으로 핵심역량에 집중한 이런 기업들은 안전지대 안에서 새로운 성장 기반을 찾았다. 그만큼 안정감에 도취돼 있었다. 그러나 기업의 다양한 역량이 교차하는 지점에서 새로운 성장 기회가 많이 나타난다는 사실을 발견했다.

기업들은 이제 그 경계에서 아이디어를 실험하고 성장시키고 싶어 한다. 대표적으로 메드트로닉은 새로운 기회에 투자하기 위해 활동 영역 밖으로 참여의 폭을 넓혔다. 그러나 이것이 유일한 길은 아니다. 조직들은 나름대로 핵심역량을 최대한 성장시키고 유지하는 동시에 성장을 추진할 수 있는 중요한 기회를 포착할 방법을 모색하고 있다. 기업가 정신을 가지고 다양한 협력 관계를 통한 기회 포착과 사업 개발을 게을리 하지 않는다. 이를 위해 개방적인 접근 방법도 활용한다. GE과 IBM에서 셸과 P&G까지, 기업들은 인재와 역량을 연결하고 최고의 기회를 창출하기 위해 사내 기업가 정신을 강조하고 있다.

새로운 경제 성장 | 아시아 신흥국의 소비 폭발

오늘날 세계 경제 성장의 동력은 대체로 신흥 경제국들에서 나온다.

2001년 골드만삭스(Goldman Sachs)의 짐 오닐(Jim O' Neill)은 브라질, 인도, 러시아, 중국 등을 브릭(BRIC)이라는 약자로 표현하며 이들을 부각시켰다. 성장은 금융 시장과 그와 연관된 투자 활동의 우선 과제였다. 각 나라는 나름의 자산과 역량을 이용해 성장하고 있지만, 브릭 전체의 GDP는 G7의 수준을 급속히 따라잡고 있다. 골드만삭스는 수년 전, 2040년 무렵의 중국 경제는 실질적으로 미국을 앞지를 것이라고 예상했다. 하지만 그들은 2011년, 그 연도를 2018년으로 수정했다. 5년 만에 중국의 상대적 경제 성장에 대한 추정치는 사실상 두 배가 됐다. 아시아 소비자들의 위상이 강화됨에 따라 많은 기업이 성장 전략을 다시 수립하고 있다.

엠브라에르(EmbraeR: 브라질 항공기 제작업체), 시멕스(CEMEX: 멕시코 시멘트 생산업체), 페트로나스(PETRONAS: 말레이시아 국영 기업)와 같은 기업들은 세계 무대에서도 지속적인 성장을 이루고 있다.

1980년대에 전 세계 유행을 따라 국내 항공기를 제작했던 브라질의 엠브라에르는 설계 능력과 영리한 핵심 전략으로 지역 제트기 생산을 주도해 왔다. 결국 세계 4대 민간 우주 항공사로 꼽히게 됐다. 건설 분야의 경우 멕시코에 본사를 둔 시멕스(CEMEX)는 유리와 같은 재생 재료를 이용하자는 지속 가능성 의제를 역설하면서 제품 혁신을 달성해 왔다. 튼튼한 국내 기반에 의지해, 말레이시아의 페트로나스(PETRONAS)는 석유 및 가스 탐사에 활발히 나서면서 생산 효율을 높이려고 애쓴다. 현장에서 익힌 기술은 다른 국영 석유 회사들에 수출된다.

언론의 관심은 인도와 중국이라는 2대 신흥 경제국들 내에서 성장하고 있는 기업들에 집중되고 있다. GDP 성장률이 거의 10%에 이르고 부의 창출과 분배의 폭이 넓어진 가운데, 앞으로 10년 후면 또 다른 10억 명의 중산층이 나타날 것이다.

전 세계 경제의 성장 축으로 떠오른 인도와 중국에는 국내 수요만 충족시킬 뿐 아니라 수출 시장에 진출해 다른 나라까지 성장시킬 기업들이 있다. 이들은 거대한 국내 시장에서 성공한 적이 있으며 광활한 시장에서도 경쟁에 승리할 수 있는 역량을 갖췄다.

인도 | 의료허브 산업의 급성장

인도 경제를 키우는 기업들은 다양한 경제 부문에서 활약 중이다. 인도의 IT 부문은 애초부터 국제적인 시장이었다. IBM과 액센추어 등 서구 기업들의 하청 업무를 많이 해왔지만 지금은 다르다. 위프로(Wipro), 인포시스, 타타 컨설팅(Tata Consulting, TCS) 등은 더 이상 저비용 서비스보다는 가치 창출이 주력이다. 인도에서 가장 유명한 IT 기업인 인포시스는 매출이 860억 달러를 넘고, 13만 명 이상을 고용하고 있다. 이들을 통해 방갈로르와 첸나이, 푸네에 주요 교육 기관을 두고 전 세계 여러 주요 기업들을 위한 디자인과 소프트웨어 개발을 주도한다. 한편, 인도의 IT 서비스 선도 기업인 TCS는 현재 10만 명 이상을 고용하고 있다.

자동차 부문의 경우 인도 최대의 자동차 트럭 회사인 타타 모토스는 제품의 상당 부분을 국외에 판매한다. 재규어 랜드로버(Jaguar Land Rover) 같은 국제적인 브랜드도 잘 활용한다. 재규어와 랜드로버는 이미 유명한 브랜드지만 국내용이었던 타타 브랜드 제품도 상당한 수출 실적을 자랑한다. 국내 시장을 주도해온 마루티스즈키(Maruti Suzuki)도 새로운 고객을 확보하기 위해 아시아 해외 시장 진출을 모색하고 있다. 마힌드라 앤드 마힌드라(Mahindra & Mahindra)는 농촌용 차량과 도시용 다목적 트럭을 여러 나라로 수출하는 가운데 국내 시장 구도까지 바꿨다. 최근 한국의 쌍용자동차를 인수한 마힌드라는 현재 앞으로 2, 3년 뒤에 해외 진출을 완료한다는 목표를 내세운다. 실제로 라틴아메리카, 동남아시아, 동유럽 전역에 걸쳐 발자국을 남기면서 90여 개 나라로 뻗어나가고 있다. 매출이 지난해 대비 27% 증가한 이 회사의 가치는 100억 달러로 평가된다. 언급된 인도의 자동차 회사들을 현재 전 세계 시장을 주도하는 토요타·GM·폭스바겐의 잠재 도전자로 여기는 사람도 있다.

의료 부문도 여러 나라에 영향을 미치고 있다. 하이드라바드에 기반을 둔 아폴로 병원(Apollo Hospitals)은 세계 최대의 원격 의료 허브 중 하나다. 아라빈드 아이 케어

(Aravind Eye Care)는 백내장 수술을 혁신해 연간 300만 건 이상의 수술을 시행한다. 그 가운데 70%는 무료거나 최소한의 비용만 지불한다. 비용을 전액 지불하는 수술은 850건에 지나지 않다. 따라서 외국에서 수많은 사람이 질 높은 안과 치료를 받으러 인도로 날아오고 있다. 방갈로르에 기반을 둔 나라야나 흐루다얄라야는 심장 수술로 유명하다. 나중에 자세히 설명하겠지만, 나라야나 병원들에서는 현재 1주일에 600건 이상의 심장 수술이 시행되고 있는데, 절차와 사업 모델 혁신으로 뒷받침된 그 병원들은 의사들이 서구의 10%도 안 되는 비용으로 세계 수준의 심장 수술을 하고 있다. 프랭클린 루스벨트의 표현처럼 '사다리 밑바닥'에 있는 수백만 명의 요구를 충족시키기 위해 의료 체계의 전 과정을 혁신하고, 그 결과인 효율성을 이용해 사업 규모를 확대하는 능력이 새로운 성장 기회를 제공하고 있다.

하지만 큰 문제는 여전히 남아 있다. 경제 성장에 힘입어 인도는 다른 어떤 나라보다 백만장자가 많이 생길 수 있다. 부가 아직도 아래로 내려가지 못하기 때문이다. 인도의 수백만 인구는 아직도 극심한 빈곤 상태에 있다. 부유층과 빈곤층 사이의 격차도 점점 커지고 있다. 전문가들은 인도의 민간부문이 공공부문을 먹여 살리고 고성장과 성공의 이득을 좀 더 폭넓게 나누도록 지원할 책임이 있다고 본다. 나라야나 흐루다얄라야 같은 민간 기업들은 실제로 경제 피라미드의 아래에 위치하면서 인도 빈곤층의 혁신을 이끈다. 소비자 입장에서 보다 저렴하고 단순한 선택을 가능하게 하면서 말이다.

중국 | 화웨이·BYC·선테크·바이두 등 주목

중국의 경우 전체 주가지수를 좌지우지하는 은행과 석유회사들이 주목을 받는다. 중국공상은행(Industrial and Commercial Bank of China: 2011년 중반에 8조2394억 달러의 가치를 기록), 중국건설은행(China Construction: 8조2250억 달러), 패트로차이나(PetroChina: 8

조3240억 달러)와 같은 기업이 그들이다. 이들은 시장 가치에 따라 전 세계 10대 기업 목록에 여러 차례 올랐다. 엑슨모빌이나 HSBC 등과 비교해 중국 기업들의 영향력을 과소평가해서는 안 된다. 이미 주목을 받는 기업들과 아울러, 주목해야 할 다른 기업들까지 살펴봐야 한다.

중국의 10대 혁신 기업에 대한 〈패스트컴퍼니〉의 2010년도 분석을 보면, 네 기업이 두드러진다.

- 화웨이 테크놀로지스(Huawei Technologies): 세계 유수의 통신 장비 공급업체의 하나로, 아시아는 물론 유럽과 미국에서도 성장하고 있다. 4세대 이동 통신을 기반으로 에릭슨, 알카텔 등과 경쟁하고 있다. 저가 모방 제품으로 출발한 화웨이는 R&D에 막대한 투자를 해왔다. 모바일 기술을 선도하기 위한 노력의 결과 지금은 세계에서 손꼽히는 특허 출원 기업 중의 하나다.

- BYD(Build Your Dreams): 전기 자동차를 대중화할 수 있는 전지 기술을 선도하는 기업으로 알려져 있다. 워렌 버핏이 투자한 곳으로도 유명하다. 선전에 본사를 뒀으며 리튬-이온 전지 생산의 선두 주자다. 100% 전기자동차를 출시한 이 회사는 다른 회사에 핵심 기술을 제공하면서 브랜드력을 높이고 있다.

- 선테크 파워(Suntech Power): 태양 에너지 시장을 빠른 속도로 주도하고 있는 업체다. 태양 에너지가 지속 가능한 에너지를 위한 장기 성장 분야임을 감안할 때 회사의 기술력은 대단하다. 산업 평균보다 50%나 효율성이 높다. 미국에 있는 국제적인 생산 시설은 제품 수출에 날개를 달아줬다. 그 결과 미래를 위한 클린테크(clean tech: 환경문제를 해결하는 데 도움이 되거나 오염물질 발생 자체를 줄이는 친환경 기술)를 선도하는 기업 중 하나로 자리매김했다.

- 바이두(Baidu): 중국의 가장 중요한 검색 사이트로 국내 시장의 75% 이상의 점유율을 자랑한다. 글로벌 강자인 구글도 바이두의 공세에 간신히 버티는 수준이다. 소후와 같은 경쟁사들이 정확도가 높고 검색하기도 더 쉬운 방법들을 개발했지만, 바이두의 아성을 깨뜨리지는 못했다. MS사와 협력 관계를 유지하고 있는 바이두는 모바일 시장에서도 두각을 드러낸다. 중국 내 인터넷 망 산업이 성장하는 가운데 아주 유리한 입장에 있다.

신흥 경제 기업의 시장 확대 | 아프리카의 성장까지 눈여겨보다

M&A와 유기적 성장의 개념을 다시 떠올려보자. 여러 신흥 시장 기업들도 타사의 기존 사업 일부나 전부를 인수해 브랜드 인지도와 사업 역량을 함께 확보해 왔다. 〈이코노미스트 인텔리전스 유닛Economist Intelligence Unit〉은 브라질계 은행인 방코 도 브라질(Banco do Brasil)과 브라데스코(Bradesco)가 포르투갈의 방코 에스피리토 산토스(Banco Espirito Santos)라는 아프리카계 기업을 인수한 일에 주목했다.

은행업계에 따르면, 현재 아프리카인의 15%만이 은행 계좌를 갖고 있다. 이에 비해 라틴 아메리카는 45%에 이른다. 브라질계 은행들은 국내 시장을 지배하면서 '은행을 이용하지 않는 사람들'을 위한 새로운 서비스를 창출해 왔다. 이 은행들은 시장 확대를 통해 더 큰 가능성을 본다. 바티 에어텔(Bharti Airtel)이라는 인도의 이동통신 회사는 최근에 자인(Zain)을 인수해 아프리카에 중요한 교두보를 하나 더 마련했다.

신흥 시장 기업들은 선진국 시장으로도 꾸준히 뻗어나가는 모습이다. 레노보와 타타가 선도 기업으로 꼽히는 가운데, 많은 기업이 줄을 이어 국내뿐 아니라 세계에서도 기회를 모색하고 있다.

신흥시장에서 성공한 서구 기업들 | 현지화해야 성공한다

앞으로 10년에 걸쳐 브릭 국가들에서만 10억의 중산층 소비자가 더 늘어난다는 사실은 서구 기업들에게 매력적인 소식이다. 월마트와 테스코와 같은 소매업체는 물론, 프라다와 루이뷔통과 같은 사치품 제조업체에도 마찬가지다. 2020년이 되면 브릭 국가의 중산층 소비자는 미국과 유럽연합을 합친 것보다 더 많아질 것으로 예측되는 가운데, 많은 사람이 아시아, 특히 중국에 관심을 집중하고 있다.

이에 따라 P&G, 네슬레, VISA와 같은 곳들도 아시아의 성장을 자신들의 장래 계획의 핵심으로 삼고 있다. 이를 보고 팸퍼스(Pampers), 네스프레소(Nespresso), 크레디트 카드와 같은 기존 제품들을 신시장에 더 많이 팔아야 한다고 생각하는 기업도 있지만, 해당 지역 소비자에 맞게 새로운 제품을 설계해야 한다고 생각하는 곳도 많다. 신제품이 네슬레의 국수스낵이든, P&G의 중국인 아파트를 위한 청소용품이든, 새로운 시장을 위해 특별히 설계된 상품의 매출은 성장 궤도에 있다. '중국인을 위해 중국에서 생산된' 국내 제품이 속속 등장하는 건 이런 배경에서다. 아시아에서 성공적인 성장의 길을 찾는 것은 요즘 글로벌 기업들의 우선 과제다.

그렇다고 신흥 시장에서 기반을 마련하려는 모든 서구 기업들의 시도가 성공한 건 아니다. 다른 문화권의 소비자를 진심으로 이해하는 게 쉽지 않다는 건 잘 알려진 사실이다. 서로 다른 기업과 시장 환경 때문에 기존 사업 관행을 바꾸는 건 어렵다. 그 변화에 성공한 기업은 소수에 지나지 않는다. 지금까지 가장 성공한 전략은 지역화를 통해 역량을 갖춘 지역 기업과 제휴 관계를 맺은 경우가 많다.

월마트와 까르푸(Carrefour)가 떠들썩하게 신흥시장에 진출했지만 쓴맛만 봤다. 반면 영국에 본사를 둔 테스코(Tesco)는 약간의 시행착오 끝에 성장동력이 많은 부분 외국 시장으로 쏠려왔다.

특히 한국에서의 성과는 놀랍다. 테스코는 진출 초기에 현지의 삼성그룹과 합작 회사인 홈플러스를 설립했다. 삼성의 지분을 거의 정리한 지금은 350개가 넘는 매장에 2만3000명 이상을 고용하고 있다. 그중에 4명 정도만 영국인이다.

홈플러스는 한국에서 두 번째로 큰 소매업체다. 2011년 기준으로 10조 원이 넘는 매출에 1300만 명 이상의 고객카드 회원을 뒀다. 이 소매브랜드가 성공한 원인은 그것이 한국인을 위한 한국이 운영하는 한국 회사라는 사실에 있다. 물론 기존에 테스코가 쌓아온 소매사업 역량이 이런 전략을 뒷받침했다.

이와는 달리 기업 인수를 통해 성공적인 지역 사업 기반을 확보하는 경우도 있다. 이는 단순히 시장 점유율을 인수하는 차원이 아니다. 사업 역량의 성장을 노린 것이다.

이를테면 레킷 벤키저가 2011년에 인도의 파라스 제약회사(Paras Pharmaceuticals)를 인수한 일을 예로 들 수 있다. 파라스는 개인 회사로 처방전 없이 살 수 있는 여러 중요한 건강관리 및 개인 위생용품 브랜드를 벤키저에 가져다줬다. 벤키저 입장에선 매출이 안정적인 브랜드들을 제품 구성에 추가하는 한편, 인도 맞춤형 건강관리 사업을 기획할 수 있는 기회였다. 2010년 액센추어 조사 보고서는 '고성장 신흥 시장 진출은 실적이 부진한 다국적 기업의 중요한 성장동력'이라는 사실을 강조했다. 서구 모델을 단순히 새 시장에 적용하기보다는 지역 브랜드를 제품 구성에 추가하는 전략이 지금까지 인기가 높다는 이야기다.

세분화되는 시장 | 화교·할랄 스타일의 중요성

빠른 속도로 세계화가 진행 중이다. 때문에 소비자 집단도 단순한 행정 지역상으로 묶일 수는 없다. 중국 도시 거주자들은 자국 내 농촌 지역 사람들보다 파리나 뉴욕 사람들과 공통점이 더 많을 것이다. 그렇기에 지역시장에서 기회를 찾을 때 신중해야 한다.

인도와 중국 등은 성장 잠재력이 대단히 높지만 그 내부에는 여러 변수가 있다. 인구 100만을 넘는 도시가 150개나 되는 중국에 대해 지역과 상관없이 통일된 성장 전략은 어울리지 않는다. 대신 작은 지역으로 분할해 생각해보는 게 유리하다. 특정 전략을 세우는 데 있어 소비자 사이의 유사점을 최대한 많이 찾아볼 수 있는 범위로 제한해야 한다는 말이다.

전 세계 화교가 크게 증가함에 따라, 그 영향력도 커지고 있다. 이들은 자본과 사업 아이디어를 본국으로 끌고 오는 집단이다. 또한 외부에 시장도 조성해 자국 출신들이 새로운 시장으로 진출하는 길도 제공하고 있다. 중국 밖에는 4000만 명 이상의 화교가 살고 있는 것으로 추산된다. 2010년 세계은행의 추산에 따르면, 그들은 그 해에 약 8510억 달러를 본국으로 송금했다.

무슬림 인구가 유럽 일부 지역들에서 크게 증가한 가운데, 다양한 문화적 요구를 충족시킬 수 있는 기업의 성장 기회가 열리고 있다. 할랄(halal: 이슬람교도인 무슬림이 먹고 쓸 수 있는 제품 전체를 가리킴−옮긴이) 식품에서 이슬람 금융 상품까지 우리는 유럽의 제품 구성에서 새로운 변화를 발견한다. 기술 발전 덕분에 고객 맞춤형 서비스를 훨씬 다양하게 제공할 수 있고, 소비자들이 찾는 것을 더 상세하게 분석할 수 있다. 최고의 성장 기회를 이용하기 위해 시장을 최대한 세분화해서 생각하는 게 현명하다.

금융 위기의 영향 | 국가보다 도시 간 네트워크가 더 중요하다

최근 금융 위기는 선진국들이 성장을 바라보는 방식에 어떤 영향을 미쳤을까?

2008년 영국 네스타(NESTA: 영국 국립과학기술예술재단)의 찰스 리드비터(Charles Leadbeater)와 제임스 미드웨이(James Meadway)가 제출한 보고서에는, 혁신활동에 투자해야 하는 적기는 위기라고 주장한다. 1907년에 발생한 샌프란시스코 지진에 대응해 연방준비제도가 만들어졌고, 핵공격의 위협으로 인터넷이 발달했으며, 대형 컴퓨터 시장의 위기에 맞춰 IBM이 서비스 중심으로 전환했다는 게 그 근거였다. 대공황 중 일어났던 세계 무역의 쇠퇴와 같은 사태를 피하려면, 위기 때 변화를 위해 투자하라는 조언이다.

실제로 지난 2년에 걸쳐 혁신을 통해 경기를 부양하고 성장을 장려하기 위한 다양한 움직임이 있었다. 미국의 녹색 경기 부양 프로그램과 독일의 폐차 지원제도는 물론, 중국의 사회 기반 시설 투자 프로그램이 그런 사례들이다. 모두 상호 성장을 위해 정부와 산업 간에 이뤄진 협력이었다. 이와 비슷한 정책은 전후 일본에서도 이뤄졌다. 그 결과 1950년대 8%, 1960년대에는 10%의 경제성장률을 달성할 수 있었다. 하지만 서구 사회에서 정부와 기업 간의 협력이 항상 좋은 결과만 낳은 건 아니었다. 독일의 폐차 지원 제도는 유럽 강국의 자동차 부문이 강세를 유지하는 데 도움을 줬지만, 기타 비슷한 다른 프로그램들은 아직 큰 효과를 보지 못하고 있다.

어려운 시기를 맞은 기업이 예산을 긴축해 생산비용을 줄이는 건 당연한 일이다. 이때 가장 먼저 손을 보는 것이 기술개발(R&D) 투자다. R&D 투자는 단기적으로는 수익 창출이 큰 도움이 안 된다. 하지만 이는 현재를 위해 미래를 희생하는 일이다. 기업 혁신 활동과 운영에 악영향을 미치기 때문이다. 나아가 국가 성장동력도 약화시킨다. 영국과 같은 국가들은 물론, 포르투갈, 아일랜드, 그리스, 스페인에서 흔하게 발견되는 사항이다. 지출을 삭감하고 적자를 줄이기 위해 도입된 긴축 조치의 핵심은 공공 부문 성장에 대한 투자를 감소시키는 일이다. 바꿔 말하면 경제 운영에 있어 민간 부문에 더 의존한다는 뜻이다. 민간 부문 역시 미래 투자를 줄이는 상황과 종합해보면, 함께 어려움을 장기화했던 움직임이라고 할 수 있다.

금융 위기 이전인 2007년, 세계 경제의 연간 평균 성장률은 5.2%였다. 이 수치는

2009년에는 0.6%로 급락했다. 그 안을 살펴보면 선진국과 신흥 경제국 사이에는 충격 흡수력에 큰 차이가 있었다. 서구의 2007년도 평균 GDP 성장률은 −3.2%로 떨어진 반면, 급성장하는 아시아 경제국들은 2.4%로 하락했을 뿐이다. 2년 후 서구는 GDP 성장률이 연 2%로 상승했다가 다시 떨어졌지만, 개발도상국들의 평균은 이전처럼 6% 이상으로 솟아올랐다. 인도와 중국의 기업가들에게 세계 경기 침체에 관해 질문을 던지면, '웬 침체?'라는 식으로 반문할 것이다. 그들에게 경기 침체란 사소한 접촉 사고에 지나지 않았던 것이다!

지난 몇 년에 걸쳐 달라진 점은 기업과 일부 국가들이 혁신이란 주제로 협력하려 한 것이었다. 그래서 G20 수준이든, 좀 더 지역적으로든 네트워크의 힘을 활용하려는 움직임이 컸다. 이는 과거 여러 나라가 경험한 것보다 훨씬 신속하고 더욱 효과적인 성장을 가능케 한 요소다. 이젠 국가 간의 네트워크가 아닌, 도시와 세계 성장 중심 사이의 긴밀한 연계가 효율적으로 보인다. C40(40대 거대 도시 시장들)과 같은 조직들이 세계 변화에 강한 영향력을 미쳐온 가운데 나온 움직임이다. 이젠 런던과 버밍엄 또는 뉴욕과 필라델피아의 경제 관계보다 뭄바이와 뉴욕, 상하이, 런던 사이의 직접적인 연결망이 세계 경제에 큰 영향을 미칠 것으로 보는 사람이 많다.

어떤 이들에게 경기 침체는 우리가 일하는 방식과 부의 창출 시스템에 대해 근본적인 의문을 던지게 했다. 건강, 운송, 통신 등, 수많은 부문이 이전과 다름없이 계속 가동되는 것은 인구 증가와 기술을 중심으로 한 거대한 변화가 있었기 때문이다. 서구 시장에만 집중하면 신규 수요 감소로 사업에 타격을 입기 쉽다. 이런 경우 침체 기간이 더 오래 지속될 것이 확실하다. 하지만 금융 위기를 좀 더 넓은 관점에서 보면 어쩔 수 없이 사업을 정리하거나 습관을 바꿔 앞으로 나타날 더 큰 기회에 집중하게 하는 사건으로 여길 수 있다.

아직 사업 기회는 많다. 특히 21세기에 적합한 시장이나 사회제도의 발전을 뒷받

침할 수 있는 기업, 신규 소비자의 요구를 충족시키는 제품과 서비스를 제공하는 회
사의 전망은 밝다.

성장에 대한 새로운 접근 방법

핵심역량(core competence) 중심 사고는 상대보다 잘하는 것에 집중하는 반면, 독보적 역량(distinctive competence)의 개념은 기업이 고유한 능력을 발휘해 더 큰 경쟁력의 우위를 얻는 일에 초점을 맞춘다. 이것은 학계와 재계에서 활발히 논의되는 분야이면서 많은 기업이 성장의 틀을 짜는 열쇠다.

필립 슬레닉(Philip Sleznick)이 처음 '독보적 역량'이란 용어를 만든 1950년대 말로 돌아가 보자. 독보적 역량이라는 개념은 일부 기업에 성공을 가능케 하는 일정한 강점이 있다는 가정에서 나왔다. 그것은 경쟁보다는 시장 지향적인 장점(강력한 브랜드 같은)을 의미한다. 1970년대에 케네스 앤드류스(Kenneth Andrews)는 이런 견해를 기반으로, 독보적 역량은 기술 개발처럼 기업이 경쟁업체에 비해 특별히 잘할 수 있는 일련의 활동에서 나온다고 주장했다. 이런 주장은 광범위한 논란을 불러일으켰다. 평가의 주관성 탓이다. 누군가 독특하다고 생각하는 요소가 다른 사람에게는 평범할 수도 있다. 그렇다고 해도 자사의 독보적 역량이 무엇인지, 왜 그것이 중요한지 잘 알고 있어야 하는 것은 중요하다. 이것이 독보적인 차별화의 원천이 되도록 역량을 키워야 한다. 그건 당면한 문제이기도 하고, 기회이기도 하다.

자원 중심의 관점 | 경쟁자와 구별되는 차별성

독보적 역량에 대한 학계의 초점은 최근 '자원 중심의 관점(resource-based view)'으로 이동했다.

이런 전환은 포터의 5가지 협상력(Porter's five forces) 모델처럼 외부 문제에만 초점을 맞추는 것에서 벗어나, 내부 역량 개발이 중요하다는 생각에서 나왔다. 자원 중심의 관점에 따른 연구는 기업의 내적인 특징과 실적 사이의 관계를 탐구한다. 1991년 바니(Barney)가 처음 설명한 대로, 기업은 귀중하고, 희귀하고, 모방할 수 없고, 대체할 수 없는 자원들의 집합으로 볼 수 있다. 이는 1995년 〈하버드 비즈니스 리뷰〉에 실린 데이비드 콜린스(David Collins)와 신시아 몽고메리(Cynthia Montgomery)의 '자원 획득 경쟁'이라는 기사 내용과 일맥상통한다. 이들은 "기업들은 서로 닮을 수가 없다. 경험도 다르고, 자산과 기술도 다르고, 조직 문화도 서로 다르기 때문이다"라고 주장했다.

귀중한 자원은 차별화의 요인이 된다. 그것은 물리적 자산일 수도 있고, 브랜드와 지적 재산권과 같은 무형 자산일 수도 있다. 또는 기업의 일상 업무와 절차나 기업 문화일 수도 있다. 경쟁력에서 우위에 서려면 경쟁업체보다 더 훌륭하게, 또는 더 효과적으로 업무를 수행할 수 있게 하는 귀중한 경영자원을 우선 확보해야 한다.

역동적 역량 | 강점 살리고 새 시장 개척하고

현재의 독보적 역량에 안주하면 안 된다. 급변하는 세계에서는 선두를 지키기 위해 모든 면에서 변화가 불가피하다. 그렇게 자원 중심의 관점은 이른바 '역동적 역량 (Dynamic Capabilities)'이란 개념으로 진화했다. 미래의 자원 창출에 부합하거나 그와 연관되는 기업 활동을 깊이 선별해야 한다는 관점이다. 이는 자원의 조합을 새롭게 하거나, 또는 티스(Teece)와 동료들이 말한 대로, 변화하는 환경에 대처하기 위해 대내외적인 역량을 통합하고, 구축하고, 재구성하는 기업 역량에 주목한다는 뜻이다. 역동적 역량의 기능은 포괄적이지만, 가치는 역동적 역량이 만들어내는 자원 구성에서 찾을 수 있다.

독보적 역량을 성공적으로 발전시켜 역동적 역량까지 길러낸 회사의 대표적 예는 IBM이다. 1993년 IBM의 서비스 사업부의 매출은 전체 매출의 27%를 차지했는데, 2001년에는 그 비율이 두 배 이상 증가했다. 10년 뒤에는 IBM의 매출 가운데 소프트웨어와 서비스와 관련된 부분이 70% 이상이나 차지하게 됐다. 역동적 역량 덕분이었다.

〈캘리포니아 매니지먼트 리뷰California Management Review〉의 한 기사에서 헤럴드(Harreld) 등은, 급변하는 환경에 대처할 수 있는 역량을 구축할 때 특히 경영진의 역할이 중요하다면서 이렇게 말했다.

"역동적 역량과 함께 지속적인 경쟁력의 우위는 기업에 이미 존재하는 자원이나 능력을 재구성하는 능력에서 나온다. 그것은 고객에게는 가치가 높지만 경쟁업체는 모방하기 어려운 방식으로 이뤄진다."

IBM은 딥 다이브(deep dive), 전략적 리더십 포럼, 신사업 기회 프로그램 등 여러 가지 새로운 방법을 활용해 내부 자원을 꾸준히 개발해 왔다. 그것은 지속적인 경쟁 상황에서 계속 성장할 수 있는 독보적 역량이 됐다. 이 회사는 2010년 매출 8999억 달러에 148억 달러의 이익을 기록했다. 전년보다 10%나 상승한 수치다. 주가도 2000년대 초 닷컴 붐의 절정기가 무색하게 뛰어올랐다. IBM은 100년 동안이나 영업을 해온 회사지만, 독보적 역량을 기반으로 선두를 지켜왔다. 기존 사업을 계속 발전시키는 한편 새로운 시장을 창출하는 데도 지원을 아끼지 않았다. 그 결과 급성장하는 신흥 기업들의 공세에도 꿋꿋한 모습이다.

독보적 역량은 해당 조직을 시장에서 돋보이게 하는 것을 넘어 지속적으로 가치를 창출해 성장을 주도하게 한다. 그것은 이용할 수 있는 기술과 자산, 능력의 독특한 결합으로 이뤄진다. 역량이 고정돼 있든, 역동적이든, 이를 미래의 성장을 위한 중심축으로 보는 학자와 경영자는 점점 늘어나고 있다.

역량을 유지하기 위해서는 크게 두 가지 문제를 해결해야 한다.

우선은 역량을 지키고 그것이 단순한 능력으로 변하지 않게 막는 문제가 있고, 또 하나는 미래에도 독특함을 유지할 역량들을 쇄신하거나, 다시 구축하는 문제가 있다. 나중에 살펴보겠지만, 이런 목표를 이룬 애플, 아마존, 레고, 롤스로이스, 셸과 같은 기업들은 자기 분야에서 승자가 됐고, 여전히 그 자리를 유지하고 있다.

지속 가능한 성장 | 모든 이해관계자를 만족시키며 가야할 길

서구 사회의 경기 침체와 이에 따른 새로운 성장 원천을 찾는 일은 지속 가능성이라는 의제와 밀접하다. 앞으로 10년 뒤 세계 인구가 7억5000만 명이 증가할 때 일어날 변화에 민감한 많은 나라들이 특히 새로운 방식의 성장을 추구한다. 기업들도 무제한 성장이라는 전통 관념을 부정하기 시작했다. 자원 소비 증가를 통한 성장에서 탈피할 방안을 모색하는 기업도 있다.

지속적인 원가 절감과 안정적인 자원 확보는 기업들이 점점 풀기 어려운 난제다. 대신 많은 회사들이 '책임 있는 기업'으로서 성장 가능성을 모색하고 있다. 구글, 펩시, 월마트와 같은 다양한 기업들에서 지속 가능성은 특정 부서가 아닌 조직 전체의 이슈가 됐다. 미래 사업 전략이나 계획에 필수로 포함돼 있는 게 바로 지속 가능성이다. 자원 위기에 빠진 지구를 구한다는 점에서 '녹색 경제' 같이 구체적인 정책등이 지속 성장의 주요 동력으로 떠오른다.

기업 중역 회의실에서만 이런 일이 일어나는 건 아니다. 국제기관이나 국가 지도자들도 지속 가능한 성장을 중요한 의제로 다룬다. 일례로 2010년도 세계 경제 포럼(World Economy Forum) '아시아 하계 다보스(Summer Davos in Asia)'에서 중국은 '지속 가능성을 통한 성장 추구'에 초점을 맞췄다. 원자바오 중국 수상은 개막 연설에서, "중국은 자원을 보존하고 환경을 보호하면서 자원의 효율성을 높일 것"이라고 약속했다. 이를 단순한 국가 홍보 활동이라고 대수롭지 않게 여기는 시선도 있지만, 그렇게 가볍게 넘길 움직임이 아니다. 적어도 지속 가능성이란 문제를 기업 경영과 조직문화에 심어야 할 시점에 왔다는 인식은 공감을 받을 만하다. 기업들은 이런 목표를 달성하기 위해 다양한 방법을 시도하고 있다. 그런데 어떤 게 정답일지는 모호하다.

지속 가능성이 경쟁력 우위의 원천이자 성장의 동력이 될 수 있다고 믿는 사람이 많은 건 사실이다. 예컨대, 세계 경제 포럼 상무이사이며 최고운영책임자인 앙드레 슈나이더(Andre Schneider)는 이렇게 말했다.

"21세기에는 지속 가능성을 통해 성장을 추구하는 것이 세계·국가·기업 경쟁력의 핵심이다."

이와 동시에 OECD는 21세기를 위한 혁신 전략을 개발했다. 이 전략은 아래와 같은 말을 배경으로 한다.

"혁신으로 경기 회복이 가속화되고 나라가 지속 가능한 녹색 성장의 길로 되돌아갈 수 있으며 (중략) 나라와 기업이 경기 침체에서 회복하려면 혁신이 필수적이라는 믿음으로 뒷받침된다. 혁신은 발전을 위한, 그리고 사회적, 세계적 문제들에 대처하기 위한 강력한 동력이다. 그리고 혁신의 관건은 선진 경제국과 신흥 경제국 모두에게 지식 창출과 그 응용과 보급을 통한 일자리 창출과 생산성 향상이다."

더 많은 글로벌 기업들이 각종 자원이 점차 고갈되어 가는 상황에서 지속 가능한 성장은 선택이 아닌 피할 수 없는 것이라고 본다. 접근 방법과 동기, 성장에 대한 보상의 측면에서 변화가 어느 정도 필요한지, 그 시기는 언제인지에 대해서는 논란이 있다. 지금까지 관심을 끌어온 한 가지 중요한 관점은 자원 소비를 줄이면서 경제의 불균형 구조를 개선해야 한다는 것이다.

'하나뿐인 지구'의 관점은 세계 자연 보호 기금(world wide fund for nature)과 세계 지속 가능 발전 기업 위원회(World Business Council for Sustainable Development)를 비롯한 수많은 단체의 지지를 받는다. 이 관점은 세계가 해마다 자연적으로 복원할 수 있는 자원양의 1.6배를 사용하는 현실을 바꾸고자 하는 의도에서 나왔다.

과거에는 경제적 가치나 주주 가치와 사회적 자본 사이의 공통언어를 찾아내는 것을 중요하게 봤다. 미래의 이득을 현재가치로 할인하면 미래로 갈수록 줄어든다. 때문에 미래 이득보단 현재 이득이 우선시된다. 사회적 복지의 척도와, 경제적 번영과 행복의 관계에 대한 이해는 아직 개발 초기 단계다. 이를 실행하는 일도 마찬가지다. 하지만 이 쟁점들이 주류에 편입돼 가는 징조는 분명해지는 양상이다. 2011년 7월 유엔총회에서는 국가 정책에 행복과 복지 추구의 중요성을 강조해야 한다는 내용의 결의안을 통과시켰다.

결의안은 GDP 지수의 한계에 대해 언급한다. 한 나라 국민의 행복과 복지를 반영하기 위한 것도 아니고, 적절히 반영할 수도 없다는 것이다. 또한 지속 불가능한 생산과 소비 패턴은 지속 가능한 발전을 방해할 수도 있다고 지적했다. 이런 맥락에서 금융 위기에는 한 가지 긍정적 측면이 있을 것이다. 2009년 9월 니콜라스 사르코지 프랑스 대통령이 〈텔레그라프〉지에서 말한 대로, "위기는 다른 모델, 다른 미래, 다른 세계를 자유롭게 꿈꾸지 못하게 하는 것으로 그치지 않는다. 위기는 그런 꿈을 꾸도록 강요한다."

성장 논쟁의 틀을 다시 세우려는 또 다른 시도들은 여전히 주변에 머물러 있다. 2009년도 지속 가능한 개발 위원회(Sustainable Development Commission) 보고서 '성장

없는 번영·지속 가능한 경제로의 전환'과 같은 출판물들이 얼마나 적은 수의 지도자들만 참고하는지 살펴보면 알 수 있다. 팀 잭슨(Tim Jackson)은 이 보고서와 저서에서 자본주의와 경제적 성장은 에너지 소비 문제와 분리할 수 있다고 강력히 주장했다. 하나뿐인 지구의 관점에 동의한 그는 인류 번영의 비전을 인간이 잘 살게 하는 능력으로 본다. 그것은 지구의 생태학적 한계 안에서 이뤄내야 하는 일이다. 나아가 소박한 생활과 절약이 최선책이며, 절약하며 생활하는 사람들은 물질주의를 따르는 사람들보다 더 행복하다고 주장한다. 자원 생산성을 향상시키기 위한 방안이 필요하다고 제안하면서도, 여기에는 여러 부작용이 있다고 덧붙였다.

무자비한 성장을 멈춰야 한다는 데에는 대부분 동의한다. 하지만 많은 국가들에게 아직은 너무 이른 조치일지도 모른다. 개발도상국들은 아직 위생, 전력, 깨끗한 물 같은 기본사항을 충족시키는 게 필요하기 때문에 일정한 수준의 성장이 요구된다. 이는 대체로 경제 성장에 대한 전통적인 관점에 따를 수 있다.

그러나 다른 영역에서는 새로운 접근 방법을 취해야 한다는 주장이 꾸준히 힘을 얻는다. 금융계의 경우 사회 책임 투자, 윤리 펀드, 윤리 은행 같은 분야가 발전했고, 공정무역, 탄소와 열량표식 등에 대한 소비자 관심도 커졌다. 지속 가능성 분야를 주도하는 유니레버와 막스앤스펜서(Marks & Spencer) 같은 기업들에 높은 충성도를 보여주는 소비자들도 늘고 있다. '성장 챔피언'으로 부각된 기업들은 재무적 성장으로 성공에 이르렀지만 동시에 지속 가능성이라는 의제를 핵심 사업 전략과 공정에 빠르게 반영하는 모습이다.

단기적 주주 가치는 미래 수익 가치가 높아질 때 향상된다. 그러나 지속 가능한 주주 가치 성장은 모든 이해 관계자(종업원, 고객, 납품업체, 지역사회, 정부, 주주)의 요구가 최대한 반영될 때 창출된다. 혁신이 신제품을 개발하거나, 새로운 업무 처리 방식을 도입해 새롭게 경제적 가치를 창출하는 건 분명하다. 혁신은 경제적 효용이나 감성적 가치를 만들어내면서 사회적 가치 체계와 선택에 변화를 일으키는 데 도움이 되기도 한다.

우리들 가운데 대다수는 성장이 매출과 이윤, 수익을 촉진하는 수단을 넘어서는 훨씬 큰 의미가 있다는 데 동의한다. 성장은 결국 모든 이해 관계자를 위한 가치를 만들어낸다. 주주를 위해서는 경제적 가치를, 종업원과 그 가족, 친구, 지역사회, 사회적 네트워크를 위해서는 사회적 가치를 창출하는 것은 물론, 생태계와 환경을 위해서도 가치를 창출한다. 이는 경제적 대안을 찾는 선진 지역들은 물론 성장가도에 있는 개발도상국 시장에서도 마찬가지다. 경제 성장도 중요하지만 이제는 여기에 사회적, 환경적 가치까지 감안해야 한다. 이 책에 소개된 기업들은 이런 관점에서 성장 목표를 달성해 나가고 있다.

The Growth Agenda

GROWTH CHAMPIONS
The Battle for Sustained Innovation Leadership

Part 2

성장의 챔피언들

CASE 1

아우디와 삼성전자

디자인을 성장동력으로

차별화 포인트는 이제 가격과 포지셔닝에 있지 않다. 제품 자체를 어떻게 차별화
하느냐에 있다. 많은 제조업체는 이제 경쟁업체들과 동일한 기술 기반에서 활약하
고 있다. 그래서 의미가 있으면서도 가시적인 혁신의 동력으로 나온 게 바로 디자
인의 역할이다.

디자인이 혁신의 핵심이다

세계화와 새로운 기술과 아이디어가 빠르게 공유되면서 제품의 평균 수명이 줄어 들어드는 양상이다. 새로운 제품이 발매되는 기간도 점점 단축되고 있고, 이른바 '재빠른 모방자들(fast followers)'도 눈 깜짝할 사이에 비슷한 제품을 시장에 내놓는다. 원 제품이 출시된 지 몇 주 후면 복제돼 판매되는 제품이 부지기수다. 여러 다양한 부문에서 차별화 포인트는 가격과 포지셔닝(positioning: 소비자의 마음속에 자사 제품이나 기업을 표적시장·경쟁·기업 능력과 관련해 가장 유리한 위치에 있도록 노력하는 과정)에 있지 않다. 제품 자체를 어떻게 차별화하느냐에 있다. 많은 제조업체는 이제 경쟁업체들과 동일한 기술 기반에서 활약하고 있다. 그래서 의미가 있으면서도 가시적인 혁신의 동력으로 나온 게 바로 디자인의 역할이다.

다른 시각으로 보면 전혀 새로운 문제가 아니다. 이윤을 확대하고 매출을 증가시키려는 기업들은 오래전부터 디자인 향상에 주력해 왔다. 실제로 20세기 후반 내내 주요 제조업체들은 디자인을 차별화의 원천으로 받아들였다. 일부 기업은 사내 팀을 구성하여 새로운 제품 개념을 개발할 뿐 아니라, 이른바 브랜드 언어를 규정하고 다양한 제품군 전체에 그 언어를 적용하는 방법을 정하기도 한다. 브라운(Braun)과 허먼 밀러(Herman Miller), 소니, 필립스가 가장 오래된 사례일 것이다. 최근에 다이슨(Dyson)과 LG, 버진 어틀 랜틱(Virgin Atlantic), 애플과 같은 고성장 기업들이 비슷한 접근 방법을 취해왔다.

필립스와 다이슨처럼 집단적인 디자인 정신과 스타일이 많은 경우도 있고, 기업 내의 수석 디자이너가 기업의 청사진을 만드는 데 중요한 역할을 하기도 한다. 브라운의 디터 람스(Dieter Rams)나 애플의 조나단 아이브(Jonathan Ive), 또는 뱅앤올룹슨(Bang & Olufsen)의 데이비드 루이스(David Lewis)를 생각해보라.

산업계에서 수많은 성공담이 생겨난 이후, 디자인은 이제 성공을 꿈꾸는 모든 제품의 핵심 요소가 됐다. 시장 선도기업의 경우 대부분 선구적인 디자인이 혁신과 성장 전략 의 핵심이다. 당연하지만, 공학과 제품 디자인 분야의 최고 인재를 확보하기 위한 경쟁 은 치열하다. 기업들이 디자인 역량을 극대화하려 함에 따라, 그 역량을 가장 효과적으 로 이용하는 일은 매우 중요한 문제로 떠올랐다.

기업이 이 문제를 올바로 이해해 훌륭한 디자인과 수준 높은 기술, 매력적인 브랜드를 결합할 때, 성장의 보상은 더욱 커질 수 있다.

여기에서는 아우디와 삼성전자를 살펴본다. 두 회사는 브랜드를 고급화하기 위한 수단 으로 사내에서 훌륭한 디자인을 개발하고 있다. 디자인을 성장의 핵심동력으로 이용하 려는 움직임이다.

Audi
Samsung

Amazon
Google

LEGO
Apple

Nestle
PepsiCo

Reckitt
Benckiser
P&G

Starwood
Inditex

Tata
Bharti

BASF
Shell

Rolls-Royce
ARM

Narayana
Novo Nordisk

아우디
기술력과 접목한 디자인

폭스바겐과 아우디 | **폭스바겐 이익의 15%는 아우디에서 나온다**

2010년에는 세계적으로 그 어느 때보다 많은 차량이 생산됐다. 경기 침체의 후유증이 아직 남아 있음에도, 전체 매출은 26% 늘었고, 생산량 역시 거의 7800만 대에 이르렀다. 국가별로 따져보면, 중국이 연간 약 1800만 대를 생산해 일본의 두 배를 기록했다. 미국과 독일은 각각 3위와 4위를 유지했으며, 한국과 브라질, 인도와 상당한 거리를 두고 앞서나갔다.

도요타가 세계 1위 자동차 생산업체인 GM을 앞지른 이후, 도요타와 폭스바겐의 대결은 대중의 관심거리였다. 두 회사는 전 세계에 사업체 망을 갖췄다. 중국에 대한 특별한 관심이나 다양한 브랜드를 갖추고 있는 것도 공통점이다. 11.4%의 시장 점유율을 차지하고 있는 도요타는 현재 렉서스와 다이하츠(Daihatsu) 브랜드를 관계사로 두고 있다. 폭스바겐의 9.4% 시장 점유율은 세아트(SEAT), 스코다(Skoda), 아우디, 벤틀리(Bentley), 부가티(Bugatti), 람보르기니(Lamborghini), 그리고 포르셰(2009년 이후)를 포함한 다양한 브랜드에서 나온다.

2010년 폭스바겐 그룹의 순익 가운데 거의 40%가 전체 생산량의 15%도 안 되는 아우디 100만 대에서 나왔다. 매출 증가에 힘입어 2010년까지 5년에 걸친 연평균 순이익 성장률은 35%에 이른다. 주가도 두 배로 뛰고, 아우디는 폭스바겐 성장 신화의 주인공이 됐다.

아우디의 성장 목표 | 2014년 BMW 잡는다

폭스바겐 그룹은 페르디난트 피에히(Ferdinand Piech) 사장의 주도 아래 자동차 시장에서 가장 수익률이 높은 기업을 꿈꾸고 있다. 이에 따라 2018년에는 세계 제1위 업체로 자리매김할 것으로 기대되고 있다. 아우디의 전 세계 생산량은 1993년의 35만 4000대에서 2010년의 109만 대로 증가했다. 판매량은 이미 메르세데스를 앞질렀고, 2014년이면 BMW를 능가할 것으로 예상된다. 아우디의 목표는 그 전문 기술과 열정, 그리고 민첩성을 이용해, '혁신적인 감성 제품을 통해 최고의 브랜드 경험을 창출'하는 것이다. 다시 말해 자동차 부문에서 최고급 브랜드가 되는 게 꿈이다. 그리고 그 감성 제품들을 통해 '세련되고, 진보적이고, 스포티한(sophisticated, progressive and sporty)' 핵심 브랜드 가치를 되살리고자 한다.

이런 목표를 이루려면 훌륭한 제품과 함께 특별한 브랜드 전략이 필요하다. 아우디가 속한 폭스바겐 그룹이 가진 역량도 최대한 활용해야 한다. 아우디가 폭스바겐 그룹에게 상당한 수익과 명성을 제공하는 건 사실이지만, 그룹 차원에서 지닌 기술과 시스템을 활용할 수 있다는 건 아우디가 지닌 중요한 자산이다.

Audi
Samsung

Amazon
Google

LEGO
Apple

Nestle
PepsiCo

Reckitt
Benckiser
P&G

Starwood
Inditex

Tata
Bharti

BASF
Shell

Rolls-Royce
ARM

Narayana
Novo Nordisk

디자인의 역할 | 기술과 최적으로 결합된 조형물을 만든다

자동차 업계에서 최고 브랜드가 되겠다는 아우디 전략의 핵심은 기술 공학적 설계와 첨단 디자인에 있다. 디자인은 미학적인 면에서도 특출해야 한다. 이는 전혀 새로운 접근 방식이 아니다.

"아우디의 디자인은 독특하다. 그것은 형식과 기능의 조화로 이뤄진다."

이것은 영국 왕립 미술 칼리지(Royal College of Art) 출신으로 아우디의 디자인 책임자를 맡은 바 있던 스테판 시엘라프(Stefan Sielaff)의 말이다.

"아우디 디자인은 기술과 디자인의 상호 작용을 나타내는 균형이며 조형물이다. 이런 철학은 과거 역사로 증명된다. 그것은 아우디 역사의 핵심이다."

아우디는 현재 자동차 산업 전체에서 디자인의 기준으로 인식된다. 외부 형태뿐만 아니라, 내부 장치에 있어서도 마찬가지다. 애스턴마틴(Aston Martin)이나 벤틀리같은 고급 브랜드에 견줄 정도다.

획기적인 기술 | 포르쉐의 장점을 접목

아우디라는 브랜드가 세상에 알려지기 시작한 건 1971년경부터다. 높은 평가를 받는 모델들이 점점 늘어가는 가운데 회사는 철학을 공유하기 위해 '기술을 통한 전진(Vorsprung durch Technik)'이라는 구호를 활용했다. 이 구호는 전 세계적으로 불려왔고, 아직도 아우디 브랜드의 정신과 소통의 핵심으로 남아 있다.

이런 접근 방법이 굳게 자리 잡은 건 1974년 페르니난트 포르세(Ferdinand Porsche)의 손자인 페르디난트 피에히(Ferdinand Piech) 박사가 아우디의 기술 개발 책임자로 취임한 후였다. 그는 아우디 사장으로 승진한 데 이어 폭스바겐 그룹 전체를 경영했다. 아우디의 입장에서 중요한 점은, 피에히 박사가 직접 5기통 엔진, 사륜 구동의 도입, 알루미늄 차체, 공기역학적 설계 등 수많은 상을 받은 혁신적인 기술의 개발을 감독했다는 것이다.

최근 몇 년 동안 아우디는 폭스바겐 그룹과 협력해 꾸준히 기술 개발을 선도해 왔다. 음성 제어, TDI 디젤 엔진, DSG 반자동 변속기, 드라이브 실렉트, 멀티미디어 인터페이스 등은 지난 10년 동안 도입된 신기술들 가운데 몇 가지에 지나지 않는다.

미학적 아이콘 | 기술을 저해하지 않는 디자인

아우디 디자인 팀들은 여러 해에 걸쳐 시대의 아이콘이 될 만한 제품들을 끊임없이 창조해 왔다. 디자인 중심의 접근 방법 덕분에 아우디는 경쟁업체들과 다른 선택을 할 수 있었다. 메르세데스가 안락함을, BMW가 최고의 운전 경험을 창출하기 위한 성능 개선을 회사 운영의 중심축으로 삼았다면, 아우디는 기술력으로 뒷받침되는 특별한 디자인을 강점으로 한다. 5년에 걸쳐 아우디는 세계 '최고 성능 자동차상'을 세 차례나 받았다. 2007년에는 RS4로, 2008년에는 R8 스포츠카로, 그리고 2010년에는 다시 R8의 V10 버전으로 받았다. 얼마 전에도 두 가지 모델로 다른 어떤 브랜드보다 많은 디자인상을 수상했다. A2와 TT가 바로 그것이다.

A2 | 공간·연비·디자인·기술의 합작품

A2는 1999년에 출시되었을 때 아우디 안에서 가장 작은 자동차로 꼽혔다. 시대를 앞선 고급 소형 자동차이기도 했다. 최고의 안락함을 갖춘 초소형 자동차인 A2는 좁고 높다란 상자형으로, 시장에는 그와 비슷한 차가 하나도 없었다. 차체가 특별히 높았던 이유 중의 하나는 바닥에 높고 낮은 부분이 함께 있는 '샌드위치형' 구조 때문이었다.

Audi
Samsung

Amazon
Google

LEGO
Apple

Nestle
PepsiCo

Reckitt
Benckiser
P&G

Starwood
Inditex

Tata
Bharti

BASF
Shell

Rolls-Royce
ARM

Narayana
Novo Nordisk

이런 구조 덕분에 차 중심에 텅 빈 공간이 생겨 연료 탱크와 엔진의 전자 장치들을 설치할 수 있었고, 승객들이 편안하게 앉을 수 있게 공간이 넉넉해졌다. A2는 주로 알루미늄으로 구성돼 있어서, 경쟁업체 제품보다 가볍지만 가격은 더 비싸다. 그러나 A2의 평균 디젤 소모량은 리터당 33.58㎞에 이른다. 공기저항 계수가 0.25에 지나지 않는 극히 효율적인 차체 형태에서 나오는 수치다. 2011년 기준으로 아직 이를 능가하는 자동차는 없다.

스테판 시엘라프(Stefan Sielaff)는 "A2는 1990년대 말 아우디 디자인의 전형적인 예"라고 말한다.

"A2는 순수하고 소박하면서 거의 독단적인 느낌의 디자인이다. 그렇다고 감성에만 호소하는 제품은 아니다. 그 어떤 자동차보다 실용적이다. 그러면서도 유행을 타지 않는 아름다움을 보여준다. 그건 디자이너들이라면 항상 열망하는 아름다움이다. 지금 봐도 A2는 대담한 모습이다. 아우디로서는 가장 의미 있는 제품 중 하나라 할 수 있다."

TT | 전면디자인의 전형을 규정

1998년에 출시된 아우디의 투 도어 TT 소형 스포츠카는 나오자마자 아이콘으로 불렸다. TT를 디자인한 사람은 패서디나 아트 센터 칼리지 오브 디자인(Art Center College of Design in Pasadena) 출신인 메이스(J. Mays)와 프리먼 토머스(Freeman Thomas)다. 그들은 '최신형' 폭스바겐 비틀을 만들어내기도 했다. 특이하고 독특한 TT는 스포츠카에 대한 고정관념에 도전했다. 그것은 기술적인 역량으로 뒷받침된, 대단히 이해하기 어려운 디자인(예컨대, 날카로운 모서리)에 날렵함과 사치스러움(손으로 꿰맨 가죽 시트)이 혼합된 자동차였다. 어떤 부분들은 설계대로 제작하기가 극히 어려웠지만, 아우디는 돈을 아끼지 않고 새로운 공정에 투자했다.

지붕 후미를 차체에 부착할 때 날카로운 주름이 잡히게 한 레이저 가공이 한 가지 예다. 디자인에 강박적인 사람들만 알아차릴 수 있는 섬세한 부분이지만, 자동차를 독특하고 우아하게 보이게 한 공정이었다.

스테판은 "TT는 비전형적인 상황에서 만들어졌다. 정상적인 전략을 구사한다면, 이 차는 당시 전형적인 아우디가 아니었다. 어느 정도 독립된 제품이었다. 피에히 박사 자신도 당시 TT의 제안에 대해 '한번 해 봅시다' 정도로만 말했을 뿐이었다"고 밝혔다. 그럼에도 TT는 출시되자 많은 팬을 얻었음은 물론, 2007년의 두 번째 버전은 '올해의 세계 자동차상'을 포함해 여러 가지 디자인상을 받기도 했다.

아우디는 지난 10년 동안 내내 공통된 디자인 요소들을 채택해 왔고 새로운 디자인 언어도 창조해 왔다. 아우디는 자동차들의 정면 이미지를 정의하기도 했다. 그 흐름은 전면 그릴 장치의 채택으로 시작해 LED 주행등으로 이어진다. 이런 흐름을 공유한 여러 모델은 다양한 형태로 독특한 이미지를 던지면서 전방에 아우디가 있음을 확실하게 알려준다.

아우디 디자인의 핵심 | 조직의 중심은 디자인

수상경력이 자동차 부문과 산업 전반에 걸쳐 성공의 척도이며 기량의 반영이라면, 아우디가 선두를 달리고 있는 건 분명하다. 아우디는 폭스바겐과 많은 기반을 공유하면서 엔진과 구동력에서 공통 기술을 사용하고 있다. 그렇지만 아우디 디자인 팀은 다른 공기를 호흡하며 살면서 수많은 디자인상을 받았다. 이들은 상업적으로 성공한 제품들을 많이 내놨다. 많은 사람은 이것이 아우디 조직의 핵심에 디자인이 놓인 이유 중 하나라고 설명한다.

Audi
Samsung

Amazon
Google

LEGO
Apple

Nestle
PepsiCo

Reckitt
Benckiser
P&G

Starwood
Inditex

Tata
Bharti

BASF
Shell

Rolls-Royce
ARM

Narayana
Novo Nordisk

폭스바겐 그룹의 기반 | VW·아우디 등 플랫폼 공유의 강점

폭스바겐의 일원으로 얻게 되는 이점 중 가장 중요한 것은 개발 예산이다. 큰 조직 안에 있으면 아무래도 동종의 작은 기업보다 훨씬 일찍 새로운 기술에 접근하기가 쉽다. 이런 장점은 엔진과 평면도를 비롯해 여러 가지 부품을 폭스바겐의 다른 차와 함께 사용하는 플랫폼 공유에서 나온다. 예컨대 폭스바겐 골프, 비틀, 아우디 TT를 비롯해 15가지 모델이 모두 동일한 차량 플랫폼을 기반으로 생산된다. 아우디는 또한 폭스바겐 그룹의 사무 행정, 보급망, 대리점, 재정 지원, 광고를 공유하면서 이득을 얻는다. 모든 브랜드는 저마다 별도의 손익 계산을 유지하지만, 공유와 협력을 통해 또 다른 가치를 낳는다. 그 결과 그룹 전체의 이윤이 증가한다.

디자인 팀 | 외부 라이벌은 애스턴 마틴

다른 자동차 회사들과 마찬가지로, 아우디의 핵심 디자인 팀이 하는 역할은 새로운 콘셉트카를 내놓는 것과, 구상의 일부를 현실화하기 위해 정기적으로 새로운 모델을 출시하는 데 있다. 과거에 비해 관료적인 냄새는 찾기 힘들다. 오늘날 자동차 그룹들은 대부분 브랜드마다 별도의 디자인 팀이 있고, 수석 디자이너가 각 팀을 이끈다. 어떤 콘셉트카를 실제 생산할 것인지는 회사의 이사회가 결정하긴 하지만 스테판 시엘라프와 그의 동료이며 아우디 디자인 책임자인 볼프강 에거(Wolfgang Egger)는 콘셉트카와 전체 제품 구성의 방향을 좌지우지한다. 애플의 조나단 아이브와 비슷한 일을 하는 것이다.

스테판의 감독 아래, 각 프로젝트에는 차체 외부와 내부를 각각 담당하는 별도 직원들과 함께 디자인 책임자가 있다. 외부 디자인 책임자는 전조등과 미등과 바퀴의 처리를 전체적으로 살피고, 내부 디자인 책임자는 내부 구조, 좌석과 운전자의 상호

작용, 그리고 휴먼 머신 인터페이스(Human Machine Interface: 시각이나 청각과 관련된 인간의 아날로그적 인지의 세계와 컴퓨터나 통신의 디지털을 처리하는 기계의 세계를 연결하는 인터페이스)를 담당한다. 그 밖에도 색채나 장식 전문가도 있고, 장기적인 디자인 언어의 개발과 브랜드와의 관계를 연구하는 디자인 전략 그룹도 있다.

현재 아우디에 대한 스테판의 견해는 이렇다.

"아우디 디자인의 언어는 깔끔하기 이를 데 없다. 역동적인 선과 균형이 단단하게 결합돼 있다."

다른 차종들이 대부분 현재 아우디를 자동차 디자인의 기준으로 삼고 있음을 감안할 때, 그가 영감을 얻을 수 있는 차종들은 적은 편이다.

"폭스바겐 그룹 외부 차종으로는 애스턴 마틴(Aston Martin) 정도를 들 수 있다. 그들은 디자인이 훌륭한 매우 감성적인 제품을 만들고 있다. 랜드로버도 내가 좋아하는 브랜드다. 나는 그렇게 진실성과 깔끔한 디자인 언어를 좋아한다."

그는 1988년에 아우디 장학금을 받고 영국 왕립 미술 칼리지를 다녔다. 외부인들은 수많은 모델에서 브랜드의 일관성이 그토록 철저히 지켜지는 이유 중의 하나로 스테판이 20년 동안 아우디 디자인 팀의 일원이었던 사실을 지적한다. 조나단 아이브과 디터 램스(Dieter Rams), 데이비드 루이스(David Lewis)처럼, 스테판도 아우디 디자인 언어의 배후 실력자라 할 수 있다.

사업 실적 | 유행타지 않는 디자인으로 잔존가치 높인다

폭스바겐 그룹의 역량과 시대를 선도하는 디자인을 함께 활용한 아우디는 자동차 부문에서 가장 수익성이 높은 회사 중의 하나로 떠올랐다. 아우디 차종 전체에 걸쳐 디자인 전략의 핵심 요소는 전체 브랜드의 일관성을 유지하는 것이다. 이는 브랜드의 급속한 노후화를 막고 중고 차량의 잔존 가치를 높게 유지하게 한다.

Audi
Samsung

Amazon
Google

LEGO
Apple

Nestle
PepsiCo

Reckitt
Benckiser
P&G

Starwood
Inditex

Tata
Bharti

BASF
Shell

Rolls-Royce
ARM

Narayana
Novo Nordisk

아우디는 고급차 가격을 유지하기 위해 두 가지 기준을 지킨다. 유행을 타지 않는 스타일을 고집한다는 것과 잔존 가치나 중고차 가격을 높게 유지시킨다는 것이다. 예컨대, 혼다의 중고차 가격은 해마다 15%씩 떨어지는 반면, 아우디는 2.5~4.5%밖에 하락하지 않는다.

아우디는 '견인 소매(pull retail)' 모델을 채택하고 있다. 밀어내기식 영업이 아닌 자연스럽게 고객이 회사 제품을 찾게 하는 것이다. 급격한 성장을 경계하고 렌트용 모델에 의존하는 일을 피하면서 수익성을 유지했다. 자동차 산업의 위험 요인은 지나친 생산력 확대나 잘못된 제품 구성의 생산이다. 그 두 가지는 결국 할인 판매와 가격 인하, 순익 감소를 초래하고, 새로운 모델에 투자할 자금을 소모하게 한다.

아우디와 폭스바겐 그룹은 성장의 선순환을 창출해 투자 자금을 조달해 왔다. 이는 소매 시장을 견인하는 데 집중한 결과였다.

고급 디자인과 이미지, 그리고 신기술에 대한 투자는 소비자들로부터 기대감과 수요, 그리고 높은 가격을 유지하게 했다. 이는 더욱 품질을 높인 디자인에 대한 투자로 이어질 수 있게 했다. 고가 전략을 펴면서도 동시에 소비자의 구매 비용을 줄이고자 노력했다. 아우디 차량의 경우, 첫 구입가는 높지만 다른 브랜드 제품보다 높은 잔존가치를 자랑한다. 품질을 유지하면서 브랜드 이미지를 좋게 유지한 건 이런 이유에서다. 유행을 따르지 않고, 제품 이미지가 노후화되지 않도록 관리하면 고객의 실질적인 소유 비용은 줄어들기 마련이다.

미래의 성장 | '이탈디자인 주지아로' 인수로 디자인 더욱 강화

아우디는 2015년 150만 대 판매 목표를 두고 있다. 미국과 중국, 인도에서 나올 것으로 예상되는 이러한 성장은 대부분 아우디 제품 구성을 42가지로 확대해 가능해질 전망이다. 엔지니어 800명과 디자이너 200명으로 구성된 개발 팀은 "미래 성장은 디자인과 기술, 생산의 상호작용과 혁신이 좌우할 것"이라면서 "아름다운 치장만으로는 부족하다"고 말한다. 고객들은 어떤 환경 문제에도 대응할 수 있는 통합적인 제품을 원한다는 설명이다. 최근 아우디가 이탈리아 자동차 디자인 회사, 이탈디자인 주지아로(Italdesign-Giugiaro)의 지분 90.1%를 인수한 사실로 보아 앞으로 디자인이 어떻게 회사를 바꿔나갈지 관심이 집중되고 있다.

세계 최고급 브랜드가 되겠다는 비전이 어느 정도 실현될 2020년으로 앞질러 가보면, 혁신적이면서 감성적인 제품 출시와 아우디만의 브랜드 경험을 통해 '전 세계 고객들에게 즐거움을 주겠다'는 바람이 실현될 가능성은 높은 것 같다. 현재의 우월한 시장위치와 꾸준히 고급화를 지향하려는 단호한 결의, 자동차 디자인을 선도하기 위한 노력, 그리고 충성된 고객 기반이 계속 확대되고 있는 사실을 종합할 때 나오는 결론이다. 이미 업계에서는 아우디가 자동차 산업을 확실하게 주도하고 있다고 보는 사람들도 많다.

Audi
Samsung

Amazon
Google

LEGO
Apple

Nestle
PepsiCo

Reckitt
Benckiser
P&G

Starwood
Inditex

Tata
Bharti

BASF
Shell

Rolls-Royce
ARM

Narayana
Novo Nordisk

Samsung
삼성전자
디자인 중심 조직으로 대변신

삼성전자는 세계 최대의 가전제품 회사다. 휴대폰과 TV, 카메라, 노트북에서 전자레인지와 냉장고까지 온갖 제품을 생산하며 진출해 있는 거의 모든 부문에서 3대 브랜드에 속한다. 2010년 매출은 1350억 달러, 순순익은 140억 달러를 넘었다. 삼성전자의 규모는 이제 소니의 두 배다. 소니는 20년 전만 해도 업계에서 이론의 여지가 없는 선두 기업이었다. 지난 10년간 소니의 매출이 총 22% 증가한 반면, 삼성전자는 400% 이상 증가했고, 지난 5년에 걸쳐 해마다 평균 16%의 성장률을 유지해 왔다.

TV 시장에서 삼성전자는 2006년부터 소니와 국내 경쟁사인 LG보다 상당한 차이로 시장을 주도해 왔으며, LCD 패널에서도 앞서고 있다. 카메라 시장에서는 치열한 경쟁 속에서도 소니에 이어 2위를 차지하고 있고, 휴대폰 시장에서는 세계 시장의 20% 이상을 점유하면서 선두자리를 꿰차는 양상이다. 가장 중요한 점은, 인텔과 도시바와 경쟁하는 D램과 낸드 플래시 메모리(Nand Flash Memory) 분야에서 삼성전자가 절반 가까운 시장 점유율을 차지하고 있다는 것이다. 이런 사실이 대단히 중요한 까닭은, 삼성의 기술이 경쟁 회사들에서도 얼마나 많이 쓰이는지 알려주기 때문이다. 삼성전자는 양면에서 승리하고 있다.

삼성전자는 한국 전체 수출의 20%를 차지한다. 삼성그룹은 한국 경제의 상징이라고도 볼 수 있다. 세계적으로도 가전제품 부문에서 일어나는 혁신의 중심으로 자리 잡았다. 이는 실로 엄청난 업적이다. 삼성전자가 1970년대에 샤프의 전자레인지 같은 저가 모방 제품을 생산하던 기업이었던 점을 감안하면 말이다. 당시 사람들은 필립스와 소니, 도시바를 기술 발전의 척도로 간주했던 데 반해, 오늘날에는 애플과 삼성전자를 그것으로 본다. 수익성 높은 제품들로 일부 가전제품 시장에 진출한 애플만이 삼성 지배에 도전하는 유일한 회사라고 할 수 있다.

지난 10여 년에 걸쳐 삼성전자가 성공하게 된 이유는 역시 디자인이었다. 그것은 경쟁력의 원천이기도 했다. 2명에서 1000명 정도로 늘어난 삼성전자 디자인 팀은 이제 해마다 열리는 유명한 디자인 행사에서 거의 모든 상을 휩쓸고 있다. 이에 따라 삼성 제품들은 성능, 품질, 가치에서 계속해서 해당 부문을 선도하는 모습이다.

초기 역사 | 저가 흑백 TV·전자레인지로 출발

삼성전자는 1969년, 식품 가공과 섬유 부문에 속했던 삼성 그룹에서 탄생해 저가 흑백 TV와 냉장고, 전자레인지, 세탁기 제조업체로 출발했다.

1990년대 초 삼성전자는 전 세계에 값싼 제품들을 판매해 상당히 큰 제조업체로 성장했지만 산업에서는 치열한 경쟁에 직면해 있었다. 회사를 성장시키려면 핵심 분야에서 계속 성공하면서 고급 제품도 공략해야 했기 때문이다.

Audi
Samsung

Amazon
Google

LEGO
Apple

Nestle
PepsiCo

Reckitt
Benckiser
P&G

Starwood
Inditex

Tata
Bharti

BASF
Shell

Rolls-Royce
ARM

Narayana
Novo Nordisk

두 가지 디자인 혁명 | 마누라와 자식만 빼고 다 바꿔라

삼성전자 이건희 회장은 1993년 로스앤젤레스의 전자제품 매장을 방문하고, 자사 제품들이 싸구려 상품으로 취급되고 있다는 사실에 충격을 받았다. 저가 시장에서는 괜찮은 평가를 받았지만, 당시 잘나가던 소니와 거리가 멀었다. 소니 제품들은 매장에서 쉽게 눈에 띄고 특별한 대우를 받았지만 삼성 제품은 그렇지 못했다. 이유를 파악하자 디자인이 문제였다. 디자인을 기업의 핵심 자산으로 여기는 소니와 필립스에 비해, 삼성전자는 디자인에 대한 정체성조차 없었다. 그것은 이 회장이 보기에 엄청난 약점이었다.

삼성전자는, 회사가 성장하려면 디자인이 기술력과 함께 조직에서 중심축을 맡아야 한다는 사실을 깨달았다. 이건희 회장은 그 점을 명확히 밝혔다.

"우리 경영진은 아직 질보다는 양의 개념에만 매달리고 있다. 이대로 가다간 3류 회사가 될 것이다." 그러고는 다음과 같은 유명한 말을 했다.

"마누라와 자식만 빼고 다 바꿔라."

혁신적인 기업이 되려면 문화가 변해야 했고, 이런 변화의 핵심은 인재를 육성, 개발하기 위한 시설을 만드는 데 있었다. 이런 계획에 따라 1995년 삼성 디자인 연구소(IDS)를 설립했다. IDS는 유망 디자이너들이 미국의 최고 디자인 학교의 하나인 패서디나 아트센터 오브 칼리지 출신 전문가들 아래서 공부할 수 있는 사내 학교였다. 삼성의 디자이너들은 박물관 견학을 위해 이집트와 인도, 파리와 프랑크푸르트, 뉴욕과 워싱턴으로 파견돼, 현대 건축의 상징물들을 방문하고, 유적들을 탐사했다.

제임스 미호(James Miho)와 함께 삼성전자의 IDS 설립을 지원한 고든 브루스(Gordon Bruce)에 따르면, 이전의 삼성에게 디자인은 관심사가 아니었다. 오직 가격을 낮게 유지해 경쟁제품보다 많이 파는 데 주력했다.

혁신의 꿈을 실현코자 했던 삼성전자는 1996년을 디자인 혁명의 첫 해로 선언했다. 당시 이 회장은 이렇게 말했다.

"기업의 가장 중요한 자산은 디자인을 비롯한 창조적인 역량에 있다. 21세기의 최종 승자는 그 능력으로 결정될 것이다."

삼성전자는 그동안 기술력이나 공정의 효율성에 집착했던 기업이었지만, 이 선언은 디자인 센터 설립을 기회로 경쟁력 강화에 대한 기초를 놓았다.

처음에는 변화가 더뎠지만 2005년에 샌프란시스코와 런던, 로스앤젤레스, 중국, 밀라노에 글로벌 디자인 센터(Global Design Center)를 추가로 설립하며 가속도를 높였다. 이 디자인 센터들은 세계 시장에 대한 삼성전자의 창구가 됐다. 삼성전자 최고 디자인책임자로 일한 바 있는 최지성 씨는 이렇게 설명한다.

"우리는 해외 디자인 센터를 이용해 라이프스타일의 흐름을 읽었다. 어떤 제품에 대한 결정을 내릴 때 그 데이터를 활용했다. 각지의 해외 디자인 연구소에는 지역 시장의 기호를 파악해 그들 나름의 개념을 디자인하도록 맡겼다."

실제로 각 센터는 다양한 문화적 통찰을 삼성전자 디자인 책임자에게 공급해 준다. 이를테면 '영국 사람은 엔지니어링에 강하고, 일본인은 정교한 마무리에, 이탈리아인은 형태에, 미국인은 실용주의에 강하다'는 식의 분석이다.

영국 현지 디자인 팀의 일원이었던 한 디자이너는 이렇게 회상한다.

"원래 디자인은 기술보다 후순위였다. 일단 어떤 기술이 개발된 다음 디자인이 적용됐다. 하지만 점차 회사는 디자인이 상품 기획의 첫 단계부터 개입해야 한다는 사실을 깨달았다."

일례로 '가전제품의 미래'와 같은 다양한 그룹들 간의 합작 프로젝트 콘셉트는 디자인 팀이 기획을 시작해 마케팅 커뮤니케이션에까지 반영했다.

2006년에 들어 삼성전자는 눈부신 발전을 이뤘다. 65개의 디자인상을 받았고, 인터브랜드(Interbrand) 순위에서 소니를 제쳤다. 그러나 이건희 회장은 여기서 만족하지 않았다. 2005년 4월에 밀라노에서 열렸던 여섯 번째 글로벌 디자인 센터 개소식

Audi
Samsung

Amazon
Google

LEGO
Apple

Nestle
PepsiCo

Reckitt
Benckiser
P&G

Starwood
Inditex

Tata
Bharti

BASF
Shell

Rolls-Royce
ARM

Narayana
Novo Nordisk

에서 다음과 같이 당부했다.

"삼성 제품은 세계적으로 고급 제품의 기준이 돼야 한다. 그러기 위해 디자인과 브랜드력 같은 소프트웨어 측면의 경쟁력을 강화해야 한다. 기능적, 기술적인 벽뿐 아니라 정서적 장벽도 뛰어넘어야 한다."

그의 말은 이른바 제2차 디자인 혁명에 영감을 불어넣었다. 삼성의 다음 도전 과제가 정해졌고, 디자인 연구 전반을 개선하는 중요한 첫 걸음이 됐다.

삼성전자 디자인 연구소 소장을 맡았던 김영준 씨는 이렇게 설명했다.

"마케팅 연구와 디자인 연구에는 차이가 있다. 마케팅 연구는 시장 점유율과 같은 현재 상황에 초점을 맞추고, 디자인 연구는 사용자의 행동과 경험에 주목한다는 것이다."

삼성전자 디자이너들은 이런 궁금증을 풀기 위해 실제로 소비자들의 가정까지 방문했다.

그들이 제품을 실제로 어떻게 사용하는지 살펴봤고, 이후 관찰 결과와 연관된 기업 활동을 강화했다. 삼성 측 한 인사는 "조사 결과를 가지고 우리는 어떤 것이 효과가 있는지 마케팅 팀을 설득할 수 있었다"고 밝혔다. 사용자를 이해하려면 디자인 연구소 차원에서 가정의 실내장식, 가구, 패션 등의 흐름을 조사하고, 그런 분위기를 제품 개발에 적용하려고 노력해야 한다는 생각이다.

초기 성공작은 2007년 보르도 TV의 출시였다. 디자인 팀은 사람들이 구입해 집에 설치하고 싶을 만한 화려하고, 얇고, 조각작품 같은 독특한 가구를 만들어낼 목표부터 세웠다. 결국 보르도 TV는 출시 첫 해에 100만 대 이상 판매한 최초의 TV 모델이 됐다.

훌륭한 디자인으로 상을 받은 신제품이 거의 매달 등장하자, 소비자의 반응도 좋았다. 2007년 삼성전자는 모토로라를 제치고 세계 2위 휴대폰 생산업체가 됐고, IBM보다 더 많은 금액을 R&D에 투자했다. 2009년에는 HP와 지멘스를 누르고 세계 최대 기술 회사로 자리매김했다.

Audi
Samsung

Amazon
Google

LEGO
Apple

Nestle
PepsiCo

Reckitt
Benckiser
P&G

Starwood
Inditex

Tata
Bharti

BASF
Shell

Rolls-Royce
ARM

Narayana
Novo Nordisk

경쟁자로 등장한 애플 | 아이팟의 단순한 디자인에 '충격'

일부 핵심 부문에서 필립스와 소니를 제치던 삼성전자는 휴대폰 분야에서 노키아 타도에 초점을 맞춘 전략을 펼쳤다. 그러던 중 애플이 변수로 등장했다.

2004년만 해도, 삼성전자는 애플을 경쟁자로 보지 않았다. 하지만 애플 제품이 세계적인 베스트셀러가 되자 상황이 달라졌다. 삼성전자 디자인 팀원들에 따르면, 애플은 삼성의 전통적인 경쟁 기업들처럼 행동하지 않는다는 데 충격이 컸다. 애플은 기술 중심이 아니라 전체 디자인에 초점을 맞췄다. 이를 위해 꼭 첨단 기술만을 활용하지는 않았다. 삼성은 애플보다 먼저 MP3 플레이어를 만들었지만, 실속은 애플이 차렸다. 삼성의 기술력보다 아이팟의 단순한 디자인이 전 세계인의 마음을 단번에 사로잡은 것이다. 아이팟은 이미 광범위하게 쓰이는 기술 등을 이용했다. 대신 디자인과 사업 모델로 차별화해 성공을 거뒀다. 이런 성공 사례는 삼성전자가 수용해야 할 새로운 패러다임이었다. 현재 삼성은 갤럭시 시리즈로 스마트폰 시장에서 애플과 정면으로 맞서고 있다.

삼성전자의 성장 역량 | 디자인을 통한 '토털 패키지' 창출

디자인을 강조하는 삼성전자지만 비전은 여전히 기술력과 공정에 초점을 맞춘다.

새로운 시장을 창출하고, 사람들의 생활을 풍요롭게 하면서 디지털 리더로서의 위치를 지킬 수 있는 혁신적 기술과 공정 개발에 몰두하는 상황이다.

디자인이 과거보다 훨씬 중요해진 것은 분명하다. 하지만, 우리는 삼성전자가 무엇보다 기술 기업이라는 사실을 잊어선 안 된다. 현재 5만 명 이상이 전 세계 42개 시설에 있는 삼성전자 R&D 부서에 근무한다. 이들은 새로운 표준이 될 미래를 위한 전략 기술을 개발하기 위해 협력하고 있다.

이들은 세 그룹으로 나뉜다. 우선 삼성종합기술원(Samsung Advanced Institute of Technology)은 미래를 위한 성장동력을 찾아내고 관련 기술의 보안과 관리를 감독한다. 각 사업의 R&D 센터는 장기적으로 가장 유망한 성과를 낼 것으로 예상되는 기술 개발에 집중한다. 그리고 부서별 제품 개발 팀은 1, 2년 안에 출시될 제품의 상업화를 담당한다. 삼성전자는 그렇게 해마다 매출의 약 9%를 R&D에 투자한다.

그 결과 삼성전자의 부품 사업은 오늘날 최고의 기술로 대변된다. 메모리나, 집적회로나, 또는 LCD 패널이나, 삼성전자는 현재 세계 최고급의 제품을 만들어낸다. 이런 부품을 꼭 삼성 제품용으로만 제작하진 않는다. 경쟁업체까지 대부분 삼성전자의 부품을 사용하는 실정이다. 당신이 삼성 제품을 사거나 다른 제품을 구매해도 거기에는 삼성전자의 기술력이 반영됐을 가능성이 높다.

경쟁력 있는 가격에 최신 기술을 활용하는 건 여전히 삼성전자의 핵심 목표다. 하지만 그게 유일한 목표는 아니다. 다른 기업에 부품을 판매해 많은 돈을 벌고는 있지만, 자체 브랜드를 통해 올리는 매출이 훨씬 높다. 따라서 소비자 입장에서 가장 흥미롭고 매력적인 제품을 만드는 게 무엇보다 중요하다. 삼성이 막강한 기술 개발 연구소와 더불어 디자인 센터에서 근무하는 인력을 늘리는 건 이런 이유다.

현재 삼성의 디자이너는 900명이 넘는다. 아우디처럼, 엔지니어와 디자이너의 비율이 50대 1인 셈이다. 삼성전자는 전부 합해 디자인 센터가 7개 있는데, 런던과 로스앤젤레스, 밀라노, 뉴델리, 상하이, 도쿄에 6개의 지역 디자인 센터가 있다. 연구 분야는 산업 디자인, 그래픽 디자인, 인터랙션 디자인(interaction design: 디지털 기술을 이용해 사람과 작품 간의 상호작용을 조정하여 서로 소통할 수 있게 하는 디자인 분야), 인간 요소(human factors: 인간공학과 같은 의미로, 인간의 특성에 맞는 기계나 도구를 설계하는 종합적인 학문), 라이프스타일 연구, 창조적 사업 계획, 시각적 브랜드 전략, 재료 탐사, 색채론, 컴퓨터 이용 설계(CAD) 등이 망라돼 있다.

경쟁이 치열해지는 기술업계에서 가장 중요한 점은 삼성전자가 토털 패키지를 창출하면서 성공을 거뒀고 앞으로도 그럴 가능성이 높다는 것이다.

토털 패키지란 쉽게 말해 훌륭한 반도체 기술과 같은 기술력에 훌륭한 디자인까지 결합하는 것이다. 출시 6개월 만에 1000만 대 이상의 판매에 성공한 갤럭시S 스마트폰이 대표 사례다.

미래의 목표와 도전 | 현재를 파괴해야 미래를 얻는다

더 빠르고, 더 작고, 더 조용하고, 더 값싼 제품을 만들 수 있는 지속적인 신기술 개발은 삼성전자가 지닌 미래 성장의 중심축 중 하나다. 그럼에도 애플과의 전면적인 경쟁에서 디자인의 역할이 다시 중요해지고 있는 건 분명하다. 디자인 전략은 삼성전자에서 조직의 변화를 일으키는 도구이기도 했다. '디자인 혁명'의 세 번째 단계는 이런 배경에서 진행 중이다. 디자인과 마케팅 사이의 오래된 장벽은 서서히 무너지고 있다. 과거에는 '성급함은 미덕(impatience is a virtue)'이라는 가치를 따랐지만 지금은 아니다. 당시에는 경쟁자를 앞서기 위해 무엇인가 신속한 결과를 내는 게 회사의 주요 관심사였다.

아이패드나 갤럭시 폰 같은 상품이 중요한 요즘에는 혁신과 성장문제에 있어 애플과 비슷한 관점을 취할지 모른다.

방대한 제품군과 넓은 선택의 폭은 삼성이 시장에서 성공한 방식의 하나였다. 그것은 다른 회사와 비교해 독보적인 강점이라고 할 수 있다. 삼성전자의 입장에서 숫자는 적지만 영향력이 더 강한 제품을 내놓는 게 대안이 될 것이다. 그것은 모든 부문에서 시도되기보다는 일부에서 시험할 수 있는 방법이다. 삼성전자는 여전히 수직적으로 통합된 하드웨어 회사다. 제품을 만들면 그 안에 들어가는 거의 모든 부품

Audi
Samsung

Amazon
Google

LEGO
Apple

Nestle
PepsiCo

Reckitt
Benckiser
P&G

Starwood
Inditex

Tata
Bharti

BASF
Shell

Rolls-Royce
ARM

Narayana
Novo Nordisk

을 생산한다.

소프트웨어에서는 협력 회사에 대한 의존성이 점점 커지고 있다. 휴대폰 운영체계를 쓰기 위한 구글과 마이크로소프트와의 관계는 적어도 지금까지는 성공적이었고 다른 부문으로도 확산되고 있다. 경쟁자인 애플이 독특한 이점을 가지고 있음을 감안할 때, 삼성전자는 거기에 맞춰 역량의 구성을 바꿔야 할지도 모른다. 구글이나 마이크로소프트와 경쟁할 가능성은 극히 적지만, 그 두 회사가 손을 잡고 하드웨어 분야로 진출하기 위해 관련 기업들을 인수하기 시작한다면, 삼성전자는 어떻게 대처할까?

삼성전자는 지금까지 도전에 응전하며 성공해 왔다. 다시 1993년으로 돌아가면, 삼성은 소니와의 승리를 위해 전면전을 벌인 끝에 2005년 무렵 소니를 제쳤다.

2007년엔 모토로라를 물리쳤으며, 최근에는 노키아도 따라잡았다. 애플은 자신이 진출한 분야에서 높은 수익으로 우위를 점하고 있지만, 삼성전자의 전통적인 경쟁 상대는 폭넓은 제품군을 지닌 소니나 노키아 같은 회사들이었다.

삼성전자는 이미 가전제품이라는 영역에서 영웅의 자리로 올랐다. 그 자체가 위대한 업적이다. 당연히 그 자리를 지키기 위해 치열한 경쟁이 있을 수밖에 없다. 휴대폰을 비롯한 여러 분야에서 전 세계를 주도하게 된 만큼, 스스로를 차별화하는 건 어려운 문제다.

일부에서 예상하는 대로 삼성이 정말 세계 최고 디자인 브랜드가 될 수 있을까?

일부에서는 과연 삼성전자가 세계를 주도할 만한 철학을 가졌는지 의문을 제기한다. 삼성전자가 한꺼번에 여러 전선에서 새로운 영역을 개척하려 한다면, 대대적인 변화가 필요하다. 삼성전자는 현재 프로세스를 개선하며 거침없이 달리고 있다. 이제는 그 프로세스를 어떻게 변화시키느냐가 문제다.

삼성전자는 특히 TV 부문에서 선두를 달린다. 디자이너들은 더 이상 참고할 만한 자료가 없는 상황까지 왔다. 전체적으로 새로운 활동과 전망이 필요한 시점이기도

하다.

이것은 지난 2년 동안 항상 제기되던 문제였다. 삼성전자는 기존 프로세스를 파괴하면서 행동에 나서야 할 것이다.

오랜 숙적인 소니와 LG뿐만 아니라, 레노버와 HTC, 에이서(Acer)와 같이 가격 경쟁력을 갖춘 중국과 대만 기업들과의 경쟁 구도도 심상치 않다. 때문에 삼성전자의 미래도 일부 분석가들의 믿음과 달리 확실치 않다고 보는 시각도 많다.

기술적 한계를 계속 타파하는 동시에 급성장하는 디자인 역량을 기반으로 전 세계 소비자가 구매하고 싶은 제품을 만들어내는 것이 주요 성장 과제가 될 것이다.

Audi
Samsung

Amazon
Google

LEGO
Apple

Nestle
PepsiCo

Reckitt
Benckiser
P&G

Starwood
Inditex

Tata
Bharti

BASF
Shell

Rolls-Royce
ARM

Narayana
Novo Nordisk

핵심적인 통찰 | 첨단 디자인이 고급화의 핵심이다

디자인은 수익성과 별개가 되면 안 된다. 아름다운 제품이라도 소비자 사이에선 고립된 상태에 놓이기 쉽다. 최적의 조건을 위해선 디자인을 기술 및 경영활동과 통합해야 한다. 그래야 사람들의 행동패턴과 요구사항, 그리고 선호도를 고려한 훌륭한 제품을 개발할 수 있다.

디자인적 사고는 디자이너의 정신을 기업에 불어넣는다. 이로 인해 기존의 근시안적인 시장조사를 잠재적 사용자에 대한 관찰 조사로 바꾸는 등의 변화를 가져온다. 디자인적 사고를 중시하면, 조직이 결국 재편될 것이다. 그 와중에 프로세스의 효율성, 비용 절감, 순익에 대한 관심은 줄어들 위험이 있다.

아우디와 삼성전자는 공통점이 많다. 양 조직 모두 강력한 리더십 아래에서 특별한 디자인 철학을 기술 개발과 병행하는 데 성공했다. 디자인으로 뚜렷한 차별성을 유지하면서 폭스바겐 그룹, 삼성그룹 등 큰 사업그룹에 속한 이점도 잘 활용했다. 소비자의 요구와 관련된 제품에 주력하는 것은 두 회사가 내건 사업 목표를 통해 뚜렷하게 드러난다.

- **아우디**: '혁신적이고 감성적인 제품을 통해 최고의 브랜드 경험을 창출한다.'
- **삼성전자**: '인재와 기술을 바탕으로 최고의 제품과 서비스를 창출하여 인류사회에 공헌한다.'

아우디와 삼성전자는 제품 디자인 면에서 큰 성공을 거뒀지만, 기술력 발전과 무관하게 이룬 결과가 아니다. 오히려 기술 공학과 미학적 디자인 사이에 긴밀해지는 공생 관계를 통해서였다.

그들은 모두 단호한 모습으로 고급화를 지향한다. 세계적인 첨단 디자인을 고급화의 핵심으로 본다는 게 공통점이다. 이를 위해 발전하는 기술을 제대로 이용할 수 있는 능력도 중요하다. 내부적으로 아우디는 폭스바겐 그룹을 통해, 삼성전자는 다양한 부서를 통해 개발된 기술을 효율적으로 활용한다.

브랜드의 힘과 기술, 디자인 사이에서 균형된 발전은 두 회사에게 꾸준한 수익을 가져왔다. 삼성전자의 경쟁자로 과거의 라이벌과 다른 성격의 애플이 떠오르고 아우디가 BMW나 메르세데스와 거리를 두려 함에 따라 그 균형이 얼마나 오래 유지될 수 있는지는 미지수다. 적어도 현재 관점에서는 삼성과 아우디는 모두 미래에도 크게 성장할 기업으로 보인다.

아우디

성장 결과

세계 2대 자동차
그룹의 수익 중심 체제

독보적 역량

공통된 기반 위에 구축된
통합적인 고급 브랜드 경험 창출

기본 역량

| 상징적인 일관성 있는 제품 디자인 | 기술 기반 개발 공유 | 공학적 디자인의 깊은 전문성 |

삼성

성장 결과

세계에서 가장 수직적으로
통합된 가전제품 회사

독보적 역량

다양한 부문에 걸친
가치 중심의 도전 제품 개발

기본 역량

| 핵심 요소인 기술 기반 개발 | 효율성 높은 내부 프로세스 | 첨단 디자인의 우선 과제 설정 |

Audi
Samsung

Amazon
Google

LEGO
Apple

Nestle
PepsiCo

Reckitt
Benckiser
P&G

Starwood
Inditex

Tata
Bharti

BASF
Shell

Rolls-Royce
ARM

Narayana
Novo Nordisk

아마존과 구글
정보력으로 승부

아마존에 책을 좋아하는 사람들이 많다는 것은 쉽게 짐작할 수 있지만, 고위 간부
들의 지원이 없었다면 e리더기 사업을 추진하는 사람들은 크게 주목을 받지 못했
을 것이다. 구글의 좀 더 이질적인 접근 방법은 주주들의 분노를 살 각오를 해야
한다. 새로운 아이디어를 회사가 이미 잘하는 것에만, 직원들이 좋아하는 것에만
한정할 수 있기 때문이다.

편리한 정보로 고객에게 접근

아마존과 구글은 인터넷소비자 공간에서 가장 크고 가장 성공한 기업에 속한다. 두 회사는 새로운 서비스와 역량을 창출하면서 산업을 건설하고 재정비하는 데 기여해 왔다. 그들이 창출한 서비스와 역량은 소비자들이 정보를 활용하고, 회사와 관계를 형성하고, 그리고 서로 관계를 맺는 방식을 개선한다. 동시에 상상도 할 수 없는 어마어마한 양의 이용자 자료에서 가치를 뽑아내고 있다. 두 회사는 아직도 머리가 좋은 억만장자 창업자들이 이끌고 있는데, 그들은 모두 어릴 때 몬테소리 학교에 다닌 것으로 밝혀졌다.

몬테소리는 학생들에게 현상을 그대로 받아들이지 않고 스스로 생각하도록 장려하는 교육 제도다. 그리고 두 회사는 지난 10년에 걸쳐 매출과 고객의 지표에서 특이하면서도 일관된 유기적 성장을 이뤘다. 그러나 이 두 회사는 서로 전혀 다른 길을 통해 성공을 이뤘고, 혁신과 성장에 대해서도 뚜렷하게 다른 접근 방법을 취하고 있다.

구글은 정보 접근권과 경영을 중심으로 한 어려운 문제들을 해결하는 데 여념이 없다. 구글은 당시 이용할 수 있는 어떤 것보다 뛰어난 검색 엔진을 구축해, 혼란스런 웹에 질서를 가져왔다. 구글은 사람들에게 구글이 옆에 있는 한 혼란도 괜찮다고 가르쳤다. 사용자들은 구글로 몰려들었고, 구글은 광고계를 재편하고, 새로운 기업 세대 전체에 사업 모델을 제시함으로써 돈을 벌었다. 사용자들과 그들이 흔적으로 남기는 어마어마한 양의 정보는 여러 면에서 구글의 상품(가공하기에 따라 가치를 지닌 정보)이다. 인간의 삶과 감정. 의미의 미묘한 차이들이 표현되고, 포착되고, 디지털화되고, 돈으로 바뀐다.

아마존은 다른 접근 방법을 취한다. 아마존은 사용자 중심의 회사가 된다는 스스로 정한 목표에 접근하기 위한 수단으로 정보를 이용한다. 하의상달식이 아닌 상의하달식인 아마존은 좀 더 분권화된 구글보다 '전통적인 회사'에 훨씬 가깝다. 아마존은 인터넷 상거래라는 기회를 포착한 이후 놀라울 정도로 일관성 있는 전략을 펼쳐 왔다. 아마존의 주업은 소매업이지만, 진짜 본업은 고객 만족이다. 아마존의 가장 주목할 만한 기업 인수 사례는 자포스(www.Zappos.com)였다. 자포스는 고객의 행복에 몰두한 회사로, 창업자의 자서전인 《딜리버링 해피니스Delivering Happiness》를 바탕으로 사회 운동을 벌이기도 했다. 두 회사가 각기 다른 길을 거쳐 주도적인 위치에 이른 것처럼, 각기 지속적인 성장과 관련한 독특한 문제들과 마주하고 있다. 분명한 점은, 그들이 이미 업계에 대단히 깊은 영향을 미쳐 왔으며, 앞으로는 그럴 가능성이 높다는 것이다.

Audi
Samsung

Amazon
Google

LEGO
Apple

Nestle
PepsiCo

Reckitt
Benckiser
P&G

Starwood
Inditex

Tata
Bharti

BASF
Shell

Rolls-Royce
ARM

Narayana
Novo Nordisk

아마존
그들에겐 매일이 첫 날이다

아마존의 창업자이며 CEO인 제프 베조스는 회사를 설립하기 전 초기 인터넷 시장을 분석해본 뒤 연간 성장률이 2300%에 이른다는 사실에 충격을 받았다. 그가 아마존의 주주들에게 보내는 첫 번째 서한을 보면, 1997년 공개 기업으로서 첫 해에 매출 증가율 800%를 기록한 것을 강조한 후 다음과 같이 말한다.

"그러나 이 날은 인터넷에 첫 날이고, 우리가 잘하면, 아마존닷컴에도 첫 날이 될 것입니다. 온라인 상거래는 고객들의 돈과 귀중한 시간을 절약해 줍니다. 미래에도 개인화를 통해 온라인 상거래는 지속적으로 발전할 것입니다. 우리에게는 절호의 기회입니다. 대기업들이 자원을 총동원하여 온라인 기회를 추구하고, 온라인 구매에 낯선 고객들이 새로운 관계 형성을 받아들이고 있기 때문입니다."

신생 인터넷 기업들이 정기적으로 '방향 전환을 하는'(사업 모델과 접근 방법을 바꾸는) 오늘날의 환경에서, 아마존이 비전을 충실히 지켜온 것은 인상적이다. 아마존의

2010년도 보고서에서 지적한 대로 아마존에겐 매일이 첫 날이다. 첫 날이라 함은 그 역사와 기존의 역량에 얽매이지 않으면서도 고객의 필요를 충족시키기 위해 다른 모습을 보여줄 준비가 됐단 뜻이다.

그 처방은 지금까지 주효해 왔다. 2000년에서 2010년까지 매출이 연 평균 30% 이상의 비율로 증가했다. 2011년 2분기에는 50% 이상 증가해 연 매출이 400억 달러에 이르렀다. 이는 온라인으로 판매할 수 있는 것은 무엇이든 팔기로 한 그 목표를 달성한 것처럼 다양한 품목으로 확장해 왔다는 뜻이다. 그러나 아마존이 최근에 킨들 e리더기(Kindle e-reader) 제품과 서비스를 확장한 것에서 볼 수 있듯 책은 항상 중심으로 남아 있다. 이런 사업 확장에는 새로운 역량과, 새로운 기술과 자세를 갖춘 사람들이 필요했다. 그러나 책에 대한 사랑은 꾸준히 남아 있다.

고객 중심—가격, 선택, 서비스 | 온라인은 월세·세금없는 가게다

제프 베조스는 '저가, 폭넓은 선택, 신속하고 편리한 서비스'를 기회가 있을 때마다 주문처럼 되뇐다. 2007년 찰리 로즈와의 인터뷰가 한 예다.

"사람들은 모두 낮은 가격을 원합니다. 새로운 시장에 진출할 때 소비자들은, '난 아마존을 정말 좋아해요. 가격을 좀 더 올렸으면 싶어요'라고 말하지 않습니다. 폭넓은 선택과 정확하고, 신속하고, 편리한 배달을 함께 원합니다."

온라인 소매업은 고정비용이 높고 한계비용은 낮은 경향이 있다. 웹사이트를 구축하고, 창고를 세우고, 물류 체계를 실행, 관리하고, 제품 추천 알고리즘을 설계하기 위해 상당한 투자가 수반되기에 비용을 분산시킬 대규모 사용자 기반이 있어야 한다. 이런 상황 때문에 성장과 장기적 사고에 대한 필요성이 생겨 회사 전체에 퍼진

Audi
Samsung

Amazon
Google

LEGO
Apple

Nestle
PepsiCo

Reckitt
Benckiser
P&G

Starwood
Inditex

Tata
Bharti

BASF
Shell

Rolls-Royce
ARM

Narayana
Novo Nordisk

다. 출발부터 아마존은 반스 앤드 노블과 같은 큰 소매업체의 구매력에 맞서기 위해 애썼고, 인터넷의 효율성(인건비와 임대료를 절약)을 이용했다. 아마존은 성장함에 따라 납품업체에 가격 압력을 가해 할인을 이끌어낼 수 있었다.

상품구성도 책 외에 다양한 제품으로 확대했다. 그 결과 아마존은 소매업의 왕인 월마트를 상대로 싸우게 됐다.

가격 인하를 위해 사용되는 가장 논란이 되는 수단의 하나는, 판매세를 피할 수 있는 능력에 있다. 소비자들이 다른 주에서 구매한 물품에 대해 세금을 자진 신고하면 환급을 받지만, 실제로는 신고하는 사람이 거의 없기 때문에 그만큼의 판매세도 부과되지 않는다. 여러 주 입법기관과 오프라인 상점들이 이런 이득을 제거하기 위해 싸움을 벌이는 가운데, 최근에 캘리포니아에서 법률이 제정되어 당장이라도 폭발할 것 같은 이 논쟁이 막판에 이르게 되었다.

2011년 10월, 〈이코노미스트〉지는 다가오는 최후의 결전을 '보스턴 차(茶) 사건보다 더 복잡하지만, 잠재적으로는 다채로운' 싸움으로 묘사했다. 미국 곳곳에 창고와 유통업체, 디자인 센터, 계열회사들이 흩어져 있는 가운데, 무엇이 물리적 존재인가를 놓고 논쟁을 벌이고 있다. 그러나 결과가 어떻든, 아마존은 이미 여러 해 동안 이득을 얻어 왔고, 이런 이득을 이용하여 기반 시설을 구축하고 그 브랜드 가치를 소비자의 마음에 굳게 심어놓았다.

처음부터 아마존은 매장 공간의 물리적 한계를 피할 수 있었고, 가상적인 창고 구실을 하는 공급업체들의 네트워크를 운영해 왔다. 이 모델은 풀필먼트 바이 아마존(Fulfillment By Amazon, FBA)과 함께 확장되어 왔는데, FBA를 통해 제삼자는 고객 서비스와 운송 등 동일한 기반 시설을 이용할 수 있다. 아마존이 고객 평가와 추천 알고리즘을 선구적으로 이용함으로써 물리적 매장보다 검색과 선택이 훨씬 쉬워졌다. 그 결과 현재 아마존 웹사이트에서 판매되는 제품들 가운데 30%가 외부 업자의 제품이다.

아마존이 고객 중심의 회사로 성공한 것은 많은 장애를 무릅쓰고 오로지 훌륭한 고객 서비스만을 추구해 왔다는 증거다. 은행과 공익 기업들이 발견한 것처럼, 온라인 사업을 운영한다고 해서 반드시 고객을 만족시킬 수 있는 것은 아니며, 실제로는 그 반대인 경우가 많다.

온라인으로 훌륭한 고객 서비스를 제공하는 데는 많은 장애물이 있다. 고객들이 매장을 찾아와 제품을 눈으로 보거나 손으로 만지거나 또는 판매원들과 직접 교류할 수가 없다. 온라인으로 훌륭한 고객 서비스를 제공하는 열쇠는 역설적이게도 기술을 덜 사용하는 것이 아니라 더 많이 사용하는 것이다. 베조스는 이렇게 지적한다.

"물리적 세계에서는 소매업체가 계속 기술을 이용해 비용을 절감하겠지만, 고객 경험을 변화시키지는 못한다. 우리도 기술을 이용해 비용을 절감하지만, 더 큰 효과는 기술을 이용해 선택과 매출을 늘렸다는 점이다."

한 고객을 위해 제품 상세 페이지를 구축하려면, 아마존 소프트웨어는 '그 고객에게 극히 개인화된 경험을 제공하기 위해 200~300가지 서비스를 참조한다.'

아마존은 전통적인 판매 경험을 모방하려 하지 않고, 새로운 의사전달 방식을 창출해냈다. 그러는 가운데 전통적인 소매업의 약점을 드러냈다. 예컨대, 평가하는 역할을 고객에게 맡김으로써 직원 비용을 절감하고 서비스 질을 높일 수 있었다.

아마존이 서비스 향상을 위해 온라인 플랫폼의 힘을 이용해온 또 다른 방식들 중에는 '책 본문을 검색할' 수 있는 기능이 있다. 이 기능을 이용하기 위해 책 내용을 온라인으로 접근할 수 있게 하면 판매를 감소시키지 않고 오히려 증가시킨다는 점을 출판사업자들에게 납득시켜야 했다. 출판사들은 아마존의 통계를 보고 몰려들었다. 아마존 프라임(Amazon Prime: 연간 고정 요금으로 2일 안에 무료 운송하는 제도)이 늦은 배달 기간(5~7일)과 추가 운송비라는 온라인 쇼핑의 부정적인 두 가지 면을 처리했다. 끝으로, 원 클릭 쇼핑(1-Click ® Shopping)은 상거래 장벽을 더욱 낮추는 특허 기술이었

Audi
Samsung

Amazon
Google

LEGO
Apple

Nestle
PepsiCo

Reckitt
Benckiser
P&G

Starwood
Inditex

Tata
Bharti

BASF
Shell

Rolls-Royce
ARM

Narayana
Novo Nordisk

다. 고객들은 이제 원 클릭으로 제품을 골라 운송을 받을 수 있었다. 이 아이디어는 애플의 고객 경험 전문가들에게도 반향을 불러일으켰는데, 그들은 그 기술에 반한 나머지 아마존으로부터 사용 허가를 받았다.

새로운 제품과 서비스 | AWS와 킨들이 성공한 비결

아마존은 혁신의 두 가지 유형—점진적 전략과 '클린 시트(clean sheet)' 전략—에 관해 자주 이야기한다. 다음은 베조스의 견해다.

"아마존 혁신의 90% 이상은 점진적이고 중요한 의미가 있을 뿐 아니라 위험성도 낮다. 우리는 새로운 제품을 공개하는 법을 알고 있고, 새로운 영역을 개척하는 법을 알고 있다. 그렇다고 해서 성공이 보장되는 것은 아니지만, 우리는 많은 전문 기술과 지식을 보유하고 있다. 우리는 고객 서비스 센터를 새로 개설하는 법을 알고 있다. 하나를 열 것인지, 어느 지역에 열 것인지, 규모는 얼마나 크게 할 것인지를 안다. 우리의 운영 역사에 근거한 이런 지식들은 모두 직관적으로 판단하지 않고 정량적으로 분석할 수 있는 것들이다. 아마존 웹 서비스(Amazon Web Services, AWS)와 킨들은 새로운 성장을 추진하는 두 가지 '클린 시트' 전략이다."

책에서 다른 품목들로 확장한 것은 당연해 보이지만, 자사의 컴퓨터 자원에 대한 접근권 판매로 전환한 것은 고개를 갸우뚱하게 한다. 소비자 책 소매업체가 어떻게 기업 간(business-to-business) 서비스에까지 손을 뻗칠 수 있었는지 궁금히 여기는 사람들도 있었다. 물론 그에 대한 대답은 아마존은 특별히 책에만 관심을 두지 않았다는 것이다. 아마존은 상당한 기반 시설과 성수기 수요(크리스마스 시즌과 같은)에 대처할 수 있는 예비 역량이 있었다. 따라서 그런 시설과 역량을 판매하지 못할 이유가 어디 있겠는가?

AWS를 통해 아마존은 저장과 전산 처리 능력과 같은 서비스를 다른 기업과 개발자들에게 제공할 수 있다. 이것은 산업에 혁신적인 영향을 미치고 있는데, 기업들은 기반 시설을 보유하기보다 외부 시설을 이용하면서 필요하면 즉시 역량을 확대할 수 있다. 이는 그들이 제품과 서비스 가운데 고객을 직접 대면하는 부분들을 차별화하는 데 관심을 집중할 수 있다는 뜻이다.

수백만 건의 축적된 신용카드에 대한 기존 데이터베이스는, 이미 협력 업체들이 이용할 수 있는 기반 시설과 함께, 물리적 제품은 물론 디지털 서비스를 판매하고 임대하는 사업에서 결정적인 역할을 할 절호의 기회를 아마존에 제공해준다. 또한 프라임 서비스 고객들을 위한 무료 영화 스트리밍과 클라우드에 기반한 음원 제공은 아마존이 이런 기회를 적극적으로 추구하고 있음을 나타내는 첫 번째 조치다.

킨들은 2007년에 소개된 무선으로 이용하는 전자책 리더기로, 사용자들이 전자책과 잡지, 신문, 온라인 콘텐츠를 이용하거나 다운로드 할 수 있는 기기다. 또한 킨들은 특히 한 소매업체에서 나온 혁신적인 제품이었다. 하지만 이번에는 아마존의 교묘한 생존 기술을 목격해온 관찰자들은 흔쾌히 받아들였다. 실제로 애서가인 아마존은 이런 사업에 진출할 합당한 권리가 있었다. 킨들의 수호자인 베조스는 이렇게 말했다. "세계가 달라졌고, 우리가 책의 미래가 되려면 하드웨어를 개발하는 법을 배워야 할 것이다."

킨들의 가능성은, '지금까지 세상의 어떤 언어로 인쇄된 어떤 책이든 60초 안에 전부 이용할 수 있는 것'에 있다. 이것은 고객 만족도를 측정하는 멋진 방식이다. 그것은 개발팀으로 하여금 네트워크와 콘텐츠 소유자, 그리고 사용자에게 필요한 경험을 전달하는 기기의 성능을 총체적으로 생각하게 한다. 베조스는 말한다.

"우리는 경험을 창조하려 하지 않는다. 이는 저자의 몫이다. 우리가 할 일은 완벽

Audi
Samsung

Amazon
Google

LEGO
Apple

Nestle
PepsiCo

Reckitt
Benckiser
P&G

Starwood
Inditex

Tata
Bharti

BASF
Shell

Rolls-Royce
ARM

Narayana
Novo Nordisk

한 독서용 기기를 설계하는 것이다. 사용자가 60초 안에 책을 이용할 수 있고, 서재를 통째로 들고 다닐 수 있고, 손을 피로하지 않게 하고, 기기가 손 안에서 열을 받지 않고, 눈을 피로하지 않게 하고, 건전지 수명이 한 달간 지속되어 건전지 염려를 하지 않는 그런 경험을 제공하는 것이다."

킨들을 이용해 사용자들은 책을 검색하고, 메모를 하고, 책갈피 표시를 하고, 다른 사람들이 책갈피 표시를 한 부분을 보고, 모르는 단어를 찾을 수 있다. 킨들 세 번째 판은 건전지 수명이 향상되었고, 저장 용량이 3500권까지 늘어났으며, 책을 대출하는 기능이 추가되었다. 아마존은 각 기기를 순식간에 동기화하고, 다른 기기에서도 앞서 읽은 부분을 매끄럽게 찾을 수 있는 '위스퍼싱크'도 개발했다. 혁신적인 특징 중의 하나는 일정한 모델의 가격으로 평생 무선으로 이용할 수 있는 권리가 포함되어 있다는 것이다.

2011년 5월에 킨들을 통해 이용할 수 있는 책은 거의 100만 권에 달했다. 킨들의 영향으로 물리적인 책에서 전자책으로의 전환이 가속화되었고, 아마존을 그 흐름의 선두에 서게 했다.

시장에 미치는 영향도 상당했다. 킨들의 매출은 논하지 않지만, 아마존은 고객들이 이제 인쇄된 책보다 전자책을 더 많이 구입하고 있다고 말한다. 더욱 의미 있는 점은, 킨들 발매에 대한 반응으로 아마존 고객 서비스가 받은 이메일의 4분의 1에는 '사랑한다'라는 단어가 담겨 있다는 것이다.

성공의 많은 부분이 성장으로 이어진 유기적 조치들에서 나온 것은 분명하지만, 아마존은 영리한 기업 인수도 여럿 했다. 고객의 행복에만 전념한 구두 회사 자포스닷컴을 인수한 후, 아마존은 다른 문화를 존중하고, '시너지 효과'를 이끌어내려는 욕구를 억누르며 그 회사에 간섭하지 않았다. 아마존은 '리빙 소셜(Living Social)'처럼 선별해서 투자를 해왔다. 리빙 소셜은 소셜 커머스(social commerce: 소셜 네트워크를 활용한 전자상거래의 일종. 할인 쿠폰을 공동 구매하여 제품이나 서비스를 값싸게 살 수 있는 웹사이트)로, '데일리 딜스(daily deals)'를 제공하고 있다. 또한 아마존은 리빙 소셜에 대한 투자와 병행하여 자체적인 소셜 커머스인 마이 해빗(My Habit)을 통해 '딜 오브 더 데이(deal of the day)' 서비스를 시작했다. 이런 투자를 통해 아마존은 실험의 폭을 넓힐 수 있을뿐더러 혁신을 회사 외부로 확산시킬 수 있다.

미래의 문제점 | 월마트와의 전쟁

앞으로 아마존이 어느 단계에 이르면 세계 최대의 소매업체인 월마트를 능가할 것으로 보는 사람들이 많다. 최근에 서구의 경제 상황의 변화로 저비용으로 직접 가정에 배달하는 서비스를 이용하는 사람들이 계속 늘어나고 있다. 그러나 미래 경쟁력은 규모에만 있지 않다. 아마존의 가치 제안(소비자의 욕구를 충족시키기 위해 회사가 전달하기로 약속한 가치나 이익, 또는 혜택의 집합)의 핵심 요소들은 유지 개선돼야 한다. 그런데 아마존이 산업을 주도하는 위치엔 있지만, 예컨대 그 추천 엔진은 어설프고 지나치게 단순하게 보일 때가 있다.

적응력과 탄력성 있는 성장의 챔피언 | 끝없는 '고객 서비스' 정신

아마존은 자신의 가장 큰 약점 중의 하나가 온라인 상거래에서 고객 서비스에 대한 인식 부족이란 걸 깨달았다. 그 결과 고객 서비스를 일차적 목표로 삼음으로써 아마존은 그런 잠재적 약점을 장점으로 전환하는 데 성공했다. 아마존이 성장의 챔피언이 된 것은 그 성장의 크기와 규모, 명확한 비전, 자신을 개혁할 수 있는 능력 덕분이었음을 스스로 입증했다. 아마존은 이제 미국 전자 상거래의 3분의 1을 차지하고 있고, 전체 온라인 상거래보다 두 배나 빨리 성장하고 있다. 또한 국제적으로

Audi
Samsung

Amazon
Google

LEGO
Apple

Nestle
PepsiCo

Reckitt
Benckiser
P&G

Starwood
Inditex

Tata
Bharti

BASF
Shell

Rolls-Royce
ARM

Narayana
Novo Nordisk

도 빠르게 성장해 왔으며, 매출의 거의 절반이 이제 국제적인 거래에서 나온다.

처음에 책에서 음반으로, 그리고 화장품과 의류, 자동차 등, 다른 온라인 소매 활동은 점진적인 혁신으로 볼 수 있지만, 아마존 웹 서비스와 킨들은 전혀 다른 산업에 속해 있다. 전통적인 소매업체들, 특히 서점들은 아마존의 효율적인 온라인 서비스로 파괴되었고, 이 소매 엔진을 통해 다른 전문 매장들도 피해를 입을 것으로 보인다.

분석가들은 아마존 웹 서비스와 킨들이 실적에 상당한 기여를 할 것으로 예상한다. 10% 성장률을 이루는 데도 40억 달러 이상의 매출이 추가로 필요한 때에 그것은 쉽지 않은 위업이다. 탄력적이면서도 적응력 있는 운영 전략과 함께, 꾸준히 고객 서비스에 초점을 맞춘 것이 아마존의 성공 처방이었음이 입증됐다.

Google

구글
검색을 허브로 삼아 생활의
일부를 만들다

1998년 출범한 구글은 인터넷의 얼굴을 바꿔놓았다. 구글은 사람과 관련한 여러 가지 항목들로 어수선한 포털 페이지 대신, 웹에 대한 새로운 개념을 제시했다. 검색은 이제 더는 포털의 부속물이 아니었다. 검색이 포털 그 자체였다. 인지적 과부하(cognitive overload)는 선과 같은 단순함으로 완화되었고, 구글이 제공하는 웹페이지는 거의 마술을 부린 것처럼 정확했다. 많은 사람에게 이는 구글이 점차 생활의 중심이 되어가는 과정의 첫 단계에 해당했다.

www.comscoredatamine.com에 따르면, 2011년 5월 구글은 월간 사이트 방문자 수 10억을 돌파한 역사상 최초의 회사가 되는 큰 기록을 세웠다. 구글은 사용자의 문제를 해결하는 놀랄 만한 능력이 있었고, 온라인 서비스 사업을 성장시켜 돈을 벌려는 사람들에게 영감을 줄 수 있는 독특한 사업 전략을 갖추고 있었다.

세 가지 난제 해결 목표 | 이용자가 원하는 것을 어떻게 제공할 것인가

구글의 사명은 '전 세계의 정보를 체계화하여 누구나 접근하여 유용하게 사용할 수 있게 하는 것'이며, 그러려면 세 가지 어려운 문제를 극복해야 한다.

첫째, 정보를 찾아내는 것이다. 웹 콘텐츠는 기하급수적으로 증가하고 있지만, 전 세계 정보의 20%만 온라인에 있고, 나머지는 책과 회사 서류 캐비닛, TV 등에 있는 것으로 추정된다. 수십억 웹 페이지의 색인을 만드는 일은 현재 웹에 존재하지 않는 정보를 찾아내는 과제에 비하면 비교적 사소한 일이며, 구글이 그 과제를 주도하고 있다. 이런 목표가 비디오 콘텐츠에 접근하기 위해 유튜브를 인수하게 했고, 전 세계 도서관을 스캔하는 구글 북스(Google Books) 프로젝트를 시작했다.

두 번째 문제는 정보를 다양한 경로로 접근할 수 있게 만드는 것이다. 처음 온라인에 들어온 20억 명은 주로 고정된 선과 PC를 통해 연결했다. 그러나 다음 20억 명은 (대부분 지금의 개발도상국에 살고 있을) 모바일 기기를 통해 연결할 것이다. 이를 보면 구글의 안드로이드 모바일 운영 체계가 중요한 이유와, 모토로라 모빌리티를 인수한 까닭을 알 수 있다.

끝으로, 구글은 정보를 '유용하게' 만들려 한다. 이는 단순한 키워드 검색을 넘어서 이용자가 실제로 의도하는 것을 찾아낸다는 뜻이다. 전 CIO인 더글러스 메릴(Douglas Merrill)은 2007년 한 인터뷰에서 이렇게 말했다. "우리의 목표는 이용자가 요청한 것을 찾아내는 것이 아니라, 이용자가 '요청했어야' 한 것을 찾아내는 것이다."

데이터를 해석해 돈을 버는 능력 | 모든 DB는 '돈 광산'이 될 수 있다

구글은 데이터 중심의 기술 회사로, 그 핵심역량은 서비스 지향적이라기보다 기술적이다. 이 역량 가운데는 구글 고유의 것이어서 모방하기 어려운 것이 많고, 최종 사용자 경험의 질을 개선하는 데 중요한 영향을 미치고 있다.

구글의 획기적인 성과는 웹사이트 간의 링크를 통해 의미를 창출하는 페이지 랭크(Page Rank) 알고리즘이었다. 현재 페이지 랭크 외에, 구글의 검색 엔진은 결과의 적합함을 결정하는 약 200가지 요소를 사용한다. 이 요소들에는 검색 용어, 동의어, 웹사이트 질이 포함된다. 막대한 양의 사용자 데이터와 질의 로그(query log)를 통해 구글은 특정한 요청이 뜻하는 바를 지능적으로 추측해낼 수 있고, 철자 교정으로 사용자의 경험을 개선할 수 있다. 또한 최근에는 사용자가 검색어의 글자를 입력하면 실시간으로 결과가 나타나는 구글 인스턴트(Google Instant)로 사용자 경험을 개선할 수 있다.

그 검색 역량의 결과로 구글은 혁신을 위한 새로운 기반을 창출했다. 그것은 데이터에서 의미를 추출할 뿐만 아니라 데이터에 상업적 가치를 부여하기도 한다. 검색에서 가치를 창출하는 능력 덕분에 구글은 온라인 세계에서 혁신의 최전선에 있다.

구글은 생태계 중심에 있는데, 이는 구글 애드 워즈(Google Ad Words)나 애드 센스(Ad Sense)와 같은 제품들이 대량의 데이터를 창출할 가능성이 보인다는 뜻이다. 구글 애드 워즈를 통해 기업들은 선택한 키워드에 입찰하여 해당 검색 결과 옆에 광고를 표시할 수 있고, 애드 센스를 통해 온라인 출판업체들은 광범위한 콘텐츠에 적절한 광고를 게시해 매출을 올릴 수 있다. 콘텐츠 제작자들은 이제 자신의 작업에 대한 대가로 상당한 돈을 벌 수 있다.

복잡한 경매를 실시간으로 처리 | 광고를 경매로 팔다

구글의 애드 워즈는 획기적인 혁신 제품이었다. 구글은 '검색이 이루어지는 순간' 키워드 자리 전체를 경매로 파는 경매 기반을 만들어냈다. 광고주가 치를 가격은 혁

Audi
Samsung

**Amazon
Google**

LEGO
Apple

Nestle
PepsiCo

Reckitt
Benckiser
P&G

Starwood
Inditex

Tata
Bharti

BASF
Shell

Rolls-Royce
ARM

Narayana
Novo Nordisk

신적인 2등 경매 방식으로 결정되었다. 그 방식에 따라 입찰에 성공한 사람은 2등 입찰자보다 1%를 더 지불하게 된다. 또한 광고 가시성(visibility)은 앞서 그 광고를 본 사람들에게 얻은 인기를 반영했다. 부적절한 내용이나 사용자의 관심이 적은 광고는 가시성이 떨어졌다. 이것은 광고주와 출판업자 간의 단순한 거래였던 것에 사용자를 개입시킨 새로운 기능이었다.

참여적 제품 개발과 자유의 문화 ❘ 3M에서 배운 20% 규칙

구글의 창업자들인 세르게이 브린(Sergey Brin)과 래리 페이지(Larry Page)는 사용자 중심 설계의 강력한 옹호자들이다. 구글은 A/B 실험 방식을 많이 사용하는데, 이것은 일부 사용자들을 대상으로 새로운 아이디어를 실험하여 그 결과를 수집, 분석하는 방법이다.

구글의 서비스들 중 많은 것이 여러 해 동안 '베타' 상태, 즉 거의 완료되었지만 아직 완벽하지 않은 상태로 유지된다. 사용자들은 구글 파이넌스(Google Finance)와 구글 스칼라(Google Scholar)에서 맵스(Maps)와 메일, 피카사(Picasa)까지 거의 모든 부가 제품들을 개선하는 데 기여하도록 권장돼 왔다. 구글로서는 사용자들이 제품을 완성하는 데 기여하고 수정이 필요한 부분을 제시하리라는 것을 알고 있었으므로, 90% 정도 완료되면 공개하기에 충분했다. 참여적 제품 개발은 핵심적인 구글 전략의 중요한 부분이다.

구글은 많은 직원에게 근무 시간의 20%를 그들 자신의 프로젝트를 진행하는 데 사용할 수 있게 했다. 3M 등 다른 회사들도 비슷한 방법을 모색해 왔지만 지메일(Gmail)과 구글 서제스트(Google Suggest), 구글 뉴스(Google News)처럼 유명해지거나, 많은 성공 사례를 기록으로 남긴 회사는 없다.

구글에서 전해오는 이야기에 따르면, 연구원인 크리슈나 바라트(Krishna Bharat)가

2001년 9.11 사건 이후 자신이 즐겨 찾는 15개 웹사이트에서 뉴스를 추적하려 애쓰다가 구글 뉴스(Google News)를 생각해냈다고 한다. 그는 이 사이트들에서 뉴스를 종합하여 다른 직원들과 공유하는 프로젝트를 만들었다. 경영진이 그 계획을 알아보았고, 이것이 구글 뉴스가 되었다. 구글 뉴스는 현재 구글의 가장 인기 있는 서비스의 하나로, 크리슈나 팀이 아직도 관리하고 있다.

구글의 소비자 제품 담당 부사장인 마리사 메이어(Marissa Mayer)가 스탠퍼드 대학 학생들에게 말한 바에 따르면, 6개월의 분석 기간 동안, 구글이 출시한 제품과 기능 중 50%가 실제로 이 20% 시간에서 나왔다고 한다. 그러나 이 아이디어의 힘은 신뢰와 자유의 문화를 집약적으로 보여주는 그 방식에서 나올 것이다. 다음은 메이어의 설명이다.

"핵심은 20%의 근무 시간이나 일주일에 하루를 할애한다는 데 있지 않다. 우리 엔지니어와 제품 개발자들이 그 점을 알고 있다는 것, 구글이 정말 그들을 신뢰하고, 그들이 창조적이기를 바라고, 그들이 탐구하고 싶은 것은 무엇이든 탐구하기를 바란다는 사실을 인식하고 있다는 것이 중요하다. 그리고 궁극적으로 엄청난 창의성과 엄청난 혁신의 동력이 되는 일이면 원하는 것을 무엇이든 할 수 있는 자유가 있다는 것이 핵심이다."

혁신의 세 가지 사례 | 지메일, 안드로이드, 구글 북스

구글의 개발자 폴 북하이트(Paul Buchheit)가 내부 프로젝트로 만든 지메일은 2004년 4월 만우절에 출시되어, 많은 사람이 거짓말로 여길 정도로 많은 저장용량을 제공했다. 2011년 4월에 지메일은 전 세계에 2억2000만 명의 사용자를 거느리고 있었다. 구글은 현재 기업 부문을 겨냥한 일련의 제품들 가운데 이메일을 제공하고 있

Audi
Samsung

Amazon
Google

LEGO
Apple

Nestle
PepsiCo

Reckitt
Benckiser
P&G

Starwood
Inditex

Tata
Bharti

BASF
Shell

Rolls-Royce
ARM

Narayana
Novo Nordisk

고, 마이크로소프트와 직접 경쟁하고 있다. 지메일이 출시될 때 혁신적이었던 것은 단지 저장용량 때문만이 아니라 대단히 세련되고, 이용하기 쉬운 웹 경험을 쉽고 빠르게 이용할 수 있었기 때문이었다. 구글은 또한 그 이메일 콘텐츠에 근거해 사용자들에게 광고를 판매하는 아이디어를 도입했다. 사용자들이 이런 '사생활 침해'를 거부할 것으로 예측한 사람들도 있었지만, 그런 우려는 곧 사라졌고, 또 하나의 인기 제품이 탄생했다.

인터넷 이용이 전 세계로 계속 확산되어 가자, 구글은 모바일 기기에 접근해야 했다. 모바일 담당 부사장인 앤디 루빈(Andy Rubin)은 구글이 그의 모바일 회사인 안드로이드(Android)를 인수한 뒤 구글에 들어왔고, 구글은 안드로이드를 새로운 운영체계의 기반으로 사용했다. 2011년 4분기에 닐슨에 따르면, 미국에서 전화기를 새로 구입한 사람의 60%는 스마트폰을 구매했으며, 그 중 안드로이드의 점유율이 52%에 이르렀다. 루빈은 2011년 6월 트위터를 통해 구글이 하루 50만 대의 기기를 활성화하고 있다고 발표했다. 이는 2010년 6월의 10만 대에서 크게 증가한 수치다. 구글이 모토로라 모빌리티를 125억 달러에 입찰한 것은 모바일이 미래의 주된 성장동력의 하나가 될 것이라는 또 하나의 신호다. 모토로라를 인수한 것은 최고의 경험을 창출하려면 소프트웨어에서 하드웨어까지 경험을 통제해야 한다는 것을 구글 측이 인정한 것처럼 보인다. 그것은 또한 모바일 부문에 새로 진출한 기업으로서 경쟁업체들처럼 특허 기술이 많지 않으므로, 결국 기기마다 기술 사용료를 많이 지불해야 할지도 모른다는 사실을 인정한 것이다. 구글은 이제 안드로이드의 정확한 사양에 따라 안드로이드폰을 만들고, 애플과 동일한 방식으로 운영 체계의 최신 기술을 이용할 수 있다. CEO인 래리 페이지가 모토로라 인수로 안드로이드의 성능이 '극대화될' 것이라고 말할 때, 바로 그런 사실을 두고 하는 말일 것이다.

구글 북스의 목표는 책에 숨겨진 데이터를 찾아내 그것을 검색할 수 있게 만드는 것이었다. 스티븐 레비의 저서 《플렉스에서In the Plex》에 간략히 설명되어 있는 대로, 그 배경은 전형적인 구글이다. 창업자 한 사람의 대담한 아이디어였지만 다른 똑똑한 사람들에 의해 거부된 후 다시 시험을 거쳐 데이터를 창출하게 되었다는 이야기다.

레비는 페이지와 메이어가 어느 날 밤 사무실에서 스캐너로 함께 작업하는 모습을 묘사하면서, 전 세계 책을 모두 스캔하는 데 얼마나 오랜 시간이 걸리는지, 얼마나 많은 돈이 드는지 계산해낸다. 북 프로젝트는 구글의 가장 논란이 많은 프로젝트 가운데 하나가 되었다. 저작권자의 허락 없이 구글은 수천 권의 책을 디지털화했고, 그 뒤 홍보 활동에 심각한 타격을 입었다. 구글은 저자들의 어려운 사정을 이해하지 못하고 그들을 착취하는 회사로 보였다. 결국 출판사들과 합의를 이뤄냈고, 구글 서치는 이제 수백만 권의 책을 이용할 수 있는 서비스를 제공하고 있다.

구글은 2010년 전 세계에 1억2986만4880종의 책이 있는 것으로 추산했고, 2010년 10월에 그 가운데 1500만 권을 스캔했다.

몬테소리식 혁신 | 불경스러움과 파격적 즐거움

구글의 혁신 전략은 서로 균형을 이루는 두 개의 별도 과정으로 생각할 수 있다. 그것은 무정부적이고 초점이 없는 창의성과 개성의 축제로 시작되는데, 창업자들은 이를 창의적인 것으로 유명한 몬테소리 학교 제도에서 받은 교육의 결과라고 말한다. 이런 식으로 구글의 운영 방식은 유명한 벤처 투자가인 마이클 모리츠(Michael Moritz)와 존 도어(John Doerr)를 닮았는데, 그들은 모두 1999년에 2500만 달러를 투자하면서 구글 이사가 되었다.

피터 심스(Peter Sims)는 〈월스트리트저널〉에 기고한 한 기사에서 반 농담으로 '몬테소리 마피아'가 존재한다고 주장했다. 아마존 창업자인 제프 베조스와 위키피디아 발명자인 지미 웨일즈(Jimmy Wales)와 같은 창의적으로 성공한 동문들이 많기 때문

Audi
Samsung

Amazon
Google

LEGO
Apple

Nestle
PepsiCo

Reckitt
Benckiser
P&G

Starwood
Inditex

Tata
Bharti

BASF
Shell

Rolls-Royce
ARM

Narayana
Novo Nordisk

이다. 페이지와 브린은 기꺼이 자신들이 받은 교육에 공을 돌린다.

"우리는 모두 몬테소리 학교를 다녔다. 우리의 성공은 규칙과 명령을 따르지 않고 스스로 동기를 찾아 세상에서 일어나는 일에 질문을 던지고 일을 조금 다르게 하도록 교육을 받은 덕이라고 생각한다."

구글에는 불경스러움과 즐거움이 있는데, 마운틴 뷰 본사를 방문하면 가장 뚜렷이 느낄 수 있다. 개방된 회의 장소와 무료 음식, 사냥감들로 꾸민 밝은 색채의 사무실이 있고, 건물 밖에는 공룡 해골이 방문객을 맞이한다. 공룡 해골은 무리를 따르지 않고 멸종되고 싶은 욕망을 날마다 일깨워주는 구실을 한다.

구글 뇌의 다른 면은 좀 더 체계적이다. 회장인 에릭 슈미트(Eric Schmidt)는 2008년 〈맥킨지쿼털리McKinsey Quarterly〉와의 인터뷰에서 구글은 '규모 있는 체계적인 혁신 기업'이 되는 것이 목표라 한다. 이 말의 뜻은 이런 것이다. '우리는 전략을 체계화할 수 있다. 실제로 우리 그룹들을 혁신시킬 수 있다. 이번 달에 어느 그룹이 성공할지 반드시 알 필요가 없다. 그러나 우리는 그것이 포트폴리오 이론(Portfolio Theory: 주식 투자에서 위험을 줄이고 투자 수익을 극대화하기 위해 여러 종목에 분산 투자하는 방법)임을 알고 있다. 우리는 불쑥 몇 가지 혁신을 이뤄낼 그룹들이 꽤 있다.'

직원 수가 2만 명을 넘어섰지만 혁신 전략을 통해 구글은 직원들을 위한 자유와 자율 의식을 유지할 수 있었다. 그러나 이것은 일종의 익스트림 스포츠로서 사업적인 창의성일 뿐, 좀 더 구조화된 위계체계가 필요하거나, 유연한 사업 모델이 없거나, 또는 전문 지식이 부족한 기업들에도 반드시 해당되는 것은 아니다.

사생활 침해에 대한 반발 | '인류의 삶' 통째로 구글 속에

구글이 일부 국가들에서 검색의 70% 이상을 처리할 정도로 성장하자 비판을 불러일으키기도 했다. '악마가 되지 말라'는 말을 주문처럼 되뇌지만, 구글은 많은 실수를 저질렀다. 구글 버즈(Google Buzz)에서 사용자가 가장 자주 사용하는 주소록을 공유했고, 스트리트 맵스 팀이 안전이 보장되지 않은 네트워크들에서 개인 정보를 취득했으며, 사용자 데이터의 비밀을 누설했다. 현재 너도나도 소셜 네트워크를 사용하려들고, 사용자들이 정보를 폭넓게 공유할 수 있는 상황에서, 더 심각한 긴장이 발생할 수 있다. 한 가지 인용을 하자면, 나중에 농담으로 밝혀졌지만 에릭 슈미트는 〈월스트리트저널〉에 이렇게 말했다.

"모든 젊은이는 어느 날엔가 친구들의 소셜 미디어 사이트에 저장된 젊은 시절의 방종의 흔적들과 단절하기 위해 성인이 되면 자동적으로 이름을 바꿀 수 있는 자격을 얻게 될 것이다."

그는 또한 〈어틀랜틱Atlantic〉지에 이렇게 말하기도 했다.

"우리는 당신이 지금 어디 있는지 안다. 당신이 어디 있었는지도 안다. 우리는 당신이 무슨 생각을 하고 있는지도 거의 알 수 있다."

필요 요건 | 사회적 기능을 얼마나 향상시킬 수 있을까?

래리 페이지는 정식으로 CEO에 취임한 후, 전 직원의 연간 상여금 중 25%를 회사의 사회적 기여도에 따라 결정하도록 지시한 것으로 보도되었다. 구글의 사회적 기능 담당 수석 부사장은 〈와이어드〉지에 이렇게 말했다.

"우리는 일찍이 시도한 적이 없는 수준과 규모로 구글 자체를 사회적 목적지로 변모시키고 있다. 사람들에 관해서, 이전의 어떤 프로젝트보다 더 큰 규모로 투자하고 있다." 사용자들이 하위그룹을 만드는 핵심적인 기능인 서클(Circles)의 개념은 구글 경영진의 관심을 끌 것이다. 서클은 사용자들에게 그들의 생활을 분류하고, 이 분류 체계를 관찰하는 어려운 작업을 맡긴다.

전문가들이 보기에 구글의 전략은 파악하기 어려운 점이 있다. 왜냐하면 구글의

Audi
Samsung

Amazon
Google

LEGO
Apple

Nestle
PepsiCo

Reckitt
Benckiser
P&G

Starwood
Inditex

Tata
Bharti

BASF
Shell

Rolls-Royce
ARM

Narayana
Novo Nordisk

전략에는 전 세계의 정보를 체계화한다는 거창한 목표와 여러 가지 이질적인 소비자 서비스라는 현실 사이에 끼여 있기 때문이다.

요컨대, 구글의 전략은 사람들과의 상호작용의 넓이와 깊이를 확장하는 것으로 생각할 수 있다. 더욱 폭넓은 상호작용은 사용자와 페이지 뷰 증가라는 공통의 목표를 가진 핵심적인 검색과 광고 플랫폼에서 구축된 다양한 서비스에서 나온다. 그리고 참여의 심화는 더욱 적절하고, 효율적이고, 개인화된 서비스를 만들어내기 위해 데이터 분석과 함께, 아이디어를 위한 내부 혁신 시장을 이용하는 데서 나온다. 구글의 어려운 문제는 그 알고리즘과 사업 모델이 점점 세분화되면서도 점점 사회화되는 세계에서 계속 적합성을 유지할 수 있게 하는 것이다.

핵심적인 통찰 | 아마존과 구글

아마존에서는 전통적인 방식으로 혁신이 이루어지는 반면, 구글의 전략 방향은 좀 더 평등하면서 위계적인 성격이 덜하다. 구글의 혁신 모델은 시소와 같아서, 실험의 자유를 향한 개인의 열망과, 실적을 향한 재무 담당자의 열망이 균형을 이루게 한다. 두 접근 방식은 모두 획기적인 성과를 창출하고, 산업을 변화시켜 소비자와 협력 업체에 혜택을 주었다.

아마존의 접근 방식은 고객의 심리를 이해할 수 있고, 미래 성장의 토대가 되는 대규모 투자를 할 수 있는 특별한 자신감이 숨어있다. 이 자신감은 고위층의 지지로 이루어지는 경우 새로운 기술을 보호하고 개발하는 방식으로 입증된다. 아마존에 책을 좋아하는 사람들이 많다는 것은 쉽게 짐작할 수 있지만, 고위 간부들의 지원이 없었다면 e리더기 사업을 추진하는 사람들은 크게 주목을 받지 못했을 것이다.

구글의 좀 더 이질적인 접근 방법은 주주들의 분노를 살 각오를 해야 한다. 그것은 목적이 불분명해 보일 수 있기 때문이다. 구글의 민주적인 접근 방식은 새로운 아이디어를 회사가 이미 잘하는 것에만, 직원들이 좋아하는 것에만 한정할 수 있다.

상대적으로 젊은 기업이지만 아마존과 구글은 모두 '성숙한' 기업의 역할을 하고 있으며, 일이 잘못되면 대중에게 더는 젊음의 패기로 변명할 수 없다. 아마존은 판매세에 대한 논란에 대해서처럼, 고객을 대신하여 싸운다는 인상을 주는 데는 성공했다. 그에 반해 구글은 언론과 대중으로부터 더욱 혹독한 반발을 불러일으킬 때가 많았다.

두 회사는 온라인 공간에서 경쟁과 승리에 관해 서로 다른 전략을 제시하지만, 그들은 함께 다양한 산업에 적용할 수 있는 풍부한 지식의 원천을 제공하고 있다. 정보로 넘쳐 나는 세계에서, 정보를 이해하는 새로운 방식을 찾아내는 그 회사들은 이해 관계자들의 요구에 대한 더 훌륭한 통찰을 창출해내고, 신용과 신뢰를 쌓아 성장을 위한 좋은 입지를 확보할 것이다.

Audi
Samsung

Amazon
Google

LEGO
Apple

Nestle
PepsiCo

Reckitt
Benckiser
P&G

Starwood
Inditex

Tata
Bharti

BASF
Shell

Rolls-Royce
ARM

Narayana
Novo Nordisk

아마존

성장 결과

온라인 소매 공간을
소유한 고효율 고수익 사업 모델

독보적 역량

특허 기술과 제휴를
통한 확실한 고객 만족 창출

기본 역량

| 고객 중심 | 클린 시트 혁신 | 변화를 수용하는 적응성 |

구글

성장 결과

수익성이 가장 높은
세계 최고의 정보 기업

독보적 역량

끊임없이 인접 부문을
파괴하는 참여적 제품 개발

기본 역량

| 사용자 문제 해결 | 데이터 분석으로 돈을 버는 것 | 실시간으로 복잡한 경매 처리 |

CASE 3

레고와 애플
날마다 마술을 부리다

애플과 레고는 경쟁회사들이 꿈만 꿀 수밖에 없는 대단한 일을 해내고 있다. 즉, 그
들은 날마다 마술을 부리고 있다. 애플이나 레고제품을 즐겨 이용하는 사람들은
고객이 아니다. 팬이다.

소비자를 흥분시키는 마력 과시

일반 소비재는 대부분 평범한 것들이 주류를 이룬다. TV든 주방 설비든, 아니면 자전거든 욕실이든, 그것은 중요하지 않다. '평균적인 것'이 도처에 널려 있다. 적어도 설계와 성능의 관점에서 차별화는 점점 골치 아픈 문제가 되고 있다. 거의 모두가 동일한 부품을 공급받고, 유사한 설계 회사를 이용한다. 결국 가격 결정과 이윤이 경쟁업체 제품보다 차별화된 요소를 만들기 어렵다. 매장이든, 온라인이든, 비슷한 제품은 선택해야 하는 많은 소비자에게 끔찍한 일이 되어버렸다.

그러나 이런 세계적인 병폐 속에서도, 몇몇 우수 기업들은 지평을 넓혀 사용자들을 즐겁게 하고 흥분시키는 제품들을 내놓고 있다. 뱅앤올룹슨(Bang & Olufsen)은 상당한 대가를 치르고도 고급 디자인과 성능에 초점을 맞추지만, 다른 기업들은 비용을 더 중시한다.

그런데 어떤 회사는 세계 최고의 디자인과 직관적 상호작용, 독특한 사업 모델, 뛰어난 성능을 가전제품에 접목했다. 하스브로(Hasbro)나 마텔(Mattel) 같은 기업들은 어린아이들의 침실을 비슷한 장난감과 게임들로 가득 채울 때, 또 다른 회사는 상상력을 자극하여 아이들과 어른들이 꿈을 실현할 수 있는 제품을 일관되게 제공해 왔다. 이 두 회사가 바로 애플과 레고로, 오랫동안 각자의 시장에서 도전해 왔지만, 이제는 주도적인 기업이 되어 있다.

2011년 8월 현재 세계에서 가장 가치 있는 회사인 애플은 마이크로소프트와 소니, 노키아와 함께, PC, 음악, 휴대폰 부문 전체에 걸쳐 혁신적인 기술을 개발한 회사로서 틀림없이 역사책에 올라 있을 것이다. 초당 7세트가 판매되는 레고는 이제 세계 3대 완구 회사가 되어 있는데, 지금까지 4850억 개 이상의 블록을 생산했다. 애플과 레고는 경쟁 회사들은 꿈만 꿀 수밖에 없는 대단한 일을 해내고 있다. 즉, 그들은 날마다 마술을 부리고 있다. 이 제품은 우리의 생활 방식과 우리가 원하는 방식에 맞춰져 있기 때문에, 직관적으로 이용되고, 다른 어떤 제품보다 소중히 여겨진다. 애플 제품을 사용하거나 레고 제품을 이용하는 사람들은 고객이 아니라 팬이 된다. 두 회사는 다른 회사들이 스스로를 평가하는 국제적 기준이 됐다. 경쟁업체들은 두 회사의 주도적인 위치를 빼앗기보다 그들의 성공을 모방하기 급급하다.

레고와 애플이 여러 가지 어려움을 극복하며 어떻게 성공했는지, 그들의 리더십으로 어떻게 목표를 이루고 대안적인 방식을 통해 기업을 발전시켰는지, 그리고 서로 전혀 다른 이 두 회사의 문화가 어떻게 세계 최고의 역량과 유연성, 성공의 동력을 창출하는 데 그처럼 중요한 구실을 해왔는지 살펴보자.

Audi
Samsung

Amazon
Google

**LEGO
Apple**

Nestle
PepsiCo

Reckitt
Benckiser
P&G

Starwood
Inditex

Tata
Bharti

BASF
Shell

Rolls-Royce
ARM

Narayana
Novo Nordisk

레고
지구상 아이들을 모두 웃게 하라

레고에 근무하는 사람은 모두 동일한 꿈이 있다. "우리는 모두 한 가지 공통점이 있다. 아이들을 웃음 짓게 하는 것이 목표다"라는 것이다. 우리 가운데 이런 말을 할 수 있는 사람은 많지 않다. "모든 직원은 레고 그룹의 목표를 받아들인다"는 기업 문화에서 우리는 레고와 그 직원들이 목표를 달성할 것이라는 데 대부분 동의할 것이다.

2003년 초 한때 거의 파산 상태에 이르렀지만, 〈포브스〉가 20세기 장난감으로 지명한 제품의 제조업체는 놀랍게도 다시 회생했는데, 거의 혼자 힘으로 살아났다.

레고 홍보부장인 얀 크리스텐센(Jan Christensen)은 이렇게 말한다. "우리가 추락한 것도 99%가 우리 자신의 잘못이고, 우리가 다시 회복한 것도 우리 자신의 성공이다." 지난 5년간 레고는 신제품을 출시하여 전혀 새로운 시장을 개척했다. 매출은 두 배 이상 증가했고, 한편 순익은 1700% 이상 늘었다. 그러나 레고는 세계 최대의 완구 회사가 되려 하지 않는다. 단지 최고가 되려 할 뿐이다.

덴마크어로 '잘 놀다'라는 뜻인 '레그 고트(leg godt)'에서 이름을 딴 레고는 1932년에 문을 열고, 1960년에 첫 번째 큰 변화를 겪는다. 그 해 레고는 나무 완구 제조에서 방향을 전환해 지금은 아이콘이 된 플라스틱 블록 생산에만 집중했다. 레고는 유아용 '듀플로(DUPLO)'와 10대를 위한 레고 테크닉(LEGO Technic)은 물론, 도시와 해적, 그리고 특히 성공작인 영화 '스타워즈' 시리즈와 연관된 많은 조립용 세트를 개발해 세계 10대 완구 회사가 되었다. 해마다 360억 개 이상의 블록이 생산되는데, 이론적으로 지구상에 있는 모든 사람이 75개씩 레고블록을 가지고 있는 셈이다.

변화의 촉매자 | 유능한 전문경영인의 등장

2004년 레고는 최악의 위기를 맞았다. 값싼 모조품들이 시장에 등장했고, 비디오 게임이 크리스마스에 가장 받고 싶은 선물로 꼽혔다. 레고가 가족 회사가 아니었다면 파산했을 것이다. 근본적인 변화가 있어야 했다. 외르겐 비크 크누트슈토르프(Jørgen Vig Knudstorp)가 새로 CEO로 임명되었고, 그는 우선 회사를 안정시켜 지속 가능한 성장 기반을 구축하기 위해 즉각 개혁에 착수했다.

기업의 서로 다른 측면들-공급망과 신제품 개발-과 연관돼 있지만, 두 가지 모두 레고가 어떻게 변화해야 하느냐 하는 문제만이 아니라 그 변화가 얼마나 효과적이냐 하는 문제도 부각시켰다.

공급망을 혁신하다 | 공급업체를 과감하게 정리

레고가 1998년에서 2004년까지 7년 중 4년 동안 적자를 낸 이유는 낙후되고, 비효율적이고, 극히 복잡한 공급망 때문이었다. 조립용 세트와 블록의 종류를 다양하게 확대한 결과 다양한 부품들, 또는 레고 용어로 '요소들'이 수천 가지에 이르렀다. 다양한 부품들을 모두 제공하기 위해 레고에는 1만1000개 공급 업체가 있었다. 이

Audi
Samsung

Amazon
Google

LEGO
Apple

Nestle
PepsiCo

Reckitt
Benckiser
P&G

Starwood
Inditex

Tata
Bharti

BASF
Shell

Rolls-Royce
ARM

Narayana
Novo Nordisk

는 항공기를 제작하는 보잉의 공급 업체보다 거의 두 배에 이르는 수치였다. 더구나 '단 30개 제품에서 매출의 80%가 나왔으나,' 레고는 '매출의 3분의 2를 차지하는 200개 대형 판매망에 대한 관심만큼 매출의 3분의 1만을 창출하는 수천 개 매장에도 똑같이 관심을 기울였다.'

2004년 회사는 확실히 변화가 필요했고, 신임 CEO의 지침에 따라 생산 방식 전체가 재편되었다. 제품의 일부를 저비용 지역으로 이전하는 세계 공급망 혁신은 덴마크에서는 실업을 의미하므로 감정적으로 민감한 사안이었다.

2005년 레고는 전 세계 생산 관리를 아웃소싱하기 시작했고, 유럽 전역의 5개 유통 센터는 물류 전문인 DHL이 운영하는 글로벌 센터 2개로 대체되었다. 공급망에 효율성이 있었고, 회사는 결국 살아났다. 또 하나의 요인은 제품 개발에 착수하는 방식이었다.

개방형 혁신과 크라우드소싱 | 사용자가 디자이너·개발자가 되다

2006년 〈와이어드〉지는 특집 기사에서 레고의 마인드스톰스 NXT(MINDSTORMS NXT) 프로그램을 팬 기반 혁신의 전형으로 소개했고, 그 프로그램은 다른 많은 회사들에게 롤모델로 등장했다. '장난감 나라의 그리스인들'이라는 기사는 마인드스톰스 NXT 개발이 어떻게 이루어졌는지 그 독특한 과정을 묘사하고 있다.

마인드스톰스 NXT는 마인드스톰스의 개정판을 만드는 프로젝트였고, 마인드스톰스는 사용자들이 로봇을 조립하고 제어할 수 있게 하는 레고 테크닉(LEGO Technic)과 연결된 소프트웨어였다. 곧 '레고 성인 팬(Adult Fans of LEGO, AFOL)'이 수만 명에 이른다는 사실이 밝혀졌고, 이들 중 몇 명은 마인드스톰스 소프트웨어를 해킹하고 있었다. 이를 기회라고 판단한 레고는 그들을 초대하여 가상 개발팀에 지원하게 했다. 11개월에 걸쳐 100명의 엄선된 후보들이 협력해 새로운 마인드스톰스를 만들어냈다. 2007년 크리스마스용으로 성공적인 론칭을 했고, 그 후 불티나게 팔려 나갔다. 아무도 대가를 받지 않았다. 사람들은 레고를 좋아하기 때문에 이 팀의 일원이 되고 싶어 했고, 그처럼 중요한 플랫폼의 신제품 개발에 참여하는 특권은 이만저만한 매력이 아니었다.

2005년 www.LEGOFactory.com이 개설되었다. 온라인 소프트웨어와 '레고 디지털 디자이너', 그리고 레고 블록과 가상 창고를 이용하여 전 세계 어린아이들이 자기 컴퓨터로 3D 모형을 디자인하고, 다른 사람들과 이 디자인을 공유하고, 블록을 구입해 실제로 모형을 만들 수 있었다. 12개월도 안 되어 그 사이트는 월 방문 횟수가 500만을 넘었고, 다양한 사용자 제작 디자인을 위한 부품들이 가정으로 직접 배달되자 www.LEGOFactory.com은 세계 최대의 대량 주문 매개체가 되었다. 이 서비스는 2009년 레고디자인바이미(LEGODesignbyME)로 재탄생했다. 이후 레고 디지털 디자이너(LEGO Digital Designer: 컴퓨터로 레고를 조립할 수 있는 소프트웨어)를 중심으로 레고는 사용자들에게 필요한 단순함과 주문 방식 사이에서 균형을 유지하려 애써 왔다. 2012년 1월 레고는 레고디자인바이미 서비스는 중단했지만 무료 디자인 소프트웨어인 '레고 디지털 디자이너'만큼은 계속 지원하고 있다.

기업의 혁신과 전략 리더들이 그토록 주목하는 점은 레고와 관련된 변화들이 시장에 미친 영향뿐만이 아니다. 그들은 특히 레고가 그 운영 방법을 바꾼 방식에 더 주목한다. 사람들은 "예전에 레고에는 제품을 개발하는 디자이너가 약 100명이 있었다. 지금은 평균 연령 아홉살인 30만 명으로 이루어진 정규 디자이너 팀이 있다"라는 말을 자주 사용한다.

내부 혁신 │ 1주일에 1번씩 아이들과 스토리텔링 작업

레고는 마인드스톰스의 개방형 혁신 전략을 완전히 받아들인 적이 없으며, 현재

Audi
Samsung

Amazon
Google

LEGO
Apple

Nestle
PepsiCo

Reckitt
Benckiser
P&G

Starwood
Inditex

Tata
Bharti

BASF
Shell

Rolls-Royce
ARM

Narayana
Novo Nordisk

'좀 더 체계적인 방식'을 통해 새로운 개념 개발의 한 부분으로 '소비자를 좀 더 유기적으로 끌어들이는' 데 주력하고 있다.

1주일에 한 번씩 지역 학교 아이들이 빌룬트의 레고 본사를 방문한다. 레고의 마케팅 및 제품 담당 상임이사인 마이크 갠더턴(Mike Ganderton)은 이렇게 말한다.

"우리는 아이들 앞에 아이디어를 제시하고 반응을 얻습니다. 아이들은 디자인이 완료되지 않은 제품을 가지고 놀면서 회사가 연구 중인 새로운 주제에 참여해 이야기 꾸미는 것을 돕고, 새로운 구상의 방향을 함께 만들어냅니다."

이 스토리텔링의 기술은 최근 레고가 거둔 많은 성공 사례를 통해 공통된 DNA가 되었다. 특히 바이오니클(BIONICLE)로, 아이들에게 자신의 얘기를 만들고 공유할 수 있는 수단을 제공하는 것이 인기를 끄는 중요한 요소다.

아이들은 제작 과정을 통제하는 것이 아니라 오히려 그 과정의 일부가 되어 있다. 이로써 회사와 혁신팀은 아이들에게 즐거움과 웃음을 주는 것이 무엇인지 지속적으로 이해할 수 있다.

시장과 경쟁업체들이 레고를 따라잡기 위해 무슨 일을 하든 상관없이, 사내에서 지속적인 혁신을 주문처럼 되뇐 결과 이제 레고는 계속 새로운 지평을 열어가고 있다. 레고 창업자인 고트프레트 키르크 크리스티안센(Godtfred Kirk Kristiansen)은 언젠가 "아이들에게는 가장 좋은 것만이 어울린다"고 말한 적이 있는데, 현재 레고 직원들은 "아이들은 항상 우리가 줄 수 있는 가장 좋은 것을 누릴 자격이 있다"고 생각한다.

마이크는 혁신팀이 창의성을 문제 해결과 분석적 개발과 결합하는 데 도움이 되는 '체계적 창의성'에 대해 말한다. 레고는 항상 아이들에게 좌뇌와 우뇌를 모두 사용하도록 장려해 왔으며, 그것이 또한 레고가 새로운 개념에 접근하는 방식이기도 하다. 마이크는 "혁신 분야에 있는 사람은 누구나 우리가 무엇을 하려는지 잘 알고 있다. 그것은 우리의 사명을 이루는 것이다."라고 밝혔다. 명확한 목표와 체계적 창의성, 소비자의 조기 참여가 결합될 때 레고는 좋은 제품만을 시장에 내놓을 수 있다.

새로운 사업 실험 | '시어리어스 플레이' 오픈소스로 공개

레고는 완구와 게임 외에 여러 가지 다른 사업을 시도해 왔다. 여러 해 동안 레고는 레고랜드 테마 파크(LEGOLAND) 체인으로 유명했다. 그러나 2004년 핵심 사업에 주력하게 됨에 따라 레고는 테마 파크를 엔터테인먼트 부문의 전문 기업에 매각하기로 했다. 2005년 이후 레고 테마 파크는 지분 70%를 소유한, 블랙스톤 그룹(Blackstone Group)의 멀린 엔터테인먼트(Merlin Entertainment)가 운영해 왔다. 분석가들에 따르면, 테마 파크 매각으로 레고는 중대한 기업 회생의 시기에 재정적으로 도움을 얻었을 뿐 아니라, 핵심 부문에 더욱 주력하면서 여전히 외부의 성장 기반을 통해 매출을 올릴 수 있었다.

핵심 사업 외에 또 다른 모험 사업은 레고 시어리어스 플레이(LEGO® SERIOUS PLAY®)였다. 이것은 말 그대로 레고를 이용해 전략을 수립하는 전략 개발 기법이다. 원래 1990년대 중반에 국제 경영 개발원의 두 교수가 만들었는데, 레고가 그 상업적 개발을 후원해 2001년 새로운 회사를 세웠다. 그 회사는 시어리어스 플레이 워크숍을 위한 세계 조력자 협력 네트워크를 훈련하고 관리하기 위한 것이었다. 그러나 그 프로그램은 성공적이었고, 그 기법을 받아들인 기업들로부터 좋은 평가를 받았지만, 레고에는 적합하지 않은 사업이어서, 2010년 5월 시어리스 플레이는 오픈소스가 되었다. 지금은 누구나 이 프로그램을 기업 도구의 하나로 이용할 수 있다. 레고가 아직 워크숍용 블록을 판매하고 있지만, 조력자 네트워크에서는 발을 뺀 상태다.

어떤 사람들은 5년의 간격이 있지만, 핵심 사업 외에 모험 사업에서 비롯된 이 두

Audi
Samsung

Amazon
Google

LEGO
Apple

Nestle
PepsiCo

Reckitt
Benckiser
P&G

Starwood
Inditex

Tata
Bharti

BASF
Shell

Rolls-Royce
ARM

Narayana
Novo Nordisk

가지 변화를 레고의 역량 확대 능력의 한계를 나타내는 증거로 본다. 또 어떤 사람들은 레고가 어떤 사업 구상을 시작하여, 검증한 다음, 그 사업을 확장해 수익을 올릴 수 있는 다른 기업에 넘겨준 사례로 본다. 일부 생산과 유통 부분을 그 분야의 더 전문적인 기업으로 이전한 것처럼, 레고랜드와 시어리어스 플레이를 다른 기업에 넘겨준 것도 동일한 사고방식에서 비롯된 것으로 볼 수 있다.

부문 내 확장 | 게임과 결합을 시도

레고가 새로운 기반을 창출한다는 면에서 더욱 크게 성공을 거둔 것은 완구와 게임 부문에서 사업 구성을 확장한 데 있었다. 핵심인 블록과 그와 연관된 조립 세트가 지난 반세기 동안 레고의 근간이었다면, 지난 몇 년간 그 범위를 확장하려는 몇 가지 긍정적인 시도가 있었다.

MIT와 개발한 원래의 마인드스톰스 제품이 레고 테크닉 제품의 확장이었던 반면, 레고는 다중 온라인 게임인 레고 유니버스(LEGO UNIVERSE)와 레고 게임스와 같은 제품들로 완구와 게임 부문에서 새로운 영역으로 진출했다. 레고 게임스는 2009년에 출시되어 전통적인 시장을 뒤흔들었다. 이것은 레고를 조립하여 게임을 한 뒤, 다시 조립하고, 규칙을 바꾸고, 더 향상된 게임을 할 수 있다.

레고는 산업에 계속 독특한 마술을 부리는 한편, 수익성 높은 수익원도 창출하고 있다.

레고 문화 | 청소부에서 CEO까지 모두가 평등

레고는 가족기업이다. 회사는 이유를 이렇게 설명한다.

"가족 경영을 유지하는 이유 중 하나는 주주들에게 대응할 필요가 없다는 점이다. 우리는 우리가 옳다고 생각하는 것을 할 수 있다."

다른 북유럽 기업들처럼, 레고 CEO는 '겸손하고 소박하며' 성공으로 가는 길을 지시하지 않는 것 같다. 그러나 그는 전 직원들에게서 '거의 무조건적인 지지와 존경을 받고 있다. 레고는 '모든 사람이 동등하다'는 데 큰 가치를 두는 대단히 평등한 조직이다. 레고는 회사에 CEO에서 청소부까지 7단계밖에 없다는 사실을 강조하기를 좋아한다. 모든 직원은 자신들이 서로 가까이 다가가 여러 가지 쟁점을 논의할 수 있다고 생각한다. 레고에게 접근성은 문제가 아니다.

덴마크 기업으로 지금은 전 세계에 여러 회사를 거느리고 있지만, 아직도 빌룬트를 중심으로 삼고 있다는 것도 중요한 요소다. 얀 크리스테센의 말대로, "사람들이 이곳에 와 일하기로 한다면 그것은 실제로 레고 그룹에서 근무하고 싶기 때문이다."

레고가 지난 몇 년 사이에 완구와 게임 부문 5위에서 3위로 올라가고 사업적으로 성공한 것은 중요하지만, 이것이 실제로 레고의 동력은 아니다. '세계 최고의 완구 기업이 되고 싶은' 욕망이 근본적으로 전략은 물론 문화에도 영향을 미친다. 얀은 이렇게 결론을 내린다.

"모든 성공한 기업은 명확한 목표가 있다. 우리는 이 점을 잊고 있었다. 레고의 기업 회생은 그 핵심적인 놀이 경험을 회복하는 일이었다."

미래 | 놀이의 미래를 창조한다

레고에 안주란 없다. 기업 회생의 고통을 겪은 끝에, 레고는 혁신의 정신을 계속 단호하게 밀고나가야 한다는 것을 알게 되었다.

경영진은 레고의 용어로 '혁신 진로(innovation vecrors)', 즉 앞으로 몇 년에 걸쳐 레고가 나아갈 방향을 설계해 왔다. 이 혁신 진로에는 아이들의 머릿속에 현실 세계와 가상 세계를 더욱 혼동하게 하는 기술과 이를 책임 있게 지원하는 방법, 그리고 제

Audi
Samsung

Amazon
Google

LEGO
Apple

Nestle
PepsiCo

Reckitt
Benckiser
P&G

Starwood
Inditex

Tata
Bharti

BASF
Shell

Rolls-Royce
ARM

Narayana
Novo Nordisk

품 구성 전체의 지속 가능성과 특히 그 환경 영향과 같은 문제들이 포함돼 있다.

지난 몇 년 동안 '미래를 건설할 아이들을 격려하고 육성하는 것'이 핵심 목표였지만, 그 일을 진행하는 한편 레고는 '놀이의 미래를 창조한다'는 더욱 장기적인 비전이 있다. 아직 결과 면에서는 확실치 않고 의도에 관해서만 명확하지만, 현재 실제로 놀이의 미래를 창조할 수 있는 기업은 레고뿐이라고 직원들은 믿고 있다.

탁월한 성과를 올리다 | 미래의 아이들에게도 지속적인 웃음을

레고는 확실한 성공 사례다. 2004년 레고는 살아남기 위해 변화해야 했지만, 그 방식이 많은 기업의 성공관을 바꿔놓았다. 레고는 2006년에 수익을 회복했고, 이듬해에는 사상 최고의 매출을 올렸다. www.LEGOFactory.com과 마인드스톰스는 지난 10년간의 팬 중심 혁신의 결정판이었다. 그러나 이것은 시작이었을 뿐, 그 후 레고는 더 많은 변화를 이루려 했다. 마이크가 보기에, "레고는 놀이에 관해 열정적이고, 21세기 아이들을 위해 최고의 제품과 경험을 창출할 수 있다고 확신하고 있다. 그러기 위해 레고는 수백만 팬들과 접속하고 있으며, 놀이의 미래를 재창조하겠다는 야심을 품고, 현재 고객인 아이들이 낳을 미래의 아이들에게까지 웃음을 주기 위해 노력해 왔다."

레고는 가장 효율적인 기업이 아닌 것은 분명하지만, 그 유산과 목표, 소유권, 문화를 통해 성공을 거두고 있다. 그리고 영향력과 수익 면에서 훌륭한 성과를 올리고 있는 것이 확실하다. 열정이 없으면 할 수 없는 일이다.

애플
폐쇄성과 혁신의 조화

애플의 역사는 동화처럼 보인다. 고 스티브 잡스가 부모의 차고에서 애플을 창업했다. 애플은 창업에 이어 세계 최초의 진정한 PC를 출시했고, 실리콘밸리의 주역이 되었다. 그러나 이후 이사회는 CEO인 잡스를 해고했고, 애플은 거의 도산 지경에 이르렀다. 그리고 몇 가지 혁신 기술을 찾아 애플은 전 CEO가 세운 회사를 인수했고, 미래에 필요한 기술을 그릴 줄 아는 잡스를 복직시켰다. 그리고 컴퓨터를 새롭게 만들었고, 음악 산업을 변화시켰으며, 휴대용 컴퓨터를 태블릿으로 재창조했다. 이 모든 것이 성공했다는 것은 애플이 빚 한 푼 없는 세계에서 가장 가치 있는 기업이 되었다는 뜻이었다. 애플은 사람들이 사랑하는 훌륭한 제품들을, 사람들에게 필요한 제품들을 계속 생산한다. 그런 제품들은 전적으로 시장 조사나 포커스 그룹을 이용하지 않고 내부 직감에서 나온다.

2011년 2분기에 애플은 아이폰 2000만 대, 아이패드 900만 대, 맥 컴퓨터 400만 대, 아이팟 800만 대를 판매했다. 매출이 82% 증가해 2860억 달러를 기록한 가운데 순익은 두 배 이상 늘어나 73억 달러에 이르렀다. 같은 해 8월 애플은 엑슨을 제치고 시가 총액에서 세계 최대 회사가 되었으며, 은행 예치금도 미국 정부보다 많이 보유했다. 스티브 잡스가 은퇴를 발표했을 때, 〈이코노미스트〉는 '마법부 장관 사임하다'라는 기사에서 '최근 역사에서 다른 어떤 CEO도 그처럼 완벽하게 한 기업을 상징하고 규정한 예가 없었다'고 단언했다. 다른 시사 해설가들에 따르면, 잡스는 '천재'일 뿐 아니라 '언론 매체의 최후, 최고의 거물이기도' 하며, '록 스타 지위에 오른 유일한 CEO'다. 스티브 잡스의 전기는 아마존의 2011년도 최고의 베스트셀러였다. 이 책의 독자들도 이미 읽었을 것이다. 따라서 이 회사에 대해 새삼스럽게 무슨 말을 할 수 있겠는가? 세계에서 가장 유명한 브랜드? 여러 부문과 문화, 삶을 변화시킨 제품들을 생산한 회사? 세계에서 가장 효율적인 성공 챔피언?

문제는 애플이 인터뷰를 많이 하지 않고, 공개적으로 회사에 관해 얘기하는 직원도 거의 없다는 것이다. 비공개적으로, 또는 www.glassdoor.com와 같은 사이트에 익명으로 의견을 밝힐 수는 있지만, 공식적으로 애플이 외부 세계와 소통하는 유일한 길은 신제품을 출시할 때, 또는 연례적인 맥월드(MacWorld) 행사에서 계획을 발표할 때뿐이다. 투자자들에게 투자를 권하지도 않고, 기업 홍보도 하지 않는다. 따라서 내부에서 실제로 어떤 일이 벌어져 애플을 그토록 특별하고, 그토록 성공적인 회사로 만들고 있는지 어떻게 알겠는가?

그 제품과 서비스를 통해 객관화된 혁신이 애플이라고 사람들은 말해 왔다, 그러나 이는 오랜 시간 그 제품과 서비스, 플랫폼을 향상시키기 위해 막후에서 이루어진 실제적인 노력을 무시하는 말이다. 스티브 잡스가 '해군에 들어가느니 차라리 해적이 되는 것이 낫다'고 되뇌며 고집스럽게 산업의 약자를 자처한 시절부터 시장을 주도하는 기업이 되기까지, 애플은 시간이 흘러도 여전히 강력한 정체성을 유지하고 있다.

애플에 관한 공유 도메인에 있는 내용을 읽어보면 두 가지 극단적인 의견을 만난다. 즉, '실패가 용납되지 않고' 잡스가 모든 것을 통제한 비밀스런 기업이라는 얘기가 있다. 잡스는 무엇인가 바람직하지 못한 내용이 대중에게 공개되면 불같이 화를 내지만 다른 사람들의 훌륭한 아이디어를 훔치는 악명 높은 도둑이라는 얘기도 있다. 우리가 전혀 다른 기업, 즉 마이크로소프트를 가리키는 것 같은가? 그렇지 않다. 애플은 경쟁업체들을 몰아내는 무자비한 기업일 뿐이다.

그러나 한편 애플을 '세계 최고의 디자인 팀'을 갖춘 놀라울 정도로 잘 운영되는 회사로 보는 사람들도 있다. 애플은 투자자들에게 자사의 현금 유동성 따위를 앞세우지 않고 투자자들을 매혹시키는 방법으로 번창해 왔으며, '마이다스의 손을 가진 괴짜'의 주도로 '나사로(Lazarus: 예수에 의해 죽음에서 되살아난 성서 속 인물) 이후 가장 위대한 기사회생' 스토리를 만들었다. 마이다스의 손을 가진 괴짜는 아름답고, 실용적이고, 기막히게 복잡한 제품을 꿈꿀 뿐 아니라, 실제로 그런 제품을 예산에 맞춰, 제때에 순조롭게 출시하고 있다. 애플은 사람들에게 그들 자신도 필요한 줄 모르는 제품들을 제공한 다음, 그 제품들을 필수품으로 만들었다.

늘 그렇듯 진실은 그 중간에 있을 것이다. 우리가 인용하는 내용들은 공인된 것이 없다. 애플 내부에서, 우리가 지난 10년간 애플을 추적하면서 알아낸 것에서, 전 직원들과의 대화에서, 다른 기업 지도자들과 애플에 대해 논의한 것에서, 그리고 애플과 함께 일한 우리 자신의 개인적 경험에서 나온 어떤 인용문도 공인된 것이 없다. 하지만 이 두 측면이 공존하면서 아름답고, 실용적이고, 수익성 높은 제품을 만들어 출하하는 것이 분명하다. 스티브 잡스가 일찍이 1983년에 원래의 맥 디자인 팀에게 말한 대로 "진정한 예술가는 출하한다(real artists ship)."

애플은 매력적이고 독특한 기업이다. 세계 최고 인재들을 끌어들이고 유지하는 능력이 그 증거다. 애플의 문화는 스티브 잡스에 의해 규정되었지만 잘 정착돼 있다. 그는 처음 10년보다 마지막 10년 동안 기업 문화에 더 많은 영향을 미쳤다. 조나단 아이브(Jonathan Ive)와 팀 쿡(Tim Cook,), 필 쉴러(Phil Schiller) 등이 이제 애플의 발전을 책임지게 되었으므로, 우리는 경이적인 매출 성장과 건전한 제품군을 계속 볼 수

Audi
Samsung

Amazon
Google

LEGO
Apple

Nestle
PepsiCo

Reckitt
Benckiser
P&G

Starwood
Inditex

Tata
Bharti

BASF
Shell

Rolls-Royce
ARM

Narayana
Novo Nordisk

있기를 기대한다.

애플은 항상 큰 사명이 있었다. 즉, '보통 사람'을 위한 컴퓨터를 설계하는 것이다. 사용하기에 정말 즐겁고, 사용자가 아무것도 할 필요가 없는 것, 사용자가 "난 컴맹이야"라고 즐겁게 말할 수 있는 것, 판매하고, 서비스를 제공하고, 소프트웨어를 공급할 만큼 수익성 있는 것을 설계하는 것이다. 이런 사명은 1979년만큼 지금도 타당하다.

애플은 또한 운영 체계에서 하드웨어와 소프트웨어, 마케팅까지 제품 공급의 모든 차원을 유지해온 회사다. 우리는 '애플의 비결이 기기와 소프트웨어와 서비스를 결합한 데 있으며… 그것이 이른바 하나의 생태계를 형성한다는 것에 동의한다. 생태계는 크게 인기를 끌어 다른 기업들도 어쩔 수 없이 비슷한 역량을 개발하고 있다.'

항상 갈망하고 항상 우직하라 | 타이포그래피를 컴퓨터에 이용하다

스티브 잡스에게 동기를 부여한 것이 무엇이었는지에 대해 통찰을 얻으려면, 2005년 스탠퍼드 대학 졸업생들에게 행한 졸업식 연설을 들어보는 것이 유익할 것이다.

그 연설에는 잡스 자신만이 아니라, 수십 년에 걸쳐 구축되어 온 애플의 문화에 관해 많은 것을 밝혀줄 세 가지 핵심적인 메시지가 들어 있다.

잡스는 먼저 이렇게 말했다.

"여러분은 미래를 알 수 없습니다. 다만 현재와 과거의 사건들만을 연관시켜 볼 수 있을 뿐이죠. 그러므로 여러분들은 현재의 순간들이 미래에 어떤 식으로든지 연결된다는 걸 알아야 합니다."

그는 학생들에게 직감과 열정을 따르라고 하면서 서체 수업을 듣게 된 경위를 얘기했다. 당시 그의 생각으로는 서체 수업이 장래에 그의 인생에 아무런 도움이 될 것 같지 않았지만, 돌이켜보면 그것이 맥의 모양과 느낌, 시각적 인터페이스에 대한 영감을 주었다는 것을 알게 되었다. 그런 특징이 이후 애플의 독특한 장점을 규정해 왔고, 모든 애플 제품에서 볼 수 있는 섬세함에 대한 사랑을 설명해준다.

"학교 곳곳에 붙어있는 포스터, 서랍에 붙어있는 상표들은 너무 아름다웠어요. 서체에 대해서 배워보기로 마음먹고 서체 수업을 들었습니다. 그때 저는 세리프와 산세리프체를, 다른 글씨의 조합간의 그 여백의 다양함을, 무엇이 타이포그래피를 위대하게 만드는지 배웠습니다. 그것은 '과학적' 방식으로는 따라 하기 힘든 아름답고, 유서 깊고, 예술적으로 미묘한 것이었어요. 저는 매료되었습니다. 그러나 이런 것들 중 어느 하나라도 제 인생에 실질적인 도움이 될 것 같지는 않았습니다. 그러나 10년 후, 우리가 첫 번째 매킨토시를 구상할 때, 그것들은 고스란히 빛을 발했습니다. 우리가 설계한 매킨토시에 그 기능을 모두 집어넣었으니까요. 그것은 아름다운 서체를 가진 최초의 컴퓨터였습니다. 만약 제가 그 서체 수업을 듣지 않았다면 매킨토시의 복수 서체 기능이나 자동 자간 맞춤 기능은 없었을 것이고 맥을 따라한 윈도우도 그런 기능이 없었을 것이고, 결국 개인용 컴퓨터에는 이런 기능이 탑재될 수 없었을 겁니다. 만약 학교를 자퇴하지 않았다면, 서체 수업을 듣지 못했을 것이고, 결국 개인용 컴퓨터가 오늘날처럼 뛰어난 글씨체들을 가질 수도 없었을 겁니다."

그는 또한 죽음에 대한 견해를 밝히면서 이렇게 말했다.
"여러분들의 삶은 제한되어 있습니다. 그러니 낭비하지 마십시오. 다른 사람들의 생각에 얽매이지 마십시오. 타인의 소리들이 여러분들 내면의 목소리를 방해하지 못하게 하십시오."
잡스는 1970년대 중반에 출판된 《지구 백과》 최종판에서 고른 다음과 같은 조언으로 연설을 마쳤다.

Audi
Samsung

Amazon
Google

LEGO
Apple

Nestle
PepsiCo

Reckitt
Benckiser
P&G

Starwood
Inditex

Tata
Bharti

BASF
Shell

Rolls-Royce
ARM

Narayana
Novo Nordisk

"항상 갈망하라. 항상 우직하라."

애플의 많은 사람은 애플의 행동 방식이 이런 잡스의 견해를 많이 반영하고 있다고 본다. 애플에는 항상 다른 이면이 있다. 애플이 경험을 속속들이 통제하는 데 지나치게 신경을 쓰는지는 모르지만, 그렇다고 독단적인 것은 아니다. 애플은 또한 자신의 일을 하되 남의 규칙을 따르지 않는 용기도 있다.

애플의 마력 | 현존하는 최고의 '성장 챔피언'

이 책에서 다룬 다른 모든 기업과 비교하여 애플이 현재 '최고의' 성장 챔피언임은 분명하다. 어떤 기준(매출 증가율, 주가, 순익, 브랜드, 팬 등)을 따르더라도 애플은 승자다. 독자들도 다른 주요 기업들에 대한 얘기를 할 때, 주로 애플을 모델로 삼을 것이다. 우리가 모든 성장의 챔피언을 살펴보았던 것과 마찬가지로 독보적 역량이라는 렌즈를 이용해, 애플이 하나의 사업체로서 경쟁 기업과 명백히 거리를 두고 있고, 그럼으로써 모두가 그토록 흥분하는 성과를 창출해낸 몇가지 독보적 역량을 살펴보겠다.

❶ 자신감 : 고객을 따르지 말고 고객을 이끌어라

일부에서는 스티브 잡스가 악명 높은 좀스런 경영자였다고 평했지만, 실제 애플은 자기들이 올바른 일을 하고 있다고 굳게 믿고 있다. 이런 자신감은 그 문화가 도전과 완벽함, 그리고 기술 민주화에 대한 비전에 초점을 맞춘 기업에서 나온다. 애플의 '혁신은 직원들을 떠받들거나 표면적인 불합리함을 제거하는 데서 나오지 않는다. 혁신은 사람들의 감정과 상관없는, 치열한 격전 과정의 산물이다.'

1979년으로 돌아가, 애플 직원 번호 31번인 제프 라스킨(Jeff Raskin)이 '수백만 명을 위한 컴퓨터'라는 사내 비밀 메모를 작성했는데, 컴퓨터가 실제로 개인적인 것이 되면 기업이 어떻게 해야 하는지 미리 예상하는 내용이었다. "PC가 정말 개인적인 것이 되려면, 무조건 한 가족이 한 대씩 소유해야 할 것이다. 예컨대, 미국에서만이라도 이런 목표가 이루어질 만큼 컴퓨터를 공급하려면 연간 100만 대 이상을 생산하는 회사가 25개 있어야 한다." 실제로 시간이 흐르면서 미래를 생각하고 가능성을 예측하는 일은 애플의 핵심 직원들의 특징이 되었다. 그런 일은 마법으로 이루어진 것이 전혀 아니다.

스티브 잡스는 다음과 같은 말들을 인용하기를 좋아했다. "(아이스하키를 할 때) 나는 퍽이 있었던 곳이 아니라, 퍽이 향하고 있는 곳으로 간다." "고객에게 무엇을 원하는지 물어보고 나서 그것을 제공하려 해서는 안 된다. 그것을 완성할 무렵이면 그들은 새로운 것을 원할 것이다." 애플이 미래의 제품을 개발함으로써 시장이 지향하는 방향을 규정한다는 견해는 애플 전체에서 볼 수 있다.

크리스 모리슨(Chris Morrison)은 애플의 신조 중 하나를 다음과 같이 표현했다. "고객을 따라가지 말고, 고객을 이끌어라." 린더 카니(Leander Kahney)는 〈와이어드〉에서 이렇게 말했다. "애플만큼 고객이 원하기 전에 고객이 원하는 것을 제공하는 데 능한 기업이 없었다." 맥월드 뉴스 비디오를 보면 수줍음과는 거리가 먼 기업이 등장한다. 애플은 자신이 생산하는 제품은 최고임을 믿고, '아름다운,' '놀라운,' '경탄할 만한,' 등과 같은 단어를 사용해 그 제품을 묘사한다. 이것은 마케팅용 허풍으로 보이지 않고, 애플이 실제로 믿고 있는 것처럼 보인다.

❷ 통제와 통합 : 애플이 만든 세계는 애플의 소유?

2001년 아이팟의 출시로 소비자와 과학기술계는 애플의 전략 변화의 결실을 확인하기 시작했다. 한 연설을 통해 잡스는 PC를 '디지털 라이프스타일'이라는 새로운

Audi
Samsung

Amazon
Google

LEGO
Apple

Nestle
PepsiCo

Reckitt
Benckiser
P&G

Starwood
Inditex

Tata
Bharti

BASF
Shell

Rolls-Royce
ARM

Narayana
Novo Nordisk

시대의 핵심으로 삼은 '디지털 허브 전략'을 개시했다. 그는 휴대폰, MP3 플레이어, DVD 기기, 캠코더, 포켓용 일정 관리기의 등장을 언급하면서, PC 또는 맥을 소비자들이 자신의 디지털 도서관과 생활을 만들고, 창조하고, 저장할 수 있는 연결 장치와 도구로 보았다.

애플은 자신이 하드웨어와 소프트웨어의 필요한 요소들을 통제하면서 제품의 설계와 개발을 통합함으로써 최고의 제품을 창출할 수 있다고 믿고 있다. 아이팟과 아이폰이 아이튠스 소프트웨어와 그토록 잘 어울렸던 이유는 내부적으로 서로 연결되어 있기 때문이다. 톰 오리일리(Tom O'Reilly)는 '3중 시스템'인 네트워크의 미래에 대해 얘기했는데, 애플을 '3중 시스템용 애플리케이션을 개발하는 방법을 이해하는 유일한 회사'로 본다.

인텔이나 마이크로소프트는 제휴 관계를 통해 제품을 판매하고, 제휴 업체가 그 제품을 이용하는 기기를 생산할 수 있게 미리 계획을 발표하지만, 애플은 거의 모든 것을 내부에서 처리하므로 아무에게도 아무런 얘기를 할 필요가 없다. 애플은 수직적으로 통합된 거의 유일한 회사다. 애플은 자신을 '업계에서 제품 전체를 만드는 마지막 회사'로 보고 있으며, '하드웨어와 소프트웨어, 운영 체계를 설계하는 유일한 회사로서, 현상을 벗어나 혁신할 수 있는 능력에서 애플을 따라올 회사가 없다.' 맥월드에서 새로운 아이폰 출시 행사가 열릴 때도, 네트워크를 운영하고 신제품을 고객들에게 판매할 전 세계 주요 통신 회사들에도 제품 출시를 미리 알리지 않는다.

평론가들이 앞으로 애플이 개발할 수 있는 제품들을 미리 예상해보는 것처럼, 애플은 항상 언론에서 제기하고 논의하는 특허들을 지속적으로 만들어내는 R&D 파이프라인이 있다. 웹사이트 www.patentlyapple.com은 애플의 많은 특허를 상세히 다루고 있고, 언론의 최근 기사들도 애플이 몰래 준비하고 있는 것이 무엇인지 깊이 탐색하기 시작했다. 2010년과 2011년에 애플은 가시적인 지적 재산권 활동을 크게 증가시켰다. 노키아와 결전을 벌인 후, 마이크로소프트와 함께 노텔의 나머지 통신 관련 특허들을 모두 사들였을 뿐만 아니라, 삼성이 최신 갤럭시 태블릿을 유럽에 판매하는 것은 말할 것도 없고, 소개하는 것조차 저지하기 시작했다. 자신이 조성했다고 믿는 생태계를 통제하려는 애플의 욕구는 점점 공적 측면이 되어가고 있다.

❸ 기술 접근성 : 디자인은 창작물의 본질적인 영혼이다

애플이 항상 최신 기술을 이용하는 것은 아니다. 사실 애플은 어떤 기술이 검증되기를 기다렸다가 나중에 그것을 단순하면서도 아름다운 디자인으로 포장할 뿐이라고 생각하는 사람이 많다. 예컨대, 삼성이 지적한 대로, MP3 플레이어는 아이팟이 나오기 훨씬 전에 출시되었다. 애플은 완벽한 생태계와 사업 모델이 완성되기까지 기다렸다가 힘들이지 않고 아주 쉽게 사용할 수 있는 제품을 중심으로 수익성 있는 대규모 사업을 구축했다. 그러나 이 방식 또한 쉬운 일은 아니다. 팀 쿡이 애플에 합류했을 때 그는 애플의 거의 모든 생산 시설을 아시아로 이전했다. 또한 자체 기술도 개발하지 않고 통제할 뿐이었다.

애플이 지분을 소유하고 있는 ARM은 애플에서 사용하는 칩을 많이 설계한다. 애플은 인텔을 공급 업체로 이용해 왔으며, 전 세계의 수많은 생산 업체로부터 부품을 구입한다. 애플이 하는 일은 그 위치와 자금을 이용해 독점적 사용과 할인을 대가로 다른 사람의 기술을 도입하는 것이다. 흔히 새로운 기술이 등장하면 생산량이 적기 때문에 생산비가 높고, 따라서 투자 자본을 모으는 것이 큰 문제가 된다. 익명의 쿼라(Quora: 소셜 질의응답 서비스) 이용자의 말대로, "애플은 1, 2년 동안 생산 제품에 대한 독점 이용을 대가로, 그리고 그 이후의 가격 할인을 대가로 일차적인 공장 시설의 건설 비용을 대준다. 이는 애플이 경쟁업체보다 앞서 그 기술을 이용한다는 뜻일 뿐 아니라, 그 기술을 모두가 이용할 수 있을 때 애플이 가장 유리한 거

Audi
Samsung

Amazon
Google

LEGO
Apple

Nestle
PepsiCo

Reckitt
Benckiser
P&G

Starwood
Inditex

Tata
Bharti

BASF
Shell

Rolls-Royce
ARM

Narayana
Novo Nordisk

래를 하고, 따라서 더 높은 이윤을 실현할 수 있다는 뜻이기도 하다." 그 결과 애플은 다른 어떤 업체보다 성능이 더 우수한 제품을 더 효과적으로, 더 유리하게 개발할 수 있다.

애플엔 5만 명이 넘는 직원이 있지만, 극히 적은 팀이 특히 전략과 제품 디자인 면에서 회사의 미래의 방향을 정한다. 2011년 〈포춘〉지는 애플 리더십 팀의 조직도를 설명한 애덤 라신스키(Adam Lashinsky)의 기사를 실었다. 그 기사는 회사 전체를 18명의 핵심 인물로 이루어진 그룹이 운영하고 있으며, 그 그룹 안에 CEO와 COO, 디자인과 마케팅 담당 상무가 실제로 무엇을 할 것인지, 그리고 무엇을 하지 않을 것인지를 결정하는 사람들이다.

과학기술 블로거인 존 그루버(John Gruber)는 애플의 특별한 점과 애플이 다른 회사와 다른 이유를 이렇게 간단히 표현했다. "애플은 엔지니어가 있는 디자인 회사고, 구글은 디자이너가 있는 엔지니어링 회사다." 이 견해에는 많은 의미가 있다. 그 핵심에는 애플은 아주 확실한 디자인 중심의 개발 과정이 있다는 것이고, 그 원칙은 2008년 헬렌 워터스가 〈비즈니스위크〉 기사에서 말한 바 있다. 이 분석에서 가장 주목할 만한 것은 '쌍쌍 디자인(paired design)' 회의라는 아이디어였다.

"매주 팀들은 두 가지 회의를 한다. 하나는 브레인스토밍으로, 제약 조건을 다 잊고 자유롭게 사고한다. 또한 생산 회의도 있는데, 브레인스토밍과 전혀 다르지만 마찬가지로 정기적으로 회의를 연다. 여기서 디자이너들과 엔지니어들은 모든 것을 확실히 정하고, 황당한 아이디어가 실제로 어떻게 작용할 수 있는지 파악해야 한다. 이 과정과 조직은 애플리케이션을 개발하는 동안 내내 지속된다. 물론 개발이 진행됨에 따라 어느 한 쪽으로 중심이 이동하기도 한다. 그러나 뒤늦게라도 창조적 사고를 위한 선택을 할 수 있는 것은 정말 멋진 일이다."

시작부터 애플은 새로운 사고와 새로운 재료, 새로운 디자인을 회사에 도입한 뛰어난 디자이너들을 채용했다. 프로그디자인(Frogdesign) 설립자인 하르트무트 에슬링거(Hartmut Esslinger)는 애플Ⅱ와 첫 번째 맥킨토시 컴퓨터를 디자인했으며, 1982년부터 1989년까지 애플의 수석 디자이너를 지냈다. 그는 '스노우 화이트 디자인 언어'를 소개하고, '애플을 캘리포니아풍의 글로벌 브랜드─할리우드와 음악, 약간의 저항, 자연스런 성적 매력─로 새롭게 자리매김하는' 간단한 보고로 스티브 잡스에게 채용된 것을 기억한다.

스티브 잡스는 이렇게 말했다. "대부분의 사람들에게 디자인은 겉치장을 의미한다. 그것은 실내장식이다. 소파와 커튼을 만드는 천이다. 하지만 내게 디자인이란 그것들과 거리가 멀다. 디자인은 결국 제품이나 서비스의 여러 겹의 외층을 통해 드러나는 인공적 창조물의 본질적 영혼이다." 애플은 실제로 제품 내부에서 인터페이스까지, 지적인 광고로 온통 뒤덮인 케이스와 포장까지 이 아이디어를 구현하고 있다.

스티브 잡스는 1998년으로 되돌아가, 자신의 리더십 전체에 걸쳐 주요 인물들의 역할을 강조했다. "혁신은 얼마나 많은 R&D 자금이 있는지와 아무런 상관이 없다. 애플이 맥을 내놓았을 때, IBM은 R&D에 적어도 100배나 많은 투자를 했을 것이다. 혁신은 돈의 문제가 아니다. 직원들의 문제고, 리더십의 문제고, 얼마나 이해하고 있는지의 문제다."

고위 임원인 조나단 아이브(Jonathan Ive)는 1992년에 애플에 들어와 그 후 모든 주요 신제품의 디자인을 주도했다. 2002년의 한 인터뷰에서 그는 학생 시절 처음 맥킨토시를 사용했던 때를 이렇게 설명했다.

"혁신은 애플의 DNA 속에 있었다. 난 맥을 처음 사용했을 때 확실히 깨달았다. 지금도 똑똑히 기억한다. 그때 날 도와주는 사람이 아무도 없었고, 취급 설명서를 본 적도 없었다. 그런데도 그 제품을 곧바로 사용할 수 있었다. 정말 엄청난 순간이었다. 그 이전에는 어떤 제품에 대해 그토록 놀라운 느낌을 가져본 적이 없었다."

Audi
Samsung

Amazon
Google

LEGO
Apple

Nestle
PepsiCo

Reckitt
Benckiser
P&G

Starwood
Inditex

Tata
Bharti

BASF
Shell

Rolls-Royce
ARM

Narayana
Novo Nordisk

아이맥과 아이팟에서 아이폰, 맥북 에어, 아이패드까지 조나단 아이브와 그의 소규모 팀이 21세기 초의 많은 아이콘을 창조해냈다. 다른 회사와 달리 사실상 이직도 없다. 직원들이 회사를 떠나지 않는 이유는 다른 곳에서는 지금 하는 일을 할 수 없기 때문이 아닐까? 애플은 현재 살아 있는 사람들이 기억하기로 가장 놀라운 디자인 팀에 대한 존경심을 키우고 유지해 왔다. 이 팀은 컴퓨터 산업의 나머지 부분을 전부 합친 것보다 더 많은 혁신을 이루었다. 잡스는 이렇게 말했다.

"위대한 일은 한 사람에 의해 이루어지지 않는다. 팀에 의해 이루어진다."

많은 사람은 애플이 다른 어떤 기업보다 '창의적인 것'을 돌보고 '혁신 엘리트'를 육성하는 데 집착해 왔다고 본다.

❹ 애플 스토어 : 애플 문화와 경험을 선물한다

애플 매장에 들어서면 왁자지껄, 윙윙, 부산하게 돌아가는 모습을 보게 된다. 얼마나 다양한 세대가 애플 제품을 사용하고 구매하는지 깨닫게 되는 곳이 바로 여기다. 노인들, 신사들, 부모들, 10대들, 걸음마장이들. 사람들은 게임을 하고, 대화를 나누고, 기기를 시험하고, 메일을 점검하고, 그리고 일을 하는 새로운 방식을 발견한다. 알든 모르든, 그들은 직원들과 관계를 맺고, 애플사와 관계를 맺고 있다.

컴퓨터나 휴대폰을 구매할 수 있는 다른 매장과 비교해 보라. 그곳은 어떤 모습인가? 계산대 한 편에 판매원이 있고, 반대 편에 고객이 있다. 이 단순하면서도 강렬한 대비는 즉각 한 가지를 얘기해 준다. 그렇다. 다른 곳에서도 애플 제품을 살 수 있고, 많은 사람이 그렇게 한다. 그러나 애플 매장에는 항상 구입한 제품으로 할 수 있는 무엇인가 새로운 것이 있고, 그 제품이 어떤 것인지 가르쳐주거나 보여줄 수 있는 사람들이 있다. 애플은 전혀 다르면서도 대단히 유익한 쇼핑 경험을 창출해 왔고, 계속 발전시키고 있다. 소매 분석가들에 따르면, 사람들이 제품을 시험하고 조언을 얻는 공간이 대단히 넓지만, 애플의 런던 리전트 가(Regent Street) 매장은 그 도시에서 평방피트 당 매출이 가장 높다. 전 세계의 다른 소매점들이 전부 온라인으로 전환했지만 애플은 오프라인 소매점의 엄청난 성공을 이뤄냈다. 이런 경험은 애플 제품처럼 치밀하게 구축된 것이다.

미래의 성장 | 세상에서 가장 조화로운 기업

2011년 8월 11일 수요일, 애플은 마침내 세계에서 가장 가치 있는 공개 기업이 됐다. 서스키하나 파이낸셜 그룹(Susquehanna Financial Group)의 제프 피다카로(Jeff Fidacaro)는 이렇게 말했다.

"애플은 산업의 급성장하는 두 부문, 태블릿과 모바일 시장을 주도하는 기업으로 엄청난 가치가 있다. 기하급수적으로 성장하는 두 부문의 주도를 무시하기는 어렵다."

애플의 매출은 연 평균 43%, 순익은 평균 65% 비율로 성장해 왔다. 여러 나라의 기업들이 문을 닫은 심각한 경기 침체기를 거치면서도 그런 수치를 유지했다. 2000년에 1000달러를 애플에 투자했다면, 10년 뒤에 1만3294달러로 그 가치가 증가했을 것이다. 이런 회사가 앞으로 어떻게 될까? CEO로 취임한 팀 쿡은 직원들에게 이런 서한을 보냈다. "우리의 최고의 해가 우리 앞에 놓여 있습니다. 우리가 함께 지금처럼 애플을 매력적인 기업으로 계속 만들어 가리라고 나는 확신합니다."

애플과 마이크로소프트의 임원을 지낸 애덤 라신스키(Adam Lashinsky)는 2011년도 〈포춘〉지 기사에서 다음과 같이 말했다. "마이크로소프트는 아직 실현되지 않은 수익원을 찾은 다음 생산할 제품을 알아낸다. 애플은 정반대다. 애플은 멋진 제품을 먼저 생각해낸다. 그리고 판매한다. 시제품과 시연이 항상 손익계산보다 앞선다."

애플을 정상의 지위에 오르게 뒷받침한 것은 창조적인 디자이너들과 소비자들과

Audi
Samsung

Amazon
Google

LEGO
Apple

Nestle
PepsiCo

Reckitt
Benckiser
P&G

Starwood
Inditex

Tata
Bharti

BASF
Shell

Rolls-Royce
ARM

Narayana
Novo Nordisk

의 연합이다. 몇 년 전 스티브 잡스는 애플 대학을 설립하기 위해 예일 경영대학원 학장을 지낸 조엘 포돌니(Joel Podolny)를 채용했다. 애플 대학의 목적은 사례 연구를 어느 정도 되살려 현재와 미래의 직원들이 제품을 개발하고 성공을 이루는 과정을 이해할 수 있게 하는 데 있었다. 사내의 지식 개발과 문화 건설이라는 관점에서 전 세계의 다른 많은 기업에서 상당한 성과가 있었던 것처럼, 사내 대학이 장점이 있는 것은 분명하다. 그러나 그들은 통찰과 사례 연구를 재계와 교육계와 공유하는 데까지 나아갈까? 애플의 입장에서는 '경쟁 회사를 혼란에 빠트려' 다른 어떤 회사도 애플의 방식을 모방하여 애플을 앞지를 수 없다는 점을 믿게 하는 것으로 충분할 것이다. 그런 일이 일어날 것인지, 어떻게 일어날 것인지 지켜보는 것도 흥미가 있을 것이다.

스티브 잡스는 세상을 떠났지만, 애플이 하는 일에 중대한 변화가 일어날 것으로 보는 사람은 거의 없다. 애플이 어떤 사람에게는 마력이고, 또 어떤 사람에게는 완벽한 조화다. 애플은 하나의 기업이고, 하나의 사업 모델이고, 하나의 제품처럼 작동하도록 설계된 하나의 완전한 생태계다. 애플이 모든 것에서 최고는 아니겠지만, 전체적인 조화는 따라올 기업이 없다.

핵심적인 통찰 | 레고와 애플

레고와 애플이 전성기에 있는 것은 확실하다. 그들은 다른 많은 기업이 그들의 행동과 열망을 벤치마킹하는 조직들이다. 그들은 당연히 주요 언론 매체의 주목을 받는 기업들이지만, 더욱 중요한 점은, 그 고객들 대부분이 팬이 된 기업들이라는 것이다.

서로 다른 시장에서 활동하지만, 작용하는 동력도 다르지만, 레고와 애플 사이에 얼마나 많은 공통점이 있는지 주목할 만하다.

사업의 관점에서, 그들은 모두 벼랑 끝에서 회생했고, 도전자가 되었으며, 나아가 10년 안에 모두 자기 분야의 리더로 인정받았다. 두 회사는 모두 미래를 창조할 자신의 능력을 확신하고 있으며, 미래 창조를 자신의 책임으로 받아들이고 있다. 사람들이 레고에 그런 회사가 되기를 기대한다고 생각하는 것처럼, 애플은 하드웨어와 소프트웨어, 디지털 플랫폼을 갖춘 유일한 회사로서 우리의 경험을 발전시키는 회사가 되어야 한다고 생각한다.

마찬가지로, 그들은 자기들이 올바른 일을 하고 있고, 경계를 확장해가고 있다고 자신한다. 레고의 목표는 그 제품으로 '분명 레고인데 일찍이 보지 못한 것'이라는 견해를 불러일으키는 것이다. 그처럼 애플도 고객을 따라가지 말고, 고객을 이끌어야 한다는 견해를 가지고 있다.

개방성이 확대되는 시대에 두 회사는 팬들에게 자신의 제품을 만들고 자신의 아이디어를 실현할 기반을 제공해 왔다. 애플의 앱 스토어와 레고디자인바이미(LEGODesignbyME)가 수백만 명이 자신들의 아이디어를 공유하는 가장 인기 있는 경로다. 동시에 레고와 애플은 모두 주로 이 아이디어로 돈을 번다. 그래도 팬들은 상관하지 않는다. 이 기반들은 공개적인 교류를 제공하지만, 그러나 새로운 혁신은 내부에서, 대체로 폐쇄된 상태에서 진행된다. 어떤 사람은 이를 비판하지만, 또 어떤 사람은 그들의 입장이라면 누구나 그렇게 할 것이라고 두둔하기도 한다.

레고와 애플은 세계 최고의 인재들을 채용해 왔고, 경쟁업체들로 하여금 필사적으로 그들을 따라잡게 했으며, 끊임없이 판도를 바꾸는 경험을 창출하는 문화와 프로세스를 보유하고 있다. 그들은 외부세계를 끌어들일 필요가 없다.

레고는 아이들을 초대해 새로운 아이디어를 시험하게 하고 피드백을 받지만, 이제 마인드스톰스처럼 외부에 아이디어를 요청하지 않는다.

애플은 소비자를 초대할 필요가 없다. 디자인 팀이 필요하면 이용할 수 있는 5만 명의 고

Audi
Samsung

Amazon
Google

___

LEGO
Apple

___

Nestle
PepsiCo

Reckitt
Benckiser
P&G

Starwood
Inditex

Tata
Bharti

BASF
Shell

Rolls-Royce
ARM

Narayana
Novo Nordisk

객을 사내에 보유하고 있기 때문이다. 따라서 두 회사 모두, 서로 다르지만 사용자를 만족시킬 수 있는, 내부 혁신과 외부 교류 사이에 균형을 찾은 것 같다.

끝으로 가장 중요한 점은, 레고와 애플은 직관적이면서도 창의력을 발휘할 수 있는 제품과 서비스를 사람들에게 지속적으로 제공해 왔다는 것이다. 그들의 기술이 절대적으로 최고는 아니겠지만, 그리고 고객들에게 용서를 받은 점도 많지만, 사용자들이 두 회사에서 얻는 경험이 그들을 차별화시키는 부분이다.

애플은 설명서를 사용할 필요 없이 상자에서 꺼내면 곧바로 작동하는 제품은 물론, 경쟁 회사 제품을 훨씬 능가하는 직관적 창의성을 발휘할 수 있는 아이무비(iMovie)와 개러지밴드(Garageband)와 같은 소프트웨어를 만들기도 했다. 모든 것이 통합되어 있고 다른 애플 제품과 가장 잘 어울린다는 점은 어느 면에서 레고는 레고와 가장 잘 어울린다는 것과 비슷하다. 두 회사는 모두 소비자들이 새로운 것을 창조할 수 있는, 그러나 대체로 그 제품과 서비스의 범위 내에서 창의성을 발휘할 수 있는 수단을 제공해 왔다.

10년이 지나도 이 두 회사가 지금처럼 리더의 지위를 유지할 것인지는 확실치 않다. 그러나 강력한 기업, 문화와 비전, 그리고 자신감의 관점에서, 레고와 애플이 앞으로도 여러 해 동안 계속 멋진 제품을 내어놓을 것이라고 믿는 사람이 많다.

레고

성장 결과

세계 최고의 완구 회사

독보적 역량

완구 부문에서 놀이의 미래를 창조할
수 있는 유일한 회사라는 자신감

기본 역량

| 팬 중심의
혁신과 제품 개발 | 커뮤니티
개발과 관리 | 조직 내의
체계적 창의성 |

애플

성장 결과

세계에서 가장 가치 있는
아이콘 회사

독보적 역량

사람들이 사랑하는, 멋진 제품의 지속적인 개발

기본 역량

| 자신감 | 기술의
통제와 통합 | 세계 최고의
디자인 팀 |

Audi
Samsung

Amazon
Google

LEGO
Apple

Nestle
PepsiCo

Reckitt
Benckiser
P&G

Starwood
Inditex

Tata
Bharti

BASF
Shell

Rolls-Royce
ARM

Narayana
Novo Nordisk

네슬레와 펩시코
식품과 음료의 품질을 개선

지난 10년에 걸쳐 식품 음료 부문에서 선도적으로 활동한 대표적인 두 대기업이
있다. 바로 네슬레와 펩시다. 그들은 기존 부문을 포기하지 않으면서도 제품 구성
의 성격을 바꾸기 위해 여러 조치를 취했다. 이들이 추구한 변화는 새로운 제품을
도입하면서도 기존 제품의 품질을 개선해 건강에 더 좋게 만드는 방법을 통해 이
루어졌다.

식품·음료에 건강을 접목하다

식품과 음료 시장은 경쟁이 치열하다. 글로벌 기업은 건강과 지속 가능성을 중심으로 새로운 도전과 마주하고 있으며, 지역 기업들은 각 시장에서 활동 범위와 영향력을 확대하기 위해 각축을 벌이고 있다. 아시아와 라틴 아메리카는 기존 제품과 신제품 시장 모두를 성장시킬 수 있는 여유가 있다. 그만큼 가장 매력적인 시장이다. 그러나 그 밖의 시장에선 최소한 제품 구성을 새롭게 하는 한편, 단순히 맛있는 식품이 아닌 건강에도 좋은 식품을 생산해야 한다.

전체적으로는 네슬레, 제너럴 밀스(General Mills), 펩시, 코카콜라, 크래프트(Kraft), 켈로그 같은 회사들이 시장 점유율 상위권을 차지한다. 모두 신규 고객을 개척하는 동시에 기존 고객들에게 더 나은 제품을 제공하기 위해 애쓰고 있다.

늘어나는 신흥 시장의 수요를 충족시키는 일은 식품 및 음료업계 대기업들의 우선 과제다. 앞으로 10년에 걸쳐 약 10억 명에 이르는 새로운 중산층 소비자들이 시장에 들어오게 될 것이라는 계산에서다. 중산층으로 넘어온 빈곤계층은 대부분 식습관부터 바꾼다.

이유는 다를 수 있다. 어떤 이들은 영양의 질을 개선하기 위해 바꾼다. 스스로 단백질을 더 많이 섭취하거나, 가족이 더 건강해지도록 돕는 일이 여기에 속한다. 하지만 어떤 계층에게는 값싼 즉석 식품, 간식과 소다수, 설탕이 주성분인 제품이 매력적인 음식일 수도 있다. 결국 기업체는 맛을 살리면서도 건강에 더 좋은 제품을 생산해야 하는 입장에 놓인다. 그래서 유행어처럼 사용하는 게 '영양', '건강', '웰빙'이다. 특히 신흥 시장의 저가 식품의 질을 개선하는 것은 많은 기업이 우선적으로 해결해야 하는 과제다.

식품 소비자가 급증하면서 근본적인 공급 문제가 발생할 것으로 보는 사람들이 많다. 육류나 채소류도 마찬가지다.

인류는 단백질 사다리(protain ladder: 유럽과 북아메리카의 육식 문화가 전 세계적으로 구축한 단백질 소비 형태를 가리킴. 사다리 최상층에는 사육된 쇠고기가 자리 잡고 있다)에 올라갈수록 음식, 특히 육식을 더 많이 섭취하는 경향이 있다. 그만큼 육류 수요는 증가한다. 채소류 또한 마찬가지다. 밀과 당분이 바이오 연료업계에도 쓰인다는 점을 감안하면, 농장 확보 경쟁까지 이슈가 된다. 몬산토(Monsanto)나 카길(Cargill)과 같은 회사들은 밀과 콩 같은 주요 작물의 수확량을 증가시키기 위해 식품 과학에 많은 투자를 한다. 가뭄에 강한 밀을 만들 수 있는 유전자 조작 씨앗을 이용하거나 콩의 수명을 연장하는 것이 핵심적인 관심 분야였다. 제너럴 밀스의 R&D 담당 부사장인 짐 커크우드(Jim Kirkwood)는 변화가 계속 진행되는 것을 감안할 때 전 세계를 먹여 살릴 수 있는 제2차 녹색 농업 혁명이 요구된다고 말했다. 그는 기술적인 돌파구가 있어야 한다고 보고 있다. 요컨대 우리에게는 좀 더 지속 가능한 식품 공급이 필요한 것이다.

수요 문제와 아울러, 식품 및 음료 회사에 대한 또 다른 큰 쟁점은 제품이 비만과 당뇨에 미치는 영향이다. 미국의 질병 관리 예방 본부(Center for Disease Control and Prevention)와 같은 기관들은 여러 해 동안 이 문제를 부각시켜 왔다. 다른 나라 정부들도 고지방 고염 식품을 규제하기 시작했다. 역사적으로 식품 음료는 주로 맛과 편리함에 초점을 맞췄지 이런 문제엔 둔감했다. 전방위 규제 압력은 관련 업체들이 지속 가능성과 관련된

Audi
Samsung

Amazon
Google

LEGO
Apple

Nestle
PepsiCo

Reckitt
Benckiser
P&G

Starwood
Inditex

Tata
Bharti

BASF
Shell

Rolls-Royce
ARM

Narayana
Novo Nordisk

특성들을 개선하는 데 박차를 가하게 만들었다.

지난 10년에 걸쳐 식품 음료 부문에서 선도적으로 활동한 대표적인 두 대기업이 있다. 바로 네슬레와 펩시다. 그들은 기존 부문을 포기하지 않으면서도 제품 구성의 성격을 바꾸기 위해 여러 조치를 취했다.

이들이 추구한 변화는 새로운 제품을 도입하면서도 기존 제품의 품질을 개선해 건강에 더 좋게 만드는 방법을 통해 이루어졌다. 세계 최대 식품 회사인 네슬레와 미국 최대의 식품 및 음료수 회사인 펩시는 급변하는 기업 환경 변화 가운데서도 꾸준히 성장했다.

네슬레
서양판 '식약동근'을 실천

네슬레는 시장 가치로 따지면 세계 최대의 식품 회사다. 여기서 나온 제품은 해마다 12억5000만 달러 이상이 소비되고 있다. 스위스에 본사를 두고 80개 이상의 나라에서 영업 활동을 하는 네슬레는 종업원만 약 30만 명을 고용하고 있다.

내놓는 제품도 다양하다. 네스프레소(Nespresso), 페리에(Perrier), 킷캣(Kit-Kat), 하겐다즈(Haagen-Dazs), 치리오스(Cheerios), 부이또니(Buitoni), 펠릭스(Felix) 등 6000개 이상의 브랜드를 자랑한다. 방대한 제품군을 가진 이유로 서구의 거의 모든 가정을 고객으로 삼는다. 특히 상위 20개 브랜드는 연간 10억 스위스 프랑 이상의 매출을 올리고 있다. 역사가 1867년으로 거슬러 올라가는 네슬레는 또한 세계 최대의 화장품 회사인 로레알 지분의 약 25%를 보유하고 있다. 여러 합작 회사도 운영한다. 제너럴 밀스와 시리얼 파트너스(Cereal Partners)를, 코카콜라와 비버리지 파트너스(Beverage Partners), 프론테라(Fronterra)와 데이리 파트너스(Dairy Partners) 등을 설립했다.

동종 회사들 중 최고 자리에 있는 네슬레는 '세계 최고의 영양·건강·웰빙 회사로 재무 실적을 산업 기준으로 자리 잡게 하는 것'을 목표로 한다. 지난 몇 년간의 실적으로 판단할 때, 네슬레는 이런 목표를 훌륭하게 실현해 왔다. 제품의 전 범위에 걸쳐 영양과 맛을 함께 살려온 회사로 확실하게 자리를 잡았고, 2010년 기준 1000억 스위스 프랑 이상의 매출을 올렸으며, 지난 5년간 이익도 400% 이상 증가시켰다.

영양, 건강, 웰빙 | 염분을 줄인 '영양개선 운동'

네슬레가 오래 전부터 기반으로 삼은 요소는 건강이다. 이와 관련한 움직임은 지난 10년에 걸쳐 더욱 뚜렷해졌다. 네슬레는 교육과 재료 개선, 신제품 출시를 통해 소비자들에게 비만 식품과 음료를 멀리하고 건강에 좋은 제품을 선택하게 하려 애쓰고 있다. 웰빙 사업부 책임자인 산자이 세갈(Sanjay Sehgal)은 네슬레의 세계적인 R&D 기반 시설과 시장 친화력으로 '영양 개선 운동'의 중심으로 자리 잡았다고 본다.

"2003년 이후로, 네슬레는 식품 산업 최초로 건강에 해로운 특수 영양분을 줄이기 위한 종합 대책을 시행했다. 또한 소비자에게 기본 영양소 또는 영양 성분을 경쟁사보다 더 많이 제공하는 회사가 됐다."

네슬레의 '60/40+' 프로그램은 주요 제품들을 체계적으로 개선하는 데 목적이 있다. 우선, 소비자의 60%를 블라인드 테스트(blind taste test)를 통해 경쟁업체보다 자사의 제품을 더 좋아하게 만드는 것을 목표로 한다. 그러려면 맛의 우위를 영양분으로 보완하면서, 보건 당국이 권장하는 대로 영양학적 장점을 살려야 한다. 많은 개선 작업 끝에 네슬레는 다양한 주요 제품들에서 염분을 크게 줄일 수 있었다.

약용 식품 | 식품은 최고의 의약품이다

최근 네슬레 보건과학(Nestle Health Science)과 네슬레 보건과학 연구소(Nestle

Institute of Health Science)를 설립해 의약 식품에도 주력하고 있다. 이 두 기관은 식품과 의약품 사이의 간극을 메우고, 당뇨병과 비만, 심혈관계 질환, 노인성 치매와 같은 건강 질환을 예방하고 치료하기 위해 맞춤형 보건 영양학이라는 혁신적인 분야를 연구, 개발하고 있다. 폴 벌키(Paul Bulcke) 네슬레 CEO는 이를 '현재 진행형인 기회'라고 생각한다.

"그것은 식품과 건강을 연결하는 일이다. 식품은 최고의 의약품이다. 이런 생각으로 우리는 과학에 근거한 맞춤형 기반을 찾고 있다."

만성신장염 환자를 위한 껌은 물론, 화학요법의 부작용까지 완화하는 제품을 생산하는 네슬레는 새로운 식품군이 수많은 만성질병들에 걸쳐 치료 요법을 뒷받침하거나 예방하는 구실을 하게 될 것이라고 확신한다. 피터 브라벡(Peter Brabeck) 회장은 이 분야에서 역시 활동 중인 애봇(Abbott)과 같은 제약회사들과 네슬레를 차별화한다. 약품이 아닌 식품에 대한 전문 지식에 회사의 강점이 있다고 본다.

"네슬레는 제품에 독특한 결을 내는 법을 안다. 그냥은 삼킬 수 없더라도 삼킬 수 있게 가공할 수 있다. 이건 중요한 이점이다."

네슬레는 이른바 '약용 식품' 시장을 기술적으로 주도할 뿐 아니라, 시장에서 최대한 순익을 올릴 수 있는 역량을 갖추고 있다고 굳게 믿고 있다.

신흥 시장의 성장 | 공장의 47%를 신흥국에 배치

네슬레 매출의 35% 이상이 현재 신흥 경제국들에서 나온다. 2020년이 되면 소비자는 10억 명 이상 더 늘어나고, 매출도 10% 증가할 것으로 예상하고 있다. 네슬레는 이를 염두에 두고 공장의 47%를 신흥 시장에 세워 지역 제조업체들과 협력 중이다. 납품 업체나 농민과 장기적인 협력관계를 맺는 한편, 지역 본부에서 근무할 인재를 되도록 현지에서 찾는다.

Audi
Samsung

Amazon
Google

LEGO
Apple

Nestle
PepsiCo

Reckitt
Benckiser
P&G

Starwood
Inditex

Tata
Bharti

BASF
Shell

Rolls-Royce
ARM

Narayana
Novo Nordisk

네슬레의 신흥 시장 공략 상품, 이른바 '보급형 제품군'(Popularly Positioned Products)은 2009년도 기준 연간 매출의 10%를 차지하고, 26%까지 성장했다. 다른 제품보다 상당히 빠른 신장세를 보였다. 보급형 제품군은 신흥 시장들과 개발도상국의 저소득 소비자를 겨냥해 만들어졌다. 영양분이 강화되고 가격도 합리적인 고급 제품들이다.

신흥 시장에서 네슬레는 다양한 방법으로 고객에게 다가간다. 지역 시장과 이동식 가두 판매소, 그리고 방문 배달원과 기존 상점, 슈퍼마켓 채널을 모두 가동하고 있다. 동일한 제품군이라도 동일한 시장에서 다양한 가격으로 판매될 수 있다. 이럴 경우 광범위한 소비자층의 관심을 끄는 게 가능하다.

지속 가능한 재료 공급 | '인간중심·환경문제'도 함께 고민한다

네슬레는 1970년대 말에서 1980년대 초 이미지에 큰 타격을 입었다.

전 세계, 특히 개발도상국 어머니들에게 모유보다 자사의 영아용 조제분유가 유익하다고 홍보한 사건이었다. 이는 신문에 대대적으로 보도됐고 큰 논란거리를 불러왔다. 아직도 소비자들 일부는 그때의 이미지를 버리지 못한다. 최근 그린피스(Greenpeace)는 네슬레가 제품에 사용하는 야자유를 얻기 위해 삼림을 파괴하고 있다는 지적도 했다.

네슬레는 지적을 받아들여 지난 몇 년에 걸쳐 관행을 바꿨다. 이제는 '모유가 최고'라는 점을 확실히 지지할 뿐 아니라, 공급망도 재검토했다.

우리는 이 책을 위해 조사하는 과정에서 다음과 같은 사실을 알게 됐다. 많은 사람들이 영양과 건강, 웰빙이라는 문제와 더불어, 네슬레가 어떻게 어디서 주재료를 얻는지에 대해 관심이 높다는 사실이다.

네슬레는 1995년의 환경 보고서를 시작으로 2001년에는 농촌 개발이나 농민에 대한 연구보고를 시작했다. 특히 아프리카와 라틴 아메리카의 농민과 고용인, 경제 개발과 관련한 이슈를 다뤘다.

2007년부터는 '공유 가치 창출(Creating Shared Value)'이라는 기치 아래, 단지 주주만이 아닌, '기업이 활동하는 사회' 전체를 위한 가치 창출론을 적극 주창해 왔다. 초점은 물과 영양, 농촌 개발 등 세 분야에 걸쳐 공유 가치를 창출하는 데 맞춰져 있다. 물론 여기에는 위험과 기회가 공존한다. 다른 기업들도 비슷한 전략이 있지만, 농촌 개발에 초점을 맞춘 것은 주목할 만하다. 네슬레는 '농촌 개발의 목적은 가난과 굶주림을 줄이고, 비도시 지역의 생활의 질을 향상시키는 데 있다'고 전했다.

신흥 시장 44개 농촌 지역에 자리 잡은 네슬레 공장들에서 볼 수 있듯이 이런 주장은 확실한 변화를 이끌어 냈다. 2010년 그 중 70%는 네슬레가 설치한 상수도 시설을 갖췄다. 전체 58% 지역에 견습제 프로그램을 운영했으며 3분의 1에 해당하는 지역에는 읽기, 쓰기와 숫자 계산을 가르치는 교육 프로그램도 제공했다.

오는 2020년까지 네슬레는 열대우림 동맹의 원칙(Rainforest Alliance)에 따라 커피 9만t을 생산하기 위한 계획을 실천하기 위해 5억 스위스 프랑을 투자할 것이다. 이미 회사는 이 양의 두 배인 10만t 가량을 직접 농민들에게 공급받고 있다. 네슬레의 코코아 생산 계획도 특이할 만하다. '10년 안에 1000만 달러짜리 공장들을 농민들에게 제공하는 것'을 목표로 한다.

네슬레는 고급 원료의 안정된 공급, 조달 비용의 절감, 자사 제품에 대한 소비자의 높은 선호도를 통해 가치를 창출한다. 이는 지속가능한 성장이란 목표가 있기에 가능하다.

일례로 네슬레는 2015년까지 지속 가능한 원천을 통해 야자유 전량을 얻고자 한다. 지역 개발을 위한 조언이나 기술 지원, 수확량 증대, 작물의 고급화 기술 지원, 그리고 농촌 소득 증대와 빈곤완화, 고용확대, 그리고 지역경제 개발 활동에도 발 벗고 나서는 모습이다.

Audi
Samsung

Amazon
Google

LEGO
Apple

Nestle
PepsiCo

Reckitt
Benckiser
P&G

Starwood
Inditex

Tata
Bharti

BASF
Shell

Rolls-Royce
ARM

Narayana
Novo Nordisk

처음에는 이런 활동이 오해를 샀다. 일부 비정부 단체들은 그린워싱(green washing: 기업들이 실질적인 친환경 경영이 아니면서도 녹색 경영을 표방하는 것처럼 홍보하는 것)이라고 꼬집었다. 하지만 지속적인 노력 끝에 이제 회사의 갖가지 공유 가치 창출 프로그램(Creating Shared Value Program)은 대대적인 찬사를 받는다. 이 분야의 핵심 사례로 꼽힐 정도가 됐다.

볼랜스(Volans)의 존 엘킨턴(John Elkington)은 공유 가치 개념엔 상당한 진전이 있었다고 본다. 이는 경영학자인 마이클 포터(Michael Porter)와 마크 크래머(Mark Kramer)가 〈하버드 비즈니스 리뷰〉에 기고한 기사의 주제가 되기까지 했다. 이 프로그램을 통해 사회와 조화를 이루면서 다국적 기업을 경영하는 방법에 대한 여러 아이디어가 논의 중이다.

"네슬레의 사례를 좀 더 넓은 관점에서 살펴보자. 우선 관심을 끄는 건 능력 있는 지역 납품업체로부터 원료를 구입하면 이점이 크다는 사실이다. 원료를 다른 지역에서 사오면 거래 비용이 높아져 비효율적이다. 임금과 투자비용이 저렴하다고 해도 이점이 상쇄될 수 있다. 반면 유능한 지역 공급업체를 이용하면 비용의 비효율을 피할 수 있고, 생산시간을 줄일 수 있을 뿐만 아니라, 생산의 유연성도 높이는 게 가능하다. 더 빨리 기술을 학습시켜 혁신력을 높이는 것도 장점이다. 기업들이 현지에서 생산요소를 구입하면, 해당 지역사회에도 도움이 된다. 현지 업체들의 재무상황이 더 튼튼해지며 고용을 확대하면서 임금도 올릴 수 있는 여건이 된다. 이들은 다시 그곳에 진출한 네슬레의 소비자가 돼 상생 구조를 이룬다."

혁신을 통한 성장 | '적당한 사치품'을 브랜드로 키워

폴 벌크는 네슬레가 '전 세계에서 성장을 모색하고 있다'고 분석했다. 그는 "성장은 선진국과 개발도상국 시장 모두에서 나와야 한다"고 강조한다.

네슬레는 2010년에 11.5%의 매출 성장을 이뤘고, 앞으로 5년 동안 비슷한 수치를 목표로 삼고 있다. 벌크에 따르면 이를 위해 사람들이 선호하는 조건에 영양분까지 더한 제품이 필요하다.

네슬레의 입장에서 '혁신과 재혁신은 자사의 브랜드를 계속 소비자에게 알맞은 상품으로 홍보하고 경쟁업체와 차별화하는 것으로 유지해가는 과정'이다. 음료 업계의 변화들은 끊임없이 일어난다. 많은 브랜드의 일반적인 혁신의 도구는 맛이나 포장을 약간 바꾸는 것에 그친다. 하지만 네슬레처럼 영양과 건강, 웰빙에 초점을 맞추는 경우라면 성분에도 신경을 써야한다. 벌크는 "초콜릿에서 유아식까지 우리의 제품은 저마다 해당 부문에서 최고의 영양 식품이 될 수 있도록 특별한 전략을 편다"고 말한다.

네슬레에는 다양한 유통 모델을 통해 전 세계에서 이용할 수 있는 '보급형 제품'이 거의 5000가지나 있다. 대다수 상품들에는 건강을 생각한 영양소가 함유돼 있다. 예를 들어, 해마다 약 900억 개씩 판매되는 고체형 조미료, 매기 부용 큐브(Magi bouillon cubes)에는 요오드와 미량의 영양소를 더 추가한다. 일부 시장의 영양 결핍 상황에 대응하기 위해서다.

영양을 강조하는 일과 함께 다른 변화의 궤적은 '적당한 사치품'이라는 이름의 '고급화(premiumization)' 전략이다. 하겐다즈 아이스크림, 네스프레소 커피 등 네슬레는 모든 제품 종류군마다 나름의 고급화 전략을 개발했다. 네스프레소의 경우, 인내심과 실험 정신, 그리고 가능성에 도전하겠다는 의지가 결합해 성공이 이루어졌다. 초기에는 어려웠지만 이제는 최고급 커피 시장에서 32억 스위스 프랑의 시장 가치를 자랑하는 선도적인 브랜드로 자리매김했다. 여기까지 오는 데 10년이란 세월이 걸렸다. 처음부터 엄청난 도전이었다. 기존 제품군의 순익을 갉아먹을 수 있는 위험이 있었고 커피 기계 제조업체들의 광범위한 협력도 필요로 했다. 소매상들도 좋아할 만

Audi
Samsung

Amazon
Google

LEGO
Apple

Nestle
PepsiCo

Reckitt
Benckiser
P&G

Starwood
Inditex

Tata
Bharti

BASF
Shell

Rolls-Royce
ARM

Narayana
Novo Nordisk

한 소비자 직배 채널까지 구축해야 했다. 1000만 명 이상의 네스프레소 클럽 회원들과 그보다 더 많은 단골 소비자들이 제품을 찾는 가운데, 네스프레소는 네슬레 제품군의 스타가 됐다. 혁신 분야에서 많은 기업이 참고할 만한 사례다.

네슬레의 혁신은 회사 전체를 관통하는 가치다. '기술적으로 가능하고, 상업적으로 성공할 수 있는 것과, 소비자와 사회가 실제로 필요한 것 사이에서 가장 효율적인 지점을 찾아내는 일'이 네슬레가 일궈낸 혁신이다.

세계적인 R&D망 | 지역맞춤형 R&D센터 구축

네슬레는 매출의 1.6%를 R&D에 투자한다. 경쟁업체보다 높은 수치다. '브랜드'와 '직원', '지리적 이점'과 아울러, 네슬레는 R&D를 핵심 경쟁력으로 여긴다. 네슬레는 '과학'과 '소비자'를 화두로 삼아 경쟁업체와 차별화 전략을 펴는 데 집중한다. 네슬레는 식품을 넘어 신제품의 포장, 기술과 제조, 품질과 안전까지 관리한다. 전 세계 17개 R&D 센터의 275개 응용 그룹에서 1300명을 고용한 가운데, 네슬레는 자사가 적어도 식품 분야에선 '독보적으로 세계적인 R&D 기반 시설'을 갖추고 있다고 자부한다. IBM, 노바티스, 필립스 등과 마찬가지로 분권화된 네트워크 방식을 통해, 네슬레는 세계적인 R&D 기반 시설을 각 지역에 맞춰 개발할 수 있는 능력이 있다.

영양을 다루는 데는 상당한 과학적 전문 지식이 필요하고, 각 지역의 기호나 필요까지 따져봐야 하는 복잡한 주제다. 다양한 지역에 R&D 센터를 둔 네슬레는 애플리케이션 팀을 통해 전 세계적으로 활용할 수 있는 지역맞춤식 R&D 역량을 개발했다. R&D 시설과 생산, 보급망을 소비자와 가깝게 배치해 온 덕분에 세계적인 제품들을 내놓을 수 있었다. 네슬레는 지역 농민과 제조업체, 보급 체계 간의 긴밀한 협력을 통해, 경쟁업체들이 따라잡기 힘든 시스템을 갖췄다. 윤리적이며 영양이 풍부한 제품을 개발하는 데 있어 독특한 개성을 보여준다.

네슬레의 독보적 장점은? | 규모·친밀성·다양함·편재성

Audi
Samsung

Amazon
Google

LEGO
Apple

**Nestle
PepsiCo**

Reckitt
Benckiser
P&G

Starwood
Inditex

Tata
Bharti

BASF
Shell

Rolls-Royce
ARM

Narayana
Novo Nordisk

세계의 지역 특성을 고려한 네슬레의 R&D망은 독보적 역량으로 주목받는다. 사내에는 네슬레의 광대한 사업의 폭을 독보적인 장점으로 꼽고 싶어 하는 사람들도 있다.

네슬레의 식품 음료 사업은 전 세계 소비자들을 상대할 수 있는 규모를 갖추고 있다. 소비자들이 원하는 식품과 음료를 제공할 수 있는 친밀성, 수많은 행사에 식품과 음료를 제공하는 다양함, 소비자들이 원하는 때와 장소에서 식품과 음료를 제공할 수 있는 편재성, 소비자들이 살아 있는 동안 내내 사라지지 않을 존재성 면에서도 우월하다. 또한 영양학 연구를 발전시키면서 경쟁 식품 음료에 대해 영양과 건강, 웰빙과 관련한 논쟁도 불러일으킬 수 있는 노하우도 갖추고 있다. 타의 추종을 불허하는 규모, 친밀성, 다양함, 편재성, 이 네 가지는 일반 소비자들이 영양, 건강, 웰빙에 대한 주도권을 논의할 때 근거로 삼을 수 있는 기준들이다.

식품과 음료에 있어 영양과 건강, 웰빙이라는 요소가 중요해지는 식품 산업에서, 네슬레는 신흥 시장과 선진 시장에서 변화를 선도했다. 네슬레는 이런 활동을 통해 주로 제품에 기반을 둔 기술 중심의 회사에서 과학에 기반을 둔 회사로 전환했다.

초창기 구축된 세계적인 기반에 이어 다른 곳에선 모방하기 어려운 지역화 된 과학적 역량은 유기적으로 발전했다. 기업의 이런 '능력 향상'이 결국 점점 세련돼 가는 소비자의 선택과, 건강을 의식하는 사회에서 신뢰받는 브랜드를 만들어 냈다.

도전 | 지역별 내수특성·식품의 연료화

식품 산업은 수많은 기업이 활약하지만 철저히 내수산업이다. 먹여 살릴 인구는 수십억 명이다. 다양한 부문에서 국제적 리더십을 유지하려면 각국의 동향뿐 아니라 전통적 사업 모델을 파괴할 수 있는 쟁점에도 관심을 가져야 한다. 예컨대, 2009~2010년 식품 가격은 40~60%나 상승했고, 아직도 가격 상승의 고공행진이 계속되고 있다. 네슬레 회장인 피터 브래벡은 "전 세계가 보조금 지급을 통해 바이오 연료를 육성하는 등 정치적으로 잘못된 결정을 내려 왔다. 그런 비슷한 조치들이 지속 불가능한 방법으로 이미 한계에 이른 식품에 대한 수요를 증가시키고 있다"고 말한다. 그는 또 "식품을 연료로 사용하는 것을 금지시켜야 한다. 그렇게 하면 식품 공급 부족을 완화하는 효과가 즉각 나타날 것이다"라고 덧붙였다.

2050년이 되면 전 세계가 식품 생산을 두 배로 늘려야 할 것이라는 네슬레의 예측을 감안하면 원료 공급과 가격 결정은 대단히 중요한 이슈다. 네슬레의 공유 가치 접근 방법은 이런 상황을 개선하기 위한 첫 걸음이지만, 이런 움직임만으론 충분치 않다고 느끼는 사람들도 있다.

펩시코
영양과 건강을 신성장동력으로

펩시코는 세계 3대 식품 음료 회사다. 펩시란 이름으로 시작한 펩시코는 이제 트로피카나(Tropicana), 퀘이커(Quaker), 레이스와 워커스(Lay's/Walkers), 게토레이드(Gatorade) 등 다른 주요 식품 음료 브랜드들을 아래에 두고 있다. 전 세계 200여 나라에서 판매되는 10억 달러짜리 브랜드를 약 20개나 소유했다. 펩시코가 식품 음료 부문에서 그처럼 좋은 평가를 받게 된 것은 전략적으로 코카콜라를 압도했기 때문이다. 또, 지난 10년에 걸쳐 제품 구성을 크게 변화시킨 이유도 있다. 대부분의 경쟁회사들에 앞서, 펩시코는 비만이 사회적 문제가 될 것임을 우선 인식했다.

특이할 만한 점은 이전에 피자헛, 타코벨, KFC 같은 패스트푸드 회사들이 그랬던 것처럼 기존 부문을 포기하지 않았다는 점이다. 대신 제품 포트폴리오를 바꿨다. 건강식품 쪽으로 전체 방향을 돌렸다. 이는 점진적으로 이뤘다. 하지만 지난 5년에 걸쳐 엄청난 변화를 가져왔다. 여기에는 회사의 새로운 지향점이 포함돼 있었다. 이른바 '목적 있는 성과(performance with purpose)'라는 것이다. 이에 따라 제품 구성을 세 가지 범주로 나눴다. '즐거운 제품(fun for you)', '유익한 제품(better for you)', '건강에 좋은 제품(good for you)'이 그것이다.

'즐거운 제품'은 펩시, 세븐업, 레이스 감자칩 등 펩시코의 핵심적인 식품 및 음료로 구성된다. '유익한 제품'은 국제적인 섭취 권장량에 맞춘 지방, 포화 지방, 나트륨, 당분을 함유한 종류다. 마지막으로 '건강에 좋은 제품'은 지방과 포화 지방, 나트륨, 당분은 줄이면서 전곡류, 과일, 채소, 저지방 유제품, 견과와 씨앗으로 좋은 영양소를 함유했다. 상당량의 주요 영양소를 포함해 몸에 유익한 영양분을 전달한다.

전 CFO이며 CEO이자 회장인 인드라 누이(Indra Nooyi)가 주도한 이 변화에는 1998년의 트로피카나, 2001년의 퀘이커와 같은 기업 인수가 포함돼 있었다. 최근에는 브랜드의 성장을 위해 전사 규모로 핵심 브랜드들의 혁신이 이뤄졌다. 인드라는 최근 몇 년간의 변화를 다음과 같이 설명했다.

"대기업은 유익한 방향으로 사회의 골치 아픈 문제들을 처리하는 데 도움을 줄 수 있다. 하지만 기업들은 스스로 사회를 보살필 의무가 있다는 사실을 잊는 경우가 너무 많다. 우리 펩시코의 경영 철학은 '목적 있는 성과'다. 이는 기업으로서 어떻게 하면 큰 성과를 올리면서도 사회에 올바른 일을 할 수 있을까를 고민해 나온 것이다. 다시 말해 펩시코의 철학은 '성과와 목적'도 아니고, '성과 또는 목적'도 아니다. 성과와 목적이 공통분모를 이루는 '목적 있는 성과'다.

목적에는 세 가지 하위 강령이 있다. '인간의 지속 가능성(human sustainability)', '환경의 지속 가능성(environmental sustainability)', '인재의 지속 가능성(talent sustainability)', 이 세 가지다."

제품 구성을 변화시키지 않는다면, 이 세 가지를 이룰 수 없다는 게 인드라의 생각이다. 이때 환경면에서 신중하지 못하면 NGO나 정부가 회사 문을 닫게 할 수 있다. 게다가 혁신 활동에 전력을 쏟을 수 있는 인재가 없다면, 제대로 된 발전 기반을 갖지도 못할 것이다. 그렇다면 목적 있는 성과는 성장 면에서 장기적인 선순환 구조를 만든다. 인드라는 나아가 "내가 회사를 떠날 때, 직원들이 펩시코가 상업적으로도, 윤리적으로도 좋은 회사였다고 말하기를 바란다"고 말한다.

Audi
Samsung

Amazon
Google

LEGO
Apple

Nestle
PepsiCo

Reckitt
Benckiser
P&G

Starwood
Inditex

Tata
Bharti

BASF
Shell

Rolls-Royce
ARM

Narayana
Novo Nordisk

경쟁업체를 압도하는 전략 | 오렌지주스 등 다각화전략에 성공

코카콜라는 펩시보다 우월했다. 1970년대와 1980년대에 내내 그랬다. 펩시는 아무리 애를 써도 음료 시장에서 2위 자리에서 1위로 올라갈 수가 없었다. 그러나 펩시코가 제품 구성을 변화시키고 저지방 식품 음료 회사로 거듭나자 변화가 생겼다. 코카콜라는 주로 음료 시장 혁신에만 주력했지만, 펩시코는 오렌지 주스와 귀리, 스낵으로 사업을 확대했다.

마침내 2005년, 1세기 동안 2위의 자리를 지킨 펩시코는 시장가치 면에서 코카콜라를 앞질렀다. 지난 몇 년간 코카콜라는 기존의 탄산음료를 신흥 시장에 소개해 높은 시장 점유율을 확보했다. 그러나 많은 사람은 이 전략이 새로운 변화에 취약하다고 봤다. 일례로 비만세 같은 비만에 대한 정부의 규제 움직임에 타격을 입을지 모르는 상황이다. 현재 코카콜라의 주력 상품인 다이어트 콜라는 트렌드에 발맞춰 가고 있기는 하지만 펩시코에는 많이 뒤떨어진다. 많은 분석가에 따르면 좀 더 지속 가능하고 미래에도 경쟁력 있는 제품 구성을 갖춘 곳이 펩시코다. 펩시코는 현재 식품 사업의 1/3, 음료 생산 분야의 2/3을 차지하면서 전 세계 초등학교와 중학교에서 고당도 음료를 없애는 데 전념해 왔다. 2006년부터 고열량 제품을 저열량으로 대체하겠다는 지침도 스스로 채택했다.

인드라가 강조하듯, '매출액 120억 달러의 건강에 좋은 제품을 생산하는 펩시코는 세계 2대 건강 웰빙 기업의 하나'다. 2020년까지 '건강에 좋은' 제품으로 300억 달러의 매출을 올리는 것이 펩시코의 목표다. 회사가 스낵 식품과 탄산음료 부문에 머물러 있다고 비판하는 사람들도 있지만, CEO의 견해는 명확하다.

"어떤 제품도 지나치게 소비하면 건강에 해롭다. 우리 제품은 그런 면에서 해롭지 않다. 사람들에게 즐거운 제품, 유익한 제품, 건강에 좋은 제품으로 이뤄진 균형 잡힌 제품 구성을 제공하기 때문이다. 전 세계 소비자들이 건강을 유지하려면 다양한 영양소와 음식을 섭취해야 한다. 따라서 우리는 믿을 수 있고, 가격도 적절하면서 쉽게 구할 수 있는 좋은 제품을 사람들에게 제공해야 한다. 우리가 만들면 귀리같은 먹거리를 더 맛있게 만들 수 있다."

펩시코가 세운 세부 목표가 이뤄지면 2020년 무렵의 사업 기반은 과일과 채소, 전곡류, 섬유소 제품 생산에 두게 될 것이라고 예측된다.

성장 목표 | 스토리를 갖춘 성장에 초점

펩시코의 핵심 전략은 '목적 있는 성과'다. 그 중 지속 가능한 성장을 이루는 게 최우선 과제다. 대주주들의 수익도 중요하지만, 세계적인 성장이 우선이며 각 나라마다 GDP 성장률의 두 배로 매출을 증가시키는 게 당면한 목표다. 20개 선진 시장 전략은, 건강 제품군을 다양화하고 지역 기호에 따른 새로운 맛을 통해 스낵 제품군을 구축해 확대하는 것이다. 이로써 스낵과 음료 부문의 시장 점유율을 높이는 게 목표다.

펩시코가 소매업체와 함께 손을 잡고 즐겨 구사하는 전략은 이른바 '파워 오브 원 (Power of One: 슈퍼마켓 진열대에 스낵과 펩시콜라를 나란히 진열하여 두 제품의 매출을 동시에 늘리는 전략)'이다. 스낵과 음료를 함께 구매하게 유도하는 전략이다. 관계자의 말을 들어보자.

"여러 연구 결과를 보면, 사람들이 스낵을 먹을 때 85%는 음료수도 마시는 것으로 나타나 있다. 펩시코야말로 그 두 가지 일을 동시에 충족시키기에 가장 좋은 위치에 있다. 스낵과 음료 제품이 전체에 걸쳐 통합 운영되는 회사로서, 소매 협력 업체와 소비자에게 유리한 해택을 줄 수 있다. 예컨대 우리는 소매업체의 요구에 신속하고 민첩하게 대응할 수 있고, 상황과 때에 맞춰 매장 진열 전략을 짤 수 있다. 인스토어 머천다이징(in-store merchandising: 점포에서의 판매활동을 위해 어떤 물품을 준비하고, 매장은 어떻게 만들며, 어떻게 판촉할 것인가 등을 종합적으로 계획하는 것)도 더 훌륭하게 기획할 수 있다. 이로써 소매 협력 업체들 전체에 펩시코의 힘을 전파할 수 있는 것이다."

제품 구성의 변화 | 열량·당분·염분 줄이기

지난 몇 년간 펩시코는 포화 지방, 염분, 당분을 줄이는 데 갖가지 노력을 기울여 왔다. 이 세 가지 성분을 주요 국가들의 세계적 주요 식품 브랜드들의 2006년도 기준치보다 낮추겠다는 목표를 실행 중이다.

구체적으로 보면 2020년에 포화 지방은 1인분에 15%, 염분은 2015년 기준으로 25%, 그리고 당분은 2020년에 25%씩 감소시키는 게 목표다.

한편, 회사는 열량 관리를 위한 솔루션을 제공하는 식품과 음료를 다양화하는 데 여념이 없다. 2010년 자사 브랜드인 네이키드 주스(Naked Juice)는 일반 스무디보다 열량이 35% 적은 100% 주스 스무디 두 가지를 출시했다. 트로피카나는 트롭50(Trop50) 제품에 새로운 맛인 석류 블루베리, 파인애플 망고, 팜스탠드 애플 등을 추가했다. 트롭50은 당분이 50%나 적은 데다 인공 감미료도 없고 열량도 더 적다. 회사 측은 "제빵과 뻥튀기 기술 등을 응용해 열량을 관리한다"며 "멕시코에서는 열량이 20% 적은 사브리타스(Sabritas) 감자칩 생산에 제빵 기술을 이용한다"고 소개했다.

Audi
Samsung

Amazon
Google

LEGO
Apple

Nestle
PepsiCo

Reckitt
Benckiser
P&G

Starwood
Inditex

Tata
Bharti

BASF
Shell

Rolls-Royce
ARM

Narayana
Novo Nordisk

중심이 이동하다 | 원칙중시·고객중심이 핵심

CEO의 목표와 목적은 한결같은데 변화는 어떻게 이뤄졌을까? 영국 펩시코의 마케팅 및 혁신 담당 이사를 지낸 사이먼 마이크얼라이더스(Simon Michaelides)는 몇 가지를 말한다.

"조직을 변화시킬 때, 내부에서 사용하는 언어는 극히 중요하다. 사내 언어는 직원들이 회사를 보는 방식을 규정한다. 올바른 어휘 사용을 장려하면 회사를 극적으로 변화시킬 수 있다. 펩시코는 제품의 80%를 '즐거운 제품'에서 '유익한 제품과 건강에 좋은 제품'으로 소비의 방향을 바꾸겠다는 목표를 세웠다. 내부적으로 이것은 '리얼 푸드(Real Foods)' 전략으로 불렸다. 이와 관련해 우연히 직원들의 대화를 들었다. '그러면, 자네는 무슨 일을 하나?' '리얼 푸드 일을 하고 있어.' 사람들이 나누는 대화를 통해 사내에 큰 변화가 일어나고 있다는 사실을 알았다. 회사 내부엔 강력한 혁신 문화가 있다. 그건 주로 항상 뉴스가 뒤따를만한 화제거리로 이어진다."

펩시코가 인수한 회사들을 간단히 살펴보면 이런 사실을 뒷받침할 수 있다. 네이키드 주스가 대표적이다. 펩시코란 국제적 대기업이 작은 사업들을 인수해 크게 성공시킨 전형적인 사례다. 사이먼은 "'내년에 스낵을 가지고 할 수 있는 신나는 일이 있다면 어떤 것들일까' 하며 혼자 중얼거리기도 하고, 흥미로운 논란거리가 될 만한 재미있는 식품을 내부에서 찾아보기도 한다"고 전했다.

20년 전 시장은 온통 '콜라 전쟁'으로 알려진 소모전에 휩싸여 있었다. 펩시코는 코카콜라라는 골리앗에 대항하는 다윗이었고, 핵심 제품을 넘어 다각화의 길을 모색하고 있었다. 사이먼은 펩시코가 성장하고 최근에 성공을 거둔 것은 네 가지 독보적 역량 덕분이라고 본다.

첫째, 성장의 성격이다. 펩시코는 서로 연관된 식품 음료 부문에 속한 기업들을 인수해 왔다. 네이키드 주스, 게토레이드, 퀘이커, 프리토레이, 트로피카나가 모두 기업가다운 꿈에서 태어났다. 펩시코가 이런 회사들의 인수를 선택한 것은 펩시코의 사내 문화를 대변한다. 펩시코의 새로운 회사로 편입된 기업들은 다시 혁신적인 문화 형성에 기여한다.

둘째, 원칙을 중시하는 것이다. 펩시코가 인수한 회사들은 나름의 존재 이유가 분명하다. 앤서니 로시(Anthony T. Rossi)는 자신의 고향인 이탈리아에서 발견한 오렌지 주스를 플로리다 주 주민에게 제공하려는 목적으로 1947년에 트로피카나를 세웠다. 임직원들은 "펩시코는 믿기 어려울 정도로 원칙을 중시하는 회사"라고 입을 모은다. 펩시코가 인수한 기업들도 분명한 목적을 가지고 출발해 지금까지 명맥을 유지해 온 곳들이란 분석이다.

셋째, 펩시코는 모든 활동의 중심에 고객을 둔다. 건강과 웰빙에 관심이 집중돼 있는 가운데, 설탕이 많이 든 기존 제품군을 철수하는 결정을 내리기는 쉽지 않았을 것이다. 펩시코는 대신 기존 제품으로 고객의 즐거움을 추구했다. 평범한 것으로부터의 해방을 추구하는 소비자의 욕망에 호소한 것이다. 펩시코는 항상 즐거움에 관심을 기울였으므로, 즐거움과 건강을 함께 추구하는 건 논리상 모순이 없었다.

넷째, 경쟁에 철저히 집중하고 파고드는 근성이다. 펩시코는 마케팅과 제품, 브랜드 혁신 면에서 코카콜라와 정반대의 길을 걸어왔다. 코카콜라가 주로 핵심 제품 개발에 집중할 때, 펩시코는 제품을 다각화해 왔다. 이 다각화는 펩시코가 오랜 숙적보다 훨씬 신속하게 움직일 수 있었다는 뜻이다. 단일 브랜드 개발을 신중하게 추진하는 데만 몰두할 경우, 극적인 변화는 극적인 실망으로 이어질 수 있다. 코카콜라가 핵심 음료 제품의 새로운 파생 제품 개발을 시도한 일은 이미 많은 경영대학원의 사례 연구로 쓰인다.

Audi
Samsung

Amazon
Google

LEGO
Apple

Nestle
PepsiCo

Reckitt
Benckiser
P&G

Starwood
Inditex

Tata
Bharti

BASF
Shell

Rolls-Royce
ARM

Narayana
Novo Nordisk

펩시코는 신속한 혁신과 새로운 기업 인수에 집중한 탓에 몇 가지 어려움에 직면했다. 제품생산 면에서 세계적인 노하우를 갖췄지만 그 운영 모델에는 엄청난 투자가 필요하다. 기다릴 줄도 알아야 한다. 펩시코는 우선 단시간에 새로운 제품에 막대한 마케팅 자원을 투여한 후 인기 여부를 기다린다. 사이먼은 이렇게 밝힌다.

"우리가 새로운 제품을 출시하고 한 달 동안 TV 광고에 막대한 투자를 하면, 갑자기 어딜 가나 그 제품 소식으로 떠들썩해진다. 그러나 정작 우리는 그때 모든 관심을 꺼버린다."

펩시코의 성공을 보면, 퀘이커와 레드스카이 등 크게 성공한 브랜드들처럼, 이런 방법이 자주 효과를 거두는 것을 알 수 있다. 하지만 PJ 스무디스(PJ Smoothies)와 포테이토(Potato), 치즈헤드(Cheese Heads)와 같은 제품들은 그다지 성공하지 못했다. 신제품은 소비자의 관심을 끌려면 지속적인 마케팅이 필요하다. 사이먼은 계속해서 말한다.

"회사는 이노슨트 드링크스를 자주 인용하면서, 그 제품이 순식간에 인기를 끈 것처럼 떠받든다. 우리는 이노슨트를 1억4000만 달러짜리 사업으로 발전시키기까지 10년 걸렸다는 사실을 잊곤 한다."

미래의 성장 | 현실을 직시한 '지속가능한 성장'

펩시코는 네슬레와 비슷한 행보를 보인다. 최근 지역우수역량연구소(centers of excellence, CoE)를 세계 각지에 세우고 저마다 한 가지 제품에 집중하고 있다. 예컨대, 스위스 제네바에는 과일과 채소 우수 역량 연구소가 있다. 중기적으로는 '주스 사업의 방향'과 같은 문제를 집중적으로 다루고, 장기적으로는 '채소 중심의 스낵을 만드는 방법' 등을 다룬다. CoE는 지역 마케팅 팀과 연계해 미래를 위한 지속 가능한 혁신 체계를 마련한다.

펩시코는 재정적 성장만이 아니라, 제품과 제품 구성의 변화로 성장을 이루는 방법에 관해 명확한 목표를 세워 움직인다.

네슬레의 예상과 마찬가지로 윤리적인 식량 공급 문제가 앞으로 세계적인 문제로 떠오를지 모른다. 제품뿐만 아니라 사용되는 재료와 그 공급원의 지속 가능성에 대해 관심이 집중되는 가운데, 펩시코는 스스로 바로 그 문제에 잘 대처하고 있다고 확신한다. 펩시코는 미래를 내다보며 세계 최대 식품 회사가 되겠다는 열망을 품고 있다. 네슬레처럼 건강과 영양을 미래 회사의 핵심 부분으로 삼겠다는 복안이다.

Audi
Samsung

Amazon
Google

LEGO
Apple

Nestle
PepsiCo

Reckitt
Benckiser
P&G

Starwood
Inditex

Tata
Bharti

BASF
Shell

Rolls-Royce
ARM

Narayana
Novo Nordisk

핵심적인 통찰 | 네슬레와 펩시코

네슬레와 펩시코는 모두 영양과 지속 가능성을 전면에 내세운다. 이런 움직임이 요즘 식품 시장에서 특별한 건 아니지만, 지속적인 성장까지 유지하면서 이룬 결과는 주목할 만하다. 다농(Danone)이나 제너럴 밀스와 같은 곳도 비슷한 전략 방향을 맞춰왔지만 영향력은 그만 못하다. 코카콜라 같은 회사들은 올바른 일을 하기보다 매출 증대에 더 몰두하고 있는 것으로 보인다. 네슬레와 펩시코의 성공에는 세 가지 공통점이 있다.

- **명확한 목표**: 두 회사 사업의 핵심에는 모두 지속 가능한 건강, 영양, 환경의 요소가 있었다. 조직을 혁신하는 데 있어서도 경쟁자들을 앞질렀다. 목표는 서로 전혀 다르지만, 네슬레의 '공유 가치'나 펩시코가 사내에서 직원 개발 계획에 중점을 두는 일은 사업을 장기적 목표와 연결하는 중요한 문화 혁신 전략이다. 펩시코는 유기적 성장을 추진하는 것은 물론, 목적 의식을 가지고 기업을 인수하는 방법으로 내부를 혁신해 왔다. 네슬레는 개발도상국들에서 지역사회를 개발하고 역량을 향상시킴으로써 외부 환경까지 혁신하는 모습이다.

- **세계적이면서 지역적이다**: 네슬레의 세계적인 R&D 네트워크는 세계적인 연구 과제들을 다루는 동시에 지역 개발 문제를 수용해 그 기초를 닦고 있다. 지역의 생산 및 공급망과의 연계를 통해 변화를 이끌면서 결실을 이루는 중이다. 펩시코도 세계적인 브랜드들을 구축해 개발하고 있지만, 지역 시장도 주목한다. 터키나 멕시코에서든, 아니면 영국에서든, 지역 브랜드를 개발하고, 제품 구성을 바꾸고 있다. 관련 분야 확장을 위해 기업을 인수하기도 한다.

- **시대를 앞서가다**: 돌이켜보면 비만과 식품 공급 부족, 생산의 현지화 문제 등이 식품 및 음료 부문에 영향을 미치는 세 가지 주요 쟁점이라는 것을 쉽게 알 수 있다. 하지만, 이 두 회사는 10년 전에 변화를 깨달았다. 그들은 여러 가지 문제를 내다보는 예측과 함께 대처 의지도 함께 갖췄다. 두 회사는 단순히 시장 심리에만 반응하지 않는다. 독자적인 방식으로 목표를 대담하게 세우고 제품 구성을 변화시키면서 공급망을 개선하려는 시도

를 지속했다. 그런 노력을 통해 새로운 사업 모델이 드러났고 조직의 일부를 구성했다. 세계적인 기업들은 단순히 상황에 대응하는 것에만 그쳐서는 안 된다. 장기적인 철학을 가지고 다양한 문화에 속한 수십만 직원들과 수십억 소비자들을 움직여야 한다. 그래서 그들의 리더십이 장기적 목표에 주력하고 있다는 사실을 증명해야 한다.

두 회사 모두 소비자들과 함께 존재하려고 애쓴다. 그들은 소비자에게 제품을 사라고 설교하지 않는다. 대신 제품의 영양 균형과 환경에 미칠 영향에 관심을 가진다. 그러면서 소비자에게 즐거움과 맛, 편리함을 꾸준히 제공한다. 두 회사는 개별 브랜드를 초월해 운영된다. 그렇게 만들어진 오랜 역사가 소비자의 머리에는 대단치 않은 것처럼 보일 수 있다. 그저 한두 개 브랜드로 새겨질 뿐이다. 그럼에도 두 회사는 제품 구성을 다양하게 하면서 고객을 잃지 않고 소비자의 기호를 바꾸기 위해 오늘도 노력 중이다.

Audi
Samsung

Amazon
Google

LEGO
Apple

Nestle
PepsiCo

Reckitt
Benckiser
P&G

Starwood
Inditex

Tata
Bharti

BASF
Shell

Rolls-Royce
ARM

Narayana
Novo Nordisk

네슬레

성장 결과

세계적인 영양, 건강, 웰빙 기업

독보적 역량

공유 가치를 창출하는 능력

기본 역량

| 영양 제품 개선 | 세계적·지역적 R&D 망 | 규모, 다양성, 편재성 |

펩시코

성장 결과

지속적인 매출·순익의 증가와 제품 구성 중심의 변화

독보적 역량

인간, 환경, 인재의 지속 가능성에 대한 투자 성과

기본 역량

| 포트폴리오 변화의 사전 관리 | 고객 중심의 철학 | 미래의 방향과 목표 공유 |

레킷 벤키저와 P&G
현실 통찰에 탁월

브랜드 충성도는 점점 줄어들고, '화이트 라벨' 제품들이 진열대의 공간을 차지하며 시장을 확대하고 있다. 브랜드 사이에 품질 차이도 미미한 경우가 많다. 다행스러운 것은 아직도 소비자들은 A제품이 B제품보다 더 우수하고, 따라서 A제품이 훨씬 효과가 있을 것이라는 따위의 믿음에 근거해 구매 결정을 내린다.

소비자 동향에 촉각

유럽의 일용소비재(FMCG) 제품, 또는 북아메리카의 생활용품(CPG, consumer packaged goods)의 세계의 강자는 오래전부터 가루비누, 화장품, 샴푸였다(FMCG 또는 CPG는 쉽게 말해 비교적 저가에 신속하게 판매되는 생활용품들을 가리킴). 그러나 지금은 다르다. 그만큼 생활용품의 범주가 훨씬 넓어졌다. 전통적인 브랜드인 콜게이트 파몰리브(Colgate–Palmolive)는 치약과 비누, 냄새 제거제 정도를 주력으로 하지만 유니레버는 차, 아이스크림에서부터 표백제와 샤워용 비누 시장에 이르기까지 활약 범위가 넓다. 헨켈(Henkel)의 제품 구성은 헤어스프레이와 접착제까지 포함한다. P&G가 생산하는 상품은 전기면도기와 헤어드라이어에서 건전지와 향수 등 모든 제품을 망라한다. 레킷 벤키저는 모기약에서 방향제, 식기세척기, 세제까지 만든다.

콜게이트 파몰리브, 유니레버, 헨켈, P&G, 레킷 벤키저 등 다섯 회사는 식품 이외의 소모품 시장을 대부분 점유하면서 세계 광고 시장까지 지배하고 있다. 동일한 소비자층을 공유하고 있지만, 저마다 독특한 제품들을 자랑한다.

그럼에도 이 시장의 기업 인수합병(M&A) 움직임은 다른 곳에 비해 별로 주목받지 않는다. P&G와 질레트가 합병한 일만 빼면 대규모 합병거리는 별로 없었다. 대신 전술적인 의미에서 브랜드나 소기업을 인수하는 움직임은 많았다. 전체 성장의 측면에서 보면 신흥 시장과 선진 시장 사이에 균형을 유지하는 것도 더 나은 성과를 얻는 경쟁력이다.

FMCG 부문에서 두각을 드러내긴 어렵다. 브랜드 충성도는 점점 줄어들고, '화이트 라벨(White Label. 다른 회사 제품을 자사 것인 것처럼 보이기 위해 자기 상표를 붙여 판매하는 제품이나 서비스를 가리킴)' 제품들이 진열대의 공간을 차지하며 시장을 확대하고 있다. 브랜드 사이에 품질 차이도 미미한 경우가 많다. 다행스러운 것은 아직도 소비자들은 A제품이 B제품보다 더 우수하고, 따라서 A제품이 훨씬 효과가 있을 것이라는 따위의 믿음에 근거해 구매 결정을 내린다.

그렇기에 FMCG 회사들은 광고에 돈을 쏟아 붓는다. 이는 일종의 투자다. 여러 가지 제품들로 넘쳐나는 시장에서 '그 상품이 믿을 만한 이유'를 알리는 일은 대단히 중요하다. FMCG 회사들이 거의 강박에 가까울 정도로 소비자의 견해에 집착하는 것은 이런 이유다.

지난 10년 동안 레킷 벤키저와 P&G는 실적 면에서 나머지 경쟁사들을 살짝 앞서나갔다. 하지만 시장가치를 반영하는 10년간의 주가 전망치를 분석해보면 그 차이가 크다. 이들은 브랜드력을 키우면서 더 많은 고객들을 끌어들이고, 경쟁회사보다 더 나은 실적을 올리는 데 주력해왔다. 각자의 전략에 따라 서로 다른 수준의 성공을 거뒀지만 말이다.

Audi
Samsung

Amazon
Google

LEGO
Apple

Nestle
PepsiCo

Reckitt
Benckiser
P&G

Starwood
Inditex

Tata
Bharti

BASF
Shell

Rolls-Royce
ARM

Narayana
Novo Nordisk

레킷 벤키저
혁신은 성장이며 성공이다

    레킷 벤키저는 주요 FMCG 회사들 가운데 가장 빠르게 성장하는 회사다. 벤키저는 원래 1832년 독일에서 출발했고 레킷은 1840년 영국에서 창업됐지만, 레킷 벤키저는 대체로 1999년 두 회사가 합병한 때를 시작점으로 본다. 그때가 바로 역사의 첫 날이다.

    레킷 벤키저는 유기적 성장을 통해 사업을 영위하는 분야에서 주도적 위치를 차지했다. 1999년 레킷 벤키저는 직원이 약 2만 명에 30만 파운드 이상의 순수익을 벌었고, 3억5700만 파운드의 영업 이익을 올렸다. 10년 뒤, 직원이 5000명 증가한 가운데 매출은 약 80억 파운드로 두 배 이상, 순익은 약 20억 파운드로 5배 넘게 늘었다. 이런 성과가 이루어진 과정은 명확하다. 전 CEO인 바트 베히트(Bart Becht)의 말을 들어보자.

    "사업에 대한 우리의 접근 방법은 아주 간단하다. 급성장하는 분야에서 유명 브랜드를 키우는 데 집중하면서 관련 자원이나 프로세스를 혁신하고 투자한다. 어떤 시장에서든 예외가 없다."

2009년 이 유명 브랜드들이 가져온 효과는 순수익의 60% 이상, 회사 성장의 80%를 차지했다.

레킷 벤키저가 사업과 인적자원 개발에서 가장 중시하는 가치는 단 하나다. 바로 혁신이다. 혁신은 이 회사가 가장 중시하는 부분이다. 회사 측은 "일차적으로 회사를 유기적으로 성장시키는 데 주력하지만 다른 기업을 인수하는 일을 전혀 배제한 건 아니다. 전략적으로 적합하다고 납득이 가는 경우엔 그렇게 한다"고 밝혔다.

혁신이 핵심이다 | 신제품 개발에는 말단직원도 동등한 권리

레킷 벤키저 내부에서 직원들이 나누는 대화의 핵심 주제는 '혁신을 통한 유기적 성장'이다. 새로운 제품을 개발해 고강도 혁신을 이루고자 하는 게 그 배경이다. 바트 베히트는 이를 다음처럼 명확히 표현한다.

"우리는 혁신이 두 가지 일을 한다고 믿는다. 관련 부문의 성장을 추진하고, 그 부문 내에서 시장 점유율을 높인다."

이런 분위기에서 신제품 개발의 의미는 남다르다. 고위 임원들의 경력은 그들이 출시한 제품을 통해 표현될 정도다. 구체적인 성공 사례들은 나머지 직원들에게 동기를 부여하는 데 이용된다. 그 결과 연구소 말단직원부터 마케팅 담당자까지 모든 사람이 제품 출시에 간절히 참여하고 싶어하는 분위기를 만들었다. 소비자, 미디어, 유통업자 등 주변 관계자들과 대화할 때도 마찬가지다. 혁신과 신제품 출시를 공통의 언어로 만드는 게 이 회사의 저력이다.

신생 소기업처럼 행동하는 대기업 | 똑똑한 소그룹이 대기업 병을 없앤다

레킷 벤키저는 직원 3만 명의 국제적인 조직이다. 하지만 겉만 보면 마치 소기업

Audi
Samsung

Amazon
Google

LEGO
Apple

Nestle
PepsiCo

Reckitt
Benckiser
P&G

Starwood
Inditex

Tata
Bharti

BASF
Shell

Rolls-Royce
ARM

Narayana
Novo Nordisk

같다. 레킷 벤키저의 글로벌 본부부터가 아담하면서 눈에 잘 띄지 않는 건물에 위치했다. 대신 누구나 동일한 주차장과 출입구, 카페, 승강기를 함께 사용하여 직원들이 교류할 기회가 많다. 정보가 막힘없이 흐르고, 아이디어가 신속하게 확산되고 발전하는 데 유리한 조직 구조도 갖췄다. 전체적인 덩치는 크지만 직원들 각자 소속된 조직의 규모는 작게 쪼개져 있다. 이렇게 만들어진 소그룹들도 서로 협력하면서 자주 교류한다. 베히트는 조직의 강점에 대해 이렇게 밝힌다.

"훌륭한 자질을 가진 소규모 팀들이 항상 대기업을 능가한다고 믿는다. 조직을 두 배로 키운다고 해서 생산성이 두 배로 증가하는 것은 아니기 때문이다. 사람들 간의 관계를 일일이 조직하는 일부터가 생산성에 상당한 손실을 입힌다."

소그룹들이라도 서로 갈등을 일으키는 경우는 거의 없다. CEO가 실권을 장악한 가운데 확고한 지휘 통제 구조를 갖추고 있기 때문이다.

명확한 목적과 단순한 조직 구조가 결합된 레킷 벤키저는 여러 가지 도전에 신속하게 대응할 수 있는 힘을 갖췄다. 환경에 맞게 자원들의 배치를 빠르게 조정해 성장의 기회로 삼는 곳이다. 이는 외부 조직과 협력하는 방식에도 영향을 미친다. 베히트에 이어 CEO가 된 라케시 카푸어(Rakesh Kapoor)는 이에 대해 다음과 같이 말한다.

"회사가 내부 역량에만 의존할수록, 아이디어를 실행에 옮기는 속도는 느려진다. 따라서 레킷 벤키저는 훌륭한 내부 역량을 보완하기 위해 외부 조직과 협력한다."

레킷 벤키저의 세 가지 특징 | 속도·초점·문화

레킷 벤키저가 다른 회사들을 능가하는 핵심역량에는 어떤 것들이 있을까? 직원들은 총 세 가지, 속도, 초점, 문화를 꼽는다.

속도 | 신제품 개발에 필요한 두 가지 결정 단계

Audi
Samsung

Amazon
Google

LEGO
Apple

Nestle
PepsiCo

Reckitt
Benckiser
P&G

Starwood
Inditex

Tata
Bharti

BASF
Shell

Rolls-Royce
ARM

Narayana
Novo Nordisk

조직 구조 상 기능부서 간 장벽을 넘어 아이디어가 빠르고 효율적으로 흐를 수 있다. 이런 모습이 가능한 이유는 또 있다.

레킷 벤키저의 프로세스 구조부터가 최대한 간소화돼 있다. 필요 없는 절차는 최대한 없애고 중요한 일에 집중하기 위해서다.

신제품 개발에는 단 두 개의 결정 단계만 있을 뿐이다. R&D 자원의 배정과 제품 출시가 그것이다. 이 두 가지 결정은 두 가지 문제에 근거한다. 첫째는 그 아이디어가 이미 시장에 나와 있는 다른 제품들보다 더 우수한 제품을 창출할 것인지고, 둘째는 타깃 소비자가 유익한 점을 보고 더 많은 돈을 지불할 것인지다. 이런 문제의 답을 얻는 데 몇 개월씩이나 걸리는 회사도 있지만, 레킷 벤키저는 단 며칠이면 가능하다. 레킷 벤키저는 의견일치보다 갈등을 소중히 여긴다. 결정을 내리는 데 100% 지지는 필요하지 않다. '돈을 내는 사람이 결정하고, 결정하는 사람이 돈을 낸다'는 게 그렇게 할 수 있는 비결이다. 여기에는 베히트가 말하는 기준이 적용된다. 그는 "실행하려면 80% 지지와 100% 동의를 얻어라. 그리고 신속하게 행동하라"고 역설해 왔다. 이렇게 간소화된 접근 방법은 회사가 지닌 중요한 자산이다.

레킷 벤키저는 제품이 잘 팔리면 규모를 확대하고 품질을 개선할 수 있다고 본다. 모든 신제품 개발 프로젝트에는 판매에 주도적인 역할을 맡을 지역과 출시 계획이 있다. 중앙 조직은 지역마다 구매를 촉진하고 시장성을 개선하기 위해 주도 국가의 마케팅 담당자들의 지원을 받아 출시시기를 조정한다. 한 예로, 실릿뱅(Cillit Bang: 레킷 벤키저가 판매하는 다양한 세제의 상표 이름)의 경우 최초의 제품은 헝가리에서 출시됐지만 2주 후 성공할 가능성이 보이자 불과 몇 달 만에 20여 개 시장에 출시됐다. 사내에서 '쥐어짜기(squeeze)'로 불리는 과정을 통해 원가도 50%나 절감했다.

초점 | 목표 공유와 과감한 인센티브 정책

레킷 벤키저 성장동력의 다음 핵심은 '명확한 초점'이다. 이는 회사가 성공할 수 있는 방법이라는 거시적인 면뿐 아니라, 실적 개선이라는 개별적인 목표 달성과도 연관된다. 레킷 벤키저는 성장과 혁신이란 키워드를 중심으로 하는 메시지를 기관 투자자들에게 전달하기 위해 순익 증가율 등 구체적인 재정 목표를 투명하게 보고한다. 분석가들에게 약속한 목표는 내부적으로 정한 것과 명확히 일치한다.

연간 목표도 단시간에 회사 고위 임원에서 부장급까지 전달된다. 정량화된 이 목표들은 세 가지 분야로 나뉜다. 매출 실적, 신제품 출시, 그리고 향후 2년간 제품화될 검증된 아이디어가 그 세 가지다. 이 목표들은 금전적 보상과 직결된다. 목표를 초과달성한 팀은 144%까지 상여금을 받을 수 있다. 실제로 2009년에 바트 베히트는 9200만 달러의 기록적인 보수를 받아 언론의 관심을 많이 끌었다. 상여금도 경영진이 정한 명확한 목표를 지속적으로 추진하기 위해 이용된다.

유명 브랜드의 경우 혁신은 이윤 개선과 관련 있다. 새로운 장점을 계속 도입하면 가격을 인상할 수 있다. 무엇보다 식기 세제 분야를 지배하는 대표적 브랜드 피니시 (Finish)에서 이런 현상을 볼 수 있다. 피니시 제품에는 기본적인 정제 세제 성분을 기반으로 여러 가지 특징이 추가됐다. 각 단계는 점진적인 발전으로 이루어졌다. 이에 따라 사용자 경험의 수준이 향상되고 가격이 높아졌다. '3 in 1(세 가지를 하나의 패키지로 묶은 것)'에서 '파워볼', '분해되는 포장지'까지 각 발전 단계는 가격 인상과 연관되지만 대체로 소비자가 알지 못하는 사이에 이루어진다. 이런 집중적인 접근 방법을 통해 기존 브랜드가 구축되고 기존 시장의 수익이 극대화된다.

Audi
Samsung

Amazon
Google

LEGO
Apple

Nestle
PepsiCo

**Reckitt
Benckiser
P&G**

Starwood
Inditex

Tata
Bharti

BASF
Shell

Rolls-Royce
ARM

Narayana
Novo Nordisk

"레킷 벤키저의 문화야말로 성공의 최고 동력임은 의심할 여지가 없다. 그것은 우리의 유일한 지속 가능한 이점이다. 다른 것은 모두 모방할 수 있지만, 문화를 모방하는 것은 거의 불가능하다."

레킷 벤키저의 임직원들은 이렇게 입을 모은다.

업무 성과에 따른 인센티브가 중요한 요소이긴 하지만, 레킷 벤키저 문화의 동력은 아니다. 직원들은 각자 자신들의 목표를 달성하기 위해 결정을 내려 실행할 수 있는 권한을 가지고 있다. 경영진은 단지 일이 잘 진행되는 동안 가까운 거리에서 관찰하며 결과에 대한 판단만 내릴 뿐이다.

레킷 벤키저 조직은 다른 기업에 비해 다양한 민족으로 구성돼 있어 문화적으로 다양한 구성원을 지녔다. 레킷 벤키저에서는 이런 다양성이 적극적으로 장려된다. 라케시는 이렇게 말한다.

"혁신 DNA를 촉진하기 위해 구성이 다양한 직장에서 일하고 싶다면, 사람들이 매력을 느낄 수 있는 조직에 들어가야 한다."

이런 다양성이 문제를 몰고 올 수 있다는 점은 분명하지만, 극복할 수 없는 문제는 없다.

"우리는 어찌됐건 한 언어를 사용하는 한 팀이다. 비록 영어가 모국어가 아닌 사람들이 대부분이고, 영어가 서툰 경우가 많지만 말이다. 자신의 견해만 제대로 제시할 수 있다면 문제는 없다. 자신의 의견을 표현하지 않는 사람은 의견이 없는 것이며, 그것은 레킷 벤키저에서 능력을 발휘하려는 사람들에게 치명적인 약점이다."

협력적이고 개방적인 혁신의 세계의 또 다른 문화적 이점은, 많은 회사와 달리 레킷 벤키저에는 '우리 회사에서 개발한 것이 아니면 안 된다'는 식의 문제가 없다는 것이다.

라케시는 "우리는 모든 아이디어를 살펴본다. 어떤 아이디어는 경쟁 회사에서 나온 것도 있다. 그들이 어떤 새로운 것을 하고 있는지 들여다보고, 우리가 그 일을 더 잘할 수 있는지를 확인한다"고 밝혔다.

레킷 벤키저는 다른 회사들과 비교하면 사내 R&D에 대한 투자가 적다. 비용이 많이 드는 사내 연구 활동 투자보다는 다른 회사의 기술을 이용하는 것을 좋아한다. 매출 성장에는 신제품이 필요하지만, 반드시 그 제품과 관련된 기술을 새로 개발해야 하는 것은 아니다. 베히트에 따르면, 혁신은 새로운 아이디어를 통해 창출되는 것이지, 연구소에서 빈둥거린다고 이루어지는 것은 아니다.

레킷 벤키저는 직원들에게 책임의식과 함께 새로운 기회를 꾸준히 제공한다. 성공하는 아이디어에는 충분한 인센티브를 제공하는 금전적 보상 제도를 갖춰 성장해왔다. 직원들의 이직률은 대단히 낮아서, 2010년에 회사를 떠난 고위 관리자는 400명 중 12%에 지나지 않았다. 치열해진 시장 구도에서 나오기 힘든 수치다. 경쟁업체에 비해 낮은 이직률은 레킷 벤키저 조직 문화의 수준을 대변한다.

소비자의 통찰 | 소비자의 사랑은 길어야 12개월?

속도, 초점, 문화가 가장 두드러진 조직의 특징이지만, 이 회사가 통찰을 이용하는 방식도 흥미롭다. 회사가 얻는 정보보다 그 정보를 이용하는 방식이 주목할 만하다. 대부분의 정보는 다른 회사들의 것과 비슷하다.

"소비자 통찰과 이와 관련한 연구 수준은 다른 회사와 비슷하다. 그러나 소비자에게 영향을 미치게 될 적절한 아이디어나 프로젝트를 일단 발견하면, 조직 전체가 특유의 치열함과 추진력, 열정, 에너지를 드러낸다. 다른 회사에서는 보기 드문 일이다."

레킷 벤키저 내에서는, 통찰이 소비자 생활에서 신제품이 차지하는 위치와 적합성을 규정하는 가장 중요한 요소다. 이를 위해 소비자 시장 실험이 특히 중시된다. P&G와 달리, 레킷 벤키저는 소비자의 진심을 깊이 탐색하거나 그 이유를 밝히려 하지 않는다. 실제 제품이나 제품 개념 정도가 소비자 통찰을 위한 도구다. 이런 접근 방법에는 다음과 같은 이유가 있다.

"소비자 통찰 분석 자료는 얼마든지 구입할 수 있다. 때문에 소비자 교육에 투자할 필요는 거의 없다. 다른 관점에서 봐도 사람들은 앞으로 어떤 일이 일어날지 알지는 못한다. 미래 역량의 요건들을 예측하긴 그만큼 어려운 것이다."

레킷 벤키저는 신속하면서도 집중적인 실행 능력에 대한 자신감을 가지고 있다. 특정한 통찰에 대한 소유권은 길어야 12개월이라는 생각이다. 신제품이 출시되면 열심히 광고하여 그 제품 매출을 급속히 성장시키고, 성장이 시들해지면 관련 투자를 줄인다. 전 마케팅 이사는 "통찰이 혁신은 물론, 광고도 촉진한다"는 사실을 강조한다.

"레킷 벤키저는 동일한 제품에 대한 새로운 메시지로 크게 성장했다. 이 회사는 신제품도 없고, 새로운 진열 요건 등이 없어도, 포장만 약간 바꾸면 신속하게 광고할 수 있다." 그리고 새로운 메시지를 알리는 데 투자하는 것은 성장의 필수적인 부분이다. 베히트에 따르면 회사의 전략은 대표 브랜드들을 대대적인 광고로 뒷받침하면서 지속적인 혁신을 추진하는 데 초점을 맞춘다.

광고비 투자는 일반적으로 순익의 10%를 넘는다. 이는 레킷 벤키저가 성공도를 측정하는 10대 실적 지표의 하나다. 회사 측은 "우리는 영국에서 세 번째로 큰 TV 광고주"라면서 "회사 규모를 고려할 때 정말 놀라운 일"이라고 평가했다. 정부가 광고비를 삭감한다면 우리가 P&G에 이어 두 번째가 될지도 모른다는 설명이다.

레킷 벤키저는 탐색보다는 실험을 우선시 한다. 짜고 있는 구상에 대해 좋은 소비자 실험 점수를 받아야 하기에, 기업은 현재만이 아니라 미래에도 소비자에게 적합한 통찰을 얻기 위해 노력한다. 하지만 레킷 벤키저가 미래에 필요한 역량을 평가할

Audi
Samsung

Amazon
Google

LEGO
Apple

Nestle
PepsiCo

Reckitt
Benckiser
P&G

Starwood
Inditex

Tata
Bharti

BASF
Shell

Rolls-Royce
ARM

Narayana
Novo Nordisk

능력이 없는 것에 대해 우려하는 사람들도 있다.

인수와 확장을 통한 브랜드 구축 | 단계적 관리

 브랜드 전략은 많은 부분 기업 인수 활동으로 이루어진다. 레킷 벤키저는 주로 유기적 성장을 사업동력으로 했다. 브랜드 포트폴리오를 구축하고 지리적 입지를 확장하기 위해 일련의 기업들을 인수해 왔다. 2005년 부츠 헬스케어 인터내셔널(Boots Healthcare International)의 인수가 유명한 사례이며, 뉴로펜(Neurofen)과 스트렙실스(Strepsils), 클리어라실(Clearasil)도 포트폴리오에 추가됐다. 파라스 제약회사(Paras Pharmaceuticals)의 인수는 건강 제품과 개인용품이 사업영역에 새롭게 추가된 것은 물론 인도에서의 입지도 크게 넓히는 계기가 됐다.

 인수된 기업을 기존 시스템에 통합하는 작업은 신속하게 이루어졌다. 시장 유통 경로도 철저히 관리됐다. 레킷 벤키저는 보통 6개월이면 직원과 브랜드, 시설의 통합을 완료하며, 12개월 안에 총매출과 순 수익에 재정적으로 이득이 있는지 명확하게 파악할 수 있다.

미래를 향해 | 중국공략 어떻게 할 것인가

 라케시 카푸어는 물론 다른 기업 리더들도 모두 미래에 대한 열망 면에서는 동일하다. 앞으로 10년에 걸쳐 적어도 회사 규모가 두 배로 늘어날 것이라는 따위의 전망을 내놓는다.
 이를 위해 레킷 벤키저는 미래에 닥칠 여러 가지 문제에 대처해야 한다는 사실을 잘 알고 있다. 여기에는 다른 기업보다 신속하게 디지털 마케팅 분야에 진출하는 것, 지리적 확장 가능성을 극대화하는 일, 그리고 인도와 달리 현재 중요한 사업이 없는 중국에서 기업을 성장시킬 복안 등의 광범한 과제다.

　회사는 무엇보다 지속적인 성장을 추구하고 있다. 사람들은 대부분 레킷 벤키저가 이미 확보한 역량에 계속 집중해 문제를 풀 것이라고 생각한다.

Audi
Samsung

Amazon
Google

LEGO
Apple

Nestle
PepsiCo

Reckitt
Benckiser
P&G

Starwood
Inditex

Tata
Bharti

BASF
Shell

Rolls-Royce
ARM

Narayana
Novo Nordisk

프록터 앤 갬블
혁신의 절반은 외부에서 가져와라

래플리(A. G. Lafley) 대표는 2000년 6월 더크 제이거(Durk Jager)의 후임으로 취임하면서 몇 가지 중대한 변화를 실행해야 할 필요를 느꼈다. 그 무렵은 암담한 시기였다. P&G는 주가가 거의 반 토막이 난 이후 순익에 경고등이 켜진 상태였다. 그 해 1분기는 악몽이었다. 주식 가치는 다우존스 산업 평균지수에 속한 기업들 가운데 최악의 수준이었다. 몇 년 동안 지속된 성장피로로 인해 세계 최대의 FMCG 회사인 P&G는 중대한 장애물과 마주했다. 색다른 전략이 필요한 시점이었다.

이후 9년에 걸쳐 래플리는 회사를 재가동했다. 혁신에 대한 회사의 사고방식을 바꿔냈으며, 고객에 대한 접근 방법도 근본적으로 변화시켰다. 그는 훌륭한 일을 해냈다. 2010년 그가 회사를 떠날 무렵 P&G는 기존의 1조8850억 달러 가치의 브랜드와 더불어 200억 달러의 또 다른 브랜드를 소유하게 됐다. 래플리는 "2000년에는 혁신 노력의 15%만으로 순익과 매출 목표를 충족시켰다. 현재는 그 수치가 50%에 이른다"고 밝혔다.

래플리가 회상하는 대로, 2000년엔 도전, 혁신, 속도가 그 시대의 명령이었다.

'더 높은 목표를 향해 도전하라.' '우리가 하는 모든 일에서 혁신하라.' '서둘러라.' '더 많은 모험을 하라.' 이 모든 명령은 그 자체로 좋은 것이다. 하지만 돌이켜볼 때 우리는 너무 많은 것을 너무 급하게 변화시키려 했다. 너무도 많은 새로운 제품, 사업, 조직의 전략은 채 준비되기도 전에 시장으로 떠밀려나가고 있었다.

그는 우선 "혁신은 단기적으로나 장기적으로 성장하려는 모든 기업의 핵심동력이 돼야하며, 이를 위해 매출과 순익의 유기적 성장과 이윤을 꾸준히 개선할 수 있는 새로운 방식을 찾아내야 한다"고 생각했다. 이런 견해들이 독특하지는 않지만, P&G가 지난 10년에 걸쳐 목표 달성을 위해 취해온 접근 방법은 확실히 주목할 가치가 있다.

연결+개발 | 문화를 혁신하면 내부에 남는다

R&D 전문인력이 7500명이나 있지만, P&G의 고위 간부들은 회사 외부의 아이디어도 놓치지 않으려고 애를 쓴다. 내부 혁신이 목표를 달성하지 못한 가운데, P&G는 전 세계 약 150만 명으로 이루어진 외부 생태계에서 아이디어를 얻기로 했다. 그 분야에서 여러 해에 걸쳐 실험을 진행해온, R&D 이노베이션 앤 날리지(R&D Innovation and Knowledge)의 부소장인 래리 휴스턴(Larry Huston)은 '연결+개발'(connect+develop)로 알려진 새로운 전략을 이끌어달라는 요청을 받았다. 이에 따라 '혁신의 절반을 외부에서 얻는다'는 CEO의 철학에 맞게 수많은 창의적 방법이 동원됐다. 여기엔 〈하버드비즈니스리뷰〉의 기사들뿐만 아니라, 옛 직원들과 다시 연결하기 위한 사이트(www.yourencore.com)까지 등장했다. 선별된 회사와 대학들, 그리고 70명의 기술 스카우트 팀과 함께하는 여러 가지 공동 개발 프로그램도 있었다.

연결+개발 전략은 2010년에 250가지 이상의 신제품을 출시하는 데 기여했다. 래리에 따르면 그 성공의 배경에는 소비자가 필요한 수준과 실행 가능한 것을 좁히는

Audi
Samsung

Amazon
Google

LEGO
Apple

Nestle
PepsiCo

**Reckitt
Benckiser
P&G**

Starwood
Inditex

Tata
Bharti

BASF
Shell

Rolls-Royce
ARM

Narayana
Novo Nordisk

전략이 있었다. P&G의 연결+개발 프로그램은 다양한 외부 협력을 추구하려는 문화의 전환을 나타낸다.

'연결하라 개발하라'는 화두는 회사의 생명소로 떠올랐음을 의미했다.

CEO는 이렇게 말한다.

"판촉 활동을 잘하면 몇 분기 동안은 성공할 수 있고, 조직을 혁신하면 몇 십년 동안 성공할 수 있다는 점을 잘 안다."

유럽 P&G의 R&D 책임자인 마이크 애디슨(Mike Addison)은 문화적 관점에서 이렇게 덧붙인다.

"P&G에서는 항상 혁신에 대해 토론을 한다. 또한 누군가의 성공을 축하하고 그 소식을 조직 전체에 전달한다. 직원들은 누구나 사업과 조직을 성장시키는 데 얼마나 공헌했느냐에 따라 평가된다. R&D의 경우도 혁신에 대한 이야기가 이렇게 엮인다. 사람들은 자신이 대대적인 혁신에 참여한 것을 바탕으로 자신의 이야기를 만든다. 이런 이야기는 항상 새롭게 갱신되고, 인터넷과 출판물, 인트라넷을 통해 공유된다."

디자인 통합 | 과학적 접근과 디자인적 접근의 결과는 같다

래플리는 어느 날 디자인을 중시하는 다른 회사의 사례에 영감을 받았다. P&G에서 그 일을 더 멋지게 해내고 싶었다. 그는 디자인을 혁신 과정과 통합해 협력 강화를 위한 장치로 이용하기로 했다. 이를 위해 클라우디아 코트츠카(Claudia Kotchka)를 '디자인 혁신과 전략(Design Innovation & Strategy)' 프로젝트의 담당 부사장으로 임명했다. 이후 5년에 걸쳐 150여 명의 디자이너를 채용했고 IDEO와도 긴밀히 협력했다. IDEO는 저명한 디자인 혁신 컨설팅 회사로서 P&G의 전략적인 디자인 파트너였다.

디자인의 통합을 추진한 것은 사업의 초점이 제품과 판매 경로 개발에서 고객인 소비자에게로 바뀌었음을 상징했다. 클라우디아는 2008년에 열린 디자인 전략 회의 (Institute of Design Strategy Conference)에서 이렇게 말했다.

"과학은 분석으로 시작해 올바른 답을 찾는다. 디자이너는 사용자로 시작해 여러 가지 대안을 찾는다."

성장을 위한 조직 | 외부에서 성장요인을 찾는다

P&G는 같은 혁신이라도 점진적 혁신과 파괴적 혁신을 명확히 구분한다. 회사는 그 차이점을 이해하고 서로 다른 방식으로 두 가지 혁신을 추진한다. 점진적 혁신은 다시 세 가지 유형으로 나뉜다. 지속적인 혁신, 상업적 혁신, 변혁적 혁신이다.

레킷 벤키저와 마찬가지로, P&G도 성장에 대한 목표를 이루기 위해 기업 인수를 이용한다. 회사 측은 "기업을 인수하는 이유는 우리의 핵심을 구축하는 데 있다"고 밝혔다. 미용 사업을 확장하기 위해 웰라(Wella)와 클레롤(Clairol)을 인수한 것이 그 예이다. 회사가 최고의 개인용품 업체로 성장하자, 2005년엔 570억 달러에 질레트를 인수했다. 요즘 P&G는 세 개의 핵심 조직을 통해 꾸준한 성장을 구가하는 중이다.

1. **퓨처 워크스(Future Works):** 새로운 소비를 창출하는 혁신 기회를 찾아내는 것을 목적으로 한다. 기존 분야의 패러다임에 구속되지 않고, 자유롭게 전혀 새로운 공간에서 새로운 기회를 찾아낸다.

2. **뉴 비즈니스 디벨롭먼트(New Business Development):** 보통 사내에서 개발된 아이디어에 근거했으며 특수한 분야를 위한 파괴적 혁신과 점진적 혁신을 창출하는 일을 하는 조직이다.

3. **익스터널 디벨롭먼트(External Business Development):** 목적에 맞게 효율적인 거래 관계를 맺기 위해 모든 분야와 협력한다. 외부로부터의 아이디어 유입을 가속화

Audi
Samsung

Amazon
Google

LEGO
Apple

Nestle
PepsiCo

Reckitt
Benckiser
P&G

Starwood
Inditex

Tata
Bharti

BASF
Shell

Rolls-Royce
ARM

Narayana
Novo Nordisk

한다.

이런 조직들이 P&G 고유의 것만은 아니지만, 그들끼리는 물론 다양한 분야와 협력하고 상호작용하면서 독보적 역량을 창출하고 있다.

소비자에 대한 깊은 이해 | 제품 출시가 늦어도 소비자를 만족시켜야

래플리는 이렇게 생각했다. "P&G의 목표는 두 차례 진실의 순간에 소비자에게 기쁨을 주는 것이다."

P&G의 혁신은 제품이 제공하는 유익함에만 초점을 맞추지 않는다. 구매(첫 번째 진실의 순간)에서 사용(두 번째 진실의 순간)까지 소비자 경험 전체에 초점을 맞춘다. 이는 일차적 초점이 제품이 아닌, 소비자에게 맞춰진다는 뜻이다. 직원들은 소비자를 주인으로 보고, '주인의 신뢰를 얻자'고 주문처럼 되뇐다.

지난 10년에 걸쳐 P&G는 매장 내의 쇼핑 패턴과 가정 내의 사용법은 물론 소비자와 문화, 기호학적 분석에 이르기까지 넓은 연구 범위에서 여러 결과물들을 채택해 왔다. 그리고 일련의 소비자 조사 방법들을 개발해 80여 개 나라의 40가지 제품을 더욱 깊이, 그리고 폭넓게 이해할 수 있었다. 레킷 벤키저와 대조적으로, 이 방법들은 단기적인 전망을 얻는 것은 물론, FMCG 부문에 속한 대부분의 회사들보다 더 멀리 내다볼 수 있는 장치가 된다.

이런 장치엔 대표적으로 '등대 프로젝트'라는 게 있다. 이 프로젝트는 새로운 제품군을 개발하는 데 있어 5~10년을 내다보는 데 주력한다. 관련 산업분야의 그 어떤 회사도 이런 정도의 분석은 하지 않는다.

마이크 애디슨은 "우리는 정말 누구보다 소비자를 잘 이해하고 있다고 믿으며, 개발과 마케팅 과정 전체에서 소비자와 다양하게 접촉한다. 그 결과 우수한 제품들과 세계 수준의 마케팅 활동이 탄생한다. 우리는 세계 최고의 마케팅 전문가라고 자부한다"고 밝혔다. 그는 "시장에 대한 통찰은 관찰에만 그치지 않는다"면서 "언제나 소비자를 심도 있게 이해하려고 노력한다"고 덧붙였다.

P&G가 이미 활용하고 있는 방법보다 더 훌륭하게 소비자와 관계를 맺을 수 있는 장치는 없을 것이라는 게 그의 생각이다. 가루비누와 1회용 기저귀가 이런 접근 방법이 어떻게 작용하는지 보여주는 두 가지 사례다.

- 타이드 내추럴스: 인도 소비자의 대다수가 손으로 빨래를 하며, 따라서 세탁력은 그다지 좋지 않지만 상대적으로 피부에 부드러운 제품을 선택한다. 이런 통찰에서 나온 타이드 내추럴스는 2009년에 출시됐다. 이 제품은 세탁력도 좋고 피부도 보호하는 데다가 가격도 일반 타이드 제품보다 30%가 낮았다. 타이드 내추럴스는 현재 시장을 주도하고 있고, 인도인의 70%가 사용한다.

- 팸퍼스: 팸퍼스 관련 사업의 초점을 소비자인 아기와 어머니에게로 전환했다. 인도에선 어머니들이 아기가 잠을 깨지 않도록 1회용 기저귀를 사용하려 한다는 점을 알게 됐다. 이는 밤새도록 잠을 잘 자는 아기가 발육 상태도 좋다는 사회적 믿음에서 나왔다. 여기까지 파악이 되자 문제의 초점이 기저귀에서 아기의 잠으로 바뀌었다. 통찰은 광고를 통해 반영됐다. "1회용 기저귀를 차는 아기는 30분 빨리 잠들고 30분 늦게 일어납니다."

P&G 내에서는 그토록 많은 통찰의 결과가 축적돼 있다. 이에 따라 회사는 제품 출시 전에 모든 제품을 100% 완벽하게 만들어야 한다고 강조한다. 여기에는 좋은 점도 있고 나쁜 점도 있다.

좋은 점은, 프로젝트 팀에게 세부적인 면까지 관심을 기울여 제품이 실제로 예상

Audi
Samsung

Amazon
Google

LEGO
Apple

Nestle
PepsiCo

Reckitt
Benckiser
P&G

Starwood
Inditex

Tata
Bharti

BASF
Shell

Rolls-Royce
ARM

Narayana
Novo Nordisk

한 결과와 일치하는지 끈질기게 연구하게 한다는 것이다. 반면에 나쁜 점은, 레킷벤키저와 같은 경쟁업체들에 비해 계획의 실행이 느리다는 것이다. P&G에서는 완벽을 기하기 위해 제품 출시를 6개월 정도 지체하는 일이 많다. 제품을 최대한 멋지게 만드는 게 속도보다 우선시되기 때문이다.

장수 기업 | 평생직장 개념이 경쟁력의 하나

P&G 직원들에게는 두 가지가 중요하다. 회사의 역사와 오랜 경력이 그것이다. 174년의 역사는 회사와 직원들 모두에게 소중한 자산이다. 1880년대의 아이보리 비누까지 거슬러 올라갈 수 있는 제품과 브랜드 때문만이 아니다. 긴 역사 동안 회사가 산업을 주도해온 방식이 중요하다. 1880년대의 R&D 연구소, 1920년대의 시장조사 부서, 1930년대의 브랜드 관리부서 설립에서 하루 8시간 노동과 주 5일 근무제, 소수 민족 채용에 이르기까지 직원들은 회사에 대해 자랑할 거리가 많다.

이와 함께 중요한 사실은 P&G가 여전히 평생 일자리를 제공하는 회사라는 점이다. 최근 들어 외부에서 채용한 경력 직원의 비율이 높아졌지만, P&G는 전통적으로 내부에서 승진을 시켜왔다. 마이크 애디슨도 다음과 같이 말한다.

"우리 직원들은 대부분 젊을 때 들어와서 노인이 되면 떠난다. 경영진 전체가 회사에서 평생을 보낸 사람들이다. 고위직에 속하지 않은 사람들도 회사에서 여러 해를 보냈다. 우리는 모두 혁신과 올바른 일, 그리고 소비자에게 전념하는 회사로서 성장을 해왔다. 내가 보기에, 그런 성장 과정 덕분에 경쟁 회사들보다 훨씬 탁월한 실행 능력을 갖추게 됐다."

새로운 리더십 | 성장을 '품질경영'으로 잇다

Audi
Samsung

Amazon
Google

LEGO
Apple

Nestle
PepsiCo

**Reckitt
Benckiser
P&G**

Starwood
Inditex

Tata
Bharti

BASF
Shell

Rolls-Royce
ARM

Narayana
Novo Nordisk

2010년 래플리가 은퇴할 무렵 P&G의 상태는 훨씬 호전돼 있었다.

"핵심 문제를 찾아내 매출을 성장시켰다. 이젠 올바른 방법으로 수익을 올리게 될 전략도 개발했다."〈포브스〉지는 래플리의 성과를 평가하면서 그의 영향을 이렇게 요약했다.

"래플리는 P&G가 주요 브랜드, 주요 시장, 주요 고객들에게 초점을 맞춰야 한다고 평소 강조했다. P&G가 강력한 할인점들의 공세에서 주도권을 쥐기 위해선 원가를 대폭 절감하고, 그렇게 생긴 자금을 마케팅과 제품 디자인에 재투자해야 한다는 주장도 폈다. 이런 생각을 실천에 옮긴 래플리는 소비재 산업에서 꾸준히 유기적인 성장을 이룬 최고의 인물이 됐다."

지금까지 도입된 혁신 결과는 조직 내에 잘 정착돼 있었다. 회사 COO였던 밥 맥도널드(Bob McDonald)는 이런 변화의 상당 부분을 감독했다. 이후에 그가 신임 CEO가 된 것은 이전의 성과로 볼 때 별로 놀라운 일이 아니었다. 여러 분석가들은, 당시 'P&G의 현 상황이 COO가 중책을 맡기에 적절한 때'라고 지적했다. CEO가 된 맥도널드 역시 "지금은 지속적인 변화의 시기"라고 힘줘 말했다. 그리곤 소비자 중심의 혁신에 대해 논하면서 신흥 시장에서 사업을 성장시켜야 할 필요성을 강조했다.

"그 모든 것은 우리의 목표에서 출발한다. 그것은 고객에게 감동을 주고 그들의 생활수준을 향상시키는 것이다. 내가 P&G에 들어온 이유는 이렇게 드높은 목표 의식으로 충만한 사람들과 함께하고 싶었기 때문이다."

그는 또 "우리는 혁신이 생명인 회사"라고 밝혔다. 목표를 달성하기 위해 스스로와 시장을 혁신해야 한다는 생각에서다. 모든 것은 소비자를 통찰할 필요로 연결된다.

맥도널드 스스로가 이를 실천한다. "나는 여행할 때마다 현지 사람들의 가정을 방문한다. 사람들이 우리 제품을 사용하는 것을 관찰하면서 그들과 함께 쇼핑을 나가

기도 한다."

소비자를 제대로 분석할 줄 알아야지 제품군을 더 적절하게 관리할 줄 안다는 게 그의 철학이다. 그럼으로써 더 깊은 소비자 신뢰가 가능한 동시에, 긴요하게 쓰일 제품을 더 많이 개발하는 게 가능해진다는 것이다. 이때 시장 점유율도 올라간다는 게 그의 지론이다.

"우리는 저소득층 사람들에게도 즐거움을 주려고 한다. 하지만 그 이유로 품질을 희생시키고 싶지는 않다. 하나의 예를 들어보자. 필리핀 사람들은 보통 손빨래를 하면서 거품의 양으로 비누의 품질을 판단한다. 그 거품을 없애기 위해선 보통 다섯 번씩은 헹궈야 한다. 하지만 필리핀에선 물이 귀하다. 그래서 우리 회사에서 탄생한 게 한 번만 헹궈도 되는 제품이다. 특정한 목적을 달성하기 위해 고안된 디자인이라고 할 수 있다."

미래의 성장 | 월마트와 같은 유통업체 파워를 어떻게 활용할 것인가?

2010년을 맞아 P&G는 지난 10년간의 눈부신 성공을 바탕으로 새로운 도약을 꿈꾼다. 그래서 아래와 같은 성장전략이 나왔다.

'우리는 다음 세 가지 구체적인 선택 과제에 초점을 맞춘다.'
- 끊임없이 혁신에 집중하면서 P&G의 핵심 브랜드와 제품군을 성장시키는 것
- 우리의 서비스를 제대로 누리지 못하는 소비자들과 함께 사업을 구축하는 것
- 잠재적으로 글로벌 리더십을 유지하면서 급성장하는 고수익 사업을 계속 성장시키고 개발하는 것

이러한 전략적 선택 과제들은 한 가지 성장 전략으로 통합된다.

즉, 세계의 더욱 많은 지역에서 더욱 완벽하게 더욱 많은 소비자들의 삶에 감동을 주고 그들의 삶을 향상시키는 것이다. 이것이 P&G가 말하는 통합된 전략이다.

P&G 앞에는 여러 가지 어려움이 놓여 있다. 경쟁 회사의 위협 외에, PB(private label brand: 유통업체의 브랜드를 붙여 판매하는 제품) 상품의 지속적인 증가세, P&G의 총생산량의 15% 이상을 좌지우지하는 월마트의 힘, 떠오르는 디지털 마케팅, 증가하는 환경적 제약과 원료 가격의 상승, 아시아 지역 시장의 지속 성장 등 당면 과제가 산적해 있다. 밥 맥도널드는 회사가 어떤 어려움이 닥쳐도 대처할 준비가 되어 있다고 믿고 있다.

"P&G에서는 '혹시'가 아닌 '그리고'의 문화가 있다는 이야기를 많이 한다. 우리는 사람들이 상반된 가치라도 한데 묶을 수 있는 '그리고'의 해법을 찾을 수 있다고 믿는다."

레킷 벤키저의 바트 베히트처럼, 맥도널드 역시 기업 문화야말로 현재와 미래에 모두 진정으로 강점을 가지는 독보적 역량이라고 생각한다.

핵심적인 통찰 | 레킷 벤키저와 P&G

레킷 벤키저와 P&G는 모두 성공한 성장의 챔피언들이다. 그들은 같은 산업 안에 놓여있지만, 성장 방식만은 서로 달랐다. 속도가 강조되는 레킷 벤키저에선 신속한 의사 결정 문화가 해마다 목표를 달성하고 있다. 점진적인 혁신도 적절히 추진한다. 속도 면에서 뒤떨어지는 P&G는 소비자 중심의 파괴적 혁신이나 장기적인 혁신에 초점을 맞춘다.

두 회사는 모두 소비자 욕구를 읽어내는 힘, 즉 통찰을 핵심으로 이용하지만, 여기에 중요한 차이점은 있다. 레킷 벤키저는 통찰을 탐구하기보단 제품 출시를 통해 통찰을 검증하는데 초점을 맞춘다. P&G에서는 소비자를 깊이 이해하는 일 자체가 중요하다.

레킷 벤키저는 그 뿌리가 오래 됐지만 1999년에 탄생한 글로벌 신생기업처럼 운영된다. 반면 P&G는 오랜 역사를 토대로 운영된다.

레킷 벤키저는 P&G보다 10배가량 덩치가 적은 곳이기도 하다. 그것과는 상관없이 스스로를 10배 이상 젊은 기업으로 생각한다는 게 흥미롭다. 이런 차이에도 몇 가지 공통점은 발견된다. 명확한 전략, 고성장을 위한 목표, CEO의 비전, 그리고 조직 역량의 효율적인 이용 면에서 비슷하다.

두 회사에는 지난 10년 동안 줄곧 직원들에게 여러 가지 영감을 주는 지도자들이 있었다. 현재의 CEO들도 앞으로 10년에 걸쳐 매출과 이익을 큰 폭으로 증가시키는 것을 목표로 삼는다.

두 회사에 대한 비교는 수없이 이뤄질 것이다. 레킷 벤키저의 효율적인 성장이 P&G보다 유리하다는 의견도 있지만 큰 덩치로 강력한 유기적 성장을 이어가는 P&G의 저력은 대단한 혁신 역량이다. 반대로 레킷 벤키저의 사업엔 장기적인 관점이 없다고 문제 삼는 이들도 있다. 지난 10년을 감안할 때, '늦다, 빠르다'는 레킷 벤키저와 같은 조직에는 아무런 문제가 되지 않을 것이다.

레킷 벤키저

성장 결과

유기적 성장과 핵심 브랜드 개발을
통한 사업부문 중심의 주주 가치 창출

독보적 역량

소비자 통찰 중심의
신속한 제품 혁신

기본 역량

경쟁 회사보다 신속한 행동과 개발활동	명확한 목표	자율성 높은 인센티브 중심의 문화

P&G

성장 결과

치열해지는 국제적 경쟁 속에서
세계 최대의 FMCG 기업으로 남음

독보적 역량

소비자를 중심으로 한
혁신을 통한 주요 브랜드의 성장력

기본 역량

소비자에 대한 깊은 이해	개방형 혁신	목적의식이 분명한 의욕적인 리더십

Audi
Samsung

Amazon
Google

LEGO
Apple

Nestle
PepsiCo

Reckitt
Benckiser
P&G

Starwood
Inditex

Tata
Bharti

BASF
Shell

Rolls-Royce
ARM

Narayana
Novo Nordisk

스타우드 호텔과 인디텍스

독특한 고객 경험 창조

한 회사는 주로 프랜차이즈 방식으로 차별화된 경험들을 만들어내고, 또 다른 회사는 공급망 전체에 관여하는 방법으로 성공을 일궜다. 이들은 회사 이름보다 '자라(Zara)' 등 고객을 직접 대하는 브랜드명으로 더 널리 알려져 있다. 스타우드 호텔과 인디텍스가 그 주인공들이다.

특별한 경험을 판매한다

서비스 부문 전체를 보면 공통된 관심사가 있다. '수익을 계속 올리면서 어떻게 하면 고객 경험을 최고 수준으로 제공하는가'이다. 고객의 충성심, 공급망 관리와 직원 유지를 중심으로 한 전통적인 문제들 외에, 세계화는 커다란 이슈거리다. 서비스 기준에 대한 접근성과 기대가 날로 높아지는 상황이기에 그렇다. 고객의 기대가 높아진 만큼, 적절한 가격으로 기억할 만한 경험을 제공하는 게 서비스 제공자들에게는 중요한 문제가 됐다.

최고급 서비스 시장에서는 여전히 높은 이익을 기대할 수 있다. 회사 전용기, 디자이너 패션부터 부티크 호텔(boutique hotel), 넷제츠(Netjets: 제트기 공동구매 회사로 콘도처럼 몇 명이 자가용 제트기를 소유한다)와 프라다, 원 앤드 온리(One and Only)와 같은 브랜드들까지 금전적 여유가 있는 소수의 사람들은 사치스러운 경험을 즐긴다. 이런 고급 브랜드들은 많은 사람이 원하지만 소수만 누릴 수 있는 라이프스타일에 대한 꿈에 집중한다. 이를 위해 광고나 유명인사의 추천 등을 활용한 매체 프로파일(media profile: 매체 전략을 짜기 위한 기본 자료)을 계획한다. 그 결과 고급 서비스나 제품을 구입할 능력이 없는 사람들에게 광고하는

라 수백만 달러를 쓴다. 롤렉스나 오메가 같은 시계 회사를 생각해보라.

라이언에어(RyanAir), 사우스웨스트 항공사(SouthWest Airlines), 알디(Aldi), 리들(Lidl) 같은 저가 브랜드도 나름의 고충이 있다. 이들도 고급 브랜드와 마찬가지로 많은 사람에게 기억할 만한 서비스를 제공해 고객 경험의 수준을 높이는 데 주력한다. 그 일을 경쟁사와 차별화하면서 수익성까지 높이는 일은 정말 어려운 일이다. 그런 일을 해낸 기업들에는 성장과 브랜드 가치, 고객의 충성심, 순익 면에서 상당한 보상이 있다.

이번에는 서로 다른 방법으로 성과를 이룬 두 회사를 탐구한다.

한 회사는 주로 프랜차이즈 방식으로 차별된 경험들을 만들어내고, 또 다른 회사는 공급망 전체에 관여하는 방법으로 성공을 일궜다. 이들은 회사 이름보다 고객을 직접 대하는 브랜드명으로 더 널리 알려져 있다. 스타우드 호텔과 인디텍스가 그 주인공들이다. 접근 방법은 서로 다르지만, 두 회사 모두 그들이 속한 산업에서 앞서 나가게 해줬다. 영감이 넘치는 리더십은 창업자에게서 다음 세대로 성공적으로 전달됐고, 최고의 스태프를 활용한 강력한 기업 문화를 기반으로 고객 충성도를 높였다. 그들은 서비스 부문에서 수익성 높은 고객 경험을 창출하는 일에 탁월하다.

Audi
Samsung

Amazon
Google

LEGO
Apple

Nestle
PepsiCo

Reckitt
Benckiser
P&G

Starwood
Inditex

Tata
Bharti

BASF
Shell

Rolls-Royce
ARM

Narayana
Novo Nordisk

Starwood
스타우드 호텔
지역 고객별로 맞춤형 경영

쉐라톤, 웨스틴(Westin), 포 포인츠(Four Points), 세인트 레지스(the St Regis), W 호텔, 르 메리디앙(Le Méridien), 더 럭셔리 컬렉션(The Luxury Collection), 그리고 최근에 등장한 얼로프트(Aloft)와 엘리먼트(Element)는 여러분의 여행 중에 한 번쯤은 스칠 브랜드들이다. 이 호텔들은 저마다 다른 시장과 소비자층을 대상으로 효율적인 운영 방식을 보인다. 그들은 모두 100억 달러의 가치가 있으며 미국에 기반을 둔 스타우드 호텔체인에 속해 있다.

스타우드 호텔은 1999년 배리 스턴리히트(Barry Sternlicht)에 의해 창립됐다. 하버드 MBA 출신인 스턴리히트는 코네티컷 주에 본사를 둔 스타우드 캐피털(Starwood Capital)이라는 회사를 운영하는 부동산 기업가였다. 1995년에서 1997년 사이인 18개월 동안 그는 대대적인 기업 사냥에 나서, 미국에서 가장 크고 유명한 두 호텔 그룹 웨스틴 호텔과 ITT 쉐라톤을 인수했다. 1999년엔 독립적인 호텔 운영 회사인 스타우드 호텔을 탄생시켰다.

약 100개 국가에 호텔을 둔 스타우드 호텔이 가장 '세계적인 호텔 기업'이라고 주장하는 건 당연하다. 이 회사는 세계화와 자본 유치, 그리고 부의 창출을 미래 성장 전략의 기초로 삼는다. 이에 따라 스타우드 호텔의 8만5000객실 중 80% 이상이 국제 시장에 건설될 예정이며, 5만 개의 객실을 새로 이용할 수 있게 되는 아시아 태평양 지역이 앞으로 성장의 동력이 될 가능성이 높다. 스타우드 호텔은 2010년 기준 시가총액으로 세계 2대 호텔 그룹이며, 전 세계 1000개 호텔에 약 3만 개의 객실을 갖춘 8대 호텔 그룹이다. 힐튼, 하얏트, 매리어트(Marriott)와 같은 오래된 강력한 업체들은 물론 더 스탠다드(The Standard), 몬드리안(Mondrian), 아만푸리(Amanpuri)와 같은 흥미롭고 새로운 지역 브랜드들과 경쟁하면서 영향력을 발휘하고 있다.

호텔의 실적은 보통 '이용 가능한 객실당 순익'으로 측정된다. 경쟁이 특히 치열한 곳은 힐튼과 매리어트, 크라운 플라자 등, 세계적인 브랜드들이 샹그릴라(Shangri-La)나 주메이라(Jumeirah)와 같은 수많은 현지 호텔과 겨루는 지역들이다. 모두가 같은 게임 룰을 지키는 혼잡한 시장에서 스타우드 호텔은 세계적인 규모지만 신생 업체가 제공하는 경험을 최소한 비슷하게 제공할 수 있다. 효율 면에서는 더 뛰어나면서 말이다.

현 CEO인 프리츠 반 파셴(Frits van Paasschen)에 따르면, 혁신은 회사의 핵심역량으로서 경쟁력의 우위를 제공한다. 스타우드 호텔은 확실히 그런 경우로 보인다. 강력한 브랜드를 구성하고 개발하는 데 초점을 맞추면서 수익성은 낮고 보수적인 산업 분위기에서도 성장과 혁신을 계속할 수 있었다.

스타우드 호텔의 기량 | 5년간 호텔 수 2배로 늘려

스타우드 호텔은 사업 운영 면에서 고객을 끌어들이는 고강도 혁신과 재정적 효율성을 결합해 성공을 거뒀다. 지난 5년여에 걸쳐 호텔 수를 두 배로 늘렸고, 평균 객실당 순익도 유지했다. 이 책에 소개된 다른 회사들이 이룬 성과에 비하면 대단한

Audi
Samsung

Amazon
Google

LEGO
Apple

Nestle
PepsiCo

Reckitt
Benckiser
P&G

Starwood
Inditex

Tata
Bharti

BASF
Shell

Rolls-Royce
ARM

Narayana
Novo Nordisk

성장으로 보이지는 않겠지만, 같은 기간에 평균 객실 순익의 순 감소를 경험한 다른 곳과 비교하면 상당한 의미가 있다.

세 가지 전략적 기둥 | 브랜드·재정·규모가 강점

많은 기업과 마찬가지로 스타우드 호텔도 미래의 성공에 가장 중요한 것으로 보이는 몇 가지 요소가 있다. 전략적 기둥으로도 알려진 이것은 '훌륭한 브랜드', '재정적 유연성', '세계적 규모'다. 이 세 가지는 각각 회사의 사고방식과 성과의 비결을 잘 설명한다.

1. 최고의 브랜드 구축

브랜드 정체성은 스타우드 호텔에서 중요한 이슈다. 웨스틴과 쉐라톤으로 출발한 스타우드는 언제나 세계 수준의 호텔 브랜드를 구축하고자 노력했다. 실제로 파센은 '라이프 스타일 접객업 브랜드의 세계적인 업체'가 되는 게 스타우드 호텔의 사명이라고 보고 있다. 1997년부터 2007년까지 CCO를 역임한 스콧 윌리엄스(Scott Williams)에 따르면, 스턴리히트의 원래 의도는 낙후된 브랜드들을 되살린 다음 바람직한 대안을 새롭게 생각해내는 것이었다. 이를 통해 고객들에게 더 많은 선택의 기회를 부여하려는 취지였다. 이 전략은 지금까지 꽤 효과적이었다.

스타우드 호텔은 개업할 때마다 일반적인 예상을 뛰어넘으려고 애썼다. 1999년 W 호텔 체인을 만들 때가 그 사례다. 아내와 부엌 식탁에 둘러앉아 구상했던 스턴리히트의 구상은 동시대 여행객들에게 현대적이면서 유행을 앞서가는 경험을 제공하는 것이었다. 그래서 부티크 호텔의 매력을 살리면서 세계적인 로열티 프로그램(loyalty programs)을 성공적으로 결합했다.

스턴리히트는 이렇게 말한다.

"우리는 W호텔과 같은 브랜드를 갖춘 전 세계에서 하나밖에 없는 회사다. 그런 브랜드를 갖추는 일이 쉽지 않기 때문이다. 디자인 중심의 멋진 환경을 만들어내는 건 전체 이야기의 절반에 지나지 않는다. 수익 모델을 만들어 쉬지 않고 보완해야 하며 이를 위해 지적 자본도 잘 관리해야 한다."

이런 모습은 다른 여러 호텔이 그것을 모방하려 애썼다. 하지만 아직 두각을 드러내는 곳은 없다. W가 미국 전역과 서울, 산티아고, 상트페테르부르크 등 여러 지역에 40여 개 호텔을 개점한 지 10년이나 지났지만, 여전히 유일하게 세계적인 규모를 자랑하는 부티크 호텔 브랜드로 자리매김 중이다.

천국 같은 휴식 | 맞춤형 침대까지 제작

호텔 구성을 더 넓게 살펴보면, 기존의 웨스틴과 쉐라톤 브랜드를 혁신하는 동시에 스타우드 호텔, 특히 배리 스턴리히트도 확실히 차별화하고자 했다.

웨스틴은 기본에 충실했다. 고객에게 최고의 휴식처가 되고자 한 것이다. 이를 위해 그들은 최고급의 침대부터 마련하려 했다. 적절한 공급업자를 찾지 못하자, 스타우드 호텔 그룹 스스로 맞춤형 침대를 제작했다. 그래서 탄생한 '헤븐리 베드(Heavenly Bed)'는 호텔 숙객들을 중심으로 제공됐지만 이후엔 고객 요구에 따라 침대를 판매하는 사업도 시작했다. 그 결과 스타우드 호텔은 느닷없이 미국 최대 침대 소매업체의 하나로 떠올랐다. 헤븐리 베드는 이제 메리어트 베드(Marriott Bed) 등 수많은 모방자에게 영감을 불어넣었다.

Audi
Samsung

Amazon
Google

LEGO
Apple

Nestle
PepsiCo

Reckitt
Benckiser
P&G

Starwood
Inditex

Tata
Bharti

BASF
Shell

Rolls-Royce
ARM

Narayana
Novo Nordisk

혁신을 넘어서 | 서비스 차별화가 또 다른 혁신

스타우드 호텔이 성공한 주된 요인의 하나는 훌륭한 서비스를 탄생시키는 능력이다. 한 고위 간부는 이렇게 말했다.

"혁신 활동은 한계가 있다. 서비스가 진정한 차별화 요소다. 고객들은 평범한 서비스를 원하지 않는다." 이때 엄격하게 짜여진 훈련은 처음부터 인성이 좋은 인력을 채용하는 것만큼 효과가 높다. 회사는 "근무태도는 훈련으로 개발시킬 수 있다"고 강조한다.

스타우드의 직원들은 사내에서 자신의 목소리를 드러낼 때가 많다. 외부에선 브랜드를 적극 홍보하도록 힘을 실어준다. 인사 채용에도 적극 참여한다. 심지어 어떤 직원들은 다른 업체에서 인재도 데려온다. 훌륭한 서비스를 제공하는 사람을 만나면 다음과 같은 내용의 명함을 주면서 말이다.

'W의 분위기는 익히 아실 것입니다. 직장을 옮기고 싶다면 연락하십시오.'

새로운 개념 | 골라먹는 뷔페같은 호텔망 구축

스타우드 호텔은 얼로프트(Aloft)와 엘리먼트(Element)와 같은 새로운 개념의 브랜드를 선보이기도 했다.

조사 결과, 소비자들은 출장 여행자나 휴가 여행자 모두 중간 가격대에서 호텔에 대한 신선한 경험을 하길 원했다. 또한 사치스러운 서비스보단 검소한 스타일을 추구하는 모습도 보였다. 얼로프트는 사교적인 느낌이면서도 첨단 시설이 완벽한 휴식 장소가 되도록 설계됐다. 이는 세련된 도시적 활기와 특별한 서비스를 융합한 W호텔에서 영감을 받은 것이었다.

얼로프트는 도시풍 다락방 같은 객실 형태와 향상된 기술 서비스, 낮과 밤의 사교

생활을 위해 조경이 잘 조성된 야외 공간, 그리고 활기찬 분위기의 휴게실 등을 선보였다. 처음 3년 동안 50개 이상의 호텔을 개업한 얼로프트는 혜성처럼 등장해 빠르게 자리를 잡았다는 면에서 흥미진진한 사례 연구 대상이라고 할 수 있다.

웨스틴 DNA에 근간을 둔 엘리먼트는 스타우드 호텔이 가장 최근에 출시한 브랜드다. 지속 가능성을 고민해 만들어진 곳인 만큼 접객업 부문의 전략을 재창조하는 곳이기도 하다. 엘리먼트는 최초로 모든 건물에 미국그린빌딩위원회(US Green Building Council)의 친환경 건축물 인증을 받았다. 이는 지속 가능한 방식으로 폐기물을 줄이고 자원을 보존하는 데 기여하는 고성능 건물에 주어지는 명예다. 여기에 걸맞게 모든 객실은 에너지 효율이 높은 전기기기, 조명, 수도 시설, 재활용품 용기는 물론 저휘발성 유기화합물 페인트로 칠한 벽, 그리고 재활용 카펫 등을 특징으로 한다. 현대적 디자인을 내세우는 한편 에코시크(eco-chic: 자연 친환적이면서도 현대적인 멋이 살아있는 제품이나 디자인을 가리킴) 호텔도 개발했다.

지난 몇 년에 걸쳐 스타우드 호텔은 또한 르 메리디앙 브랜드와 그 자산을 인수하면서 추가로 여러 럭셔리급 호텔도 끌어안아 보유 호텔 수를 크게 늘렸다. 그렇게 해서 조성된 럭셔리 컬렉션은 세인트 레지스 브랜드와 사업 포트폴리오 상 보완 관계에 있다. 세인트 레지스는 헬싱키의 유서 깊은 호텔 캄프(Hotel Kamp)와 산디에고의 유에스 그랜트(US Grant)를 비롯해 80개 이상의 고급 호텔을 보유했다. 이들 브랜드로 고객에게 개성 있는 맞춤형 경험을 창출하는 데 집중하고 있다. 스타우드 호텔 그룹은 그렇게 럭셔리 컬렉션, 세인트 레지스, W 브랜드들을 조합해 고급 호텔 부문을 선도하는 모습이다.

스타우드 호텔은 이렇게 특별한 브랜드 경험을 조성하는 일을 성장동력으로 삼고 있다. 국제 개발 담당 사장인 사이먼 터너(Simon Turner)는 이렇게 본다.

"우리는 세계 수준의 브랜드와 글로벌 시스템, 노련한 마케팅 팀을 가지고 있다. 이를 통해 이룩한 주주 가치는 개발업자들이 스타우드 호텔에 대한 관심을 높이는

Audi
Samsung

Amazon
Google

LEGO
Apple

Nestle
PepsiCo

Reckitt
Benckiser
P&G

**Starwood
Inditex**

Tata
Bharti

BASF
Shell

Rolls-Royce
ARM

Narayana
Novo Nordisk

데 기여한다. 그 결과 전 세계적으로 이루어지는 거래에 대해 우리는 공정한 몫 이상의 성과를 올리고 있다."

2. 재정적 유연성

명확한 브랜드 정체성으론 충분치 않다. 호텔 사업은 본질적으로 자본 집약적이다. 새로운 브랜드 개발은커녕 기존 브랜드를 운영하는 데만도 막대한 투자가 필요하다.

스타우드 호텔은 5년 전 홀리데이 인이 성공시킨 선도적인 사업 접근 방법을 채택했다. 직접 소유에서 프랜차이즈와 관리, 브랜드 구축을 중심으로 사업 마인드를 전환했다. 스타우드 호텔의 2005년 순익 가운데 20%가 프랜차이즈 수수료에서 나왔는데, 현재는 전체 순익의 60%를 차지하고 있고 조만간 이를 80% 이상으로 끌어올리겠다는 포부다. 수수료를 기반으로 하는 사업으로 예측이 용이하고 지속 가능한 수익구조로 만들겠다는 게 회사 생각이다. 스타우드 호텔 그룹은 기존에 소유했던 부동산을 팔아 이를 위한 장기적인 계약과 최소 자본을 바탕으로 한 새로운 사업 모델을 창출했다.

반 파셴(Van Paasschen) 사장에 의하면, 이런 전략으로 회사는 부동산 시장의 변동에 별다른 피해를 입지 않는다. 호황 때는 더 급속히 성장할 수 있고, 불황 때도 수익이 불안정하지 않다는 게 그의 생각이다. 이렇게 되기까지 과정은 쉽지 않았다. 2010년 11월, 회사는 부채 수준을 더 낮추기 위해 비용을 대폭 삭감하겠다는 결정을 내렸다. 이에 따라 블리스 브랜드와 세인트 레지스의 소매 부문을 비롯해 다양한 비전략적 자산을 매각했다.

반 파셴은 비용 절감 조치와 아울러 더 많은 호텔을 개점해 경기 침체를 이겨내고자 했다. 그의 전략은 스타우드 호텔이 '가격이 오를 때 보유하는 것'이고, '경기 순환의 바닥에 있을 때 새로운 호텔을 개점하면 호경기를 누릴 수 있다는 것'이었다.

중국 등 동양의 중요성이 점점 커지고 있음을 감안할 때, 호텔 산업의 확장은 아시아를 중심으로 추진되고 있다. 올바른 결정을 위해선 그곳에서 직접 생활해 봐야 한다고 반 파센은 강조한다. 이런 이유로 그는 경영진에게 2011년 6월 한 달을 상하이에서 보내게 했다. 이런 기법을 통해 고위 경영진은 2011년에 2주마다 호텔을 하나씩 개점해 급성장하는 시장을 개척했다.

3. 세계적 규모의 경영

스타우드 호텔 성장 전략 가운데 마지막 세 번째 축은 규모다. 이것은 집단 구매력과 전 세계적으로 고객과 호텔, 경영 능력을 연결하는 능력을 이용하는 세계적 확장과 관련이 있다.

막대한 인수 능력을 통해 스타우드 호텔은, 가격 결정과 유통의 측면에서 협상력을 높여왔다. 하지만 규모가 커질수록 동시에 인수한 브랜드 이미지 간에 차별성이 줄어드는 문제도 나타났다. 일관된 경험을 창출하기 위해 스타우드 호텔은 각 체인 브랜드에 맞게 브랜드 정체성을 확립했다. 체인 브랜드는 소속된 호텔이 지켜야 하는 공통된 기준을 알려주는 지침으로 통했다.

각 체인은 이런 지침을 통해 평가됐다. 개별적인 정체성과 특징을 표현할 수 있는 자유도 함께 주어졌다. 예컨대, 쉐라톤 브랜드는 여행의 스트레스를 줄이면서 고객의 소속감을 높이는 데 방점을 뒀다.

고객 규모 면에서 이득을 얻기 위해 스타우드 호텔은 1999년에 출시된 SPG(Starwood Hotels Preferred Guest: 스타우드 호텔 우수 고객 우대 제도) 로열티 프로그램으로 호텔 산업을 주도했다. 성수기에는 이용하기 어렵게 만든 항공사 로열티 프로그램에 개인적으로 화가 난 스턴리히트는 이용 불가능한 날이 없는 SPG를 업계 최초로 만들었다. 그 덕에 고객들은 언제든지 포인트를 즉시 사용할 수 있었다. 이를 통해 스타우드 호텔은 즉각 USP(Unique Selling Proposition: 차별화된 독특한 장점)를 확보

Audi
Samsung

Amazon
Google

LEGO
Apple

Nestle
PepsiCo

Reckitt
Benckiser
P&G

Starwood
Inditex

Tata
Bharti

BASF
Shell

Rolls-Royce
ARM

Narayana
Novo Nordisk

해 모든 브랜드에 활용할 수 있었다. 마리오트는 USP를 얻는 데 4년이 걸렸다.

프렌차이즈 방식과의 결합 | '고객 경험의 통일' 작업에 집중

스타우드 호텔은 일관성 있는 고객 경험을 만들어냈다. 동일한 모습에 같은 느낌을 주면서 따분하고 개성 없는 호텔 체인을 만들어낸 회사가 있는가 하면, 고객들의 기억에 남을 만한 호텔들로 전 세계 누구도 모방할 수 없는 곳도 있다. 스타우드 호텔은 그 두 가지 형태를 모두 갖췄다.

스타우드 호텔을 다른 호텔보다 더 크게 성공하게 만든 독특한 장점은 무엇일까? 직원들은 기업문화라고 말한다. 프랜차이즈 모델은 호텔 소유주와 운영자와 브랜드 사이에서 이해관계와 우선 과제를 조정하는 문제 등 여러 가지 단점을 가지고 있다. 그럼에도 스타우드 호텔은 직원들 스스로 호텔을 운영하면서 더 나은 고객 경험을 추구하는 기업문화를 조성할 수 있었다. 반 파센은 이렇게 말한다.

"호텔업에서 제대로 된 브랜드는 마케팅보다 고객 경험에서 만들어진다. 이를 위해선 훈련과 디자인, 가치 분석을 하는 시기, 투자하는 방법, 직원을 선택하는 방식에 이르기까지 많은 정성이 필요하다. 그것은 창의성과 운영 시스템 사이에 균형을 잡는 일이다. 여기에 숨겨진 성공 비결이 있다."

포인트 이상의 것 | SPG 그 이상을 생각하라

스타우드 호텔의 직원들과 고객들이 입을 모아 말하는 또 다른 성공 요소는 고객 충성도다. 그렇다. 전 세계의 거의 모든 상을 휩쓴 고객 로열티 프로그램인 SPG가 일정한 구실을 하는 것은 분명하지만, 포인트만이 전부는 아니다. 스타우드 호텔은 또한 고객들을 계속 되돌아오게 만드는 무언가를 창출해내고 있다. W호텔이 아직도 이 부분에서는 탁월하지만, 다른 브랜드들도 비슷한 영향력을 갖추고 있다. 호텔들은 저마다 다르고, 다양한 공적, 사적 공간 경험을 제공하지만, 직원들의 태도와 호텔의 어휘에서 객실 향기와 시설의 질까지, 고객들에게 다른 W호텔도 이용하고 싶게 하는 핵심적인 요소들이 있다. 그들은 모든 W가 저마다 다르다는 사실을 알고 있지만, 확실한 서비스와 기억에 남을 만한 경험이 될 것으로 확신한다.

미래의 문제들 | 서구중심의 호텔문화, 동양에서 성공하려면…

스타우드 캐피털의 투자 기회로 출발한 스타우드 호텔은 여러 경영자들 아래 전 세계의 다양한 고객층을 대상으로 급속한 성장을 창출하는 세계적 프랜차이즈 경영 회사로 발전했다.

앞으로 기존 업체와 새로운 업체 간의 경쟁이 치열해짐에 따라, 스타우드 호텔은 틀림없이 새로운 도전과 마주할 것이다. 호텔 산업의 오르내림을 무사히 헤쳐나가야 함과 아울러, 아시아에서의 성장, 특히 중국에서의 성장이 앞으로 가장 큰 시험대가 될 것으로 보는 사람이 많다. 서구의 기존 브랜드 아래 더 많은 호텔을 개점할 것인지, 중국 시장에 적합한 중국 브랜드를 새로 만들 것인지, 아니면 급성장하는 국제적인 중국 관광 시장에 부응하기 위해 다른 나라들에 아시아 지향적인 브랜드를 개발할 것인지를 둘러싸고 찬반이 엇갈리고 있다.

서비스와 브랜드 개념이 현대 중국 문화의 중요한 암묵적 요소임을 감안할 때, 서구 중심의 브랜드가 얼마나 제대로 계속 수익을 올리면서 고객의 기대를 능가할 것인지가 성장과 관련한 근본적인 문제가 될 것이다.

Audi
Samsung

Amazon
Google

LEGO
Apple

Nestle
PepsiCo

Reckitt
Benckiser
P&G

Starwood
Inditex

Tata
Bharti

BASF
Shell

Rolls-Royce
ARM

Narayana
Novo Nordisk

인디텍스
'자라'는 속도의 대명사다

자라(Zara) 브랜드로 유명한 스페인 회사 인디텍스는 다른 어떤 회사보다 앞서 전세계 고객들에게 그들이 원하는 것을 제공하는 정교하게 튜닝된 소매전문회사다. 현재 세계 최대 패션 소매업체의 하나인 인디텍스는 자라, 풀 앤드 베어(Pull & Bear), 마시모 두띠(Massimo Dutti) 등, 여러 브랜드를 통해 적절한 가격으로 유행하는 의류를 제공하는 패스트 패션(fast fashion)의 선구자다. 인디텍스의 극히 효율적인 공급 과정은 3주 안에 새로운 디자인을 출시하며(산업 평균은 6개월이다), 원가도 경쟁업체들보다 낮다. 루이비통의 패션 디렉터인 다니엘 피에트(Daniel Piette)는 특히 자라를 '전 세계에서 가장 혁신적이고 파괴적인 소매업체'로 묘사했다.

아만시오 오르테가(Amancio Ortega)가 1963년에 스페인에 세운 작은 여성 의류 회사에서 시작된 인디텍스는, 섬유 패션 디자인·생산·유통 전체를 운영하는 100개 이상의 회사를 거느릴 정도로 성장했으며, 현재 더 갭(The Gap)에 이어 세계 2대 패션 소매업체다. 지난 5년 동안 평균 매출 증가율은 15%에 조금 못 미치지만 같은 기간 순익은 배 이상 증가하여 17억 유로화에 이른다. 인디텍스는 이제 전 세계 400

여 개 도시에 매장이 있음을 자랑하고 있다.

Audi
Samsung

Amazon
Google

LEGO
Apple

Nestle
PepsiCo

Reckitt
Benckiser
P&G

**Starwood
Inditex**

Tata
Bharti

BASF
Shell

Rolls-Royce
ARM

Narayana
Novo Nordisk

패션 부문의 경쟁 | 속도가 다양성을 이긴다

고급 명품 부문 외에, 대중 시장을 향한 경쟁이 현재 두 가지 차원에서 벌어지고 있다. 즉, 적절한 가격에 기본 재료를 얻는 것과, 최대한 신속하게 최신 유행 패션을 고객에게 제공하는 것, 이 두 가지 차원이다. 디자인에서 매장까지 산업 평균 제품 출시 기간은 6개월이지만 인디텍스와 또 다른 소매업체인 H&M은 패스트 패션의 선구자로 출시 기간이 3주 미만이다. 무엇보다 그들은 최신 디자인을 최대한 신속하게 고객들에게 제공하는 데 주력해 왔다.

바르셀로나 이에세 경영대학원(IESE Business School)의 마케팅 교수이며 소매 산업에 대한 세계적 전문가로 존경받는 호세 루이스 누에노(Jose Luis Nueno)는 인디텍스의 전략을 소매업체의 미래를 위한 롤 모델로 본다.

"다양성이 속도와 비용을 이기지 못할 것이 확실하므로, 우리는 자라와 H&M이 갭과 네트만 마커스보다 성공하고, 알디 모델이 월마트 모델을 물리치는 세계를 예상할 수 있다. 하이퍼마켓과 백화점이 할인매장과 속도가 빠른 업체를 이기지 못할 것이다. 이것은 확실하다. 소매업의 형태가 달라졌고, 앞으로 10년에 걸쳐 낙오되는 업체가 증가하며 업계는 정리되는 변화가 나타날 것이다."

경쟁력 우위의 원천 | 다양한 역량을 효율적으로 결합한 방식

인디텍스는 아주 세련된 세계적 유통 업체로만 보일 수 있지만, 그 외에도 이 회사가 잘하는 일들이 많다. 여기에는 디자인이 창출되고 재료가 공급되는 방식을 비롯해, 공급업체와 하청업체가 협력하는 방법, 매장을 설계하는 방식, 직원들이 의사소통하고 보상받는 방법, 그리고 무엇보다 고객들에게 서비스를 제공하는 방법 등이 포함된다. 이 모든 것을 뒷받침하는 것은 최대한 영향을 미칠 수 있는 분야를 겨냥한 효율적인 기술 이용이다. 그리고 이런 다양한 역량들이 결합하여 성공적인 성장 신화를 만들어낸다.

깊이 박혀 있는 디자인 | 매주 2번씩 시장동향 공유

많은 패션 회사의 경우 디자인 팀은 런던, 뉴욕, 파리, 밀라노의 명소에 있는 스튜디오에서 일하거나, 좀 더 일반적으로는 대중 시장 제품을 위해 다음 유행을 창조하는 중앙 시설에서 근무한다. 흔히 디자이너들은 여러 팀으로 나뉘어 서로 다른 계절 의류를 담당하고(다양한 겨울, 봄, 여름, 가을 컬렉션을 규정하고) 여성용, 남성용, 아동용 등 온갖 종류의 의류를 담당한다. 그러나 인디텍스는 그렇지 않다.

첫째, 인디텍스 그룹에 속한 8개 체인은 저마다 스카우트와 디자이너 팀이 있어서 최신 유행을 알아내고 그 브랜드에 적합한 디자인을 생산한다. 경쟁업체들과 마찬가지로 그들도 패션쇼에 가고, 전 세계 언론 매체를 살피고, 사람들을 지켜보거나 관찰하며 시간을 보낸다. 그러나 또한 회사 매장 직원들과 직접 관계를 맺고 그들이 알아낸 최근 동향을 들어보기도 한다. 이는 인디텍스의 수천 명의 직원들 모두가 시장 동향을 공유하고 있으며 그들은 매주 두 번씩 이런 일을 한다는 뜻이다.

둘째, 디자이너 200여 명은 전부 스페인 북부 라꼬루냐(La Coruna)에 있는 핵심 생산 공장에 근거를 두고 있다. 그들은 디자인을 만들고, 포장하고, 선적하는 환경에 푹 빠져 있으므로, 은연중에 아이디어를 제품화하고 검증하는 작업과 상호작용하고, 영업 팀과 가격 포인트와 스타일을 논의하고, 어떤 디자인을 내보내는지 지켜보면서 핵심 사업과 연결된다. 동일한 디자이너들이 현재와 다음 계절을 위한 신상품을 만듦으로, 그들은 매장의 피드백을 바탕으로 디자인을 고쳐 다음 제품에 이를 반영할 수 있다.

셋째, 최적의 집중을 위해 팀은 세 그룹인 여성복 팀, 남성복 팀, 아동복 팀으로 나뉜다. 단일팀이 좀 더 효율적이라고 생각하는 경우가 많지만, 인디텍스는 별개의 운영, 별도의 영업, 조달, 자원 계획과 병행해 반드시 세 팀을 운영한다. 비용이 더 많이 들지만 별도의 팀을 운영하면 정보의 흐름이 빨라지고, 공급망이 더욱 신속하게 대응할 수 있다고 믿는다.

통합된 공급망 | 재료·하청·유통의 삼위일체

인디텍스 공급망의 성공은 완벽하게 통합된 세 요소에 근거한다. 즉, 안정된 재료 공급, 튼튼한 하청업체와의 관계, 신속한 제품 유통, 이 세 가지다.

❶ 안정된 재료 공급 : 60%는 외부에서 공급

인디텍스는 원료 공급에서 소매점까지 일관하여 고도로 통합된 수직적 공급망을 운영한다. 이는 규모의 경제를 의미하며, 시스템 전체를 통제함으로써 적기 생산과 공급, 그리고 통합된 디자인과 마케팅 포인트가 우월하다는 뜻이다.

직물 공급이 안정적인 이유는 자라의 경우 40% 이상이 자회사인 콤디텔을 통해 공급되기 때문이다. 자라는 콤디텔의 지분 100%를 소유하고 있다. 직물은 대부분 색채 변화에 신속하게 대응할 수 있도록 염색하지 않은 상태에서 구입한다. 회사는 효율성을 보장하기 위해 자사가 일부를 소유한 염료 생산업체 파이브라칼라 (Fibracolor)와 협력한다. 직물의 나머지 60%는 250개 이상의 광범위한 공급업체로부터 공급되는데, 의존을 최소화하고 효율성을 높이기 위해 그 중 어느 업체도 총생

Audi
Samsung

Amazon
Google

LEGO
Apple

Nestle
PepsiCo

Reckitt
Benckiser
P&G

Starwood
Inditex

Tata
Bharti

BASF
Shell

Rolls-Royce
ARM

Narayana
Novo Nordisk

산량의 4% 이상 차지할 수 없게 돼 있다.

❷ 튼튼한 하청업체와의 관계 : 지역의 500여 개 업체 직접 통제

H&M은 주로 외주 생산에 의한 사업 모델을 운영해 왔지만, 인디텍스는 공급망을 훨씬 강력하게 통제한다. 의류의 절반 이상을 자체 공장에서 재단하고 재료를 분석한다. 하청은 지역에서 이루어지는 것이 보통이다. 인디텍스는 주요 공장들 부근에 기반을 둔 500개 이상의 바느질 도급업체들이 있는데, 그들은 대부분 한 브랜드를 위해서만 일한다. 실무적인 관계는 대단히 긴밀하며, 인디텍스는 품질과 적법성, 시기 조정을 위해 도급업체들을 감독한다. 바느질이 끝난 직물들은 공장으로 보내져 검사와 자동화된 다림질, 상표 부착, 포장을 거쳐 유통된다.

대체로 해설자들은 대부분 인디텍스가 생산 공장을 저비용 국가로 이전하는 전 산업적인 흐름을 거슬러 왔다고 본다. 그러나 그것은 회전이 빠른 제품에만 해당된다. 인디텍스는 기본적인 표준 디자인 제품의 생산은 저비용 지역으로 이전했다.

❸ 신속한 제품 유통 : 속도 위해 항공운송 방식 고집

어디서 생산하든 모든 인디텍스 제품은 5만㎡의 규모를 자랑하는 유통 센터를 거치고 적절한 제품을 적절한 때에 적절한 곳으로 운송하도록 자동화 시스템을 이용한다. 의류의 대부분은 6가지 색상 미만이며 사이즈 수치도 비슷한 것을 감안할 때, 자라의 시스템은 해마다 약 30만 개의 재고 관리 코드를 처리해야 한다. 그럼에도 재고품이 유통 센터에 머무는 건 겨우 몇 시간에 지나지 않는다. 모두 효율성을 높이기 위한 조치들과 관련이 있다.

유럽 전역의 매장은 주 2회 일정으로 운행되는 트럭을 통해 제품이 공급되며, 이런 공급 체계 덕분에 직매장들은 대부분 주문한 지 24시간 안에 의류를 받을 수 있다. 대체로 각 매장은 1주일에 약 1만2000점의 의류를 공급받으며, 이들 중 대부분은 판매기간이 2주일밖에 되지 않는 것들이 많다. 다른 지역의 경우 모든 제품이 항공편으로 운송된다. 주문 후 미국 매장에는 48시간, 일본 매장에는 72시간 안에 공급이 완료된다. 이런 운송 방식을 비용이 많이 드는 사치로 여기는 회사가 많지만, 인디텍스는 항공 운송 비용을 의류 판매가의 약 1%까지 계속 낮췄다.

유연한 매장 │ 품절은 미덕, PDA로 재고관리

소매점은 '세상에 대해서는 회사의 얼굴이고, 기업에 대해서는 정보의 보고'다.

매장 배치는 고객의 제품 구매가 신속하게 이뤄지도록 설계돼 있다. 자라 매장에서는 원하지 않으면 어슬렁거릴 필요가 없다. 최신 제품들이 모두 눈에 잘 띄게 배열되어 있어 점심시간에 잠깐 들러 쉽게 물건을 구입할 수 있다. 실제로 단골 고객들도 플라스틱 옷걸이에 걸린 옷이 나무 옷걸이에 걸린 옷보다 더 인기 있는 품목임을 알고 먼저 찾아낸다.

재고를 최소화하면서 고객을 실망시키지 않기 위한 관리가 수익성의 핵심 동력이며, 인디텍스의 정책은 '큰 매장에 작은 밀실'이다. 대부분의 회사들이 모든 사이즈를 구매할 수 있도록 상당량의 재고를 유지하지만 자라는 재고 수준을 최소화하는 것을 목표로 한다. 실제로 자라는 품절을 미덕으로 여긴다. 선반이 비어도 고객들은 다른 매장으로 가지 않는다. 항상 고를 수 있는 신제품이 있기 때문이다. 자라 매장은 적은 양을 정기적으로 공급받기 때문에 재고를 많이 유지할 필요가 없고, 따라서 위험이 최소화된다. 인디텍스의 경우 팔리지 않는 제품은 재고의 10% 미만이다. 패션산업의 평균은 17~20%에 이른다. 이는 인디텍스가 다른 회사들에 비해 할인 판매하는 비율이 항상 전 제품의 3분의 1 미만이라는 뜻이다.

Audi
Samsung

Amazon
Google

LEGO
Apple

Nestle
PepsiCo

Reckitt
Benckiser
P&G

Starwood
Inditex

Tata
Bharti

BASF
Shell

Rolls-Royce
ARM

Narayana
Novo Nordisk

지난 10년 동안 모든 매장에서는 맞춤형 PDA가 사용돼 소매업자들이 인기 제품과 인기 없는 제품, 그리고 인기 없는 이유에 관한 정보를 직접 스페인으로 보낼 수 있었다. 매주 본사의 영업팀과 조달팀과의 커뮤니케이션 강화를 위한 이 PDA 네트워크는 확실한 근거를 제공해 인디텍스가 시시각각 내리는 결정의 근거가 된다.

차별화 요소인 문화 | 상향식 의사결정 구조로 직원의 책임의식 높여

프랜차이즈를 통해 제품을 판매하는 베네통과 달리, 인디텍스는 매장을 직접 통제하고 매장 매니저에게 오직 효율성과 수익성에만 최대한 집중하도록 장려한다. 그리고 그 결과 반드시 회사 전체에 유익을 가져다주도록, 자율성과 신속한 의사 결정, 지속적인 개선, 그리고 인재 유치를 장려하는 문화를 구축했다. 이것을 내부 관계자들은 인디텍스를 차별화하는 핵심 요소로 본다.

2005년부터 인디텍스의 CEO가 된 파블로 이슬라(Pablo Isla)는 다음과 같이 설명한다.

"우리는 날마다 사소한 결정을 내리고 개선합니다. 우리 회사에서는 모든 것이 상향식입니다. 이는 우리의 기업가 정신과 많은 관련이 있죠. 기업가 정신으로 충만한 첫 번째 사람은 매장 매니저입니다. 매니저들이 말하는 특징 중의 하나는 그들의 자율성입니다. 매장 매니저는 매장 주인처럼 느끼죠. 특히 그들은 지시 사항과 함께 그들이 지닌 자유를 소중히 여깁니다. 우리가 이 자율성을 소중히 여기는 까닭은 그것이 인재들을 회사에 붙잡아두는 데 가장 중요하기 때문이죠."

매니저들은 문화적인 공통성을 확인하기 위해, 항상 매장을 방문하여 팀 정신을 강화하고 직원들과 실적을 논의한다. 얼굴을 마주한 대화가 회사를 위해 가장 중요하며, CEO에 따르면, 그의 '주된 목표는 매장과 본사 사이에 단절이 생기지 않도록 하는 것'이다.

보통 자라 매장에는 약 70명의 직원이 근무하며, 그 중 60%는 시간제 점원이다. 하지만 유연한 일정과 적극적인 내부 승진을 통해 직원 이직을 막는 데 많은 관심을 기울인다. 매장 매니저의 90% 이상은 조직 내부에서 승진한다. 그리고 모든 직원이 경영활동에 참여한다. 직원들은 디자인 발굴 과정에 참여하는 것은 물론, 생산의 모든 분야에 대해 정기적으로 보고를 받는다. 그 결과 인디텍스는 대부분의 다른 큰 소매업체들보다 직원 이직률이 훨씬 낮다.

리더십의 전환 | 완벽한 후계구도 가동으로 불안감 없애

1963년 창업 이후 아만시오 오르테가는 인디텍스의 마음이며 영혼이었다. 그의 배경은 소매가 아닌 생산에 있었다. 이 영향으로 인디텍스는 공급망 관리를 중시했을 것이다. 소매업자가 세우고 운영하는 다른 회사들은 관점이 다르겠지만, 오르테가가 공급망의 안전성과 속도를 중시한 것이 인디텍스의 성공에 가장 중요했다.

2005년 파블로 이슬라가 CEO로 취임하고 오르테가가 회장이 되었을 때 두 사람은 서로 손을 잡고 회사의 성장을 유지하기에 힘썼다. 그러나 몇 년 안에 이슬라가 인디텍스를 패션 부문의 선두 기업으로 만드는 데 필요하다고 여기고 몇 가지 변화를 일으키기 시작했다. 매장 관리에 대한 몇 가지 수정과 일정 개방에서 인디텍스 제품 전체를 구매할 수 있는 온라인 매장 개설까지, 이슬라는 자기 방식대로 인디텍스의 문화를 미세 조정했다. 오르테가는 이제 완전히 뒤로 물러나고 회장직도 파블로 이슬라에게 물려주었다. 그러나 아무도 위험하다고 여기지 않는다. 로이터 통신은 다음과 같이 보도했다.

Audi
Samsung

Amazon
Google

LEGO
Apple

Nestle
PepsiCo

Reckitt
Benckiser
P&G

**Starwood
Inditex**

Tata
Bharti

BASF
Shell

Rolls-Royce
ARM

Narayana
Novo Nordisk

"지휘봉이 이슬라에게 넘어갔지만, 매출 면에서 세계 최대 의류 소매업체가 된, 현금이 풍부한 회사에 급격한 변화가 뒤따를 것 같지는 않다."

성공 공식 | 효율은 최적화하고 낭비는 없앤다

구체적으로는 자라가, 일반적으로는 인디텍스가 그 소매 효율성에 대해 그토록 널리 찬사를 받는 이유를 아는 것은 어렵지 않다.

공급망 역량을 따로 떼어놓으면, 다른 업체들도 모방할 수 있을 것처럼 보인다. 그러나 '할 수 있다'는 문화는 말할 것도 없고, 물류와 신속한 디자인, 수직적으로 통합된 공급망, 그리고 극히 효율적인 매장 운영을 떠올리면 인디텍스의 성장세가 조만간 꺾일 것으로 보는 사람은 거의 없다.

그러나 경쟁업체들이 인디텍스의 강점 중 일부를 채택하고 그 효율성을 모방함에 따라, CEO이며 회장인 파블로 이슬라는 회사를 더 선진적이고 효율적으로 이끌 필요가 생겼다. 이미 인디텍스는 그 시스템을 개선하고 효율성도 더 높이기 위해 새로운 접근 방법을 도입했다. 이슬라는 〈월스트리트저널〉과의 인터뷰에서 이렇게 말했다.

"인디텍스에서 명확한 사고방식의 변화가 있었다. 우리는 지금 기본 제품의 자동적인 보충과 시간에 따라 판매량에 근거한 시간제 직원의 일정을 짜는 새로운 소프트웨어의 도입을 고려하고 있다. 그렇게 되면 점심시간과 초저녁과 같은 가장 바쁜 시간대에 판매원을 더 많이 쓸 수 있고, 정규 직원의 경우는 전체 근무 시간의 2%를 줄일 수 있다."

다른 개선 사항은 판매 직원이 포장을 푸느라 시간을 허비하지 않도록 물류 팀에게 포장된 물품을 트럭에서 내려 판매점으로 직접 가져다주게 한 것이다. 인디텍스의 성장 문화는 효율을 최적화하고 낭비를 없애기 위해 이렇듯 항상 세밀하게 조정된다.

미래 | 유행 확산 속도를 잡아라

바르셀로나 이에세비즈니스스쿨 경영학 교수인 누에노는, 소매업은 항상 진화하고 있고 미래에 대한 청사진도 확실하다고 본다.

"1950년대로 돌아가보면 윌리엄 스타벅(William Starbuck)이 소매업에 대한 몇 가지 아이디어 중 하나를 발전시켰는데 그것이 지금까지 지속되고 있다. 즉, 모든 소매 모델은 좀 더 효율적인 모델로 대체된다는 것이다. 지난 50년 동안 죽 그래왔고, 앞으로도 달라질 이유가 없다. 알디 같은 할인 슈퍼마켓의 성공이 보여주는 것처럼, 다양성 대신 예산이 중요하게 여겨질 것이다. 자라와 H&M과 같은 패스트 패션 체인의 지속적인 성장이 보여주는 것처럼, 제한적이지만 급속히 변화하는 제품들을 제공하는 것이 잠재적 고객이 선택할 제품들을 총망라하는 것보다 수익성이 더 높다. 우리는 이제 예측과 흐름을 따르는 것을 구별하기 어려워진 세계에 들어와 있다."

그리고 누에노 교수는 미래에 가장 중요해질 두 가지 핵심역량으로 '속도와 규모'를 강조한다.

"상당한 이윤을 추구하는 모든 제조업체에 가장 중요한 역량은 유행이 확산되는 속도보다 더 신속하게 생산할 수 있는 능력이다. 규모가 다양한 선택보다 중요하다."

그런데 바로 이 두 가지는 인디텍스의 장점이기도 하다.

Audi
Samsung

Amazon
Google

LEGO
Apple

Nestle
PepsiCo

Reckitt
Benckiser
P&G

**Starwood
Inditex**

Tata
Bharti

BASF
Shell

Rolls-Royce
ARM

Narayana
Novo Nordisk

핵심적인 통찰 | 스타우드 호텔과 인디텍스

　기원은 전혀 다르지만(스타우드 호텔은 자본 관리 회사였고, 인디텍스는 직물 제조 회사였다) 두 회사는 모두 독특한 고객 경험에 초점을 맞춤으로써, 운영의 효율성과 산업을 선도하는 경영실적, 그리고 높은 고객 만족도를 이룰 수 있는 자원의 결합을 발전시켰다.

　회사의 성장 내용은 상당히 다르지만, 인디텍스와 스타우드 호텔은 서로 다른 방식으로 동일한 것, 즉 '변함없는 독특한 고객 경험'을 창출한다. 두 회사 모두 고객이 원하는 흥미로운 신제품을 개발하고 창출하는 것은 물론, 효율적인 운영으로 새로운 시장에 성공적으로 진출하는 데도 대단히 능숙하다. 이들의 비즈니스 모델은 호텔 프랜차이즈와 매장 소유 및 경영이라는 면에서 서로 다르지만, 모두 고객과 친밀한 관계를 맺을 수 있다.

　이런 성취의 바탕이 된 것은 극히 효율적인 사업 과정과 실시간 소비자 피드백, 최적화된 자본 집약도, 그리고 회사 차원을 넘어서는―공급망 전체에 걸친―강력한 지원 문화의 결합이다. 두 회사의 경우 기술은 기업 활동을 강화하고, 기업의 제품과 고객의 기대 및 경험을 더욱 긴밀하게 연결하기 위해 사용하는 중요한 도구다.

　스타우드 호텔은 호텔에 대해 프랜차이즈 모델을 운영하고, 인디텍스는 공급업체와 튼튼한 협력 관계를 맺으며 소속 회사들의 많은 부분을 대부분 소유하고 있다.

　공급망 관계의 정확한 성격은 서로 다르지만, 분명한 점은 두 회사 모두 독특한 고객 경험을 효과적이면서도 효율적으로 창출한다는 전체적인 목표를 중심으로 이런 '가치망 (value nets)'을 완벽하게 조정할 수 있었다는 것이다. 그리고 시장보다 먼저 혁신에 집중함으로써 두 회사는 고객들에게 자신이 미처 알아차리기도 전에 그들이 원하는 것을 제공했다.

　영감이 넘치는 리더십도 창업자에게서 다음 세대로 성공적으로 계승되었다. 두 회사 모두 오르테가와 스턴리히트에게서 이슬라와 반 파센으로 리더십이 이전해도 사업을 지속적으로 성공시킬 수 있음을 보여주었다. 신임 CEO들은 자신들의 특성을 발휘하고 사업 구성의 여러 요소들을 최적화하는 한편, DNA를 제공하는 핵심 요소들을 유지하려 애썼다.

　또한 두 회사는 모두 인재를 유치하고 브랜드를 구축하는 도구로서 문화를 이용할 수 있었다. 호텔과 소매업체는 모두 높은 직원 이직률로 타격을 입고, 선두적인 회사들이 결국 해당 부문의 인력 훈련을 하다 끝나는 경우가 많다. 그러나 스타우드 호텔과 인디텍스는 직원들에게 책임성과 자율성을 부여하고, 다른 회사들보다 더 나은 승진 기회를 제공하는 데 초점을 맞춤으로써 인재를 육성하고 보유할 수 있었다.

그들은 또한 지극히 높은 고객 충성도를 이룰 수 있었다. 그들의 고객은 실제로 팬이라 할 수 있다.

스타우드 호텔의 고객들은 스타우드 호텔 공동체의 일원임을 느끼고 회사에서 제공하는 새로운 경험을 시험하고 싶어 하며, 인디텍스 고객들은 자신들이 그 브랜드들에 얼마나 관심을 집중하고 있는지를 행동으로 보여준다.

자라 매장을 다른 매장보다 네 배나 더 자주 방문하고, 옷걸이를 보고 어떤 제품이 새로 들어왔는지 아는 것이 관심을 집중하고 있다는 명확한 증거다.

Audi
Samsung

Amazon
Google

LEGO
Apple

Nestle
PepsiCo

Reckitt
Benckiser
P&G

**Starwood
Inditex**

Tata
Bharti

BASF
Shell

Rolls-Royce
ARM

Narayana
Novo Nordisk

스타우드 호텔

성장 결과

시장 가치로는 세계 2대 호텔
그룹이고 객실 수로는 8대 그룹

독보적 역량

일관성 있고 기억에 남을 만한 고객 경험을
창출함으로써 높은 고객 충성도를 추진하는 것

기본 역량

| 훌륭한 호텔 브랜드 구축 | 재정적 유연성 | 세계적 규모의 관리망 |

인디텍스

성장 결과

세계에서 가장 혁신적이고
파격적인 소매업체

독보적 역량

자율성과 신속한 의사 결정,
지속적인 개선을 장려하는 문화

기본 역량

| 생산 공장에서 이루어지는 디자인 | 신속한 개발로 통합된 공급망 | 유연한 고수익 저낭비 매장 |

타타와 바르티
인도의 도약

지난 10년에 걸쳐 신흥 지역의 대담한 신종 다국적 기업들이 등장하며 전 세계 기업 서열이 문란해졌다. 이들 기업은 서구의 현직 공직자들을 고용하고, 서구 회사를 인수하고, 흥미로운 신제품을 출시했을 뿐 아니라, 기업을 체계화하는 방식에 관한, 서구에서 가장 소중히 여기는 일부 개념에도 도전해 왔다.

신흥시장의 파괴적 혁신

오늘날 전 세계의 파괴적 혁신의 상당 부분이 신흥 시장에서 나오고 있고, 그 중 많은 것은 다양한 부문에서 힘의 균형에 변화를 주고 있다. 많은 기업은 고성장 시장의 기회를 이용하고, 심지어 '저비용 혁신(frugal innovation: 신흥 시장에서 성공한 혁신 사례를 선진국으로 들여와 새로운 시장을 개척하는 것)', '역 혁신', 또는 '비용 혁신'을 적용하는 데 주력하고 있다. 비용 혁신은 대부분 타타 모토스(Tata Motors)가 나노 국민 자동차(Nano 'people's car')를 15만 루피(3000달러)에 판매하는 인도에서 일어나고 있다. 바라트 바이오테크(Bharat Biotech)는 B형 간염 백신 1회 투여 분을 20센트에 판매하고, 바르티 에어텔은 세계에서 가장 값싼 무선 전화 서비스를 제공한다.

2006년경 세계 무대에 등장한 신흥 시장의 도전자들은 새로운 현상이었다. 중국의 레노버(Lenovo)가 최근 IBM의 PC 사업부를 인수했고, 중국 해양석유(NOOC)는 유노컬(Unocal: 미국의 석유회사)을 인수하겠다고 제안했다가 결국 성공하지 못했다. 2011년 상황이 전혀 달라졌다. 많은 기업들이 기존 기업들과 다른 성장의 길을 택하고 있다. 새로운 도전자들은 건너뛰기 선수들이어서, 단시간에 국제적인 첨단 기업을 건설해낸다. 주목할 점은, 그들은 강력한 유기적 성장과 더불어, M&A을 통한 비유기적 성장에 대한 욕구도 드러낸다는 점이다. 이는 동아시아에서 그들보다 먼저 국제 무대에 진출한 기업들과 차별화되는 점이다.

〈이코노미스트〉지는 최근에 다음과 같이 지적했다.

"지난 10년에 걸쳐 신흥 지역의 대담한 신종 다국적 기업들이 등장하며 전 세계 기업 서열이 문란해졌다. 이들 기업은 서구의 현직 공직자들을 고용하고, 서구 회사를 인수해 흥미로운 신제품을 출시했을 뿐 아니라 기업을 체계화하는 방식에 관한, 서구에서 가장 소중히 여기는 가치에도 도전해 왔다."

어떤 면에서 이 그룹들은 ITT와 같은 서구의 옛날식 대기업으로 되돌아간 것처럼 보인다. 그러나 독특한 면도 있다. 옛 대기업보다 훨씬 다각화되고 준비가 잘 돼 있어 공개 기업과 비공개 기업의 구분이 명확하지 않다. 그들 중 상당수의 기업은 조작된 지역 시장은 물론 세계 시장에서도 경쟁력이 있음을 입증하고 있다. 보스턴 컨설팅 그룹은 다각화된 세계적인 대기업의 등장을 기업의 미래를 형성할 흐름 중 하나로 꼽았다.

타타와 바르티는 모두 자기 부문에서 세계를 주도하려는 갈망을 과시해온 인도의 재벌들이다. 그들은 국내 시장에서 유기적 성장을 추진하는 것은 물론, 세계 전략의 핵심 부분으로 대규모 인수를 이용하고 있다. 그들은 급성장세를 유지하려면 인도를 벗어나 세계로 뻗어나가야 한다는 것을 인식하고 있으며, 자본을 이용하고, 신속하게 세계 수준의 역량을 구축하기 위해 제휴를 하고, 세계적인 전망을 가지고 경영팀을 구축해 왔다. 기업 인수와 제휴를 통해 두 회사는 영역을 확대하는 한편, 세계적으로 경쟁력의 우위를 강화하는 동시에, 경영 혁신과 운영의 효율성을 통해 지속적인 성장을 기정사실화 하고 있다.

Audi
Samsung

Amazon
Google

LEGO
Apple

Nestle
PepsiCo

Reckitt
Benckiser
P&G

Starwood
Inditex

**Tata
Bharti**

BASF
Shell

Rolls-Royce
ARM

Narayana
Novo Nordisk

타타
140여 년에 걸쳐 이룬
독특한 기업문화

　현재 국제 무대에 활약하는 인도의 모든 대기업 중 가장 유명한 기업은 타타일 것이다. 오랫동안 인도의 주요 세력이었던 타타 그룹은 신속하게 세계적인 입지를 구축하고 있다. 타타는 다각화된 재벌 기업으로, 소비재와 에너지, 엔지니어링 정보 시스템, 통신, 서비스, 재료 등 다양한 사업에 성공적으로 자리 잡았다. 전체적으로 볼 때, 타타 그룹은 독자적인 다국적 기업을 여럿 거느린 재벌 기업이다.

　2010년 그룹 매출은 3조2000억 루피(674억 달러), 순익은 820억 루피였다. 타타 그룹에 속한 회사가 거의 100개에 이르는 가운데, 2011년 7월 21일 현재 상장된 28개 회사의 시가총액은 1000억 달러 정도였다. 〈이코노미스트〉에 따르면, 1868년 창업 때부터 나라를 세우는 데 주도적 역할을 한 것처럼, 최초로 국영 철강공장과 발전소, 고급 호텔, 국내 항공사 등 여러 회사를 세운 타타는 이제 인도의 세계화에 앞장선 기업들 중 하나가 됐다. 타타는 또한 세계 무대에 새로운 기업 유형을 보여주었다. 타타는 서구 기업보다 더욱 다각화되고, 지역사회 활동에 더욱 활발히 참여하고, 그 직원들이 신뢰를 받을 경우 선진 시장과 신흥 시장에서 모두 번영할 수 있는 능력을 더 훌륭하게 갖추고 있다.

타타 모토스가 인디카와 나노 자동차를 통해 각광을 받았지만, 모든 성장 기반은 지속적인 성장이 이뤄지는 가운데 국내에서 포트폴리오를 발전시켜 왔다. 한편으로 텔리 그룹과 코러스, 재규어, 랜드로버, 대우 트럭 등 외국 기업들을 인수하여 세계적 영역을 확대하고, 역량을 향상시켜 왔다.

1995년에서 2003년 사이에 타타는 평균 1년에 1개씩 회사를 인수했으며, 2004년에는 6개, 그 다음 2년간은 20개 이상을 인수했다. 타타는 외국 기업 인수에 약 200억 달러를 투자했다. 현재 매출의 약 4분의 3을 외국에서 벌어들이고 있으며, 다른 어떤 기업보다 영국인 노동자를 많이 고용하고 있다.

타타의 회사들은 각기 독자적으로 운영되지만, 공통적인 특징도 있다. 98개 개별 회사들 사이에서 그처럼 막강한 자금력을 제공하는 상호 보유 주식과 신탁 재산이 많은 것은 물론, 현재 40만 명에 이르는 타타의 전 세계 인력이 경험하고 있는, 140년 동안 만들어 진 명확한 타타 문화가 있다고 많은 사람이 인정한다.

타타 그룹은 충성심, 품위, 기업의 사회적 책임, 이 세 가지가 기업 문화라고 주장한다. 타타가 어떻게 성공을 이루어 가는지 깊이 있게 이해하기 위해 우리는 타타 기업들 가운데 하나를 상세히 살펴볼 것이다.

타타 스틸 | 2002년 이후 변신과 성장에 성공

철강 산업은 고도로 세분화된 경기순환적인 부문이다. 동시에 오랜 관행과 시설, 기술, 사고방식이 있는 구식 산업이기도 하다. 그러나 지난 10년간 중국 철강 산업의 놀라운 성장으로 세계의 철강 지형이 변했다. 2001년에서 2009년 사이에 세계 철강 생산량 가운데 중국의 점유율은 18%에서 46%로 뛰어올랐다. 현재 성숙한 유

Audi
Samsung

Amazon
Google

LEGO
Apple

Nestle
PepsiCo

Reckitt
Benckiser
P&G

Starwood
Inditex

Tata
Bharti

BASF
Shell

Rolls-Royce
ARM

Narayana
Novo Nordisk

럽, 일본, 북아메리카 시장에서 신흥 시장으로 수요가 지속적으로 이동하고 있는데, 그에 따라 수익성, 특히 원료 가격 변동에 영향을 미치는 다른 문제들이 발생하고 있다.

1907년에 설립된 타타 스틸은 여전히 뭄바이에 본사가 있으며, 최근 아시아와 2007년 코러스 인수를 통해 유럽까지 영역을 확대했다. 타타 스틸은 또한 소규모 인수와 합작 투자, 제휴를 성사시키기도 했다. 타타 스틸은 이제 26개국에 지사를 두고, 50여 개국에서 영업 활동을 하는, 세계에서 지리적으로 가장 다각화된 철강 회사 중의 하나다.

2010년 타타 스틸은 총매출액이 228억 달러에 이르고, 5대륙 전체에 8만 명 이상의 직원이 있으며, 〈포춘〉지 선정 500대 기업의 하나가 됐다. 무엇보다 주목할 만한 점은, 전 세계 철강 산업이 상당한 압력을 받은 시기에도 타타 스틸은 시장 가치는 물론 매출도 증가시켰으며, 더욱 효율적인 운영을 통해 직원 1인당 매출을 세 배나 증가시켰다는 것이다.

인도의 성장 | 2000년대 이후 '세계화'에 눈 떠

1990년대 말까지 타타 스틸은 그저 안전한 직장으로 알려졌다. 공정은 낙후되고, 인력은 많고, 사고방식은 내부 지향적이었다. 그러나 특별 리엔지니어링 프로그램을 통해 타타는 한순간에 세계적인 경쟁력을 갖춘 저비용 철강 제조회사로 변모했다.

2002년 타타 스틸은 향후 인도의 유기적 성장이 지체되리라는 것을 깨달았다. 재무 상태는 튼튼했지만, 철강 생산 능력 확대와 같은 막대한 자본이 드는 프로젝트는 상당히 지체될 수밖에 없었고, 국내 기업 인수를 통한 성장 기회도 제한돼 있었다. 타타 스틸의 목표를 충족시키려면 인도를 벗어나 세계 무대로 진출해야 했다.

해외로 확장 | 유럽 철강회사 코러스 인수가 분기점

타타 스틸은 2004년 싱가포르의 냇스틸(NatSteel)을 인수한 데 이어, 2006년에 태국의 밀레니엄 스틸(Millennium Steel)을 인수했다. 이런 기업 인수를 통해 타타 스틸은 베트남과 필리핀, 말레이시아를 포함해 아시아 여섯 개 시장에 접근할 수 있었다. 그 나라들은 모두 장기적으로 매력적인 잠재력이 있는, 급성장하는 경제국들이다. 더 중요한 점은, 타타 스틸은 이 첫 번째 기업 인수를 통해 M&A의 상황을 깊이 살필 수 있었으며, 테틀리(Tetley)의 성공적인 인수로 사내의 모범적인 업무 관행을 전수하고, 다국적 기업을 운영하는 법을 배우고, 그리고 대규모 조직 통합에 따르는 문화적인 문제들도 이해할 수 있었다는 것이다.

그러나 연이은 기업 인수로 타타 스틸은 거대 기업군에 속하게 되어 세계 6대 철강 생산 기업이 되었다.

특히 영국-네덜란드계 철강 회사인 코러스(Corus)의 인수는 아시아 기업 인수와는 다른 가치 사슬의 논리를 입증시킨 사건이었다. 코러스 인수는 원료에 가까운 시장에서 1차 금속을 생산하고, 최종 사용자 시장에 가공 공장을 세우는 타타의 분리 모델을 따랐다는 점이다. 고부가 철강 부문에 상당한 입지를 갖춘 대기업과 강력한 유통망(코러스), 그리고 최저가 생산 업체(타타 스틸) 사이의 거래는 시너지 효과를 가져와 전 세계 철강 업계에서 타타의 경쟁력을 크게 강화하였다.

코러스 인수의 두 가지 특징과 그 이후의 과정은 다음과 같은 점에서 주목할 만하다.

- M&A를 통한 제휴: 이는 타타의 입장에서 엄청난 규모의 확대였다. 코러스는 매출과 생산 능력 면에서 타타 스틸보다 적어도 세 배나 크기 때문이다. 규모가 타타 티(Tata Tea)의 두 배인 테틀리 인수도 마찬가지였다. 두 경우 모두 제휴 방

Audi
Samsung

Amazon
Google

LEGO
Apple

Nestle
PepsiCo

Reckitt
Benckiser
P&G

Starwood
Inditex

Tata
Bharti

BASF
Shell

Rolls-Royce
ARM

Narayana
Novo Nordisk

식이 채택되었다.

- 지속 가능한 혁신: 이 제휴는 생산과 유통에 관한 지리적 규모와 관련 있는 만큼 기업 전체의 기술력과 혁신 역량을 향상시키는 문제와도 관련 있다.

이 두 가지 특징을 탐구하면 다른 기업과 차별되는 타타의 성공전략을 알 수 있다.

M&A를 통한 제휴 | 비전 공유가 아닌 변화의 공유

서구의 많은 M&A는 가치 파괴로 악명이 높아졌지만, 많은 아시아 기업의 M&A는 성공적임이 입증되고 있다. 레노버의 IBM 사업 인수가 가장 유명한 사례의 하나지만, 타타의 차, 자동차, 철강 회사의 인수도 가장 성공적인 사례에 속한다. 전통적인 인수 모델은 새 회사에 대규모 통합 팀을 투입해 새로 주인이 된 회사에 맞춰 인사와 시스템을 조정하는 것이지만, 타타는 다른 접근 방식을 취하고 있다. 2009년 CEO인 쿠식 채터지(Koushik Chatterjee)는 다음과 같이 설명했다.

"우리는 진심으로 기업 인수를 제휴로 보려 합니다. 우리는 새로 인수한 회사에 직원들을 비행기에 가득 실어 보내지 않습니다. 통합을 담당할 두서너 명만 보낼 뿐이죠. 그것이 두 회사를 잇는 핵심적인 접점이었습니다.

우리는 또한 우리의 비전을 강요하기보다 확장된 기업을 위해 함께 비전을 만들어 냅니다. 예를 들어, 2007년 4월 2일 코러스에 대한 거래를 완료한 후 6개월 동안 확장된 기업을 위한 비전을 함께 만들어냈습니다. 비전이 공유되지 않거나 그 과정이 참여적이지 못하면, 인수된 기업의 경우 미래의 실행 계획에 참여하고 그에 따른 책임을 지려는 의지가 크게 낮아질 것입니다. 이런 접근 방법은 새로운 상황과 문화, 감수성에 대한 적응 능력이 많이 필요하므로 인수한 기업이 성숙해야 합니다. 쉽지 않은 일이죠."

그리고 이런 제휴 전략은 비전 공유를 넘어 변화 공유라는 개념으로 확대된다. 변화를 공유하면 서로 좋은 관행을 공유하고 채택하게 되며, 인도 기업과 비인도 기업의 문화적 차이를 받아들이면서도 한 기업처럼 생각하고 행동하게 된다. 그리고 이런 전략은 시간이 걸리지만, 제휴 관계와 목표 설정 과정 전체에 대한 신뢰를 낳고, 신뢰는 경쟁 우위의 원천이 되기도 한다. 채터지 씨는 다음과 같이 설명한다.

"우리가 결국 그런 신뢰를 쌓을 때 일이 더욱 신속하게 진행되고, 사람들을 안심시키며 돌아다닐 필요가 없게 됩니다. 이는 유럽의 우리 자회사들을 통해 입증되었는데, 그들은 지난 해 세계적인 경제 위기에 신속하게 대응했습니다. 당시 우리는 유럽 회사들이 영향을 많이 받을 것으로 예상했었죠. '난국 돌파하기'라는 단기 프로그램이 시작되었고, 이를 통해 우리는 2008년 10월에서 2009년 3월까지 6개월간 7억 파운드라는 막대한 액수를 절약할 수 있었습니다. 그 프로그램은 올해도 상당한 절약이 예상되는 가운데 지금도 계속되고 있습니다."

분석가들은 타타의 코러스와 재규어 랜드로버 인수를 위한 과다한 투자를 지적한 바 있다. 라탄 타타(Ratan Tata)도 일부 자회사들을 계속 운영하기 위해 많은 자금을 동원해야 했음을 인정한다. 그러나 경제 위기도 타타의 강한 자신감에 아무런 타격을 주지 못했다. 세계적인 큰 거래는 이제 타타의 인내심에 보상을 해주고 있다. 타타의 유럽 자회사들은 이제 흑자를 내고 있고, 재규어와 랜드로버는 타타 모토스에 귀중한 기술을 제공하는 것은 물론 2010년 10억 파운드의 순익을 올렸다.

Audi
Samsung

Amazon
Google

LEGO
Apple

Nestle
PepsiCo

Reckitt
Benckiser
P&G

Starwood
Inditex

Tata
Bharti

BASF
Shell

Rolls-Royce
ARM

Narayana
Novo Nordisk

지속 가능한 혁신 | '탄소배출 제로' 등 미래화두에 도전

고도로 세분화되고 경쟁이 치열한 산업에서 살아남으려면 신속하고 지속적인 혁신으로 경쟁력의 우위를 창출하고 새로운 기회를 통해 수익을 올려야 한다. 이 부문에서는 지속 가능한 혁신이 화두이며, 타타 스틸이 멋지게 실천해 왔다.

철강 부문의 유기적 성장의 주된 배경은 품질이 좋고 값이 싼 제품을 제공하는 것이었다. '경량화(재료를 줄이면서도 품질은 그대로 유지하거나 향상시키는 과정)'는 여러 철강 집약적 부문(자동차와 가전제품에서 건설과 포장까지) 전체에 공통된 과정이다. 유럽 시장의 주요 업체인 코러스는 이 분야에서 공동 제품 개발을 주도하는 기업이었으므로, 코러스 인수를 통해 타타 스틸은 세계 수준의 노하우를 얻을 수 있었다.

원자재 비용의 변동이 심하므로, 고급 원자재 공급을 확보하는 것은 사업 성공의 핵심 요소다. 2007년 4월 인수 당시 코러스는 자급하는 원자재가 전혀 없었다. 현재 타타 스틸 유럽은 타타 스틸 전체에 걸쳐 원자재 자급률이 35%에 이르며, 중장기적 목표는 50%다.

2007년 코러스는 '지속 가능한 미래'라는 미래 예측 프로그램을 시작했는데, 그것은 다양한 부문의 다양한 기업들을 모아 핵심 쟁점들을 논의하기 위한 것이었다. 이 프로그램을 통해 코러스는 환경 성과(environmental performance)를 개선할 필요성 등, 세계 수준의 변화의 주요 동력에 대해서만이 아니라, 변화가 어떤 부문에 먼저 영향을 미칠 것인지에 대해서도 독특한 통찰을 얻었다.

그 결과 타타 스틸은 이제 중요한 친환경 제품 몇 가지를 출시했으며, 더 많은 주요 기반을 개발하고 있다. 이를테면, 건설 부문을 지원하는 사업의 하나로, 세계 최초의 탄소 중립 건축물 외피 시스템인 컨피덱스 서스테인(Confidex Sustain)과 타깃 제로(Target Zero)를 시작한 것이 그 예다.

타깃 제로는 건설 회사에 지속 가능한 탄소배출 제로의 건물을 짓는 방법을 알려주는 프로젝트다. 타타 스틸은 또한 강재 지붕(steel roof)용으로 독특한 저비용 태양 에너지 코팅을 공동으로 개발해 왔는데, 이를 이용하면 월마트와 테스코 매장 등이 무탄소가 될 가능성이 있다.

공급 업체 제품의 환경 영향에 대한 고객들의 인식이 점점 높아지고 있는 부문에서 타타 스틸은 t당 이산화탄소 배출 1.7t 미만이라는 목표에 따라 작업을 하고 있으며, 남웨일스의 가스 회수 프로젝트 중 하나로 이산화탄소 배출을 연간 30만 t까지 줄일 것이다. 이 수치는 대략 웨일스 전국의 이산화탄소 감소 목표와 맞먹는다.

재규어 랜드로버와 코러스의 인수는 인수된 회사들에서 태도의 변화를 일으켜 혁신에 초점을 맞추는 결과를 가져왔다. 인수된 지 1년 후, 재규어 랜드로버의 한 고위 간부는 이렇게 말했다. 소유주가 포드에서 타타로 바뀐 것은 "우리 어깨에서 무거운 짐이 내려진 것 같다. 우리는 미래에 대해 훨씬 안심이 되고, 세계 최고의 자동차 브랜드를 구축하겠다는 의욕이 생기고 있다." 코러스의 전략 책임자의 의견도 마찬가지다. "타타의 인수로 철강 산업의 단기적인 사업주기를 견뎌낸다는 사고방식에서 벗어나 장기적인 계획을 할 수 있게 되었다."

사회적 책임 | 고향에 병원 등 공익시설 지어 사회공헌

큰 기업 인수와 지속 가능한 혁신과 아울러, 타타 그룹은 모든 이해 관계자를 위한 가치 창출에 전념하는 것으로도 유명하다. 타타는 상호 이익의 원리가 수익성 있고 지속 가능한 성장으로 가는 가장 효과적인 길이라는 점을 항상 믿어 왔다.

지역사회에서 타타가 수행하는 역할에 대한 증거는 잠셰드푸르(Jamshedpur)에서 볼 수 있다. 타타 스틸의 고향인 잠셰드푸르는 세계에서 가장 성공한 기업 도시일 것이다. 타타 스틸은 병원, 동물원, 경기장, 지역의 공익 기업을 포함해 도시의 거의 모든 기관을 운영한다. 그 도시는 넓은 거리, 녹색 공원, 정전 없는 전력 공급, 마실

Audi
Samsung

Amazon
Google

LEGO
Apple

Nestle
PepsiCo

Reckitt
Benckiser
P&G

Starwood
Inditex

**Tata
Bharti**

BASF
Shell

Rolls-Royce
ARM

Narayana
Novo Nordisk

수 있는 물을 갖춘 가운데, 인도의 기준에 따라 놀라울 정도로 잘 운영되고 있다. 타타 스틸은 다음과 같은 표어로 기업의 이 모든 자선 사업을 별것 아니라는 듯이 웃어넘긴다. '우리는 철강도 생산한다.'

타타 스틸 유럽의 전 상무이사인 커비 애덤스(Kirby Adams)는 다음과 같이 덧붙인다.

"타타라는 이름과 철학은 우리 직원들 가운데, 고객들과 투자자들, 그리고 우리가 활동하는 지역사회 가운데 신뢰와 공동의 목적 의식을 불러일으키는 것은 물론, 타타 브랜드가 새로운 시장으로 진출할 수 있게 해주는 독특한 자산이다. 타타 스틸의 일부가 된 것은 어느 곳보다 유럽에서 더욱 혹독하게 겪고 있는 시련을 극복하는 데 엄청난 이점이 되었다. 그리고 이는 우리가 다시 성장을 지향할 때 계속 도움이 될 것이다."

미래 | 세계적인 경제위기는 신흥국 기업에게는 기회

앞으로 철강 산업은 많은 어려움과 마주하고, 최고 기업들도 살아남아 성공하려면 혁신에 더욱 박차를 가해야 할 것이다. 중국과의 경쟁과 함께, 대처해야 할 다른 여러 가지 문제들이 있다. 이 가운데 가장 중요한 것은 끊임없이 변동하는 원자재 가격과, 더욱 역동적인 가격 설정 모델을 택하려는 철강 회사들의 움직임이다. 만연한 경제적 불확실성으로 인한 미국과 유럽의 수요 감소와 동시에, 더 많은 기업 합병이 있을 것으로 보는 사람이 많다. 고급 철광석의 풍부한 공급과 함께 낮은 에너지 가격과 저임금 덕분에, 브라질 철강 회사들이 급속히 전 세계에서 가장 낮은 비용으로 생산하는 업체가 되어가므로, 적응력 있는 전략이 있고, 강력한 혁신 동력과 건전한 재정을 갖춘 기업들만 성공할 것이다. 타타는 이 세 가지 기준에서 자격이 있고, 불확실한 환경에서도 성장할 수 있는 좋은 위치에 있다.

〈이코노미스트〉의 말대로, 그룹 차원에서 '타타의 확장은 현대 인도에서 가장 치열한 싸움이라 할 수 있는 인재와 신뢰를 얻기 위한 싸움에 도움이 된다.

타타는 GE와 액센추어와 같은 인재를 끌어들이는 서구 기업들과 경쟁할 수 있다. 타타는 오지 마을 사람들도 매력을 느낄 만큼 유명하다. 시장의 저소득층과 고소득층을 모두 공략한다는 쌍둥이 전략도 적절하다. 고급 호텔과 일류 자문회사를 소유한 타타를 '싸구려' 브랜드로 무시하기는 어렵다. 다각화된 구조를 통해 타타는 유연함과 넉넉한 자금을 얻었다. 봄베이 하우스 본사는 타타 회사들이 야심적인 인수를 하려 하거나 시장에서 외면을 당할 때 도움을 준다.

Audi
Samsung

Amazon
Google

LEGO
Apple

Nestle
PepsiCo

Reckitt
Benckiser
P&G

Starwood
Inditex

Tata
Bharti

BASF
Shell

Rolls-Royce
ARM

Narayana
Novo Nordisk

Bharti

바르티
좋은 회사와 합작하는 건
'안정·품질'을 얻는 일

1976년에 설립된 바르티 엔터프라이지스는 자전거 제조업체에서 인도 최대의 재벌 기업의 하나로 성장했다. 아직도 창업자인 수닐 바르티 미탈(Sunil Bharti Mittal)이 이끄는 바르티 그룹은 현재 소매업과 부동산, 보험, 식품 유통업 등을 망라하고 있지만, 국제적으로는 통신과 IT 기업—바르티 에어텔, 바르티 인프라텔, 인더스 타워스, 콤비바, 비텔 텔레테크—으로 널리 알려져 있다.

바르티 그룹에 속한 모든 기업의 공통점은 효과적인 제휴일 것이다. 소매업 분야인 바르티 월마트는 월마트와의 합작 회사다. 보험 회사들은 악사(AXA)와의 합작 회사이며, 필드프레시 푸즈(FieldFresh Foods)는 델몬트와의 합작 회사다. 그리고 바르티 에어텔(Bharti Airtel)은 통신 분야의 모든 주요 기업과 제휴하고 있다.

타타와 마찬가지로, 각 회사는 독자적으로 운영되지만, 모든 회사에는 비슷한 특징이 있으므로, 바르티의 성공과 전략을 이해하려면 가장 큰 회사인 바르티 에어텔을 자세히 살펴봐야 한다.

바르티 에어텔 | 통신서비스 가입자 2억1000만 명

바르티 에어텔은 인도에서 가장 중요한 통신 회사이며, 2억1000만여 명의 가입자를 거느린 세계 최대의 통신 회사다. 남아시아와 아프리카 19개 나라에서 모바일 서비스를 제공할 뿐 아니라, 거의 100여 곳에 이르는 인도 도시에서 유선 전화 서비스와 브로드밴드 인터넷 액세스를 제공하고, 위성 TV 사업도 있다. 1995년 델리와 히마찰 프라데시에서 에어텔이라는 브랜드 이름으로 출범한 이 회사는 몇 년에 걸쳐 유기적 성장과 경쟁업체 인수를 통해 꾸준히 성장해 왔으며, 2002년에 주식을 공개했다. 2005년에 이미 인도 최대의 통합 모바일 회사가 된 바르티 에어텔은 2009년에 스리랑카에서, 2010년에 방글라데시에서 서비스를 시작했다. 같은 해에 자인 아프리카(Zain Africa)를 107억 달러에 인수함으로써 국제적인 확장을 향한 중요한 여정을 시작했다. 바르티 에어텔은 설립 후 16년 동안 숨 가쁜 속도로 확장돼 왔는데, 분석가들은 바르티 에어텔이 해마다 규모를 확대하고, 계획을 역동적으로 시행하는 놀라운 역량을 과시했다고 본다.

아웃소싱 비즈니스 모델 | 전문가에게 맡기고 관리에 전념

처음 몇 해 동안 바르티 에어텔은 전 세계의 다른 모바일 기업들과 비슷한 성장 전략을 따랐다. 즉, 기술을 도입하고, 네트워크를 구축하고, 고객 서비스와 계산서 청구, 통신망 운영과 같은 지원 활동을 강화하고, 브랜드를 구축하고, 경쟁력 있는 요금제와 최신형 전화기를 제공하고, 그리고 꾸준히 고객을 늘려 왔다. 이런 전략으로 많은 도움을 얻었지만, 시장에서 크게 차별화되거나 경쟁력의 우위를 얻지 못했다.

바르티 에어텔에 돌파구가 생긴 것은 2002년 말이었다. 그때 경영진이 장기적인

Audi
Samsung

Amazon
Google

LEGO
Apple

Nestle
PepsiCo

Reckitt
Benckiser
P&G

Starwood
Inditex

Tata
Bharti

BASF
Shell

Rolls-Royce
ARM

Narayana
Novo Nordisk

제휴 협정을 통해 서비스의 기술적 근간을 세계적인 전문 회사들에 아웃소싱을 하는, 통신 서비스 산업에서 일찍이 없었던 조치를 취한 것이다.

뒤이어 다른 네 가지 중요한 아웃소싱 결정을 내림으로써 바르티 에어텔은 가장 잘하는 일에만 집중하게 되었다. 바르티 에어텔의 합자 사업 담당 상무이사이며 국제 담당 CEO인 마노지 콜리(Manoj Kohli)는 2008년 한 인터뷰에서 그 이유를 다음과 같이 설명했다.

"1995년에 이 부문에서 우리의 여정을 처음 시작했을 때, 통신 사업을 하려면 수십억 달러에 이르는 막대한 자금이 있어야 한다는 것을 알고 있었습니다. 또한 인도 고객에게는 아주 낮은 가격으로 서비스를 제공해야 한다는 사실도 알고 있었죠. 자, 이 두 가지는 서로 연결이 되지 않습니다. 아주 낮은 가격에 판매하면서 수십억 달러를 투자하면, 실행 가능한 사업 계획을 세울 수가 없습니다. 그래서 우리는 곰곰이 생각했죠. 어떻게 하면 이 문제를 극복할 수 있을까? 우리는 이렇게 말했죠. 이 부문에서 성공해야 한다면 패러다임을 바꿔야 한다고요. 우리는 새로운 사업 모델을 창안해야 했습니다. 우리는 2002년 12월 회의에서 결정을 내렸습니다. 전 세계에서 가장 낮은 가격으로 판매해야 한다면, 가장 낮은 비용으로 할 수밖에 없다. 선택의 여지가 없다. 어쩔 수 없는 선택이다. 고객의 필요에 따라 사업 모델을 수정하고 바꾸자. 우리는 다섯 가지 주요 부분에서 대대적인 아웃소싱 전략을 시작했습니다."

그리고 그 다섯 가지 부분은 모두 다른 기업들이 독보적 역량을 갖춘 중요한 활동들이었다.

- ■ 네트워크: 지멘스와 노키아에 아웃소싱. 바르티 에어텔은 역량을 도입하고 사용량과 활용 역량에 따라 비용을 지불한다.

- IT: 하드웨어, 소프트웨어, 인력 전원을 IBM에 아웃소싱.

- 고객 센터: 인도 고객 센터에 아웃소싱.

- 중계탑: 각 회사가 자체의 중계탑을 직접 세우지 않고, 바르티 에어텔이 별도의 중계탑 회사에 중계탑을 발주하여 경쟁 회사와 함께 사용하고 비용도 함께 부담한다.

- 유통: 도시마다 마을마다 전시장과 매장을 세우지 않고, 에어텔 브랜드는 지역 기업가들의 소매점(인도 전역에 100만 개에 이르는)을 통해 판매된다.

"전체적으로, 이 새로운 사업 모델을 통해 우리가 한 일은 모든 전문 분야를 우리보다 더 나은 사람들에게 위탁한 겁니다. 제휴 업체들이 우리보다 더 뛰어나 우리는 핵심역량만 유지했다고 할 수 있죠.

우리의 핵심역량은 고객 관리, 브랜드 관리, 직원 관리, 자금을 조달하는 것, 그리고 규제 관리입니다. 이런 것들이 우리가 하는 다섯 가지 일입니다. 우리는 우리의 역량에 맞는 일을 하고, 다른 일은 전부 우리가 하지 않습니다. 다른 일은 전부 더 나은 특정 분야의 지식과, 더 나은 기술과 역량을 갖춘 전략적 제휴 업체들이 합니다. 현재 전 세계 통신 부문에서는 바르티의 사업 모델이 모든 신흥 시장에 가장 독특하고 가장 성공 가능성 있는 훌륭한 모델로 여겨지고 있습니다."

이 다섯 가지 전통적인 내부 역량을 아웃소싱한 결과 바르티 에어텔의 경쟁력이 근본적으로 달라졌다. 대다수 경쟁업체와 달리, 바르티 에어텔은 이제 다른 기업의 기반 시설과 자원, 자산에 의존함으로써 신속하게 규모를 확장할 수 있었다. 이 모델이 그토록 바람직하다면, 바르티 에어텔은 이제 경쟁업체보다 더 빠르고 더 신속하게 성장할 수 있을 것이다. 그러나 이것은 고객이 원하는 제품과 브랜드를 갖춘 경우에만 가능했다.

Audi
Samsung

Amazon
Google

LEGO
Apple

Nestle
PepsiCo

Reckitt
Benckiser
P&G

Starwood
Inditex

**Tata
Bharti**

BASF
Shell

Rolls-Royce
ARM

Narayana
Novo Nordisk

제휴를 통한 고객 중심의 혁신 | 농민 단체와 제휴하여 고객 확보

　바르티 에어텔의 기업가적 문화와 고객 위주 정신이 결합한 결과 항상 기회에 관심을 두는 조직 문화가 창출된다. 또한 모든 것을 자체적으로 이루려 하기보다 다른 기업과 제휴하고, 다른 세계적인 통신 회사들에 비해 사용자당 평균 매출이 낮지만 혁신을 통해 순익을 올리는 데 초점을 맞춘다. 그 결과 바르티 에어텔은 새로운 내부 역량을 구축하는 데 많은 투자를 할 필요 없이 고객들에게 신속하고도 효과적으로 새로운 서비스를 제공할 수 있었다.

　한 가지 전형적인 사례가 단순히 스마트폰만이 아니라 많은 고객이 사용하는 좀 더 기본적인 기기들까지 범위를 확장한 바르티 에어텔의 앱스토어다. 그것은 디바이스 어그노스틱(device agnostic: 단말기에 상관없이 소프트웨어 프로그램이나 시스템을 사용할 수 있는) 플랫폼으로, 처음부터 모든 운영 체계에 걸쳐 500가지 이상의 모바일폰을 지원했는데, 운영 첫 달에 다운로드 횟수가 250만을 웃돌았다. 2011년에 바르티 에어텔 앱스토어는 응용 프로그램 수가 10만 가지 이상으로 늘어남으로써 세계 최대의 통신 회사 앱스토어가 되었다.

　또한 바르티 에어텔은 수많은 농촌 지역 고객들을 감안하여, IFFCO 그린카드 (Green Card)를 출시했다. 그린카드는 지역화된 콘텐츠를 만들어 농민들에게 그들이 좋아하는 언어로 전달하는 독특한 제도다. "한 가지 좋은 사례는 우리가 인도 최대의 비료 회사인 IFFCO와 제휴한 것이죠. IFFCO는 인도 전역에 3만6000개 단체와 5500만 농민 회원들이 있습니다. 우리가 IFFCO의 마케팅 회사에 대한 적은 지분을 인수하여 IFFCO와 에어텔이 이 모든 단체를 통해 협력하고 있습니다. 우리는 농민 사용자들에게 적합한 전문적인 콘텐츠를 제공하고 있고, 인도의 16가지 언어로 농업 관련 콘텐츠를 개발하여 농민들에게 도움을 주고 있죠. 두 브랜드의 순수 가치가 고객의 마음속에서 자라고 있으므로 이것은 IFFCO와 에어텔의 입장에서 상생 전략이라 할 수 있습니다."

바르티 에어텔은 스테이트 뱅크 오브 인디아(State Bank of India)와 합작으로 바르티 에어텔 머니(Bharti Airtel money)를 출시할 준비를 하고 있다. 바르티 에어텔 머니는 고객들에게 하루 24시간 입금과 이체를 제공하는 인도 최초의 '모바일 지갑' 서비스다. "기회를 일찍 발견하면 즉각 활용해야 합니다. 혼자서 할 수 없으면 미리 제휴 업체와 개발을 모색해야 합니다. 제휴 업체와 긴밀히 협력해 개발을 성공시킬 수 있도록 제휴 관계가 일찍 이루어져야 합니다. 늦게 이루어지면 가능성이 대부분 사라지고 말죠. 제휴 업체와 DNA와 비전, 가치관이 일치하는 경우에만 제휴 관계가 효과가 있습니다. 일치하지 않으면 효과가 없죠."

제휴를 통한 고객 중심, 신속한 혁신, 그리고 브랜드 가치 구축에 대한 일관성 있는 투자를 통해 바르티 에어텔은 통신회사들이 시장을 주도하는 지역에서도, 경쟁이 치열한 인도 시장에서 사용자 1인당 상당한 매출을 유지할 수 있었다.

아프리카 | 아프리카 시장 선점

인도에서 사업 모델을 세련되게 가다듬은 바르티 에어텔은 지난 2년에 걸쳐 막대한 자금을 뿌려 왔다. 고성장 시장으로 보이는 다른 지역들에서 여러 기업을 추가로 인수한 것이다. 스리랑카와 방글라데시가 일차적 시도 대상이었지만, 바르티 에어텔이 〈월스트리트저널〉과 〈파이낸셜타임스〉 지면에 오른 큰 거래는 15개국에 지사를 둔 자인 아프리카의 인수였다. 남아프리카 통신회사인 MTN 인수 시도가 실패로 돌아간 뒤여서, 자인 인수는 좋은 선택으로 여겨졌다. 자인의 인수로 고객이 4200만 명이나 늘어나, 바르티 에어텔은 거대 이동통신회사 그룹에 속하게 되었다.

본국에서 최적화된 저비용 사업 모델을 성공시킨 바르티 에어텔은, '전 세계의 수많은 중하층 및 저소득층 소비자들에게 휴대전화의 혜택을 가져다줄 수 있다'고 믿

Audi
Samsung

Amazon
Google

LEGO
Apple

Nestle
PepsiCo

Reckitt
Benckiser
P&G

Starwood
Inditex

Tata
Bharti

BASF
Shell

Rolls-Royce
ARM

Narayana
Novo Nordisk

고 있다. 그뿐 아니라 다른 어떤 통신회사보다 훨씬 효과적으로 그 일을 해낼 수 있
다고 자신하고 있다. "2015년이면 에어텔이 아프리카인들의 일상생활에서 가장 사
랑받는 브랜드가 될 것이다."

미노지 콜리(Manoj Kohli)는 이렇게 말한다. "자인 아프리카 인수는 최근에 인도 기
업이 시도한 가장 큰 전문적인 도전임이 분명합니다. 우리에게 중요한 시험은 우리
의 독특한 사업 모델을 수출하고, 새로운 대륙의 많은 사람들 사이에서 우리의 브랜
드 매력을 재창조하여, 세계적인 최고 경영 기술을 갖춘 글로벌 기업으로 인정받는
데 있습니다. 풍부한 상생적인 협력 문화를 통해 연결된 우리의 제휴 생태계는 틀림
없이 우리 전략의 튼튼한 기반이 될 것입니다."

바르티 에어텔의 입장에서 아프리카는 하나의 시장으로서 그 자체가 도전이다. 여
러 주가 있는 하나의 국가인 인도와 달리, 에어텔 아프리카는 16개 나라와 씨름해야
한다. 그 나라들은 법률, 규제, 재정, 경제, 사회적 틀이 전부 다르다.

자인의 인수로 바르티 에어텔은 이제 규제 기관이 많은 더욱 복잡한 다국적 게임
을 하고 있는데, 이는 다양한 제휴 관계를 관리하는 능력이 핵심인 게임이다. 이 게
임은 사업 구조와 프로세스의 반복 검증과 제휴 생태계의 재창출이 포함돼 있었다.
그 프로그램은 거래가 완료된 2010년 중반에 시작되었다. 바르티 에어텔은 IBM, 에
릭슨, NSN, 화웨이(Huawei), 스파앤코(SpanCo), 어바이어(Avaya), 테크 마힌드라(Tech
Mahindra) 등, 세계 최고의 여러 글로벌 IT 기업들과 제휴 협정을 맺었다.

최적화 추진 | 최저가 과열경쟁에서 살아남기

지난 2년 동안 인도 모바일 시장은 이윤보다 매출을 우선하는 전략으로 성장해
왔고, 모든 기업이 순익을 높이기 위해 사용자 기반을 확대하려 애썼다. 고객이 8억
5000만 명을 넘게 되자, 통화료가 초당 200분의 1센트까지 떨어졌다. 그러나 보다

폰을 비롯한 다른 경쟁 회사들은 계속 가격 경쟁을 벌였다. 2010년에는 바르티 에어텔이 인도에서 자본 비용을 회수한 유일한 통신회사였다. 최근 바르티 에어텔의 자본 회수율이 30%에서 15%까지 떨어졌지만, 그 뒤를 이은 경쟁업체는 5%로 떨어졌다. 따라서 바르티 에어텔은 수익성을 개선하기 위해 이제 자회사들의 경영 합리화를 추진하려 한다. 우선 아프리카의 회사들을 통합하고, 인도의 위성, 모바일, 유선 전화 회사들을 하나의 회사로 합병하는 것이다.

수닐 바르티 미탈은 최근에 이렇게 말했다. 바르티 에어텔은 "항상 새로운 사업 모델을 개척하여 산업 기준을 세우는 한편 고객과 직원을 비롯한 여러 이해 관계자들을 위해 변함없는 가치를 창출해 왔다."

미래의 성장 | 아프리카에서 중국과 경쟁하려면…

수닐 바르티 미탈은 미래에도 인도와 다른 시장들이 성장의 기반이 될 것으로 본다. 그는 말한다. "우리 여정의 다음 단계는 탁월한 추진력과 집중된 리더십이 필요한 또 다른 게임에 도전하는 것이다. 우리는 지금 치열한 경쟁 단계를 거치고 있는 인도 통신 시장에서 계속 승리할 것이다. 동시에 우리는 인도와 남아시아를 넘어 여러 신흥 시장에 진출하기 위해 종합적인 계획을 수립할 것이다."

위성과 브로드밴드, 유선 전화 사업의 경우 이제까지 성장은 주로 인도에 밀어닥친 인터넷 붐을 타거나 추진함으로써 이뤄지고 있다. 인도는 현재 고정된 브로드밴드 이용률이 10% 미만인 성장 잠재력이 충분한 나라다. 모바일의 경우 3세대 및 4세대 이동 통신의 등장으로 소비자 수의 지속적인 증가에 따라, 수익을 높이기 위해 요금 제도를 세밀하게 조정할 수 있는 기회가 생기고 있다. 이제까지 인도 인구의 50%만이 휴대전화를 보유하고 있지만, 앞으로 2년 안에 이 수치가 80% 이상으로 급상승할 것으로 보는 사람이 많다. 특히 제휴 관계 형성에 대한 경험을 감안할 때,

Audi
Samsung

Amazon
Google

LEGO
Apple

Nestle
PepsiCo

Reckitt
Benckiser
P&G

Starwood
Inditex

Tata
Bharti

BASF
Shell

Rolls-Royce
ARM

Narayana
Novo Nordisk

바르티 에어텔이 예상되는 소비자의 데이터 이용률 상승을 충분히 활용할 만큼 좋은 위치에 있다고 보는 사람도 있다.

아프리카의 모바일 기업 확대가 논의되고 있는 것은 확실하지만, 바르티 그룹 전무인 아킬 굽타(Akhil Gupta)는 이렇게 말한다. "바르티 에어텔은 먼저 이미 진출해 있는 아프리카 16개국의 잠재력을 충분히 이용해야 한다. 우리는 탐욕을 부리지 않을 것이다. 성급히 달려들지도 않을 것이다. 우리는 사업 모델을 바로잡고, 여기서 완벽히 성공하리라는 것을 확인하고 싶다." 중국이 국가가 지원하는 기관들을 통한 기반 시설 투자로 아프리카에서 선두를 달리고 있지만, 바르티를 비롯한 인도의 여러 기업이 미래의 아프리카 시장 성장에서 중요한 역할을 하고 싶어 한다.

아킬 굽타에 따르면, "인도는 아프리카에 많은 투자를 할 준비가 되어 있다. 우리는 돈에는 돈, 기술에는 기술로 중국과 맞설 수 있다." 인도와 아프리카 간의 상호 무역은 이제 연간 500억 달러를 넘었고, 해설가들은 바르티 에어텔과 같은 회사들이 미래의 성장을 주도할 것으로 본다.

투자와 기업 인수를 추진하는 자금은 외부와 내부 자본에서 나오고 있다. 가장 중요한 점은, 모든 통신회사 또는 두 중계탑 회사 중 일부의 주식 상장 가능성이 미래의 M&A를 위한 기업의 자금을 증가시킬 수 있다는 것이다. 분석가들의 추산에 따르면, 중계탑 회사들은 현재 가치가 100~125억 달러에 이른다.

Audi
Samsung

Amazon
Google

LEGO
Apple

Nestle
PepsiCo

Reckitt
Benckiser
P&G

Starwood
Inditex

**Tata
Bharti**

BASF
Shell

Rolls-Royce
ARM

Narayana
Novo Nordisk

핵심적인 통찰 | 타타와 바르티

여러 신흥 시장의 '지배적' 기업 형태는 다각화된 그룹이다. 타타와 바르티는 모두 국내 성장에 정통하고 그것을 국제적인 확장으로 보완하고 있는 인도의 새로운 재벌들 중 가장 앞서 있다. 세계화를 통해 두 회사는 모두 자기 조직 내에서, 그리고 다른 인도 기업들에서 교훈을 흡수하는, 배움이 빠른 회사들이었다. 타타가 바르티보다 훨씬 오래된 기업이지만, 두 기업에는 몇 가지 공통적인 요소가 있다. 두 회사는 모두 창업자 가족들과 회사에서 평생을 보낸 전문가들이 운영할 뿐 아니라, 국내 경쟁업체보다 전 세계 기업들을 상대로 한다.

B2B(기업 대 기업)와 B2C(기업 대 소비자)라는 서로 다른 시장에서 영업을 하지만, 타타의 주요 사업들과 바르티의 주요 사업들은 모두 가격이 가장 중요한 요소인 경쟁이 치열한 부문에서 활동한다. 타타 스틸과 바르티 에어텔은 국내의 자기 부문에서 사업 모델을 혁신했으며, 서로 다른 방식으로 세계 최고 기업들과 맞설 수 있는 고효율 저비용 성장 모델을 창출해냈다. 저비용 혁신의 정신을 앞세우고, 그들은 우선 효율성에 집중하고, 각기 자신들의 역량을 이용해 제휴 관계를 관리했다. 또한 두 회사는 기업의 사회적 책임도 강하다. 말로만이 아니라 행동으로 더 넓은 사회에 도움을 준다.

그러나 가장 중요한 점은, 두 회사가 장기적 관점을 가지고 주주를 넘어 이해 관계자들을 모두 중시한다는 것이다. 그들은 수익성 있는 고성장 기업들을 운영하고 있지만, 필요하면 장기적 성공을 위한 역량을 개발하기 위해 각자 재정을 털어 어려운 시기를 이겨낼 것이다.

타타와 바르티가 성장의 챔피언이 된 것은 그들이 갈망과 목표, 그리고 자신들이 하는 일에 대한 자부심이 있기 때문이다. 갈망과 목표와 자부심은 기업 성장을 위한 연료다. 이런 것들이 성장 문화와, 부의 증가를 추구하는 기업을 창조해내는 에너지다.

전 세계의 여러 대기업에 비해, 바르티와 타타 같은 기업들이 독특한 이유는, 그들이 아직 창업 정신을 유지하고 있기 때문이다. 창업 정신은 단지 주주만이 아니라, 모든 이해 관계자들을 위해 부를 증가시키고, 자신들이 속한 지역사회를 섬기는 것이었다.

타타

성장 결과

주요 다국적 브랜드들과 자회사들을
갖춘 인도 최대 기업

독보적 역량

다양한 부문에 걸쳐 지속적인 성장과
변화를 동시에 이룸

기본 역량

| 다각화된
자회사들 간의
노하우 공유 | 효과적인
제휴를 위한
인수와 통합 관리 | 사회와 환경의
변화를 이룩함 |

바르티

성장 결과

인도 최대의 통신회사이며
세계 5대 통신회사

독보적 역량

저비용 혁신을 통해 성장을 추진하는
아웃소싱 사업 모델

기본 역량

| 제휴 회사
중심의 아웃소싱 | 고객 중심의
혁신과 브랜드 개발 | 주주를 넘어선
이해 관계자 중시 |

바스프와 셸

자원 제약을 이기다

자원 부족 문제가 떠오르는 가운데 이 문제와 직접 연관된 바스프와 셸은 아직도 성장 가능성을 보여준다. 두 회사는 앞으로 나아갈 올바른 방향에 관해 장기적 관점을 갖고 시장 수요를 충족시키고자 한다. 지속 가능성이라는 필수 과제를 위해서다.

제한된 자원을 효율적으로 활용

자원은 제한돼 있다. 바스프와 셸은 이런 환경 아래 원료 공급원을 크게 변화시켜 탄소 배출을 낮추는 한편, 경쟁업체에 대한 혁신력의 우위를 유지해 왔다. 전반적으로 지속적인 성장을 유지함으로써 각자의 부문을 주도하는 모습이다.

지난 10년에 걸쳐, 특히 지난 5년 동안 녹색 성장 혹은 녹색 의제는 유행어가 됐다. 자원 부족 상황이 점점 심각해지고 있다는 인식도 높아졌다. 그 결과 정계와 언론 매체, 규제 당국의 압력이 거세져 기업들이 대응하지 않으면 안 될 상황에까지 왔다. 대부분의 기업은 이제 좀 더 생태 효율적이고 지속 가능한 접근 방법 개발을 모색하고 있다. 환경적 측면에서든, 또 탄소나 에너지, 물, 식품, 토지 등 에너지 이용 면에든, 아니면 여러 가지 사회 문제에 초점을 맞추든 마찬가지 결론이다.

나이키와 사브밀러(SABMiller), 유니레버 등 소비자를 직접 대하는 일부 기업들은 지속 가능성 전략을 폭넓은 고객 참여 수단으로 활용해 왔다. 대중의 주시를 받지 않는 기업들은 운영 방식에 변화를 주고 있다. 특히 기업을 상대하는 B2B 부문에 해당되는 말이다. 변화는 수요 측면에서 시작되기도 했고, 공급 측면에서 촉발되기도 했다. BMW와 월마트 등이 상품과 서비스를 공급하는 회사들에 엄격한 환경적 제약을 가한 일은 전자에 속하고 듀퐁과 GE와 같은 기업들이 '생태적 상상력' 프로그램을 통해 소비자들이 이용할 수 있도록 제품과 소재 구성을 바꾼 게 후자에 해당한다.

전체적으로 석유 기반 제품과 같은 한정된 자원에 대한 의존성을 줄이고 에너지 효율성을 높이면서 오염 폐기물을 감소시키는 데 활동의 초점이 맞춰진다. 이것은 기업 공급망과 사업 모델에 대대적인 변화를 요구한다. 하지만 새로운 성장 기반을 찾아내 개발할 수 있는 기회를 제공한다. 에너지와 화학 산업에서 이 기회를 보고 환경 효율성 개선에 적극적으로 나서 성공한 기업들이 있다. 바로 바스프와 셸이다.

Audi
Samsung

Amazon
Google

LEGO
Apple

Nestle
PepsiCo

Reckitt
Benckiser
P&G

Starwood
Inditex

Tata
Bharti

**BASF
Shell**

Rolls-Royce
ARM

Narayana
Novo Nordisk

바스프
핵심분야에 집중하여 역량을 고도화하다

    화학 공업에 있어 특수한 성분(예컨대, 방향제, 섬유, 강장제 등)의 개발이나 간접적으로 제품을 변화시키는 처리 공정은 핵심에 속한다. 지난날 석유에 대한 의존도가 높았던 화학 공업은 어려운 시절을 마주하고 있다. 환경 문제를 둘러싼 사회적 관심이 높아지면서 각종 규제가 강화됐다. 아울러 유가도 상승했다. 이는 바스프와 같은 화학 기업에게 혁신의 중심을 다른 원료에서 찾아야 한다는 의미로 다가왔다.

    화학 공업은 20년 전부터 새로운 길을 찾기 시작했다. 새로운 원료를 찾아내고, 신속하게 상업화할 수 있는 경로를 찾는 일이다. 화학 합성에 대한 전혀 새로운 해석을 찾아내는 일도 함께 했다. 화학 공업은 상호 보완되는 기술들을 찾아내 개발하는 일에 탁월했다. 기존 기술들을 적절히 융합해 새로운 기술로 발전시켰다. 이와 관련해 주목할 점은 화학 공업이 훨씬 혁신적인 다른 부문들보다 훨씬 폭넓은 기술을 활용하고 있다는 것이다. 이런 유형의 대표주자는 세계 최고의 화학 기업인 바스프다. 수많은 산업체와 장기적인 제휴 관계를 맺어온 바스프는 화학약품과 플라스틱, 고기능성 제품, 정제 화학제품에서 석유와 천연가스까지 다양한 제품 구성을 갖췄다. 여러 가지 신흥 기술에도 관여하고 있다.

바스프는 앞으로 10년 동안 도전할 내용을 명확히 파악해 공유하고 있다. 2020년에 900억 유로의 매출을 올리고 2015년까지 125억 유로의 자본 투자를 달성하겠다는 밑그림이다. 바스프는 그 달성 방안을 이렇게 설명한다.

"고객들이 더 많이 성공하도록 지원하고, 화학 산업 최고의 팀을 구성하며, 또한 반드시 지속 가능한 발전을 이룬다."

이처럼 미래 전망과 전략, 목표 실행 계획을 명확히 짠 바스프는 전 세계적인 경기 침체기인 2008년도만 제외하고 끊임없이 성장해 왔다. 2000년에서 2010년 사이에 매출만 따져보면 320억 유로에서 640억 유로로 두 배가 됐다. 전체 이익 수준도 41억 유로에서 111억 유로로 증가했다.

바스프는 자연스럽게 관련 시장에 진출했다. 예컨대, 농산물 연구의 결과로 동물 영양학 분야에 손을 뻗었고, 석유와 가스 탐사를 지원하는 데 관여한 덕에 석유화학 분야로 나섰다. 이처럼 인접 분야에서 차근차근 성공한 배경엔 바스프의 핵심적인 혁신 모델이 있다. 일명 페어분트(verbund)라고 불리는 것이다. 페어분트란 제품과 공정, 기술, 사업 모델을 멋지게 결합하는 일관 생산 체계를 가리킨다.

자체적인 사업 내실을 다지는 일 외에, 바스프는 경우에 따라 사람들의 주목을 받는 거래도 마다하지 않는다. 예컨대, 코그니스(Cognis)를 31억 유로에 인수해 범용 화학제품에 대한 의존도를 줄였다. 동시에 이윤 수준이 더 높고 수요도 더욱 안정적인 새로운 분야로 진출할 수 있는 계기를 마련했다.

인접 분야로 생산 품목을 다양화한 바스프는 이제 화장품 원료 공급업계에서까지 선두를 달린다. 비타민 E와 같은 식품 첨가물의 3대 공급업체이기도 하다. 바스프 이사회 의장인 위르겐 함브레히트(Jürgen Hambrecht) 박사는 이렇게 말한다.

"우리의 특수 화학제품의 구성은 더욱 다양해지고, 고객을 위한 혁신도 촉진될 것이다."

Audi
Samsung

Amazon
Google

LEGO
Apple

Nestle
PepsiCo

Reckitt
Benckiser
P&G

Starwood
Inditex

Tata
Bharti

BASF
Shell

Rolls-Royce
ARM

Narayana
Novo Nordisk

바스프는 책임감 있는 관점 아래 지속 성장하려고 한다. 더불어 자원이 제한된 세계에서 혁신하는 방법에 대해 고민한다. 여기에서 이 기업이 외부와 상호작용하는 기본 태도가 나온다. 환경 영향을 감소시키기 위한 상당한 투자도 뒤따른다.

그 성과는 지금까지 상당히 인상적이었다. 사업 전체에 걸쳐 1990년부터 2002년 사이에 매출 1톤당 온실가스 배출을 61% 감소시켰고, 추가로 10%를 더 줄이는 중이다. 바스프 제품의 생산으로 9000만 톤의 이산화탄소가 발생하지만 이를 소비자가 사용하면 그렇지 않을 때보다 2억8700만 톤의 이산화탄소를 줄인다. 3대 1이라는 놀라운 비율이다. 이런 종류의 자료들을 보면 환경 효율성이 진정으로 바스프 전략의 핵심임을 알 수 있다.

혁신과 지속 가능성 | 5대 성장 클러스터

바스프는 자원 활용 면에서 효율적인 제품 라인을 추구한다. 생산지 중심의 공정도 특징이다. 가장 큰 생산 공장은 루트비히스하펜(Ludwigshafen)에 있다. 현재 이곳에서만 약 3만3000명을 고용하고 있다. 바스프는 다수의 개별 생산 라인들을 한 곳에 배치한다. 그럼으로써 함께 생산 흐름을 공유한다. 모든 생산 라인은 공통된 원료 공급원을 이용하고, 폐자원은 되돌려 보낸다. 그리고 그 폐자원(예를 들어 황산과 일산화탄소)은 다른 곳에서 활용한다. 이런 접근은 자원 이용 측면에서 효율적일 뿐 아니라, 에너지 사용면에서도 그렇다. 여기에 필요한 높은 개발비는 경쟁업체들에게 높은 진입 장벽이 되고 있다.

생산 공정을 합리화하는 것 외에 바스프는 전체적인 효율성을 높이기 위해 혁신 활동에 주력해 왔다. 그 움직임을 보면 혁신을 실천하는 데 있어 하나의 지침으로 삼을 만하다.

발굴 사업은 새로운 업계 동향을 반영한다. 새로운 기술에 출자도 활발하다. 바스프만의 기술 기반 조직은 화이트 바이오테크(white biotech: 산업생산 공정에서 효소나 미생물을 이용하는, 친환경 부분에 초점을 맞춘 기술)와 나노기술과 같이 초기 단계에 있는 시장과 관련한 연구를 수행한다. 생산 현장에서 점진적인 혁신 아이디어를 발견하기도 한다. 제초제와 기저귀용 고흡수성 수지 제품에까지 바스프는 생산 효율성을 높이는 동시에 환경에 대한 악영향을 줄이는 방법을 끊임없이 연구한다.

바스프는 다섯 가지 '성장 클러스터(Growth Clusters)'를 혁신 분야로 본다. 즉, 에너지 관리, 원료 교체, 나노기술, 식물 유전공학, 화이트 바이오테크, 이 다섯 가지다. 연구 담당 이사인 안드레아스 크레이마이어(Andreas Kreimeyer) 박사는 다음과 같이 설명한다.

"우리는 성장 클러스터의 개념을 세우는 과정에서 긴급한 사회 문제를 해결하는 데 기여할 미래 적합성이라는 중요한 주제를 찾아냈다. 하지만 이는 국제적인 협력을 통해서만 다룰 수 있는 문제다. 따라서 우리는 학계와 산업 분야의 탁월한 협력자들과 제휴하는 일에 더욱 박차를 가할 것이다. 각자 자신의 장점을 살린다면 우리는 훨씬 신속하게 발전해 함께 지속 가능한 성공을 이룰 수 있다."

환경 문제에 대한 관심은 새로운 게 아니다. 그 문제를 처음 인식한 이후 바스프는 환경 문제와 연계해 제품 구성을 꾸준히 변화시켰다. 이를 위한 기술 투자와 전략도 수반됐다. 실제로 바스프는 1996년에 환경 효율성 분석법을 개발한 이후 2008년 2월까지 10년에 걸쳐 상세한 탄소 발자국(carbon footprint: 일상생활을 하는 과정이나 또는 영업을 하는 과정에서 얼마나 많은 탄소를 만들어내는지 양으로 표시한 것) 보고서를 만들어낸 세계 최초의 기업이 됐다. 이 보고서는 바스프 제품과 공정이 이루어낸 이산화탄소 배출 감소량을 보여준다. 원료 추출, 생산, 제품 처리로 배출되는 양을 공개하면서 기존보다 세 배나 더 많은 온실 가스를 감소시킬 수 있었음을 알린 것이다.

Audi
Samsung

Amazon
Google

LEGO
Apple

Nestle
PepsiCo

Reckitt
Benckiser
P&G

Starwood
Inditex

Tata
Bharti

**BASF
Shell**

Rolls-Royce
ARM

Narayana
Novo Nordisk

성장에 박차를 가하다 | '친환경'에 올인하는 게 성장

바스프는 출시된 지 5년 미만인 제품을 혁신하는 것만으로 2015년에 80억 유로 매출을 새로 창출할 수 있다고 믿는다. 2010년까지 5년간 60억 유로의 매출을 올리는 데 성공한 만큼, 그 목표는 가망이 있어 보인다. R&D 예산도 이 목표를 달성하기 위해 제한돼 있을 정도니 말이다.

바스프는 관련 사업에 영향을 미칠 메가트렌드(megatrend: 현대 사회에서 일어나고 있는 거대한 시대적 조류를 가리킴)를 이해하고, 그 안에 숨은 중요한 문제들을 찾아내기 위해 상당한 투자를 한다. 예컨대 도시 인구 증가를 예상해, 바스프는 '어떻게 하면 도시에 살 만한 환경을 조성할 수 있을까?', '미래의 건물은 어떤 모습일까?', '어떤 자재가 필요할까?' 등의 질문을 던진다. 바스프가 현실 통찰의 결과를 상품화하기 위해 필요한 단계다. 질문의 답엔 환경에 대한 기본 입장이 반영된다. 상품성이 보이면 본격적인 연구 프로젝트가 시작된다.

바스프가 노팅엄 대학과 협력하는 가운데 고안한 환경 친화적 주택 프로젝트는 건설비용이 적은 데다가 환경 영향도 적고, 지속 가능성도 별 네 개 등급에 해당된다. 여기서 별 네 개 등급은 2006년도 건축 규제 표준이 정한 탄소 배출량 한도에 비해 44% 개선된다는 의미다. 이 주택 설계에는 단열 콘크리트 거푸집을 비롯해 다양한 바스프 자재를 필요로 한다. 단열성이 뛰어나면서 비용 면에서 합리적이고 시공이 빠른 건축 자재들이다.

최근에 새로 출시된 제품들은 바스프의 지속 가능성 목표라는 넓은 틀 안에 확실히 자리 잡고 있다. 바스프의 새로운 광 안정제인 Tinuvin XT 200은 자외선 차단제의 장점을 결합해 농업용 비닐의 수명을 연장시킨다. 전 세계에 식량을 안정적으로 공급하기 위해 온실 이용은 점점 늘고 있다. 혁신적인 광 안정제는 비닐로 값싸게 짓는 경우가 많은 온실에 유익하다.

바스프 퓨처 비즈니스 주식회사 | 미래 비즈니스만 연구

Audi
Samsung

Amazon
Google

LEGO
Apple

Nestle
PepsiCo

Reckitt
Benckiser
P&G

Starwood
Inditex

Tata
Bharti

**BASF
Shell**

Rolls-Royce
ARM

Narayana
Novo Nordisk

새로운 성장 기반을 찾아내고 육성하는 일은 주로 바스프 퓨처 비즈니스 주식회사가 맡는다. 2001년에 세워진 이 회사는 바스프가 소유한 자회사다. 이 회사의 사명은 바스프의 핵심 사업과 관련이 없으면서 평균 이상의 성장 기회가 있는 사업 분야를 개척하는 것이다. 사회적, 생태학적 메가트렌드를 자세히 살펴서 회사 전략에 가장 적합한 기회를 찾아내고 개발하는 게 주 임무다. 업무 면에선 기존 기업들과 공동으로 연구 프로젝트를 시작하는 것에서부터 바스프에 통합될 가능성이 있는 유망 기술에 투자하는 벤처 사업까지 모든 일에 관여한다. 별도 사업체인 퓨처 비즈니스는 바스프 연구소에 업무를 의뢰하면서 자체 기술과 투자 포트폴리오를 개발한다. 개발된 기술과 투자 계획은 적절한 시기에 모기업으로 넘겨진다.

이 전략은 새로운 사업을 구상하는 데 있어 성공적이었다. 한 가지 예를 들면 바스프 퓨처 비즈니스는 최근 인터페이스 바이올로직스(Interface Biologics, BI)와 개발 협정을 맺었다. 캐나다에 본사를 둔 BI는 의료용 고분자 제품을 개발하는 비공개 회사다. 두 회사는 항균성 성분과 항혈전 성분에 관한 새로운 고분자 공식을 개발하는 데 협력한다. BI의 기술과 바스프 소유의 항균성 기반을 결합해, 의료 기기의 안전성과 성능을 실질적으로 개선할 수 있는 새로운 물질을 개발하는 게 협력 목표다.

퓨처 비즈니스 전무이사인 토머스 웨버(Thomas Weber) 박사는 혁신 문화를 강조한다.

"우리는 장기적으로 혁신의 정신을 살리려 애쓴다. 위기 때도 마찬가지다. 그때는 더 열심히 혁신한다!"

기업의 입장에서 혁신은 제품의 성공보다 학습 곡선과 더 관련이 있다.

웨버 박사는 이렇게 말한다.

"성공적으로 완료된 프로젝트는 참여한 각 사람의 노력이 합쳐져 나온 성과다. 개별 직원에게 주어지는 보상은 그들이 이루어낸 내용과 큰 상관이 없다. 그들이 성과를 이뤄낸 방식이 더 중요하다."

혁신 문화와 그에 따른 성과는 함께 결합해 새로운 아이디어를 찾아 현실화할 수 있는 의욕과 자신감이 된다. 바스프 퓨처 비즈니스와 보조를 같이 하는 것은 '페어분트' 원칙이다. 페어분트란 생산, 고정, 기반 시설, 폐기물 관리 과정이 고도로 통합된 것을 말한다. 전체적으로 연결된 가치 사슬을 나타낸다. 이는 달리 말해 한 공장의 부산물이 다른 공장의 원재료(폐열과 같은 공정 투입물을 비롯해)로 사용될 수 있다는 뜻이다. 이것은 온실 가스 배출량과 물류 비용을 줄이는 역할을 한다. 전체 생산량도 높이고 자원 소비량을 줄인다.

웨버 박사는 "1990년 이후 생산량이 86% 증가했지만, 페어분트 체계로 회사의 온실 가스 배출량을 27% 줄이는 데 성공했다"면서 "특수 온실 가스 배출량, 즉 판매 제품 톤당 배출량이 일부 부문의 경우 61%까지 감소했다"고 밝혔다.

환경 영향 | 선제적 환경문제 해결이 정답

환경 문제에 높은 관심을 가진 결과 바스프의 사업축이 변했다. 기초 화학제품 중심의 포트폴리오를 고급 최첨단 화학제품 중심으로 바꾼 것이다. 이에 따라 화이트 바이오테크, 나노기술, 식물 유전공학과 같은 분야로 연구개발 분야도 확대됐다. 그 결과 기업 인수 36회, 사업 분할 24회, 합작 투자가 8회 이뤄졌다. 그 와중에 사업 포트폴리오는 전체적으로 변했다. 순익이 지속적으로 개선되면서 그 기반도 시대가 요구하는 최첨단 분야로 발전했다.

좋은 사례가 바스프의 그린 센스 콘크리트(Green Sense Concrete)다. 수경성과 강도, 내구성이 향상된 콘크리트 제품이다. 이 제품의 존재 이유를 이해하려면 콘크리트 제조 공정에서 배출되는 이산화탄소가 현재 전 세계 배출량의 5~6%를 차지한다는 사실을 알아야 한다.

이런 사례는 바스프의 전통적인 사업에서 공정을 개선하는 효과를 부른다. 1990 년에 바스프는 중요한 영양 보충제인 비타민 B2를 제조하는 데 있어 화학합성 공정에서 생명공학적 공정으로 방식을 전환했다. 이 공정은 여러 해에 걸쳐 개선된 결과, 필요 자원을 60% 절감시켰고 발생되는 이산화탄소량을 30% 감소시켰다. 더불어 폐기물 90% 감소, 생산비 40% 절감이란 결과를 가져왔다.

요즘 화학 산업 전반에서 매출 대비 연구개발 비중을 줄이는 움직임이 나타난다. 1998년 이후 3.4%에서 최근엔 2.2%로 떨어졌다. 화학 산업은 녹색 성장에 대한 소비자의 요구를 오해해 왔다. 그래서 대체 에너지와 물, 탄소 배출, 농산물, 고급 재료에 대한 흥미로운 기회가 열렸는데도 눈 뜨고 보지를 못했다.

이런 면에서 바스프는 특별하다. 가장 먼저 소비자 인식 변화를 발견하고 행동에 나섰다. 그 덕에 성장의 챔피언이 된 것이다. 바스프는 환경적 변수와 경제적 영향 사이의 상관관계를 과학적으로 분석해 이해하는 몇 안 되는 회사다. 그 결과 현실 통찰에서 정량적 측정을 거쳐 사업 포트폴리오의 변화까지 이르는 흐름이 완성됐다. 바스프는 각 단계마다 시장을 주도해 왔다.

미래의 문제 | 독일 중심에서 중국으로

앞으로 10년 동안 직면할 바스프의 핵심 문제는 기술적인 차원을 넘어서는 영역에 있을 것이다. 바스프는 이미 성장 클러스터 기반을 구축해 핵심역량을 길렀다. 특별한 변수만 없다면 나노기술과 화이트 바이오테크 부문 등에서 획기적인 제품이 나올 것으로 예상된다.

굳이 변수가 될 수 있는 질문을 꼽자면 다음과 같은 것들이 있다.

Audi
Samsung

Amazon
Google

LEGO
Apple

Nestle
PepsiCo

Reckitt
Benckiser
P&G

Starwood
Inditex

Tata
Bharti

BASF
Shell

Rolls-Royce
ARM

Narayana
Novo Nordisk

독일 중심의 경영진들이 중국과 같은 성장 시장에서 나타나는 문제들을 어떻게 이해할 것인가? 어떻게 하면 유망한 인재를 꾸준히 끌어들일까? 중요한 사회 문제들이 산업에 미칠 영향을 지속적으로 깊이 있게 파악할 수 있을까? 사회적인 의무를 실행하는 데 있어 이미 높은 평가를 받는데 어떻게 그 기대 수준 이상을 달성할 수 있을 것인가?

셸

셰일가스의 혁명,
어떻게 활용할 것인가

에너지 연료의 수요는 앞으로 20년에 걸쳐 두 배 증가할 것으로 예상된다. 전체 경제 발전 속도와 비슷하다. 우리는 100여 년 동안 화석 에너지원으로 성장했다. 재생 에너지가 전 세계 에너지 구성의 일부로 정착되고는 있지만 아직 가야 할 길이 멀다. 새롭게 떠오르는 수요를 충족시키는 것은 물론, 기존 에너지원을 대체할 정도가 되려면 말이다.

그 와중에 편하고 값싼 자원은 점차 고갈돼 간다. 에너지원 사용에 따른 환경 영향에 대한 인식 수준도 점차 높아지고 있다. 역청탄과 셰일 가스 같은 미래 자원 등을 확보해 에너지 안보를 지키려는 국가와 기업들의 움직임은 활발하다. 에너지원의 필요성과 지구 환경을 보호해야 한다는 당위성은 이제 균형을 이뤄야 한다. 그게 장기적인 수요 증가와 맞서는 방법이다.

2010년에 발생한 딥워터 호라이즌(Deepwater Horizon)호 사건(2010년 미국 멕시코만에서 석유시추시설이 폭발해 5개월 동안 대량의 원유가 유출된 사고)은 에너지 산업에 관여하는 사람들에게 혹독한 교훈이 됐다. 기업은 안전하게, 환경적, 기술적 문제를 다루고 관리할 수 있는 능력을 바탕으로 에너지 프로젝트에 참여할 권리를 얻어야 한다는 것이다. 회사 역사가 1833년까지 거슬러 올라가는 로열 더치 셸(Royal Dutch Shell), 즉 셸(Shell)은 석유, 가스, 바이오 연료 사업으로 90여 개 나라에서 영업을 하는 세계 2대 에너지 회사다. 지난 몇 년에 걸쳐 다소 어려움을 겪었지만, 미래를 위해 좀 더 지속 가능하고 환경 친화적인 공급원으로 자리매김하고 있다. 미래 성장 기반을 선택하면서 몇 가지 중요한 전략적 조치를 취한 덕에 전 세계 석유 회사들 중 저탄소 세계를 이뤄가는 일에 있어 단연 선두권이다.

셀의 성장 목표 | 30개 이상의 프로젝트 준비 중

지난 몇 년에 걸쳐 셸은 앞으로 나타날 문제와 어려움을 예상하며 미래를 대비하고 있다. 이는 여러 중요한 프로젝트로 연결된다. 회사 측은 "앞으로 일어날 성장의 파도를 대비해, 우리는 30개 이상의 프로젝트를 새로 준비하는 중이다. 이 프로젝트들은 미래의 통합 에너지 회사를 위해, 중기적으로 새로운 선택을 창출할 것이다"라고 밝혔다.

혁신과 성장을 연결하는 고리 | 가치사슬을 통합해 효율적으로 관리

혁신은 셀의 성장 목표를 구성하는 핵심이다. CEO인 피터 보저(Peter Voser)는 이렇게 본다.

"기술 개발과 혁신에 전념하는 일은 앞으로도 우리 전략의 핵심이 될 것이다. 우리의 주된 장점은 탁월한 기술의 개발과 응용, 대규모 석유 및 가스 프로젝트를 창출할 수 있는 재정과 프로젝트 관리 기술, 그리고 통합된 가치 사슬의 관리다."

2000년대 초, 셸이 혁신에 대한 방향성을 잃을 수 있었던 시기가 있었다. 2006년 '기업 전략(Corporate Strategy)'의 후원으로 소그룹이 모여 에너지의 미래와 사내 연구의 역할을 논의하면서 비로소 분위기가 정리됐다. 당시 저탄소를 지향하는 급변하는 세계에서 취할 수 있는 최선의 방법에 대해 많은 이야기가 오갔고 이는 고위 경영진에 대한 특별한 건의로 이어졌다. 그 결과 혁신과 기술력이 다시 전략의 핵심으로 되돌려진 것이다.

직접적인 결과로, 그룹 규모의 기술 전략 개발과 실행을 감독하는 기술 담당 최고책임자(CTO)란 직책에 힘이 실렸다. 또한 사내에 기술 지식에 대한 관심을 높이기 위한 조치도 취해졌다. 에너지 산업이 마주한 새로운 문제들에 대응하기 위해 핵심 과학 기술에 관한 전문가들도 영입됐다. 그렇게 기술은 기업 전략과 사내외 청중과의 의사소통에 있어 중심이 됐다.

탁월한 현실 통찰력 | 장기 시나리오를 만들고 순간을 대비·수정한다

셸 에너지 시나리오(Shell Energy Scenarios to 2050: 셸이 발표한, 2011년~2050년까지의 에너지 및 온실가스 배출량을 전망하는 보고서)는 업계에서 널리 활용되는 자료다. 회사 내부에서만이 아니라 전 세계의 다른 회사와 정부들도 미래 환경의 불확실성을 연구하기 위해 이용한다. 미래 에너지 환경과 연관된 문제와 숨겨진 기회를 찾아내기 위한 목적이다. 이런 시나리오 기획을 통해 셸은 잠재적 기회를 일찍 찾아내, 그에 따른 조치를 취해왔다.

회사 측 한 인사는 "우리는 회사의 방향을 알리고, 앞으로 마주할 수 있는 미래를 이해시키기 위해 지난 30년 동안 시나리오 분석을 해왔다"고 말했다.

셸의 게임체인저(GameChanger)와 시나리오 팀은 다른 부문에서 일어난 발전에서 에너지 산업 변화가 오는 경우가 많다는 사실을 인식했다. 그래서 2004년과 2007

Audi
Samsung

Amazon
Google

LEGO
Apple

Nestle
PepsiCo

Reckitt
Benckiser
P&G

Starwood
Inditex

Tata
Bharti

BASF
Shell

Rolls-Royce
ARM

Narayana
Novo Nordisk

년에 테크놀로지 퓨처스(Technology Futures)라는 프로그램을 시작했다. 다양한 기업과 나라에서 온 사람들로 이뤄진 프로그램 추진 조직은 식품과 운송 산업에서 IT 업계에 이르기까지 다양한 분야에서 일어날 수 있는 중요한 발전들을 집단적으로 예측했다. 이를 통해 셸은 수많은 잠재적 기회와 위험을 찾아냈을 뿐 아니라, 다가올 변화를 미리 알리는 조기 경보 체계를 구축했다.

일련의 활동들은 2008년도에 이르러 에너지 산업 시나리오 보고서에도 정리됐다. 여기에 강조된 내용들은 다음과 같다. 전통적인 석유와 가스에 대한 수요와 공급 사이의 격차가 계속 벌어지고 있으며 그 격차를 메울 만큼 재생 에너지가 증가하지 못한다는 현실 통찰이다. 또한 대규모 에너지 공급 솔루션을 개발할 기회가 있다는 것과 환경으로 인한 문제가 계속 증가한다는 예측도 담겨 있다. 이런 분석은 셸이 최근에 결정한 여러 포트폴리오 투자에 큰 영향을 미쳤다. 조직 운영의 중심을 혁신과 연구에 초점을 맞추는 데도 기여했다.

또 다른 독보적 역량 | 기술·규모·가치사슬의 통합

셸은 에너지 산업 분야에서 누구보다 앞선 현실 통찰력을 지니고 있다. 이 밖에도 스스로 다른 기업보다 앞서 있다고 믿는 또 다른 세 가지 능력이 있다. 바로 다음과 같은 것들이다.

- 기술: 자원을 이용해 제품을 내놓는 데 필요한 기술의 개발과 활용 능력
- 규모: 재정 능력이 필요한 대규모 프로젝트 진행 능력
- 가치 사슬의 통합: 연구 단계에서 시장까지 원활히 연결하는 능력

이런 능력들의 결합으로 셸은 독보적 역량을 얻는다. 즉, '획기적인 기술을 이용해

대규모로 통합된 솔루션을 제공할 수 있는 능력'이다. 셸의 성장 기반은 포트폴리오 관리 전략으로 더욱 강화된다. 그 결과 경쟁 회사들은 대부분 감당할 수 없는 대규모 프로젝트에 자금을 지원할 수 있다.

최근 몇 년에 걸친 일관된 투자 결과 셸은 특유의 성장 포트폴리오를 완성했다. 분석가들은 그 포트폴리오가 에너지 부문을 주도하고 있다고 본다. 〈파이낸셜타임스〉의 에너지 분야 담당 편집자인 에드 크룩스(Ed Crooks)는 "성장 포트폴리오 투자 계획이 개시된 지 6년째가 됐다. 셸은 이제 그 결과물을 수확하기 시작했다"고 말했다. 셸이 투자가들에게 지급한 배당금은 다른 어떤 에너지 대기업과도 비교할 수 없을 만큼 많다. 투자 성과를 시장에 착실히 돌려주고 있는 모습이다. 종종 일어나는 정치적, 환경적인 논란에도 저탄소 사회를 지향하는 셸의 취지만큼은 박수를 받는다.

결과 │ 바이오 연료·부유식 LNG 플랜트 개발

셸이 독보적 역량을 통해 얻은 성과는 셸의 새로운 사업 개발 사례 중 두 가지에서 확연히 드러난다. 한 가지는 바이오연료로 저탄소 차량 연료에 대한 수요를 충족시키기 위한 것이고, 또 하나는 부유식(Floating) LNG 플랜트로 발전용 가스 공급 문제를 해결하려 한 사례다.

❶ 바이오 연료 : 사탕수수 연구 위해 브라질의 코산과 합작

기존의 석유 탐사보다 성장할 기회가 많이 발견될 분야가 바로 바이오 연료다. 지난 2, 3년간 다른 많은 회사도 파악하는 부분이다. 때문에 전통적인 식품 기업인 카길과 ADM 등도 연관 사업으로서 바이오 연료 영역에 발을 들였다. 사실 옥수수와 사탕수수와 같은 식량을 연료로 이용하는 일에 대한 사회의 시선은 곱지 않다. 식

Audi
Samsung

Amazon
Google

LEGO
Apple

Nestle
PepsiCo

Reckitt
Benckiser
P&G

Starwood
Inditex

Tata
Bharti

BASF
Shell

Rolls-Royce
ARM

Narayana
Novo Nordisk

품과 연료 산업 사이의 토지 점유 경쟁으로 이어졌기 때문이다. 삼림도 파괴되고 공급 부족으로 식품 가격이 급등하는 현상도 생겼다.

셸이 2004년에 시작한 '테크놀로지 퓨처스' 프로그램은 이런 우려를 본격적으로 바꿨다. 그래서 육지 기반 바이오연료와 해양 기반 조류 에너지의 가능성을 부각시켰다. 이미 바이오연료 분야의 강자로 떠올랐던 셸은 지속 가능한 대체 연료를 개발하기 위해 수많은 제휴 관계를 맺었다.

이런 제휴 관계는 장기적인 미래를 위한 것이었다. 셸은 바이오연료의 가능성과 관련해 브라질의 최근 움직임에 관심을 보였다.

상파울로 주립대학의 작물 재배학과의 에드가 드 보클레르(Edgar de Beauclair)교수에 따르면 사탕수수는 햇빛을 에너지로 바꾸는 데 가장 효율적인 식물이다. 브라질에서는 이런 사탕수수에서 에탄올을 추출하고 남은 부산물을 유기 비료와 식물 폐기물로 재활용했다. 식물 폐기물은 공장과 전국 가정에 공급되는 전력을 생산하는 연료로 이용됐다.

셸은 당장 브라질 회사인 코산(Cosan)과 제휴해 라이젠(Raizen)이란 법인을 설립했다. 라이젠은 4500개에 이르는 셸 주유소 연합 네트워크로 바이오연료를 공급하는 합작 투자 회사다. 브라질 사탕수수로 만든 에탄올은 석유보다 이산화탄소를 70%나 적게 배출한다. 라이젠이 에탄올 공정에 사용하는 사탕수수는 그 중에서도 가장 효율적이다. 완벽하지는 않지만, 사탕수수는 현재의 어떤 바이오 연료원보다 훨씬 효율이 좋다.

셸은 세계적인 보급채널과 판매망, 그리고 기술 제휴에 대한 탁월한 전문 지식을 갖추고 있었다. 이를 첨단 바이오 연료 사업에도 도입해 응용했다. 제휴사인 코산은 저탄소 바이오연료를 직접 상업용으로 생산해 봤기에 여기에 대한 노하우를 합작 회사에 전수했다. 우리가 인터뷰한 대체 에너지 담당 부사장인 마크 게인즈버러(Mark Gainsborough)의 생각대로 라이젠은 앞으로 꾸준히 성장할 것이다. 게인즈버러

씨는 "코산의 전문 기술이 반영된 첨단 바이오 연료 개발을 기대하고 있다"면서 "머지 않아 상업적 성공을 가져올 것"이라고 밝혔다.

코산의 회장 루벤스 오메토 실베이라 멜로(Rubens Ometto Silveira Mello)는 이렇게 말한다.

"우리는 곧 대체 에너지원 연구의 전환점이다. 라이젠은 브라질 최대 기업 중 하나로, 재생 가능하면서 상업적으로도 매력적인 청정 솔루션을 시장에 내놓을 준비가 돼 있다."

바이오 연료 시장 전체로 볼 때 셸은 흥미로운 역할을 맡고 있다. 저탄소 연료 사업 전략의 핵심을 차지하는 지식과 역량의 공백을 메울 소기업들과 제휴하는 모습으로 말이다. 셸은 큰 틀에서 이들 사이를 통합하고 연결하고 있다.

❷ FLNG 플랜트 사업 : 바다 위에서 유전개발·생산·유통까지 담당한다

에너지 매장지는 시장과 멀리 떨어져 있는 경우가 많다. 때문에 에너지를 합리적인 가격으로 상품화하기 위해 혁신적인 솔루션을 개발하고 있는 셸의 노력이 돋보인다. 특히 천연가스와 관련한 움직임은 주목할 만하다.

천연가스에서는 석유나 석탄보다 탄소물질이 훨씬 적게 배출된다. 환경 문제에 민감한 셸은 더 많은 천연가스를 상품화하기 위해 관련 기술을 개발하는 데 앞장서 왔다. 문제는 시장까지의 이동이었다.

액체 형태의 석유는 선적과 육로 수송이 비교적 쉽다. 하지만 가스를 선적하려면 액화 천연가스(LNG)형태의 액체로 전환해야 한다. 이때 부피를 600배 가량 줄이기 위해 162℃까지 냉각해야 하는 과정도 있다. 이렇게 만들어진 액화 천연가스는 시장에 가까운 곳까지 수송된 다음 다시 기체화된다. LNG는 업계에서 새로운 것이 아니다. 셸이 20년 동안 이런 LNG 부문에서 선두를 유지했다는 데 방점이 있다.

Audi
Samsung

Amazon
Google

LEGO
Apple

Nestle
PepsiCo

Reckitt
Benckiser
P&G

Starwood
Inditex

Tata
Bharti

BASF
Shell

Rolls-Royce
ARM

Narayana
Novo Nordisk

성공 비결은 액화 천연가스에 관한 사업성을 미리 발견한 데 있다. 투자 결정은 쉽지 않았다. LNG에 대한 최종 투자 결정을 내리기까지 연구 개발에만 10년 이상 걸렸다. 그 결과는 사상 초유의 해양플랜트 건조 사업인 FLNG(floating liquefied natural gas) 프로젝트로 이어졌다.

셸은 이 프로젝트의 매력에 대해 아래와 같이 말한다.

"생산과 가공의 공정을 가스가 발견되는 바다로 옮기는 일이 가능하다. 이건 대단한 혁신이다. 해변까지 가스관을 설치하면, 육지에 공장을 세우고 운영하는 데 따르는 잠재적인 환경 영향을 피할 수 있다."

회사 부장급인 닐 길모어(Neil Gilmour)도 비슷한 말을 했다.

"셸이 개발한 획기적인 기술로 천연가스의 기존 생산 방식이 획기적으로 바뀔 것이다."

이 프로젝트에 이용되는 선박 모형만 해도 길이가 8미터에, 무게는 4.5t에 이른다. 일단 완공되면 시설 길이는 축구장 네 개를 이은 것보다 더 길 것이며, 무게는 항공모함의 여섯 배가 될 것으로 예상된다. 연료 저장 능력은 올림픽 수영장 175개와 거의 같고, 사용되는 철근은 시드니 하버 브리지(Sydney Harbour Bridge) 건설에 사용된 것의 다섯 배에 이르리라고 예상된다. 이 프로젝트 자체는 100% 셸 소유지만, 그 선박을 설계하고 건설하는 기술은 다른 두 회사, 테크닙(Technip)과 삼성에 있다. 두 회사는 향후 새로운 FLNG 프로젝트에 대해서도 셸과 전략적 제휴를 맺었다.

최근 사업 프로젝트들은 셸의 과감한 위험 선호 성향을 보여준다. 사업 목적을 위해 어떤 큰 사업 거래도 할 수 있는 능력이 있음을 대내외에 알렸다. 이런 프로젝트를 보면 셸이 어떻게 중요한 기회에 투자하고, 그 전문 기술을 지렛대로 이용하는지가 엿보인다. 더불어 다른 기업들과 어떻게 협력해 약점을 보완하는지도 알 수 있다. FLNG는 선박 설계와 건설을 통해 셸과 각계 전문가들을 연결한다. 바이오연료 사업에서 코산의 제조 기술과 셸의 마케팅과 전문 기술을 결합시키는 방식과 비슷하다.

두 프로젝트는 모두 한동안 주변에 있었던 기술들을 활용한다. 관련 기술들은 21세기에 들어와 높은 생태 효율성을 보이면서 에너지 안보를 이루는 데 도움이 될 만한 규모로 발전했다. 이 프로젝트들이 탄소와 같은 오염물을 전혀 배출하지 않는 것은 아니지만 적어도 심각한 환경 파괴 없이 전 세계 에너지 수요를 충족시키는 데 있어서는 큰 도움이 된다.

전망 | 대체연료에 대한 과감한 투자로 방어

셸은 그동안 저탄소 에너지 기업으로서의 입지를 단단히 했다. 우리는 재생 가능 에너지가 필요한 규모만큼 생산되기를 기다린다. 전 세계 에너지 수요는 폭발적으로 증가하는 가운데 말이다. 이는 세계적인 에너지원 부족 문제로 연결될 수 있다. 때문에 셸은 더 많은 에너지 자원을 발굴해 활용해야 한다는 압박을 받는다.

셸은 가용 자원과 소비시장에 접근하기 위해 현재의 독보적 역량을 십분 발휘하고 있다. 국영 석유 회사들과의 제휴가 늘어나는 것도 같은 맥락이다. 앞으로 대체연료를 중심으로 더 많은 투자가 이루어질 것으로 예상된다. 때문에 에너지 생산비를 효율적으로 관리하는 일은 앞으로 잠재적인 쟁점이 될 수 있다.

Audi
Samsung

Amazon
Google

LEGO
Apple

Nestle
PepsiCo

Reckitt
Benckiser
P&G

Starwood
Inditex

Tata
Bharti

**BASF
Shell**

Rolls-Royce
ARM

Narayana
Novo Nordisk

핵심적인 통찰 | 바스프와 셸

자원 부족 문제가 떠오르는 가운데 이 문제와 직접 부딪힐 바스프와 셸은 아직도 성장 가능성을 보여준다. 두 회사는 앞으로 나아갈 올바른 방향에 관해 장기적 관점을 갖고 시장 수요를 충족시키고자 한다. 지속 가능성이라는 필수 과제를 위해서다. 이를 위해 다음과 같은 몇 가지 공통적인 이슈가 부각된다.

- 다른 업체보다 앞서 미래를 내다보고 일찍 행동하는 것

바스프는 친환경적인 회사를 꿈꾸며 차차 행동에 나섰다. 일찍 생합성 분야에 진출해 화이트 바이오테크에 기반을 구축했다.

셸은 첨단 바이오 연료에서의 장기적 기회와, LNG에 대한 단기적 수요를 함께 고려한다. 최고의 기업들과 제휴해 그 부문을 주도하고 있다.

- 성장 전략을 미래의 기회에 맞춰 조정하기

바스프는 몇 가지 통합된 원칙을 수립했다. 자신이 하고 있는 모든 일과 하고자 하는 모든 일이 명확히 구분되도록 했고 그 원칙들을 구체적인 목표에 녹였다. 다양한 혁신 활동을 장려한 후 그 개개의 성과를 선별해 사업화 하는 방식으로 구체화했다.

셸은 다른 어떤 에너지 기업보다 장기적인 변화를 연구한다. 시나리오 분석을 통해 대체 에너지에 관한 50년 전망치를 사내에서 공유하고 있다. 전 세계가 어떤 길로 움직이든 셸이 반드시 에너지 부문의 핵심 기업이 되도록 다양한 투자를 하고 있는 것이다.

회사 운영 면에서 우리가 배울 점은 두 가지로 요약된다.

- 소비자를 이해하라: 바스프는 소비재 회사가 아니다. 하지만 최종 소비자 입장에서 생각하는 일을 웬만한 소비재 기업보다 잘한다. 소비자에 대한 정의가 제대로 이뤄지면 공급 업체와 최종 소비자를 쉽게 연결할 수 있다.
- 자본을 지렛대로 이용하라: 셸은 유기적 성장을 위해 자금을 조달하는데 탁월하다. 그

역량을 바탕으로 투자 포트폴리오를 공격적으로 관리한다. 이 회사는 새로운 성장 시장과 기술적 솔루션에 맞게 투자 포트폴리오를 과감히 바꿀 줄도 안다.

두 회사의 사업 형태는 다르지만 모두 생태적인 효율성을 발전 기회로 삼았다. 무탄소 미래를 지향하기 위해 세운 최종 목표는 회사 간에 상당한 차이가 있지만, 나름의 큰 진전을 이루고 있다. 혁신력과 제휴 네트워크, 그리고 뛰어난 현실 통찰력이 결합해 나온 결과다. 이런 변화를 이루는 한편 시장의 주도적 위치와 성장을 계속 유지해온 건 누가 봐도 대단한 업적이다.

Audi
Samsung

Amazon
Google

LEGO
Apple

Nestle
PepsiCo

Reckitt
Benckiser
P&G

Starwood
Inditex

Tata
Bharti

BASF
Shell

Rolls-Royce
ARM

Narayana
Novo Nordisk

바스프

성장 결과
화학제품 부문에서
지속적인 성장을 주도

독보적 역량
지속적인 성장을 관리하는 동시에
제품의 환경 영향을 개선

기본 역량

| 생산과 기반 시설, 폐기물 관리의 통합 | 고효율 공정 개발과 실행 | 현실 통찰력을 바탕으로 한 혁신 |

셸

성장 결과
지속적인 매출 증가와
저탄소 대체 자원 개발

독보적 역량
획기적인 기술을 이용한
대규모 통합 솔루션 제공

기본 역량

| 예측력을 이용한 전략 | 기술의 개발과 응용 | 대규모 프로젝트 관리 능력 | 가치 사슬의 통합 |

롤스로이스와 ARM홀딩스
상생을 위한 기술제휴

롤스로이스와 ARM은 기술제휴라는 평범한 움직임을 새로운 패러다임으로
변화시켰다. 접근 방법은 다르지만, 두 회사는 모두 상당한 성장을 이루면서
새로운 사업 모델을 만들어나가고 있다.

기술제휴가 성장의 기반

롤스로이스는 엔진 공급에 있어 사업 모델을 변화시키는 데 성공했다. 관련 사업은 전체 시장에서 롤스로이스의 핵심적인 첨단 제품 사업보다 실적에 더 많은 기여를 하고 있다. 한편 반도체 분야에서 ARM 홀딩스는 현재 지적 재산권에 기반을 둔 수익 창출 사업을 급속히 확대해나가는 모습이다. 전 세계 주요 스마트폰의 숨겨진 필수 부품을 만든다.

많은 경우 혁신과 성장 의제가 대부분 기술에 대한 접근성과 이용 면에 초점이 맞춰져 있다. 최신 기술 개발에 접근하는 건 핵심 전략 문제다. 금융과 여행과 같은 일부 부문에서만 소비자와 기술 사이에서 균형추가 오락가락하고 있다. 현재 패션에서 FMCG까지 대부분의 분야에서 기술은 여전히 중요한 구실을 한다.

이런 면에서 기업들은 대부분 사내 R&D 부서를 유지해 왔다. 삼성이나 IBM, 화이자 등이 운영하는 대규모 연구소든, 아니면 소규모 프로젝트든, 자체 기술 기반을 보유해야 한다는 논리가 많은 혁신 전략의 중심이었다. 그러나 이런 투자를 유지하는 데 필요한 대가는 때로 너무 크다. VHS 대 베타맥스(Betamax)의 유명한 기술 표준 싸움과, 최근에 가전 부문에서 벌어진 HD DVD대 블루레이(BluRay)의 대결이 그 증거라 할 수 있다. 실상을 꼬집어 얘기하자면 경쟁업체보다 '더 훌륭한' 기술을 개발한다고 해서 시장에서의 성공이 보장되는 것은 아니다. 이런 이유로 많은 기업이 점차 검증된 다른 회사 기술을 활용하는 방법에 관심을 가지기 시작했다. 그 수단으로 기술 라이선싱이나 개방형 혁신 프로그램을 활용해 왔다.

P&G와 같은 일반 회사들은 새로운 기술에 접근할 수 있는 수단에 폭이 넓다. 이에 반해 첨단기술 흐름에 민감한 시장에 속한 기업들은 특별한 기술제휴 관계를 추구한다. 제약 산업의 경우, 노바티스(Novartis)와 같은 곳들은 새로 발견된 분자에 접근할 권리를 얻기 위해 400여 개의 학술 기관과 생명공학 개발 협력 관계를 맺었다. 나중에 살펴보겠지만, 우주항공 부문의 경우 롤스로이스는 협력 관계 대상을 훨씬 신중하게 고른다. 협력할 부분을 선택하는 데 있어서도 까다롭다.

최근의 활발한 기술제휴 흐름에 덕을 보는 회사들은 많다. 가전 부문에서 필립스는 자체 기술을 다른 회사들에 제공하는 방법으로 상당한 수익원을 일궜다. 모바일 부문의 경우 블루투스와 같은 플랫폼 기술을 보유한 에릭슨이 재미를 본다. 이 회사는 수백 개 회사와 의견을 함께하며 새로운 기술 표준을 만들어낸다. ARM은 이런 흐름을 새로운 차원으로 끌어올렸다. 기술 라이선싱과 표준 개발에만 집중해 매출을 일으키는 특별한 사업 모델을 만들어낸 것이다. ARM은 스마트폰 산업에서 사실상 여러 가지 표준을 만들어내고 있으며, PC, 노트북, 태블릿 기기 부문에서도 계속 영향력을 높여가고 있다. 롤스로이스도 ARM과는 다른 특별한 형태의 제휴를 활용해 업계의 기술을 주도하고 있다.

롤스로이스와 ARM은 기술제휴라는 평범한 움직임을 새로운 패러다임으로 변화시켰다. 접근 방법은 다르지만, 두 회사는 모두 상당한 성장을 이루면서 새로운 사업 모델을 만들어나가고 있다.

Part 2 - 성장의 챔피언들 277

롤스로이스
미래 연구와 기술제휴로
시장 주도

롤스로이스는 영국에 본사를 둔 세계적인 동력 장치 회사다. 세계 2대 항공기 엔진 제조업체인 동시에 선박 추진 시스템과 에너지 부문에도 관여한다. 그 활약 결과 지난 5년간 매출이 거의 두 배로 뛰어 110억 파운드에 이르렀다. R&D에 투자하는 규모만 10억 파운드 수준이다. 선박과 에너지 부문은 물론 민간·군사 항공 부문의 수주액도 590억 파운드에 이른다. 롤스로이스는 전 세계 여러 민간 항공사와 정부는 물론 에어버스와 보잉 등에도 엔진을 공급하고 있다. 그 결과 이들 업체와의 관계는 끈끈하다. 이는 미래의 매출을 안정적으로 하는 요소가 된다.

언론은 이들 법인고객에게 제공하는 토탈케어(TotalCare) 서비스에 관심을 보였다. 여기엔 엔진이나 예비 부품을 판매하는 낡은 모델에서 서비스 단위로 대가를 산정하는 사업 모델 구상이 숨어있다. '시간당 출력(power by the hour: 엔진 사용 시간에 따라 서비스 비용을 받는 방식)'으로 항공사에 서비스를 판매하기 시작한 게 대표 사례다. 이런 방식은 이제 항공 부문 전체의 표준이다.

롤스로이스는 여전히 고성능 엔진을 개발하지만, 고객들 입장에선 제품을 이용하는데 관련된 비용을 지불하는 식으로 사업 형태가 바뀌었다. 그 결과 이제 롤스로이스 매출의 절반 이상이, 그리고 이익의 약 70%가 토탈케어 서비스 사업 모델을 통해 나온다. 이런 변화는 롤스로이스의 역사가 지닌 흥미로운 부분이다.

그렇다고 회사는 서비스에만 치중하는 건 아니다. 핵심은 기술력이다. 항공사, 군대나 해군, 또는 에너지 분야 고객에게 새로운 엔진과 터빈은 이전 것보다 에너지와 재료 소비 면에서 훨씬 효율적일 것이라는 기대가 있다. 이 부분은 끝까지 고려해야 할 사항이다. 시스템 통합을 중심으로 여러 가지 수요가 나타나고 제품 지원에 대한 기대까지 높은 현실을 감안해 롤스로이스와 GE와 같은 회사들은 관련 분야에서 꾸준히 핵심역량을 개발해왔다. 신생업체라면 따라오기가 거의 불가능할 정도다. 따라서 이 시장에 대한 진입 장벽은 대단히 높지만, 수십억 달러의 계약을 놓고 기존 기업들 간의 경쟁은 극도로 치열하다. 앞으로 20년에 걸쳐 항공 산업은 민간 부문에 8조8000억 달러 규모의 신형 엔진 13만7000대를 판매하고, 군사 부문에 약 1600억 달러어치의 엔진과 2700억 달러에 이르는 부품 시장 서비스를 판매할 것으로 예측하고 있다. 또한 에너지 부문에 2000억 달러 규모의 선박 동력 장치와 700억 달러의 터빈을 공급할 것으로 예측된다. 부품 시장이 1750억 달러에 이르는 것을 감안하면 경쟁이 치열한 이유를 알 수 있을 것이다. 이들 시장에서 성공의 핵심은 기술을 주도하는 것이다.

연구와 기술 제휴 | 참치꼬리형 선박과 무소음 항공기

한 회사가 신소재와 제조 공정, 디자인에 대한 모든 연구를 홀로 할 수 있는 시대는 지나갔다. 환경이 복잡해진 탓이다. 그래서 특히 첨단 항공우주 산업에서는 협력이 혁신의 핵심 요소다. 2010년 롤스로이스는 R&D에만 9000억 달러를 투자했다. 이 가운데 3분의 2가 환경 성능을 개선하는 데 쓰였다. 그 중에서도 새로운 기술의

Audi
Samsung

Amazon
Google

LEGO
Apple

Nestle
PepsiCo

Reckitt
Benckiser
P&G

Starwood
Inditex

Tata
Bharti

BASF
Shell

Rolls-
Royce
ARM

Narayana
Novo Nordisk

도입과 개발을 통해 배기가스를 감소시키는 데 집중됐다. 터빈 날개와 같은 제품은 구조가 극도로 복잡하다. 현재 일반적인 날개 하나를 만드는 데만 70가지 공급업체와 30여 개 대학 연구소가 참여한다. 제조공학 및 기술 담당 부사장인 하미드 무갈(Hamid Mughal)은 이렇게 말한다. "이렇게 복잡한 제품을 생산하려면 종합적인 공동 연구를 통해서만 이룰 수 있는 심도 깊은 과학적 지식이 필요하다."

적절한 기술을 확보하기 위해, 롤스로이스는 분권화된 연구 기술(R&T) 사업을 운영하고 있다. 이는 사내 개발 프로그램을 보완하는 대학기술센터들(UTC: University Technology Centres)의 전 세계 네트워크를 통해 진행된다. 이 학술적 제휴는 롤스로이스와 첨단 학술 연구 역량을 직접 연결하는 장기적인 전략적 관계다. 학술 제휴를 통해 숙련된 고급 인력을 채용할 수 있는 기회도 된다. 첨단 제조 기술 연구 센터들(Advanced Manufacturing Research Centres)로 이뤄진 새로운 네트워크는 회사에 있어 부품 생산과 관련한 시간과 비용을 절감한다. 바로 그런 면에서 혁신적인 제조 기술 개발에 기여하고 있다.

새로운 기술의 적용과 도입을 위해 롤스로이스는 이른바 '비전 프로그램(Vision Programme)'의 일부로 5년, 10년, 20년, 세 기간에 걸쳐 필요한 요소들을 파악한다.

- 비전 5: 롤스로이스에 현재 이용할 수 있으면서 재고가 있는 부품과 연관된다. 항공기의 트렌트 XWB(Trent XWB) 가스 터빈과 같은 신제품에 포함될 기술들을 말한다. 기존의 엔진들은 이 기술들을 활용하기 위해 설계가 일부 수정될 것이다. 비전 5는 현 제품들로 성능과 신뢰성, 비용 등의 면에서 시장을 주도하기 위한 것이다.
- 비전 10: 중기적인 관점에서 상업적으로 활용하게 될 종류다. 현재 타당성 검증 단계에 있는 기술들을 가리킨다. 시장을 주도하는 롤스로이스 제품들의 다음 세대는 주로 비전 10 기술들에 의존하게 될 것이다.

- 비전 20: 차세대 제품들을 겨냥한다. 이 기술들은 전략적 연구 단계에 있지만 새로 등장했거나 아직 검증되지 않은 부류다. 그래서 광범한 연구 자원을 집중해 미래 시장 개발을 준비하게 할 요소다.

이 비전들은 외부 조직과의 의사소통 면에 도움을 주면서 내부 프로젝트를 위한 틀도 제공한다. '물고기 꼬리형(Fishtail)' 추진 장치 프로그램과 '무소음 항공기' 개념이 이런 비전 아래 탄생했다.

선박 분야의 '물고기 꼬리형' 추진 장치 프로그램은 노르웨이의 클라비스 테크놀로지(Clavis Technology)와 함께 진행 중이다. 엔지니어들은 세상에서 가장 효율적인 유체 역학 장치를 개발하기 위해 물고기에 주목한다. 특히 참치의 꼬리를 연구함으로써 환경에 덜 유해한 '에너지 변환 장치'를 만들어내기 위해 노력 중이다. 자연에서 영감을 찾고 있는 것이다. 사실 물고기 꼬리의 움직임에 근거한 추진 장치는 구조 설계, 소재, 무게, 효율성 등 여러 면에서 공학적인 논란을 일으켰다. 그럼에도 그 모델이 되는 참치 꼬리는 극히 적은 에너지를 사용하여 놀라운 속도를 보여주고 있는 게 사실이다. 현재 인공 장치로 달성할 수 있는 그 어떤 것보다 훨씬 높은 효율성을 나타낸다. '물고기 꼬리형' 추진 장치 프로그램은 현재 대형 선박을 통해 성공적으로 응용되고 있다.

'무소음 항공기' 개념의 개발은 민간 항공기 사업 분야에 연관된다. 영국의 캠브리지 대학과 미국의 MIT에서 온 40명에 이르는 합동 연구팀은 소음이 적고 연료 효율이 높은 항공기를 연구해 왔다. 그 결과 탄생한 이 항공기는 승객 215명을 싣고 8000km까지 운항하면서 일반 비행장 경계 밖에서 63dBA 이하의 소음만 발생시킨다. 연료 소모도 현재의 항공기보다 25% 적다. 가변형 배기관인 '가변 장치'를 이용함으로써 이륙 중엔 소음을 줄이고, 높은 고도에서는 연료 소비를 줄일 수 있다. 그만큼 엔진 성능이 최적화된 것이다.

Audi
Samsung

Amazon
Google

LEGO
Apple

Nestle
PepsiCo

Reckitt
Benckiser
P&G

Starwood
Inditex

Tata
Bharti

BASF
Shell

Rolls-
Royce
ARM

Narayana
Novo Nordisk

장기적 협력 관계 관리 | 국가별 특화된 기술을 네트워크로 활용

탁월한 기술과 혁신을 보완하기 위해, 롤스로이스가 지난 몇 년에 걸쳐 개발해온 독보적 역량은 장기적인 협력이나 제휴 관계를 형성하고 관리하는 능력이다. 이 회사의 파트너는 일반적인 공급업체부터 경쟁업체까지 포괄한다. 회사는 연구에서 고객 서비스 지원까지 사업의 전 분야에서 국제적인 제휴 관계를 능수능란하게 관리해 왔다.

국제적으로 가장 중요한 연구 제휴 그룹은 대학 기술 센터(UTC)들로 이뤄진 네트워크다. 1980년대 말에 롤스로이스는 엄선한 대학들과 기초적인 학술 연구에 초점을 맞춘 연구를 함께 시작했다. 이후 28개 대학 기술 센터들로 이루어진 국제적인 네트워크를 형성했고, 1990년에는 최초로 공식적인 제휴 협정이 체결됐다. 영국에 가장 먼저 UTC가 설립됐지만 최근에 그 네트워크가 미국, 노르웨이, 스웨덴, 이탈리아, 독일, 한국으로까지 확대됐다.

각 UTC는 한 가지 중요한 기술을 다루면서 전체적으로는 광범위한 공학 분야를 연구한다. 기체역학 이론에서 소음과 생산 기술까지 주제가 다양하다. 엄선한 대학들과 장기적인 관계를 형성하는 이 전략은 세계 수준의 학자들과 긴밀하게 접촉할 수 있게 하는 토대가 된다.

롤스로이스는 이런 국제적 네트워크에 연구를 직접 지원하는 것은 물론, 영국의 연구위원회를 비롯해 다른 정부 기관들이 지원하는 보조금을 연결해주기도 한다. UTC 관련 프로그램 외에 이 기업은 미국과 독일, 일본, 중국, 영국의 여러 국제적인 세계 수준의 연구 센터들과 별개의 관계를 구축해 오기도 했다. 이는 전체적으로 각 UTC의 활동을 보완한다. 항공우주 연구 기술 책임자인 사이먼 위크스(Simon Weeks)는 이렇게 말한다. "롤스로이스가 다양한 UTC와의 관계에서 성공하게 된 열쇠는 소규모 팀들이 업무 협약 규칙에 따라 관리하면서 제휴 관계의 내용 면에 더욱 집중한 데 있었다."

다른 기업들도 기술 개발을 위해 대학과 제휴하고 있기는 하다. 롤스로이스의 방식이 남다른 점은 협력의 깊이다. 롤스로이스는 단지 잠재적 신기술의 여러 원천들 가운데 하나로 이용하지 않고, 장기적인 R&D 과제를 효과적으로 위탁한다. 내부 자원의 일부를 외부로 이전하기도 했다. UTC 전략은 효과적으로 확대돼 전 세계 거의 30개 대학에 롤스로이스의 R&D 역량을 분산했다. 대학 연구소들도 자발적으로 자체 발전을 위해 롤스로이스와의 협력에 집중한다. 위크스는 이렇게 말한다.

"롤스로이스는 연구 노력과 성과를 적절히 판단한다. 그래서 학술적인 UTC와 사내 팀 사이에 갈등은 거의 없다. 회사는 전체 움직임을 통제하고 있으며 둘 사이의 역할은 어느 정도 분리돼 있다. UTC는 개발의 초기 단계를 담당한다. 회사는 상업화로 이어지는 후기 단계에 집중한다."

UTC 전략을 모방하려 한 다른 기업들은 이런 역할 분리의 중요성을 인식하지 못했다.

UTC는 저마다 장기를 발휘하는 분야가 다르다. 따라서 그들 각자 롤스로이스의 전체적인 미래 기술 구성에서 일정한 역할을 한다. 예를 들면 캠브리지는 1500°C 이상의 기온에서 가스 터빈 엔진을 가동하기 위해 특별히 개발된 니켈 기반 합금과 같은 소재를 집중적으로 연구한다. 전산 유체 역학(computational hydrodynamics) 부문에서는 2002년에 설립된 차머스(Chalmers) UTC가 프로펠러나 제트 수류와 같은 선박 추진 장치의 주변 기류와 설계를 연구하고 있다. 반면에 제노아 대학(University of Genoa)은 첨단 고체 산화물 연료 전지 시스템 개발에 집중한다. 싱가포르의 경우는 더욱 특별하다. 난양 공과대학(Nanyang Technical University)과 싱가포르 국립대학(National University of Singapore)은 물론, 과학기술처(A*STAR: Agency for Science, Technology and Research)와 연계돼 고체 산화물 연료 전지 기술을 기반으로 한 새로운 동력 장치를 개발 중이다. UTC 연구가 지역 협력 회사들과 컨소시엄과의 합작

Audi
Samsung

Amazon
Google

LEGO
Apple

Nestle
PepsiCo

Reckitt
Benckiser
P&G

Starwood
Inditex

Tata
Bharti

BASF
Shell

Rolls-
Royce
ARM

Narayana
Novo Nordisk

투자로 보완된 것이다. 롤스로이스는 UTC 모델로 학계와 산업 간의 전통적인 장벽을 무너뜨리는 데 성공했다. 본사 차원에서는 그렇게 개발된 최고의 기술을 활용해 여러 가지 문제를 처리하는 데 역량을 집중하고 있다.

결과 | '향후 10년내 2배 성장' 가능한 역량 만들다

롤스로이스가 최근에 이룬 성공엔 2011년 3월 말에 은퇴한 CEO 존 로즈(John Rose)의 공이 크다. 그는 15년 동안이나 CEO를 지냈는데, 바로 그 기간에 롤스로이스가 전 세계를 무대로 하는 세계 수준의 기업으로 변모했다. 그의 은퇴사를 들어보자.

"우리는 투자 계획을 계속 진행하면서 세계 수준을 갖춘 주요 지역의 연구소들에 자금을 지원하고, 미래 성장을 위한 역량을 제공했다. 그렇게 해서 생산성 향상에 기여하고, 수명이 반세기까지 연장될 수 있는 제품을 개발해 왔다. 우리에겐 유기적인 성장을 통해서 앞으로 10년 안에 매출을 배가할 수 있는 힘이 있다. 기업 인수와 제휴를 통해 그 성장세를 가속화할 수 있는 능력도 있다.

우리의 전략을 장기적이면서 끈질기게 지킨 결과, 미래의 성장을 위해 광범위한 선택을 할 수 있게 됐다. 제품 구성이 다양해졌고 특별한 서비스 역량도 창출됐다. 향후 10년에 걸쳐 매출이 두 배 이상 뛸 것이란 예상은 기록적인 수주로 뒷받침되고 있다. 이는 미래 전망을 밝게 하고, 재정을 견실하게 한다. 그래서 우리는 경쟁력을 강화해줄 인력, 기술, 그리고 역량에 계속 투자할 수 있다."

전망 | 제휴에 의한 기술도입은 계속된다

Audi
Samsung

Amazon
Google

LEGO
Apple

Nestle
PepsiCo

Reckitt
Benckiser
P&G

Starwood
Inditex

Tata
Bharti

BASF
Shell

Rolls-
Royce
ARM

Narayana
Novo Nordisk

연간 1600대 이상의 엔진을 공급하면서 수주 상황도 좋은 상황을 감안할 때, 롤스로이스는 안정적인 성장이 가능하다. 현재 관점에서 봤을 때 그렇다는 얘기다. 지속적인 성장은 여러 가지 요소에 좌우될 것이다. 이런 요소들 중 몇 가지만 꼽자면, 제품과 서비스를 차별화할 수 있도록 공급업체 및 고객과 장기적인 관계를 계속 수립하는 것, 영업 실적 개선에 꾸준히 주력하는 것(예컨대, 생산 시설을 최첨단 수준으로 유지함으로써), 그리고 제휴 프로그램을 통한 기술 도입에 지속적으로 투자하고 UTC와 연구소에 자금을 지원하는 것이다.

장기적 목표에 주력하는 기업인 롤스로이스는 단기적인 성공과 미래 성공 사이에서 균형을 잘 유지해야 한다. 제휴 모델에 대한 지속적인 평가와 섬세한 관리가 장·단기적 목표 추진의 필수적인 부분이다. 지금 상황으로 보면 전 CEO의 말대로 앞으로 10년에 걸쳐 매출이 배로 늘어날 것으로 예상된다. 이를 위해선 경쟁에서 계속 앞서고 기술을 주도하는 일이 무엇보다 가장 중요하다.

ARM홀딩스
'모바일 칩' 성공을 기반으로 한
가지치기 전략

아이폰은 모두 ARM이 설계한 칩으로 작동된다. 사실상 스마트폰의 95%가, 아이패드와 삼성 갤럭시, 모토로라의 줌을 포함한 대부분의 태블릿 PC가, 그리고 노트북의 10% 이상이 전 세계적으로 ARM 칩을 사용한다. 그 까닭은 경쟁업체인 인텔이나 AMD 등이 설계한 제품들보다 속도가 빠르고 에너지 소모가 적기 때문이다. 애플은 실제로 ARM 칩을 모든 맥의 유일한 플랫폼으로 사용할 것이란 얘기가 나온다. 여기에 탄력을 받아 ARM은 2015년까지 전 세계 모바일 PC 시장의 50%를 점유하는 것을 목표로 삼고 있다는 소문이 나돌고 있다.

경쟁업체가 봤을 때 ARM은 참 특이하다. 실제론 아무것도 생산하지 않으면서 매출을 올리고 있기 때문이다. 이 회사엔 제조 공장이 없다. 직원도 비교적 적은 편이다. 그럼에도 대부분의 가전제품에 대한 최신 기술 플랫폼을 개발하면서 반도체 산업을 주도하고 있다.

ARM은 캠브리지 본사에서 첨단 R&D를 진행한다. 거기서 나오는 설계를 전 세계 기업에 제공하고 있다. 그 대가로 사용료를 받아 돈을 번다. 회사는 그렇게 해서 생산 비용의 부담을 지지 않는다. 대신 전 세계적인 반도체 제조회사들의 제휴 네트워크가 그 비용을 담당한다. 성장세는 엄청나다. 2010년도 매출 증가율만 30%를 넘었고, 순익은 두 배 이상, 직원 1인당 매출도 21만5000파운드를 웃돌았다.

1980년대로 역사의 시계를 되돌리면, ARM은 아콘 컴퓨터스(Acorn Computers)의 R&D 팀이 개발한 ARM(Acorn RISC Machine) 칩에서 출발했다. 아콘 컴퓨터스는 이전에 BBC 마이크로컴퓨터를 만든 것으로 유명한 회사였다. 1990년 아콘에서 ARM 주식회사(ARM Ltd.)가 생겨났고, 애플과 VLSI 테크놀로지(VLSI technology)의 지원으로 지적 재산권 라이선스 회사가 됐다. 20년 후 매출은 4억 파운드를 넘겼다. ARM 설계 칩에 대한 740가지 이상의 라이선스가 주요 제조업체에서 사용되면서다. ARM은 이제 그 제품이 휴대폰과 노트북에서 카메라, 디지털 TV, 심지어 세탁기까지 계속 증가하는 무수한 디지털 제품에 내장된 세계 최고의 반도체 지적 재산권 공급업체가 됐다.

비즈니스 모델 | 반도체 회사의 '귀찮음'을 대행한다

ARM의 제휴 관계가 오래 지속된 것은 과감한 R&D 투자와, 라이선스가 가능한 코어 프로세서 기술에 대한 전문 지식에 근거한다. 2011년의 R&D 투자는 2억5000만 파운드로, 2008년의 두 배다. 1200명 가량이었던 직원은 현재 연 10%의 비율로 증가하고 있다. ARM의 라이선스는 사실 제휴 업체들에게 비용 면에서 경제적이다. 만약 그들이 독자적으로 R&D 투자를 한다면, 모든 반도체 회사는 동일한 최첨단 기술을 개발하기 위해 해마다 8000만 파운드에서 2억4000만 파운드 가량을 투자해야 할 것이다. 이는 반도체 산업에 연간 320억 파운드의 비용이 추가로 발생한다는 뜻이다. ARM 같은 곳이 이를 한 번 설계해 여러 업체에 사용권을 제공하면, 비용은 전체 산업으로 분산된다. 그 결과 디지털 가전제품의 가격을 낮추게 된다.

Audi
Samsung

Amazon
Google

LEGO
Apple

Nestle
PepsiCo

Reckitt
Benckiser
P&G

Starwood
Inditex

Tata
Bharti

BASF
Shell

Rolls-
Royce
ARM

Narayana
Novo Nordisk

ARM의 사업 모델은 반도체 설계를 하기 위해 라이선스 비용을 선불로 지불하는 제휴 기업들에 근거한다. 이 회사들은 2010년에만 60억 개 이상의 ARM 고성능 칩을 출하했다. ARM은 일반적으로 칩 가격의 1%를 저작권 사용료로 받는다. 반도체 회사가 사용권 계약을 맺은 때부터 사용료를 지불하기까지 걸리는 시간은 평균 3~4년이다. 그렇게 대가를 지불하면 기존 칩에 ARM 기술을 재사용할 수 있다. 다만 칩이 완전히 새롭게 출시되면 사용료를 새로 지불해야 한다.

ARM 제휴 회사들은 세계 시장에서 선두를 달리는 반도체 제조회사들이다. 그들의 정기적인 사용료 지불은 현금 유동성을 높인다. 폭넓은 협력 업체와 소비자 시장 기반을 감안해보면 잠재적인 수익원도 다양하다. 주목할 점은 이 모델을 통해 창출된 주주 가치다. 2004년 이후 ARM은 주식 환매와 배당금을 통해 4억 달러의 현금을 주주들에게 되돌려줬다.

시장의 역동성 | 태블릿PC·e북 리더기 등 새로운 기기 등장

반도체 시장은 끊임없이 진화하고 있다. 유명한 무어의 법칙(집적 회로의 용량이 2년마다 배로 증가한다는 통설)대로, 기술은 지속적으로 개선되는 상황이다. 기업들 간의 관계 구조도 끊임없이 변화하고 있다. 모바일과 컴퓨터 제품 간의 경계가 점점 무너지고 있고 자동차에서 가전제품까지 다른 부문으로 빠르게 파급 중이다.

산업 구조를 살펴보면 최근에 인텔의 인피니언(Infineon) 무선 사업 인수와 NEC와 르네사스(Renesas)의 합병 등 중요한 사건들이 있었다. 대부분 시장 점유율을 높이고 생산비를 절감하기 위해 단행됐지만, ARM 입장에선 설계 사용권을 새롭게 판매할 기회를 안겨줬다. 합병된 기업은 사업 전체에 걸쳐 공통된 기술 플랫폼을 채택할 필요가 있기 때문이다.

스마트폰은 점점 똑똑해지고, 노트북은 크기가 점점 작아지면서 휴대성이 점점 높아지고 있다. 이에 따라 새로운 모바일 컴퓨터 제품이 끊임없이 쏟아진다. 소비자들은 소셜 네트워크와 같은 개인적인 활용 면에서나 업무 측면에서도 사용하기 쉽고 배터리 수명도 긴 휴대성 높은 제품을 계속 요구한다.

ARM 기반의 모바일 컴퓨터용 칩은 인텔 8086에 기반을 둔 다른 제품들보다 비용이 저렴하면서도 성능도 우월하다. 특히 절전구조로 배터리 사용 시간이 길다. 2011년 초 수많은 제휴 기업들이 ARM 칩이야말로 태블릿과 e북 리더기, 넷북을 포함한 모바일 컴퓨터와 같은 주요 성장 시장에 적합하다고 발표한 이유다.

성장동력 | 저작권 수입을 늘리는 방법

최근 ARM 매출 성장은 세 가지 핵심 분야를 바탕으로 한다. 바로 모바일 기기 내부와 외부, 그리고 신기술 아웃소싱이다.

모바일 기기 내부

스마트폰과 같은 모바일 기기가 점점 복잡해짐에 따라 반도체 부품이 더 많이 필요하다. 이 칩들 가운데 ARM 기술이 담긴 것들이 많다. 기기당 칩 수가 증가하면서 칩당 가격까지 높아지는 가운데 기기당 ARM의 기술 이용권 매출도 증가한다. 2006년부터 2010년에 ARM이 기기당 받은 사용료만 60% 이상 증가했다.

모바일 기기 외부

ARM 기술은 디지털 TV와 하드 디스크 드라이브, 세탁기 등과 같은 여러 가전에 점점 더 많이 사용되고 있다. 이런 제품들에는 더욱 똑똑한 칩이 필요하다. 우리의 생활을 더욱 편리하고 안전하게 하면서 에너지 효율성까지 더욱 높여주는 제품 설계가 있어야 한다. 이에 대한 핵심 요소로 새로운 디지털 기술이 반영된 칩을 사용하

Audi
Samsung

Amazon
Google

LEGO
Apple

Nestle
PepsiCo

Reckitt
Benckiser
P&G

Starwood
Inditex

Tata
Bharti

BASF
Shell

Rolls-
Royce
ARM

Narayana
Novo Nordisk

는 사례가 증가할 것으로 보는 사람이 많다.

신기술 아웃소싱

ARM은 반도체 산업이 아웃소싱을 모색하고 있는 다른 기술들에도 같은 사업 모델을 적용한다. 이미 제조 공정과 그래픽 기술에 초점을 맞춘 물리적인 지적재산권 라이선스로 성공을 거두고 있다. 이 기술들은 칩당 사용료를 높여줘 기기당 ARM의 부가가치를 더 높이고 있다.

커뮤니티 관리 | 800개 이상의 회사를 지원한다는 강점

특별한 사업 모델과 세계 최고의 칩을 개발하는 사내 기술 역량만이 ARM의 독보적 역량이라고 보면 오산이다. 중요한 축은 다양한 커뮤니티를 구축하고, 이를 지원하는 능력이다. ARM의 고객들은 많은 사람이 가장 중요하게 여기는 커뮤니티다. ARM 설계의 사용 허가를 받은 다양한 기업들과 지속적으로 소통하는 일은 ARM이 지닌 영향력의 핵심이다.

ARM은 때때로 이런 차원을 뛰어넘는 커뮤니티도 관리한다.

일례로 ARM 커넥티드 커뮤니티(ARM Connected Community)라는, 제3자 기술 제공업체들과 기술 설계 회사들로 이루어진 광범위한 커뮤니티를 운영한다. 이 커뮤니티는 칩 설계 디자인을 다양하게 하는 한편, ARM 기반 솔루션의 출시 기간을 단축하기 위해 노력한다. 반도체 공급망 전체를 포괄하는 이 커뮤니티 내에는 800개 이상의 회사들이 있다. 이들은 ARM에 있어 다른 지적 재산권 관련 회사들을 압도하는 경쟁력 우위의 원천이다. 신생업체 진입을 막는 장벽의 구실도 한다. 이는 ARM 기술을 도입해 제품에 적용하는 반도체 회사 수백 곳을 포함하는 광범위한 R&D 망이다.

미래 | 안드로이드 플랫폼의 확산은 위기

지난 5년 동안 경쟁사인 인텔의 주가는 대체로 변화가 없었다. 반면에 ARM의 주가는 350% 이상 상승했다. ARM의 사업 모델이 효과를 발휘하고 있다는 방증이다. ARM은 현재 모바일 PC 시장의 강자인 인텔을 점차 앞지를 것으로 예상된다. 2015년 무렵에 태블릿과 미니 노트북 등, 판매되는 모바일 PC의 절반 이상에 ARM 기반 프로세서가 탑재되도록 하겠다는 회사 목표가 달성된다면 말이다. ARM 기술에 기반을 둔 칩들은 이미 애플의 아이패드, 삼성의 갤럭시 탭, 모토로라의 줌 등, 대부분의 주요 태블릿 PC에 탑재돼 있다. 삼성과 엔비디아(NVIDIA)와 같은 회사들이 생산한 칩에도 설계 사용권을 판매해 왔다. 태블릿에 대한 소비자의 관심이 높아짐에 따라 ARM의 시장 점유율도 크게 뛰어오를 것으로 예상된다. ARM은 빠른 속도로 스마트폰과 태블릿에 장착되는 최고의 프로세서로 자리매김하고 있다. 2011년 말에 ARM이 확보한 모바일 PC 분야의 시장 점유율은 약 15%였다. 예상대로라면 2015년 무렵에 이 수치를 50% 이상으로 높일 것이다.

그 예상이 실제가 될지 사실 약간의 의심이 든다. 안드로이드 플랫폼을 통한 모바일 시장에 대한 구글의 영향과 모토로라 인수가 잠재적 위협이 되고 있기 때문이다. ARM의 솔루션 마케팅 담당 이사인 스티브 테일러(Steve Taylor)는 이 사실을 정확히 꿰뚫어보고 있다.

"구글과 같은 기업들이 같은 프로세서 설계에 맞춰 직접 라이선싱 사업에 나선다면 우리 사업엔 위협이 될 수 있다. 여러 제조업체에서 칩을 공급받는다면 각각의 칩에 적합한 소프트웨어를 개발하는 데 어려움을 낳는다. 결국 최종 상품의 생산비용을 높일 수 있다. 이런 우려 때문에 구글 안드로이드 기기 제조업체는 그동안 한 회사의 칩에만 맞춰 제품을 설계했다. 앞으로 인텔 식의 수직 통합 사업 모델을 따를

Audi
Samsung

Amazon
Google

LEGO
Apple

Nestle
PepsiCo

Reckitt
Benckiser
P&G

Starwood
Inditex

Tata
Bharti

BASF
Shell

Rolls-
Royce
ARM

Narayana
Novo Nordisk

가능성이 크다.

이 문제에 대응해 ARM은 리나로(Linaro)라는 비영리 단체의 기치 아래 네 곳의 실리콘 프로세서 공급업체를 포함한 많은 기업과 실험적인 제휴 관계를 수립했다. 리눅스 커널을 이용해 어느 정도 소프트웨어 표준화가 이뤄지면 구글과 같은 기업들이 다수의 공급업체로부터 프로세서를 공급받을 가능성이 높은지 알아보기 위한 목적이다.

새로운 리나로 사업 모델은 네 곳의 프로세서 제조업체와 이 모델에 150~300만 파운드를 투자한 ARM, 그리고 100명 내외로 알려진 엔지니어들을 중심으로 추진된다. 엔지니어들은 우리 모델을 적용하면 안드로이드 제조업체용 소프트웨어 개발에 어떠한 차별화도 존재하지 않는다는 사실을 확인하고자 한다. 더불어 차세대 구글 안드로이드용 칩을 개발하기 위해서도 협력한다.

이 모델은 12개월 동안 운영돼 왔다. 성공 여부는 더 지켜봐야 한다. 리눅스는 오픈 소스이므로, 시장에 대한 대응과 제휴 관계 관리와 같은 비기술적인 분야에서만 차별화를 꾀한다. 시장에 대한 대응과 제휴 관계 관리는 모두 ARM의 강점이다."

AMD와 인텔이 시장 반격에 나설 수 있는 상황도 위협 요소다. 물론 그 문제에 대처할 자신은 있다. 근본적으로 물리적 자산이나 부채가 없는 유연한 사업 모델을 갖춘 소규모 팀이기에 누구보다 빠르게 움직일 수 있기 때문이다. 시장에 대한 ARM의 기민한 대응력과 기존의 긴밀한 제휴 관계 등을 볼 때 그러하다. 애플과의 긴밀한 관계도 가장 큰 자산 중 하나다. 애플이 ARM 설계 기반으로 완전히 전환하면, 모바일과 휴대용 컴퓨터의 플랫폼이 하나로 통합되는 결과를 낳는다. 이런 관계가 그렇게 결실을 맺으면 마이크로소프트와 같은 거대 미국 기업의 인수 대상이 될 수 있다.

핵심적인 통찰 | 롤스로이스와 ARM

롤스로이스와 ARM만이 기술 제휴를 혁신과 성장 전략의 핵심 요소로 채택한 것은 아니다. 하지만 일반적인 틀을 벗어나 독보적 역량으로 삼았다는 데 큰 차이가 있다.

그들은 미래 사업 성장의 핵심으로 기술 제휴 관계를 든다. 지금까지도 그랬다. 그들은 이런 방식으로 기본적인 사업 모델을 변화시켰다. 그 과정에서 과감한 실험을 마다하지 않았다.

롤스로이스는 어떤 사업 모델 접근 방법을 발견하면 그것을 일단 시도해본 다음에야 공식적으로 활용했다. 이는 롤스로이스의 UTC 제휴는 물론 ARM의 비즈니스 모델에도 해당된다. 두 회사 중 어느 쪽도 과거에 집착하지 않았다. 각자의 분야에서 오직 최첨단 기술로 승부하겠다는 의지가 있었다. 앞으로 어떤 어려움이 닥치든 기꺼이 최고의 기술을 이용해 적응할 것이란 확신이다.

Audi
Samsung

Amazon
Google

LEGO
Apple

Nestle
PepsiCo

Reckitt
Benckiser
P&G

Starwood
Inditex

Tata
Bharti

BASF
Shell

Rolls-
Royce
ARM

Narayana
Novo Nordisk

롤스로이스

성장 결과

이윤 높은 서비스 매출이 보장된
10년 치 주문 확보

독보적 역량

장기적 연구와 기술 제휴 집중 관리

기본 역량

| 최첨단 소재 기술 개발 | '시간당 출력' 사업 모델 | 성공적인 전략적 제휴 관리 |

ARM

성장 결과

인접 부문에 대한 영향력
증대로 스마트폰 칩 설계 지배

독보적 역량

기술 공유에 기반을 둔
커뮤니티와 제휴 관계 관리

기본 역량

| 생산이 아닌 설계 중심 | 필수적인 숨은 요소 | 라이선스 제휴 네트워크 |

CASE 10

나라야나 흐루다얄라야와 노보 노르디스크

건강관리를 혁신하다

어수선한 상황에서 소수의 회사들만 건강관리 시스템에 혁신을 추구해 왔다. 나라야나 흐루다얄라야와 노보 노르디스크는 그 대표주자다. 모두 사업의 패러다임을 환자 관리에서 건강관리로 전환하는 데 앞장서는 기업이다.

건강관리 시스템 구축

노보 노르디스크와 나라야나 흐루다얄라야는 모두 좀 더 넓은 생태계와 협력하는 방식으로 바꿔 성공했다. 두 회사는 사업 모델 혁신에 대해 서로 다른 접근 방법을 보였다. 노보 노르디스크는 약품 개발과 교육의 세계적인 상호 연결 체계를 구축하는 방법으로, 나라야나 흐루다얄라야는 수술 방법을 혁신해 업계를 선도했다. 두 회사 모두 치열한 경쟁 아래 상품을 개발해왔다. 모두 미래 지향적이지만 주력한 부분은 서로 다르다.

지난 여러 해 동안 전 세계 의료기업들은 건강관리보단 질병 관리에 신경써왔다. 사고를 당하거나, 병에 걸리거나, 혹은 건강이 악화된 후에나 환자를 돌보는 일에 집중했던 것이다.

몇 해에 걸친 의료 시설 투자와 발전이 이뤄진 결과 사람들은 자신들의 수명을 연장시킬 수 있는 다양한 첨단 기술 시스템과 만나게 됐다. 자연스레 전 세계 인구수가 증가하고 평균 수명도 늘어났다. 이에 따라 건강관리 시스템에 과부하가 걸렸다.

여기에 불건전해지는 생활양식을 감안하면, 만성 질병 건수가 늘어나고 그와 연관된 비용이 급등하는 건 당연하다. 미국만 봐도 개인 지출의 80%가 생애의 마지막 해에 집중돼 있는 형편이다. 노인 부양률이 높은 다른 여러 나라도 건강관리 비용을 충당하기 위해 애쓰고 있다. 신흥 국가들도 풍토병 문제뿐만 아니라, 당뇨병이나 심장병을 비롯한 생활습관 변화와 관련한 질병도 나타나는 모습이다. 부의 증가와 도시화와 관련한 문제다.

이런 변화를 지켜보면 거대 제약회사들과 의료기기 부문에서 대기업들의 성장을 뒷받침할 사업 모델 개발에 우려가 생긴다. 미국의 노인 건강 보험과 같은 문제들이 정치적으로 많은 주목을 받았지만, 실제로 제도를 개혁하는 데는 진전된 게 거의 없다. 네비제닉스(Navigenics)의 CEO이며 휴매나(Humana)의 전 CEO인 잭 로드(Jack Lord)는 2010년도 퓨처 어젠다(Future Agenda) 프로그램을 출범하면서 이렇게 말했다.

"앞으로 10년 동안은 변화의 시기가 아니라, 건강관리 제도에 대한 '압박 요인들'이 점점 확연히 드러나는 시기가 될 것이다."

어수선한 상황에서 소수의 회사들만 건강관리 시스템에 혁신을 추구해 왔다. 나라야나 흐루다얄라야와 노보 노르디스크는 그 대표주자다. 나라야나 흐루다얄라야는 사업 모델과 프로세스 혁신을 동시에 이루며 심장 수술 비용을 낮췄고, 그 과정에서 시설의 접근성과 규모도 비약적으로 발전시켰다. 그 결과 전 세계에서 가장 빠르게 성장하는 건강관리 회사로 거듭났다. 노보 노르디스크는 당뇨병 약 개발을 주도해 왔을 뿐 아니라, 당뇨병 예방에도 주력해 왔다. 사업의 패러다임을 환자 관리에서 건강관리로 전환하는 데 앞장서는 기업이다. 이는 시대 흐름에 발맞춘 혁신이기도 하다.

Audi
Samsung

Amazon
Google

LEGO
Apple

Nestle
PepsiCo

Reckitt
Benckiser
P&G

Starwood
Inditex

Tata
Bharti

BASF
Shell

Rolls-Royce
ARM

Narayana
Novo
Nordisk

나라야나 흐루다얄라야
'세계 최대의
암 전문 병원'으로 불려

인도의 건강관리 산업은 급성장하고 있다. 2010년 시점으로 볼 때, 시장규모가 연 500억 달러에, 450만 명에게 일자리를 제공하는 2대 서비스 산업이다. 그 크기는 지금도 약 20%의 비율로 성장하고 있다. 2015년에는 1000억 달러, 2022년에는 2800억 달러의 시장규모가 예상된다. 이 시장에서 아폴로 병원은 선도자였다. 인도에서 최초로 상업 병원을 세워 시장을 일궜다. 현재 인도의 건강관리 산업은 건강관리의 효율성을 계속 높여가는 고도로 체계화되는 모습이다. 후발주자인 나라야나 흐루다얄라야는 현재 이 시장에서 중요한 역할을 한다. 영향력 면에서 스타 기업이라고 할 만하다.

데비 프라사드 셰티(Devi Prasad Shetty) 박사는 테레사 수녀의 심장 수술을 담당한 적이 있는 베테랑 의사다. 기업가로서는 나라야나 흐루다얄라야 그룹의 창업자이며 회장이다. 그의 비전은 남다르다. "전 세계의 가장 가난한 지역들을 포함해, 앞으로 15년 안에 모든 남녀와 어린아이가 첨단 건강관리를 이용할 수 있게 하는 것"이다. 현재 인도에는 5000개 가량의 병상이 있다. 셰티 박사는 이 숫자를 앞으로 5년

내에 3만 개로 늘리는 것을 목표로 삼고 있다. 이런 비전 아래 나라야나 흐루다얄 라야는 건강관리에 있어 선두 기업으로 자리를 잡아간다. 인도 시장을 떠나서도 마 찬가지다. 나라야나 흐루다얄라야는 조만간 미국은 물론 아시아와 아프리카의 여러 지역에 사업을 확장할 꿈을 꾸고 있다.

창업 후 10년이 갓 지난 2011년, 나라야나 흐루다얄라야는 '아시아 최대의 심장 관리 센터', '세계 최대의 암 전문 병원'으로 불린다. 10만㎡ 위에 펼쳐진, 방갈로르 의 나라야나 흐루다얄라야 헬스 시티(Narayana Hrudayalaya Health City)와, 콜카타의 라빈드라나드 타고르 국제 심장학 연구소(Rabindranath Tagore International Institute of Cardiac Sciences)는 그룹에 속한 두 곳의 심장 전문 병원이다. 두 병원은 인도에서 실 시되는 심장 수술 가운데 약 12%를 담당하고 있다. 전 세계적으로 나라야나 흐루 다얄라야는 가장 많은 수의 소아 심장 수술을 시행하고 있다. 무려 73개국 아동들 에게 심장 관리 서비스를 제공한다.

세티 박사의 견해에 따르면, 최초의 심장 수술은 100년 전에 실시됐다. 그러나 현 재 전 세계 인구 중 8%만이 심장 수술을 받을 수 있다. 바꿔 말하면 세계 인구 중 거의 90%는 현대적인 건강관리 시스템을 이용할 수 없다.

나라야나 흐루다얄라야 그룹은 이런 상황을 바꾸는 데 전념하고 있다. 경영혁신 활동의 목적도 바로 여기에서 비롯된다.

혁신의 역동성 | 과정의 혁신으로 품질은 올리고 가격은 낮추다

미국의 심장 절개 수술의 평균 비용은 복잡한 정도에 따라 2만 달러에서 10만 달 러 사이다. 나라야나 흐루다얄라야의 대표적인 병원은 비슷한 수준의 서비스에 평 균 2000달러를 청구한다. 결과는 어땠을까. 다음은 2009년 〈월스트리트저널〉 기사 의 내용이다.

Audi
Samsung

Amazon
Google

LEGO
Apple

Nestle
PepsiCo

Reckitt
Benckiser
P&G

Starwood
Inditex

Tata
Bharti

BASF
Shell

Rolls-Royce
ARM

Narayana
Novo
Nordisk

'2008년에 나라야나의 심장 전문의 42명이 3174건의 관상동맥 우회 수술을 했다. 이는 미국의 대표적인 심장 전문 병원인 클래블랜드 클리닉이 같은 해에 실시한 1367건의 두 배가 넘는 수치다. 나라야나의 의사들은 2777명의 소아 환자를 수술했는데, 이 역시 보스턴 아동 병원에서 실시한 1026건의 두 배가 넘었다.'

이런 결과를 두고 수술의 질에 대해 의심이 들 수도 있다. 그건 사실과 다른 오해다. 〈월스트리트저널〉은 미국 심장병 대학 CEO인 잭 루윈(Jack Lewin)의 입을 빌어 이렇게 말한다.

"의료 활동의 질은 오히려 꾸준히 개선됐다. 의사들의 수술 경험이 계속 쌓여가기 때문이다." 환자 수와 함께 매출이 늘면서 의사들은 각자 한 두 가지 특수한 유형의 심장 수술에 집중할 수 있는 여유가 생겼다. 인도와 미국을 비롯한 다른 나라들의 소형 병원에서는 이런 모습이 불가능하다는 게 루윈 씨 생각이다. 나라야나 흐루다얄라야는 그렇게 심장 수술 분야에 있어 최고가 됐을 뿐만 아니라, 전 세계 심장외과 의사들이 주목하는 병원이 됐다.

비교적 짧은 회사 역사에 이런 발전이 어떻게 가능했을까?

해답은 과정의 혁신에 있다. 세티 박사의 말을 들어보자.

"일본 기업들이 자동차 생산 과정을 혁신했듯이, 우리는 건강관리에서 비슷한 일을 하고 있다. 건강관리에서 필요한 것은 제품의 혁신이 아니라, 과정의 혁신이다."

이 병원기업은 수술의 전 과정을 혁신해 비효율적인 것들을 제거했다. 동시에 의료 서비스 질을 높였다. 규모의 경제 효과도 노렸다. 첨단 심장 수술을 비롯한 수술 건수를 늘려 각 건별 수술비용을 낮췄다. 세티 박사는 이에 대해 이렇게 말한다.

"모든 비밀은 숫자에 있다. 수많은 수술로 간접비가 환자들에게 분산된다. 우리는 전 세계에서 가장 많은 심장 판막 수술을 하기 때문에 공급업체에 대한 구매력도 높아진다. 그래서 인공 심장 판막을 더 낮은 가격에 들여올 수 있다. 우리는 심장 수술 서비스에 있어 공급과 비용에 대한 모든 측면을 계산했다. 그래서 개선 가능한 것은 대부분 최적화됐다."

　나라야나는 의료 장비를 생산업체에서 직접 구입한다. 여기에서 절약되는 비용도 상당하다. 값비싼 의료 장비에 대한 투자비용은 높은 시설 이용률로 보상된다. 하루에 15~20회로 일반적인 미국 병원에 비해 3~5배나 높은 이용률이다.

　나라야나 흐루다얄라야는 높은 자본 비용이 필요한 구조도 혁파했다. 일례로 나라야나는 실험 기재 가격이 4만 달러에까지 이른다면 굳이 구입하지 않는다. 사실 세계적인 명성을 자랑하는 병원 입장에서 그럴 필요가 없다. 제조업체는 그 기재를 병원에 무료로 임대하는 대신 그곳에서 나오는 소모품 교체 비용만을 수익으로 얻어간다. 소모품 수량을 감안할 때, 이런 선택을 거부한 업체는 거의 없었다. 낮은 가격으로 수익을 올릴 수 있는 병원을 건설하는 일에는 그야말로 혁신적인 사고가 필요하다. 이는 나라야나의 병원 건설 방식에서도 엿볼 수 있다. 조립식 자재를 비롯한 저비용 건설 기술을 통해 나라야나 흐루다얄라야는 6개월 안에 600만 달러로 300개 병상을 갖춘 병원을 세웠다.

　인도의 유명 눈 관리 병원인 아바린드 헬스케어(Avarind Healthcare)와 비슷한 가격 결정 모델을 채택하고 있는 나라야나 흐루다얄라야는 사람에 따라 비용을 다르게 청구한다. 이른바 차등 가격제에 따라 가난한 사람들은 부자와 외국 고객보다 치료비를 적게 지불한다. 그럼에도 저렴하면서도 질 높은 의료 서비스를 받기 위해 유럽과 미국에서 많은 사람이 인도의 병원을 찾고 있다. 특히 백내장과 심장 수술과 관련해 인도 의료계는 명성이 자자하다.

　의료 관광은 종합적인 여행 패키지로 짜여있는데 항공편과 입원, 수술을 위한 비용만 따져보면 미국의 5~10% 사이다. 개인은 물론 국민 건강관리 제도 입장에서도 상당한 돈이 절약된다. 보험회사들부터 고객에게 간접적으로 의료 관광을 권하는 건 놀라운 일이 아니다. 2010년만 봐도 미국 시민의 100만 명 이상이 건강관리를 위해 인도를 찾았다. 애틀랜타의 한 환자는 이렇게 말했다.

Audi
Samsung

Amazon
Google

LEGO
Apple

Nestle
PepsiCo

Reckitt
Benckiser
P&G

Starwood
Inditex

Tata
Bharti

BASF
Shell

Rolls-Royce
ARM

Narayana
Novo
Nordisk

"나는 무엇인가 특별한 것을 기대했다. 그런데 기대 이상이었다. 탁월한 전문 기술과 안정적인 팀 운영을 통해서 말이다. 미국에서는 흔치 않은 일이다."

딜로이트의 예측에 따르면, 인도로 가는 미국 의료 관광객 수는 곧 160만 명을 돌파할 것이다. 이에 따라 2013년이면 인도의 의료 관광산업의 가치도 20억 달러를 넘을 것으로 예상된다.

케이먼 제도(Cayman Islands: 카리브 해에 있는 영국령 제도)에 2000개 병상을 갖춘 병원을 새로 개원한 것을 보면, 나라야나 흐루다얄라야가 미국 의료 관광객들의 발길을 좀 더 끌기 위해 최근 어떤 노력을 하는지를 알 수 있다. 주류 소비자 시장이 더 가까운 지역에 효율성이 높은 병원을 세우는 사업 말이다. 이렇게 되면 환자 입장에서 항공료와 시간이 크게 절약되는 등 혜택이 더 커진다. 나라야나는 이렇게 타깃 시장에 접근하는 전략을 기본으로 다른 많은 계획을 짜고 있다.

나라야나 흐루다얄라야의 강점 | 심장수술에 초점

다른 인도 회사들은 대부분 저소득층 시장을 위한 프로세스 혁신에 집중한다. 그래서 건강관리 비용을 어느 정도 낮췄다. 하지만 나라야나 흐루다얄라야만큼의 성공을 거두지는 못했다. 나라야나가 이처럼 성공한 배경엔 꾸준히 비용 최적화에 집중하는 기업 문화가 있다.

그 과정에 선택과 집중도 분명했다. 심장 수술을 핵심 분야로 선택해 여기에 관한 세계 수준의 전문 기술을 구축했다. 이에 따른 높은 매출은 저렴한 가격에도 이익을 보장한다. 관상동맥 우회 수술 평균 비용의 경우 다른 병원의 40%지만 수술량은 압도적이다. 첨단 장비를 다루는 전문화된 외과의들 덕분에 품질 면에서도 호평을 받는다. 병원 사업에서 지속 가능한 성장을 추구하려면 무엇보다 특정 분야에서만큼은 최고로 인정받는 일이 무엇보다 중요하다.

나라야나의 독보적 역량은 비용 최적화 분석과 기업 문화를 적절히 결합한 데서 나온다. 심장 수술과 사후 관리를 중심으로 하는 일차적 혁신은 그 자체로 특별하다. 하지만 나라야나가 보인 지속적인 최적화는 시간과 자원 낭비를 점진적으로 제거하려는 총체적인 노력 없이는 불가능하다. 나라야나는 '의사 실적 책임(Physician Accountability)' 제도라는 것을 운영한다. 이 제도에 따라 모든 의사들은 저녁마다 개별적인 손익 계산을 알려주는 문자 메시지를 받는다. 나라야나 흐루다얄라야는 이런 과정을 통해 실오라기 하나라도 허투루 낭비하지 않는다.

새로운 성장 기반 | 건강도시 내에서 줄기세포도 연구

나라야나 흐루다얄라야는 핵심적인 심장 수술 시설을, 인도 전역은 물론 다른 시장으로도 확대하고자 한다. 동시에 새로운 성장동력을 찾는 데도 분주하다. 후보군으론 암 치료, 신경학, 장기 이식, 정형외과 및 복원 수술, 시력과 치아 관리, 조직 은행, 줄기세포 연구 등이 있다.

이런 생각을 가지게 된 배경엔 건강 도시란 게 있다. 건강 도시란 여러 병원으로 이루어진 복합 단지를 의미한다. 건강 도시를 세우게 되면 또다른 규모의 경제 효과가 나온다. 건강관리 비용을 전체적으로 낮출 수 있다. 모든 관리와 지원 서비스, 또한 실험 기구가 여러 전문 분야에 걸쳐 공유되기 때문이다. 현재 인도에는 나라야나 흐루다얄라야 건강 도시가 다섯 군데 있으며, 건설 중이거나 계획 중인 도시는 훨씬 많다.

나라야나 흐루다얄라야는 공급 관리에 대한 전략도 혁신하고 있다. 기업 고객을 위한 건강관리 종합 서비스를 제공하면서 기업과 직접 거래하는 부서를 새로 개설했다. 이것은 최적화와 단순한 관리를 향해 한 단계 더 발전한 전략이다. 이 밖에도 다음과 같은 또 다른 두 가지 발전 과정도 주목할 만한 가치가 있다.

Audi
Samsung

Amazon
Google

LEGO
Apple

Nestle
PepsiCo

Reckitt
Benckiser
P&G

Starwood
Inditex

Tata
Bharti

BASF
Shell

Rolls-Royce
ARM

Narayana
Novo
Nordisk

원격의료 | **오지·농촌까지 모바일로 연결**

맥킨지는 전 세계 모바일 건강 사업의 가치가 곧 500억 달러를 넘을 것이라고 예상한다. 그러면서 인도를 주요 시장의 하나로 봤다. 다양한 문화가 혼재된 인도와 같은 광대한 나라에서 모든 사람에게 질 높은 건강관리 서비스를 한다는 건 엄청난 도전이다. 그래도 어느 정도 진전은 이뤘다. 인도 우주 연구 기구(Indian Space Research Organization, ISRO)는 농촌과 오지에서 유수한 건강관리 기업들과 여러 지방 정부와 협력함으로써 이 부분에 선구적인 업적을 이뤘다. 위성 통신, 고속 무선 통신 기술 등의 발달로 이전에는 의료 회색 지역이었던 곳에서도 첨단 의료 서비스를 일부 이용할 수 있게 됐다. 원격의료를 통해서 말이다.

나라야나 흐루다얄라야와 ISRO의 협력은 인도의 오지에서 시작됐다. 이젠 다른 지역으로 확대되고 있다. ISRO는 IT 시설을 지원하고, 나라야나 흐루다얄라야를 비롯해 그 프로그램에 참여한 병원들은 그 시스템을 유지하는 데 필요한 자원을 제공한다. 이 원격의료 네트워크에는 현재 332개 병원이 연관돼 있다. 구체적으로 299개 농촌 보건소가 주요 도시들에 있는 33개 전문 병원과 연결된다.

나라야나 흐루다얄라야는 별도로 아시아 심장 재단(Asia Heart Foundation)이 협력해 환자 치료와 외래 환자 상담을 24시간 지원하는 중환자실과 원격의료 센터들의 네트워크를 구성했다.

셰티 박사는 그 결과를 이렇게 분석한다.

"원격의료는 평범한 서민에게 비범한 도움을 준다. 실제로 농촌 보건소들이 대도시에 있는 중심 병원의 도움을 받아 심근 경색과 국소 빈혈, 불안정 협심증에 걸린 환자들을 치료하는 데 성공했다."

소액 건강보험 | 300만 농민을 위한 금융상품

Audi
Samsung

Amazon
Google

LEGO
Apple

Nestle
PepsiCo

Reckitt
Benckiser
P&G

Starwood
Inditex

Tata
Bharti

BASF
Shell

Rolls-Royce
ARM

Narayana
Novo
Nordisk

셰티 박사와 나라야나 흐루다얄라야는 인도가 건강관리 보험 분야에서 겪게 될 잠재적 변화에 주목한다. 때문에 1970년대에 미국이 보험 산업과 노인 의료보험, 저소득층 의료보장 제도의 발전으로 겪은 변화를 분석하고 있다. 셰티 박사는 "인도를 비롯한 신흥 국가들의 정부가 앞으로 10년 안에 대중에게 건강보험을, 이용할 수 있는 기회를 제공할 것"이라고 밝혔다. 그는 이 건강보험을 모든 사람에게 첨단 건강관리를 제공한다는 자신의 비전을 이룰 수 있게 하는 핵심 수단으로 본다.

나라야나 흐루다얄라야 그룹은 이미 소액 건강보험으로 서비스 혁신을 하고 있다. 약 8년 전 카르나타카 주 정부와 협력해 월 11센트라는 놀라운 가격으로 내놓은 소액 건강보험인 야샤스위니(Yashaswini)가 대표적인 예다. 170만 명의 농민을 대상으로 시작했으나 현재는 가입자가 300만 명을 돌파했다. 나라야나 흐루다얄라야 환자의 거의 3분의 1이 이 보험에 가입돼 있는 셈이다.

이 보험은 모든 심장 수술에 대해 1건 당 1200달러를 병원에 지원한다. 그것은 병원의 손익분기점인 건당 1500달러보다 약 300달러 낮은 가격이다. 병원은 그 보험에 가입되지 않는 일반 병동에 입원하는 40%에 해당하는 환자들에게 2400달러를 청구함으로써 그 차액을 메꾼다. 개인실 또는 반(半) 개인실을 이용하는 30%에 속한 환자들은 5000달러까지 지불한다. 현재 야샤스위니는 세계 최대의 자립형 건강보험으로 불린다. 현재 전 세계적으로 적용할 수 있는지 알아보기 위해 국제노동기구와 세계은행에서 연구 중이다.

미래의 성장 | 케이먼 제도의 건강도시·대중의료관광

　나라야나 흐루다얄라야는 비즈니스 모델 통합과 프로세스 혁신에 있어 자타가 공인하는 선두주자다. 그것도 서비스 제공 업체들 사이의 낡은 관행과 유착 관계에 젖어 있는 부문에서 이뤘다.

　환자의 필요에 초점을 맞춰 건강관리 비용에 관한 규정을 새로 정한 나라야나 흐루다얄라야는 지금까지 심장병 관리에 대한 접근 방법을 꾸준히 개발하고 개선해 왔다. 저소득층을 대상으로 한 시장에서도 효과적인 해결책을 찾아냈고 국외 고객들을 대상으로 의료 관광이란 사업도 발굴해 냈다. 많은 경쟁자가 모방에 나설 만한 결과다. 인도에서는 물론 다른 나라에서도 막강한 도전자들이 나올 가능성이 높다. 건강관리 시장은 계속 성장할 것으로 보이지만 나라야나 흐루다얄라야의 잠재력이 줄어들 가능성은 적다. 케이먼 제도에 있는 해외 시설이 성공하면 세계에서 가장 부유한 미국의 건강관리 보험에 수혜를 받는다. 비슷한 사업은 다른 나라 부근에서도 가능하다. 그러나 나라야나 흐루다얄라야의 철학과 전략이 더 큰 반향을 일으킬 수 있는 곳은 다른 아시아 신흥경제 지역이나 아프리카 부근일 것이다.

노보 노르디스크
제약계의 틀을 깨다

제약 부문은 연간 3500억 달러 이상의 시장 규모를 보인다. 화이자와 존슨 앤 존슨과 같은 회사들은 500억 달러 이상의 매출을 올리며 머크(Merck), 엘리릴리(Eli Lilly), 애보트(Abbott)와 같은 회사들이 뒤따른다. 기업들 대부분이 주력 약품의 특허 만료라는 심각한 위기와 마주한 가운데, 기존 사업 모델의 지속성에 빨간불이 켜졌다. 앞으로 획기적인 특효약을 개발하거나 전문화된 약사들과 특정 환자를 겨냥한 고가 의약품을 꾸준히 생산해내지 않으면 미래가 불투명하다.

제약 회사들은 낡은 사업 모델을 되살리기 위해 부단히 여러 전략을 시도했다. 결과는 신통치 못했다. 예컨대, GSK는 신생 생물공학 회사들의 성공을 모방해 우수 의약품 개발 센터(Centres of Excellence for Drug Discovery)를 개설했다. 엘리릴리는 웹상에 당면한 문제를 공개하고 전 세계 전문가들로 하여금 그 문제를 해결하게 하고 비용을 지불하는 사업을 시작했다. 이노센티브(InnoCentive: 크라우드소싱 (crowdsourcing)을 통한 R&D 전문 회사)라는 개방형 혁신 모델을 내놓은 것이다. 하지만 아직까지 미래 발전을 위한 뾰족한 수가 나오지는 않았다.

변화에 가장 많은 노력을 기울여온 회사는 노보 노르디스크다. 특히 당뇨병에 대한 우리의 편견에 도전하고 있다. 당뇨병을 관리하는 의약품을 제공하기보다, 당뇨병을 근절하는 데 투자하고 있는 방식으로 말이다. 제약회사의 입장에서 이것은 마치 제 살 깎아먹기로 보일 것이다. 제약회사가 당뇨병을 예방하려 한다면, 당뇨병 치료제는 어떻게 팔 것인가?

노보 노르디스크는 일반적인 의약품의 한계를 극복하는 일에 누구보다 앞서왔다. 환자의 입장에서 생각한 만년필형 인슐린 주사기는 그렇게 탄생했다. 인슐린 주사기는 일반 주사기에 비해 인슐린을 주입하는 데 있어 훨씬 편리하다. 30초 안에 쉽게 약물 투여가 가능하다.

다른 회사들이 의약품의 효능을 높이는 것에만 주력한 데 비해 노보 노르디스크의 관점은 달라도 너무 달랐다. 환자의 경험을 우선시해 더 나은 임상 결과를 내놓는 일에 열정을 다했다. 그 결과 회사의 관련 시장 점유율은 40%에 이르렀다.

혁신과 성장 | '당뇨병 전문가' 명찰 버리지 않는다

혁신은 제약 회사의 생명줄이다. 대대적인 의약품 특허 만료 움직임을 목전에 둔 지금 시점에선 더더욱 그렇다. 자칫 안정적이라고 생각했던 시장에서 하루아침에 입지를 잃을 수도 있으니 말이다. 때문에 앞으로의 성장은 혁신 활동과 직결된다. 노보의 탁월한 점은 지속적인 성장동력을 유지하기 위해 제품 구성을 건전하게 관리하면서 당뇨병을 누구보다 폭넓은 시각에서 바라본다는 데 있다. 분자구조 연구 따위에만 매달리지 않고 기기와 응용 장치를 직접 개발하는 일에도 나섰다. 뿐만 아니라 수많은 이해 당사자들을 당뇨병 예방 연구에 참여시키기도 했다.

노보 노르디스크는 이와 관련해 목적을 명확히 선언하고 있다.

'우리의 바람은 당뇨병 예방과 발견, 치료를 위한 더 나은 방법을 찾아내 당뇨병을

퇴치하는 것이다.'

이 선언은 혁신과 성장, 두 마리 토끼를 잡는 데 필요한 동력이다.

당뇨병은 점점 증가하는 비만 문제와 밀접히 연관된 질병이다. 환자 수는 이미 2억8500만여 명에 이르고, 2030년이 되면 4억3000만 명 이상으로 늘어날 가능성이 크다. 노보 노르디스크는 엉뚱하게도 수익성이 뻔히 보이는 의약품 판매 시장에서 벗어나 있다. 대신에 사람들에게 그들이 당뇨병 환자가 될 가능성을 일깨워 그 가능성을 줄이기 위해 애써왔다. CEO인 라르스 레빈 쇠렌센(Lars Rebien Sørensen)은 그 이유에 대해 이렇게 생각한다.

"당뇨병에 대한 해결 방안만 제시해도 우리는 책임 있는 기업으로 인정받을 것이다. 반대로 우리가 약 파는 데만 치중하면 사람들은 반대로 '제발 그만 좀 해!'라고 말할 것이다.

내 생애에 당뇨병 문제는 해결될 것이다. 이상하게 들리겠지만 여기에 우리의 생계가 달려 있기 때문이다. 당뇨병 문제가 해결될 수 있다면, 우리가 그 일을 해내는 회사가 돼야 한다. 우리의 모든 지식과 전문 기술을 가지고도 해결책을 찾으려 하지 않는다면 오히려 죄가 될 것이다. 우리는 환자를 위해 존재한다. 환자들이 가장 바라는 것은 건강이다. 그러므로 우리는 당뇨병이라는 난문제를 해결하기 위해 최선을 다해야 한다. 회사로서 먹고 살 길을 찾는 건 그 다음 문제다."

다른 어떤 산업에서든 이런 종류의 의지는 찾기 어렵다. 노보 노르디스크의 목적의식은 탁월한 재무 실적으로 이어졌다. 인슐린이 총 매출의 75% 이상을 차지하는 가운데 10여 년 동안 힘찬 성장을 이뤄낸 것이다. 지금은 세계 시장의 절반 이상을 점유할 정도다. 노보 노르디스크는 이제 제약 부문의 모범 사례이자 기준이 되고 있다.

Audi
Samsung

Amazon
Google

LEGO
Apple

Nestle
PepsiCo

Reckitt
Benckiser
P&G

Starwood
Inditex

Tata
Bharti

BASF
Shell

Rolls-Royce
ARM

Narayana
Novo
Nordisk

최근 몇 년에 걸쳐 성장을 성공적으로 이루어낸 데 대해, 노보 노르디스크 임원들은 자사가 다른 회사보다 앞서고 있는 것으로 여겨지는 세 가지 핵심을 비결로 꼽는다. 분명한 사명과 목적의식, 고객의 필요에 대한 깊은 관심, 그리고 이해 관계자들의 혁신적이고 의미 있는 참여 등이 그것들이다.

분명한 사명의식 ┃ 결정 이전에 이해·관리방법을 연구

노보 노르디스크는 기업의 사회적 역할에 대해 스칸디나비아적인 인식을 갖추고 있다. 경제적 자생력과 사회적 책임, 환경적 건전성이라는 경영의 3대 축(triple bottom line)을 기본으로 한다. 이런 회사는 극소수지만, 노보 노르디스크의 경우 3대 축 전략을 채택하기 이전부터 비슷한 철학을 보였다. 이른바 노보 노르디스크 경영 방식이 그것이다. 이는 회사의 경영 방식에 관한 일련의 지침이다. 그것은 '노보 노르디스크는 당뇨병을 이길 것이다'라는 확실한 사업 목표로 시작해 회사를 경영하는 데 필요한 핵심 원칙들을 낳았다.

노보 노르디스크의 입장에서 노보 노르디스크 경영 방식은 환자의 건강 증진을 위해 효과적인 예방과 초기 진단에 힘쓰겠다는 사회적 약속이다. 그렇게 해서 공공의 적인 당뇨병과 싸우겠다는 의지를 공식화한 것이다. 다른 제약회사들은 이를 일종의 대외 홍보용으로 여길지 모르지만, 여러 해에 걸친 사업 활동으로 볼 때 단순히 그렇게 치부하기는 힘들다. 사후 치료보다는 예방에 힘을 쓰고 있는 모습만 봐도 그렇다. 이는 음식 섭취를 줄이고 체중을 관리하는 데 도움이 되는 비만 치료와 관련된 의약품을 개발하는 형태로 드러난다. 회사 측은 "비만을 잘 조절하면 2형 당뇨병으로 발전할 가능성을 줄일 수 있다"고 말한다.

'노보 노르디스크가 당뇨병을 변화시킬 것'이라는 비전은 직원들 스스로 내려야 하는 결정에도 상당한 영향을 미친다. 결정과 행동의 준거점이 되는 것이다.

고객의 필요에 대한 깊은 관심 | '인슐린 공급'보다 '당뇨병 관리' 더 중시

노보 노르디스크는 최근에 출시된 플렉스 펜(Flex Pen)과, 특히 어린이용으로 설계된 노보펜 에코(NovoPen Echo)와 같은 혁신적인 인슐린 주입기 개발을 주도하기도 했다. 이 주입기가 중요한 이유는 그것을 둘러싼 특별한 기술에 있기보다, 노보 노르디스크가 일반 제약회사와 다르게 폭넓은 환자 경험을 탐구했다는 사실에 있다. 플렉스 펜은 자가 주입을 더 쉽게 해 인슐린 치료에 대한 거부감을 낮추면서 합병증의 위험을 줄이도록 설계돼 있다. 여러 가지 합병증을 예방한 단순한 만년필 모양의 주사기가 나오자 경쟁 제품은 쓸모없게 됐다. 의약품 설계에서부터 환자 경험을 중시한 노보 전략의 명확한 결과다.

만년필형 주입기를 계기로 노보 노르디스크는 인슐린 공급 회사가 아닌 '당뇨병 관리 회사'로 거듭났다. 이보다 더 혁신적인 일은 의사들에게 도움이 되는 예방 도구의 개발이었다. 2010년 노보는 의사들이 아이폰을 통해 환자를 위한 투여 지침과 혈당 목표를 찾아볼 수 있게 한 프로그램을 제공했다. 그것은 인슐린 투여에 관한 인류 최초의 모바일 애플리케이션이었다.

고객을 중심으로 하는 명확한 사명의식은 회사가 혁신과 성장을 추구하는 데 있어 무엇보다 중요하다. 그게 추상적으로 표현된 소망이라면 경영진 사이의 말잔치일 뿐이다. 노보 노르디스크는 달랐다. 직원들이 공감할 만한 회사의 문화와 역사를 사명에 녹였다. 사업 목표도 회사가 뿌리를 두고 있는 덴마크에서 이어온 정신적 유산과 합쳐져 명확성을 갖게 됐다.

이해 관계자들의 의미 있는 참여 | 돈(DAWN) 프로젝트의 의미

'노보 노르디스크가 당뇨병을 이길 것'이라는 비전은 당뇨병 예방에 관한 일련의

Audi
Samsung

Amazon
Google

LEGO
Apple

Nestle
PepsiCo

Reckitt
Benckiser
P&G

Starwood
Inditex

Tata
Bharti

BASF
Shell

Rolls-Royce
ARM

Narayana
Novo
Nordisk

원대한 프로그램으로 이어졌다. 이는 2001년 회사가 당뇨병 관리를 개선할 수 있는 방법에 대해 광범한 커뮤니티(지역 보건의와 간호사를 비롯한 여러 건강관리 전문가들, 그리고 환자들)를 참여시킬 필요가 있음을 인식하면서 시작됐다. 이것은 5400여 명의 당뇨병 환자와 3800여 명의 전문가들이 참여한, 사상 최대의 당뇨병 연구인 돈(DAWN, Diabetes Attitudes, Wishes, Needs, 당뇨병에 대한 태도, 바람, 필요) 연구로 이어졌다. 노보 노르디스크가 국제 당뇨병 연맹(International Diabetes Federation)과 함께 시작한 이 연구는 당뇨병 환자가 다양한 정신적 고통과 심리적 불안에 시달리고 있다는 사실을 밝혔다. 당뇨병 관리 문제를 더욱 어렵게 하는 중요한 요소가 되고 있다는 것이다. 연구 결과도 주목할 만하지만, 더 중요한 것은 노보 노르디스크의 반응이다. 노보 노르디스크는 연구 결과를 깊이 이해시키기 위해 그 해 안에 관련 분야에 속하는 전체 60%에 이르는 직원들에게 당뇨병 환자들과 결과를 토론하게 했다.

이 밖에도 돈(DAWN) 프로젝트는 당뇨병에 대한 다양한 이해를 높였다. 이에 따라 교육 프로그램을 비롯한 일련의 새로운 접근 방법들이 나타났다. 더불어 의사들에게 당뇨병 치료와 관리의 심리적 측면에 관한 다양한 지식과 기술을 제공했다. 이는 여러 나라의 건강관리 체계에 응용됐다.

노보 노르디스크는 활발한 프로젝트 참여와 건강관리업계 종사자들에 대한 강한 연대감으로 명성을 높였다. 사람들은 이 회사가 주창하는 대의에 대해 강한 신뢰를 보이며 기꺼이 참여한다. 그 결과 노보 노르디스크는 다른 회사보다 더 신속하게, 더 훌륭한 시장 통찰력을 갖출 수 있었다. 이는 다시 노보 노르디스크가 기꺼이 협력할 만한 회사라는 인식을 더욱 높인다.

노보 노르디스크의 독보적 강점 | 건강관련 사회적 의제를 연구

노보는 다양한 이해 관계자들을 사업에 참여시키면서, 고객의 필요에 귀 기울이고 명확한 비전 아래 움직일 줄 안다. 그런데 이런 회사가 인류 최초는 아니다. 적어도 제약회사로는 처음이라고 할 수 있다. 그 결과 적어도 10년 동안은 실적이 안정적일 것으로 보인다. 전문 분야에 대한 확고한 시장 장악력, 그리고 오랜 기간 환자와 건강관리를 전문으로 쌓은 신용은 타의 추종을 불허한다. 비서실장인 리즈 킹고 (Lise Kingo)의 생각도 마찬가지다.

"지속 가능한 사업 목표와 실행은 영업이익이나 투자 수익률과 같은 전통적인 척도와도 밀접한 상관 관계가 있다."

재무적인 면에서 노보 노르디스크는 영업이익 15% 성장이라는 내부 목표를 달성했다. 그럼으로써 사업을 지속적으로 성장시킬 수 있는 능력을 과시해 왔다. 이런 관점에서 노보의 실적이 제약 산업에서 최고에 속하는 까닭은, 적어도 그 실적이 한두 가지 초대형 히트 의약품이 아닌 다양한 제품으로 이루어지기 때문이다. 노보 노르디스크의 성공은 특정 치료 분야에 변수가 될 수 있는 요소를 찾아내는 능력에 기반을 둔다. 성장의 챔피언으로서 탁월한 점은 다른 제약회사들의 영역을 넘어서는 비전이다. 당뇨병 예방을 위해 의약품 판매 차원을 넘어 해결책을 구상하고 있는 사업 방식이 그것이다.

노보 노르디스크는 급증하는 건강관리 비용과 개인의 경제적 어려움이 결합된 웰빙에 대한 수요에서 새로운 가능성을 찾고 있다. 다른 회사들은 아직도 '1년에 세 가지 대박'을 내겠다는 따위의 비전을 설파하고 있지만, 노보는 훨씬 더 다양한 가능성을 열고 원대한 문제와 씨름하고 있다.

미래 전망 | 매출은 늘지만 '신기술의 위협' 상존

입지는 어느 정도 튼튼하지만, 앞으로 대처할 문제들이 많다. 가장 큰 약점은 한 가지 치료법에 의존하고 있다는 것이다. 당뇨병에 대한 상당히 획기적인 치료법이 외

Audi
Samsung

Amazon
Google

LEGO
Apple

Nestle
PepsiCo

Reckitt
Benckiser
P&G

Starwood
Inditex

Tata
Bharti

BASF
Shell

Rolls-Royce
ARM

Narayana
Novo
Nordisk

부에서 개발된다면 매출에 큰 위협이 될 것이다. 노보는 두 가지 방법으로 이 문제에 대처하고 있다.

첫째, 인슐린 치료 전 단계로서 치료와 비만 문제를 다뤄 제품 구성을 다양화하는 것이다. 이는 당뇨병 요법의 응용 범위를 확장하는 방법이다.

둘째, 의약품 개발 외에 당뇨병 예방 분야로 사업을 확장하는 것이다.

전체적인 건강관리 비용이 증가하고 있다는 건 이런 움직임에 커다란 위협 요인이다. 이 문제를 어떻게 관리하느냐에 따라 업계가 재편될 가능성이 크다. 노보 노르디스크 경우엔 개발도상국들을 중심으로 당뇨병이 증가하는 현상 탓에 어느 정도는 실적이 안정적일 것이다. 이를 위해 고객 입장에서 치료법을 더 쉽게 선택할 수 있는 방법을 더 연구해야 한다.

돈 프로젝트를 통해 나온 접근 방법은 어느 정도 해답을 줄 수 있다. 노보가 당뇨병 예방에 대한 효과적인 해결책을 개발하게 되면 건강관리 당국의 구미에도 꼭 들어맞는다. 예방 비용이 만성병 치료비보다 낮을 것이기 때문이다. 노보가 이 길을 모색할 때, 성장의 관점에서 마주하는 문제는 새로운 사업 모델 자체다. 이 모델은 일반적인 의약품 개발 회사와 다른 모습일 것이다.

핵심적인 통찰 | 나라야나 흐루다얄라야와 노보 노르디스크

Audi
Samsung

Amazon
Google

LEGO
Apple

Nestle
PepsiCo

Reckitt
Benckiser
P&G

Starwood
Inditex

Tata
Bharti

BASF
Shell

Rolls-Royce
ARM

**Narayana
Novo
Nordisk**

나라야나 흐루다얄라야와 노보 노르디스크가 의료업계에서 주목을 끄는 건 당연한 일이다. 경쟁 회사들 모두 기존 틀을 벗어나 새 성장동력을 찾고 있기 때문이다. 나라야나나 노보 모두 전략과 사업 모델의 측면에서만이 아니라, 철학과 사업 목적에서도 정해진 경계가 없다. 나라야나 흐루다얄라야는 우리가 가난한 사람들에게 고품질의 건강관리 서비스를 제공할 때 스스로의 재능과 자원을 효과적으로 이용하는 것이란 신념에 사업 근거를 두고 있다. 노보 노르디스크는 건강관리가 단순한 질병 관리보다 더 중요하다고 보고, 치료법을 개선하고 만성병을 다루는 것만큼 교육과 예방에도 전력을 기울인다. 이들 회사 모두 기술의 한계에 도전하기 보다는 원대한 목적의식 아래 상황에 따라 필요한 기술을 이용하는 방식으로 혁신을 꾀한다.

나라야나 흐루다얄라야의 성공담은 지금도 유명해지고 있다. BBC와 CNN의 보도는 물론 〈월스트리트저널〉, 〈파이낸셜타임스〉, 〈이코노미스트〉 등도 주목하는 경영 사례다. 심장 수술이라는 좁은 영역에서 취해진 접근 방법이 다른 분야에도 교훈이 되고 있음을 보여준다. 건강관리 산업에 속한 기업들에게는 물론 지속 가능한 모델로 시장을 개혁하고, 서비스를 혁신하려는 모든 기업에도 나라야나의 경험은 응용될 수 있다.

노보 노르디스크도 나라야나에 못지 않은 엄청난 변화를 이룩했다. 당뇨병을 치료하는 데 자원을 집중하던 것에서 당뇨병의 원인과 사용자 경험 전체를 배려하는 방향으로 발상을 전환한 결과다. 노보는 그 일을 혼자 하려 하지 않았다. 다양한 이해 관계자들을 끌어들이고, 참여시켰다. 그럼으로써 '의지의 연합'을 형성했다. 복잡한 사회 문제들이 쏟아지는 가운데 이 회사는 우리 모두가 깊이 생각해야 할 교훈을 행동으로 제시하고 있는지 모른다.

모든 건강관리 관련 기업들에게 앞으로의 10년은 격변의 시기가 될 것이다. 건강관리에 대한 기대는 높아지는 반면 가격에는 여러 압박 요인이 생길 수 있기 때문이다. 이 문제들에 대한 최고의 해결책은 나라야나 흐루다얄라야와 노보 노르디스크가 이미 발을 내민 영역에 있을 것이다. 미래 문제에 대한 해결책을 찾아내는 데 그들보다 더 나은 역량을 갖춘 회사는 찾기 힘들다.

나라야나 흐루다얄라야

성장 결과

세계적으로 영향을 미칠 수 있는
인도 최고의 건강관리 회사

독보적 역량

프로세스 통합과 사업 모델 혁신을 통한
효율성 높은 건강관리 서비스 개발

기본 역량

| 프로세스 최적화 | 낭비 제거 | 세계 최고의 심장 전문 기술 |

노보 노르디스크

성장 결과

세계적 난제의 선도적
해결을 통한 지속적인 성장

독보적 역량

의약품과 기기, 당뇨병 예방 교육을
포괄하는 총체적인 건강관리 역량

기본 역량

| 당뇨병 치료 주도 | 환자의 필요에 집중하는 조직 | 당뇨병 근절을 위한 이해 관계자들의 활발한 참여 |

GROWTH CHAMPIONS

The Battle for Sustained Innovation Leadership

Part 3

미래를 위한 교훈

핵심적인 특징들

성장 챔피언들은 경쟁업체보다 실적에서 앞선다. 영향력 있는 지속 가능한 방식으로 매출과 이익을 증가시켜 온 것이다. 이들을 살펴봄으로써 어떤 교훈을 얻을 수 있을까?

우리는 이들이 모두 전략적 의도와 혁신, 지속적인 개발을 통해 성장해 왔다는 사실을 파악했다. 이들 모두 엄격한 프로세스를 시행하고, 인재를 육성하며, 전략의 세부적인 면까지 주의를 기울인다.

성공을 보장하는 방법은 분명히 존재한다. 다만 그게 천차만별로 보여 혼란스러울 뿐이다. 각자의 문화와 전략에 적합한 검증된 기술은 다양하다. 실행 면에서도 여러 기업들에 의해 다양한 모습으로 이루어진다. 여기에서는 분석된 기업에서 드러난 지속적인 성공의 핵심 특징들을 정리해본다. 간단히 말하지만 영감을 불러일으키는 리더십, 명확한 목표, 가치 공유, 조직적인 자신감, 혁신 DNA 등이 여기 속한다.

영감을 불러일으키는 리더십 | CEO는 변화의 촉매자다

우리는 다양한 기업의 임원들과 대화하면서 그들의 기업 문화를 살펴볼 수 있었다. 독자들이 짐작하는 대로 기업 문화는 각양각색이었다. 예컨대, 구글의 평등한 구조는 바스프 등의 좀 더 안정된 기업 스타일과 사뭇 다르다.

마찬가지로 애플의 혁신에 대한 집요한 통제는 P&G의 개방적인 접근 방식과 정반대다. 그렇지만 모든 기업에 퍼져 있는 한 가지 핵심 요소가 있었다. 즉, 경영진, 특히 CEO의 역할이다.

거의 모든 기업에서 CEO는 단순한 최고 관리자, 또는 전략적 방향 설정자의 그 이상이다. CEO는 변화의 촉매자인 동시에 기업의 목표와 모든 이해 관계자와의 의사소통을 관장하는 일차적 원동력, 그리고 기업의 역사와 미래의 성장 전망을 연결하는 고리다.

아직 창업자가 이끌고 있는 기업들의 경우 기업가 정신이 여전히 살아 있다. 기업의 규모와 범위가 성장함에 따라 창업자의 비전도 성장했다.

제프 베조스가 아마존을 창업했을 때 그가 지닌 열정과 통찰력은 핵심 성장동력이었다. 아마존은 기존 소매업계와 경쟁해야 했기에 사업을 추진하기 위해 현재에 안주하면 안 됐다. 마찬가지로 래리 페이지와 세르게이 브린 역시 비슷한 정신으로 흔들림 없이 구글을 발전시켜 왔다. 바르티 내에서는 수닐 바르티 미탈이 바르티가 통신 부문의 주요 기업으로 성장함에 따라 회사의 모든 움직임을 주도해 왔다.

삼성에서는 이건희 회장이 끊임없이 기대치를 높여 기업을 계속 발전시켰다. 스타우드 호텔의 경우 배리 스턴리히트가 최고 디자인 책임자로 나서 자기 부엌 식탁에서 여러 가지 브랜드를 창조하고 꿈을 실현시켰다. 나라야나 흐루다얄라야의 셰티 박사는 처음부터 회사 발전에 앞장서 왔다. 그의 비전에 따라 초기 방향이 결정됐을 뿐 아니라, 그는 모든 변화를 주도해 왔다.

인디텍스의 경우, 아만시오 오르테가는 취소된 주문에서 기회를 만들어 자라를 전 세계에서 가장 효율적이고 역동적인 패션 소매 업체로 발전시켰다. 스페인 최고 부자라는 위치가 그의 추진력을 입증하는 증거다. ARM의 경우는 한 개인보다 아콘 컴퓨터스 출신들로 이뤄진 팀이 중요한 역할을 해왔다. 그들은 첨단 칩을 개발할 더 좋은 방법과 더욱 효과적인 사업 모델이 있다고 생각했다. CEO인 워렌 이스트 (Warren East)는 일찍 회사에 참여해 회사의 초기 성장에 중요한 역할을 했다.

애플의 스티브 잡스는 공동으로 회사를 설립해 초기 발전 방향을 정했다. 다시 돌아왔던 그는 지난 10여 년 동안 애플을 해당 분야의 최고 기업으로 성장시켰다. 그의 죽음은 앞으로도 많은 아쉬움을 남길 것이다.

이들에겐 모두 독창적인 비전이 있었다. 그뿐인가. 자신들이 설립한 회사가 성장함에 따라 보조를 맞출 수 있는 정력도 있었다. 구글과 애플과 같이 집 안 차고에서 시작된 신생 회사들은 이제 수십억 달러의 글로벌 기업이 됐지만 지휘봉을 다른 '전문가들'에게 넘기지 않았다. 에릭 슈미트와 같은 노련한 인재가 영입됐지만, 설립자들은 그대로 남아 계속 그들의 목표를 이뤄갔다. 그들은 훌륭한 아이디어를 가지고, 회사를 세워 일정 규모까지 성장시켜 매각해, 다음 사업 자금을 마련하는 상습적인 기업가와는 거리가 멀다. 그들 중 현재의 위치에 이르게 될 것을 예상한 사람은 거의 없겠지만, 그들은 모두 자신들의 회사와 공동 운명체였다.

이들 회사에는 한 가지 명백한 우려가 있다. 창업자가 떠난 이후의 문제다.

위 인물들 중 한 사람에 관한 얘기든, 리처드 브랜슨과 버진, 빌 게이츠와 마이크로소프트, 래리 엘리슨과 오러클, 워렌 버핏과 버크셔 해서웨이에 관한 스토리든, 호사가들은 창업자가 떠난 뒤 회사가 얼마나 잘 운영될 것인가에 대해 의문을 제기하기를 좋아한다. 답은 모른다.

다만 이 책에 기고한 저자들은 이 책에 언급된 기업엔 어느 곳보다 착실한 경영

승계 계획이 있다고 본다. 적어도 사업의 지속성이 그들에게 본인들의 거취보다 최우선 과제였기 때문이다.

성장 챔피언들을 이끈 CEO들은 회사가 다양한 방법으로 시장을 재창출하는 모습을 지켜봤다. 변화의 촉매자 역할을 하면서 말이다. 가장 주목할 만한 사례는 P&G의 래플리다. 그는 2000년 주가가 전 분기에 거의 반 토막이 난 회사의 운영을 넘겨받았다. 대중 매체와 투자자가 감시하는 가운데 그는 세계 최대의 FMCG 회사를 회생시켜야 했다. 수익 개선과 핵심 구축, 해당 부문보다 두 배 신속한 성장에 주력한 결과, 개방형 혁신과 디자인 통합, 고객 중심 강화의 방향으로 조직적인 전환이 이뤄졌다. 그가 10년 뒤 사임했을 때 회사는 다시 활력을 되찾고 재건돼 있었다. 물론 이런 성공이 100% 래플리의 공만은 아니었지만, 변화의 핵심 촉매자로서 그의 역할은 분명했다.

비슷하지만 이보다 덜 알려진 사례는 레고의 외르겐 비크 크누트슈토르프의 역할이었다. 그는 가족 소유 기업의 CEO가 된 뒤 무엇을 바로잡아야 하는지 신속하게 파악했다. 그 결과 공급망을 단순화하고, 레고랜드를 대부분 매각하고, 디지털 부분을 www.LEGOfactory.com로 이전하는 데 지원하기로 결정했다. 이런 변화를 통해 회사를 구한 다음 다시 성장 궤도에 올려놓을 수 있었다.

레킷 벤키저의 바트 베히트는 벤키저에 10년 동안 근무한 끝에 합병된 회사의 CEO가 됐다. 레킷 앤드 콜먼과 벤키저가 문화가 다른 이질적인 기업들이라는 사실을 잘 알고 있었던 그는 합병 순간부터 기업의 역사를 새롭게 시작했다. 마치 신생 회사의 창업자인 것처럼 새로운 회사를 이끌었던 것이다.

롤스로이스의 경우, 존 로즈 경의 전성기에 비커스를 인수해 포트폴리오를 재조정했다. 더불어 토탈케어 사업 모델을 도입해 기술 개발에 대한 접근 방법을 새롭게 했다.

노보 노르디스크의 경우, 2000년부터 CEO가 된 라르스 레빈 쇠렌센은 이렇게 말한 바 있다.

"우리는 내 생애에 당뇨병 문제를 해결할 수 있을 것이다. 이상하게 들리겠지만 여기에 우리의 생계가 달려 있기 때문이다. 당뇨병 문제가 해결될 수 있다면, 우리가 그 일을 해내는 회사가 돼야 한다."

네슬레의 피터 브라벡 회장과 폴 버크 대표이사는 경영 목표를 새롭게 정하는 중대한 시기에 운전대를 잡았다. 그들은 네슬레가 도덕적 문제에서 벗어나 가치 공유를 통해 업계의 리더가 되도록 이끌었다. 라탄 타타는 타타 그룹을 뒷받침한 원동력이었다. 셸의 여로엔 반 더 비어(Jeroen van der Veer) 회장은 신성장동력을 발굴했다. 석유보다 에너지에 초점을 맞추고, 별도의 두 기업을 하나로 통합하는 등 중추적인 역할을 했다. 아우디의 수석 디자이너인 발터 드 실바(Walter de'Silva)와 볼프강 에거(Wolfgang Egger), 스테판 시엘라프(Stefan Sielaff)는 폭스바겐 그룹 내에서 제품의 전략 방향을 정해 수익 창출의 동력으로 삼았다.

위기 때, 또는 조직적인 문제가 있을 때 후임자가 얼마나 훌륭하게 성과를 유지하는지는 중요한 관심사다. 그러나 스티브 잡스가 전 COO인 팀 쿡에게 CEO 자리를 넘겨준 것처럼, 많은 경우 창업자들은 사내 인물에게 지휘봉을 넘긴다.

후임자는 보통 여러 해 동안 성장 과정을 함께한 사람이다. 조직을 잘 알고, 그 문화에 익숙한 이들이다. 그래서 어떤 이는 한동안 CEO 대역을 한 바도 있다. P&G의 밥 맥도널드는 전직 COO였고, 레킷 벤키저의 라케시 카푸르는 제품군 개발 담당 전무이사였다. 바스프의 쿠르트 복은 전 CFO였고, 셸의 페테르 보서도 마찬가지였다. 롤스로이스의 존 리시턴만 다른 회사에서 왔지만, 2007년부터 롤스로이스의 비상임 이사였다. 이들은 모두 지난 10년에 걸친 회사 성장 과정의 한 부분이었다.

예외 없이 성장 챔피언이라면 모두 확실한 방향으로 변화를 일으키고 이를 완수한 지도자들이다. 세간의 주목을 받는 유명인이든, 아니면 내부에서 변화의 동인으로서 역할을 하든, 20개 회사는 모두 다양한 경영자들의 영향을 크게 받아 독자적인 방향과 문화, 성장 전략을 갖추고 있었다.

핵심 교훈 세 가지

- 성숙한 기업(mature business: 초기와 달리 급속한 성장을 멈춘 기업)에서도 열정적인 리더십이 중요하다. 대내외적으로 일반적인 통념에 도전하고, 과감하게 열망을 실현해갈 준비가 되어 있는 지도자가 조직에 중심을 제시한다.
- 단순한 후원자가 아니라, 선두에서 싸우고 조직을 앞장서 통솔하는 CEO가 있어야 성장 의제를 통해 모든 사람을 참여시키고, 기업과 실적에 근본적인 변화를 일으킬 수 있다.
- 승계 계획이 중요하다. 조직 내부에서 승진하면 연속성이 생기고, 기업의 문화를 이해하고 가치를 공유하는 리더십이 세워진다.

명확한 목표 | 구체적이고 간단명료한 구호가 있다

성장 챔피언들은 모두 기업의 방향을 결정하는 명확한 목표가 있다. 그 목표는 다른 많은 기업보다 훨씬 분명하다.

유명 기업들의 비전과 사명을 살펴보면 생각보다 보잘 것 없는 경우가 많다. 〈포춘〉지가 선정한 500대 기업 중에서 몇 가지 사례를 골라보자.

'기업의 모든 면을 탁월하게 운영하여 여러 고객층에게 약속한 목표를 이루거나 초과 달성한다.' '뛰어난 고객 서비스와 혁신, 품질, 헌신을 통해 수익성 높은 성장을 이룩한다.' '고객과 직원, 주주의 입장에서 최고의 기업이 된다.' '품질과 혁신, 가치에서 경쟁업체를 능가하기 위해 노력하면서 독특한 브랜드 구성을 구축한다.' 벌써 지루하지 않은가. 이들 문장은 실제적인 의미가 없다. 따라서 기업에도 아무런 가치가 없다.

성장 챔피언들은 정반대다. 이들의 사명은 실제로 사업에 중요한 의미를 지닌다. 접근 방법이 동일한 것은 하나도 없지만, 이들의 문장은 크게 두 가지로 분류할 수 있다. 하나는 명확한 사업 목표를 제시하는 것이고, 또 하나는 기업의 가치나 존재 이유를 나타내는 것이다.

래킷 벤키저의 경우 명확한 목표 수치에 따라 유기적 성장을 추구하는 곳이다. 앞에서 든 사례 중 가장 목표 중심적인 기업일 것이다. 벤키저에겐 실제로 목표 수치를 달성하느냐 하는 문제는 경영의 전부와 마찬가지다. 이는 기업 문화에 뚜렷이 드러나 있다. FMCG 부문의 경쟁 기업인 P&G도 '산업 성장률보다 2배 빠르게 성장하는 것, GDP 성장률의 1.5~2배 성장하는 것' 등, 사업 실적 목표는 있다. 하지만 여기에는 가치에 기반을 둔 목표가 있다. '현 세대와 미래 세대를 위해 전 세계 소비자들의 생활을 향상시킨다'는 문장이 그것이다. P&G 직원들은, 수치적인 목표는 물론 가치에 기반을 둔 목표에도 이끌린다. 공유된 가치를 창출하려는 욕구는 바스프, 펩시코, 셸, 타타, 네슬레에서도 발견된다. 사업 실적과 사회적 영향을 결합한 목표에 초점을 맞춘 종류들이다.

다른 회사들의 경우 목표는 대체로 사회적 맥락 아래 기업이 이루고자 하는 것에 대한 열망을 담고 있다. 레고의 '아이들을 웃음 짓게 하는 것'이든, 구글의 '전 세계의 정보를 체계화하여 보편적으로 이용할 수 있게 하는 것'이든, 또는 나라야나 흐루다얄라야의 '앞으로 10~15년 내에 전 세계의 가장 가난한 지역들을 비롯해 모든 남녀와 아이들이 첨단 의료 서비스를 이용할 수 있게 하는 것'이든, 또는 노보 노르디스크의 '당뇨병 근절'이든 다 마찬가지다. 이들은 재정적 목표와는 상관없이 직원들의 가슴을 뛰게 만든다.

성장 챔피언들의 열망은 간단명료하다. 지루하게 추상적인 설명만 늘어놓지 않는다. 성장 욕구는 경영 목표에 근거하고, 목표는 기업의 사업 전략을 통해 구현된다.

핵심 교훈 두 가지

- 성장에 대한 열망은 조직 구성원들에게 영감을 불러일으키고 특별해야 한다. 일관성 있게 합리적인 사고와 감정을 모두 자극해야 하는 것이다.
- 목표는 일상적인 기업 활동에 반영돼야 한다. 그리고 신뢰할 수 있는 원칙을 통해 구체화돼야 한다.

가치 공유 | 가치관은 '리트머스 시험지'

성장 챔피언들 내부에는 그들의 일과 행동 방식을 형성하고 결정하는 핵심 가치가 있다. 이 가치들은 경영 목표와 마찬가지로 웹사이트 상의 몇 마디 말로 그치는 것이 아니다. 그것은 모든 직원의 관점을 반영하고, 조직의 최고위층에서 말단 직원까지 날마다 결정을 내리는 데 영향을 미친다. 주목할 만한 점은 성장 챔피언들이 가치관을 표현하는 방식도 각기 독특한 문화의 성격을 반영한다는 것이다.

구글의 '악마가 되지 말자'와 네슬레의 '공유 가치 창출'에서 P&G의 '현 세대와 미래 세대를 위해 전 세계 소비자들의 생활을 개선하는 것,' 그리고 셸의 '정직, 성실, 사람들에 대한 존중'까지, 가치관은 문화에 내재된 행동의 목적과 기준을 단적으로 나타낸다. 아울러 이미 이뤄진 모든 일을 판단하는 간단한 리트머스지 구실도 한다. 구체적으로 성장 챔피언들은 각자의 강력한 문화를 뒷받침하는 세 가지 주요 요소, 즉 리더십과 목표, 가치 공유 체계를 갖추고 있다.

핵심 교훈 두 가지

- 위로부터 추진되는 리더십과 목표, 가치관의 조화는 기업 내에서 뛰어난 실적을 고취하고, 외부 이해 관계자들과 깊은 관계를 형성하는 데 있어 핵

심이다.

■ 기업의 가치관과 어울리는 명확한 경영 목표를 통해 직원들은 자신들이 무엇인가 가치 있는 일을 하고 있다고 믿을 수 있다.

조직적인 자신감 | 강점은 키우고 약점은 최소화

애플을 논의할 때 우리는 그 회사가 얼마나 높은 자신감을 가지고 있는지 강조했다. 애플은 산업이 지향하는 방향을 알 수 있다고 자신할 뿐 아니라, 남보다 앞서 먼저 그곳에 도달할 수 있다고 자신한다. 우리가 분석한 다른 회사들도 비슷한 생각을 갖고 있다. 책을 쓰기 위해 한 취재에서도 느낄 수 있는 분위기였다.

예컨대, 레킷 벤키저와 인디텍스, 아마존 사람들은 대부분 자신들이 경쟁 회사들보다 잘할 수 있다는 자신감이 철철 넘친다. 속도든, 가격이든, 효율성이든, 모든 면에서 자기 회사의 독보적 역량과 문화 덕분에 승리할 수 있다고 믿는다.

아우디의 경우 그들의 디자인 기량 덕분에 BMW나 메르세데스와 함께 자동차 브랜드의 정상에 올랐다. 폭스바겐그룹 내에서의 이런 위치 덕분에 아우디는 안심하고 규모와 기반을 효과적으로 활용한다. 그래서 대부분의 경쟁업체들보다 성능이 뛰어나고 수익성도 높은 신제품을 출시할 수 있다. ARM의 경우 칩 설계 역량과 그에 따른 사업 모델을 활용해 규모가 더 큰 경쟁업체인 인텔을 물리치겠다는 의지와 자신감을 얻는다.

삼성은 기술적인 기량에 따르는 세계 최고의 디자인 역량을 구축했다. 이 회사는 주위 평이 어떻든 활약하는 모든 분야에서 모방자가 아닌 주도적인 역할을 할 수 있다고 자신한다. 바르티도 사업 모델에 대해 각별한 자신감이 있다. 타타는 탁월한 기술 역량과 튼튼한 자금력으로 자기 분야에서 성공을 확신한다. 주목할 점은 바르티와 타타는 모두 사회 공헌 활동에 큰 의미를 둔다는 것이다. 자신들이 회사를 위해 올바른 일을 하는 것은 물론, 모국 사회를 위해서도 올바른 일을 하고 있다고 생각한다.

셸은 다양한 분야에서 활동하면서 거대한 규모로 기술 기반의 복잡한 프로젝트를 개발할 수 있다는 자신감으로 넘친다. 그래서 다른 많은 회사가 외면하는 성장 기회를 추구할 수 있다. 마찬가지로 바스프는 그 고효율 프로세스라는 사고방식이 명확한 방향성과 결합해 언제나 성공할 수 있다고 믿는다. 롤스로이스의 경우엔 기술 주도력에 대한 확신과 최고 수준의 연구수준이 강력한 사업 모델과 결합해 있다. 그래서 최고가 될 수 있다는 자신감을 낳는다. 스타우드 호텔은 새로운 브랜드 개발에 대한 검증된 실적을 바탕으로 건설된 회사다. 이런 실적을 통해 스타우드 호텔은 접객업 전체에 걸쳐 계속 강렬한 경험을 만들 수 있다는 확신이 있다.

이들의 자신감은 맹목적인 믿음에 근거한 게 아니다. 스스로 자신의 약점까지 잘 파악하고 있다. 그들은 자신의 주도적 위치가 쉽게 얻어진 것이 아니라는 사실을 잘 알고 있다. 그럼에도 불구하고 자신의 운영 방식을 단호하게, 지속적으로 개선해 나간다. 이들은 자신이 하는 일이 무엇인지, 왜 그 일을 하는지, 어떻게 하면 최대한 폭넓은 방식으로 그 일을 성공시킬 수 있는지를 잘 알고 있다.

핵심 교훈 두가지

- 기업은 자신의 독보적 역량과 약점을 날카롭게 파악해 그 역량은 확대하고 약점은 최소화하는 조직을 건설해야 한다.
- 검증된 역량과 진정한 열망에 근거한 명확한 경영 목표는 기업이 올바른 결정 아래 앞으로 전진하고 있다는 확신을 키운다.

혁신 DNA | 성장으로 가는 유일한 길

혁신은 대체로 우리의 성장 챔피언들이 말하고 행하는 모든 것의 핵심이다. 대부분의 성장 챔피언들에서 우리는 유기적 성장을 통한 혁신과 지금까지의 성과 사이에 특별한 관계가 있음을 발견했다. 애플과 ARM, 아마존 등, 일부 기업의 경우 혁신은 사실상 성장으로 가는 유일한 길이며 검증된 방법이다. 일례로 애플의 디자인 팀은 '나머지 컴퓨터 산업을 모두 합친 것보다 더 많은 혁신을 이뤄냈다'는 견해가 있다. 나라야나 흐루다얄라야와 인디텍스의 혁신 관련 팀에도 비슷한 종류의 평가를 할 수 있겠다.

피터 드러커(Peter Drucker)가 말한대로 혁신은 '성과의 새로운 차원을 창출하는 변화'를 가져온다. 그것은 경쟁력의 우위를 낳고 기업가치를 높인다. 많은 기업이 외부 세계의 이해 관계자와의 의사소통 면에서 혁신을 핵심에 둔다. 그들은 자신들이 하는 일에 대해서는 물론, 그 일이 체계화되는 방식을 논의하는 데 있어서도 혁신을 얘기한다. 새로운 물건들을 내놓으면서 말이다.

레킷 벤키저의 경우 모든 투자자와의 교류는 제품 소개 행사를 중심으로 이루어진다. 애플의 가장 중요한 공식적인 교류도 신제품 출시에 관한 것이다. 삼성은 '혁신'과 '디자인', 그리고 '기술'이란 단어를 외부와의 의사소통에서 가장 자주 사용한다. 타타는 제품 구성 전체에서 혁신을 말하며, 아우디의 의사소통 기반은 혁신과 '기술을 통한 진보'라는 슬로건이다. 노보 노르디스크는 '혁신이 우리 사업의 핵심'이라고 선언하며, 스타우드 호텔은 '선도적 혁신에 대한 헌신'을 추구한다.

이 회사들의 언론 보도 자료들을 검토해보면, 그들이 하는 얘기 중 많은 부분이 사업 실적과 혁신, 또는 제휴, 그리고 조직의 변화와 연관돼 있다. 혁신은 많은 기업에 유행어가 돼 있고, 연례 보고서와 CEO 연설문에서 흔히 찾아볼 수 있다. 하지만 이를 제대로 실천하지 못하는 기업이 많다. 성장 챔피언들의 경우 혁신이 회사의 DNA에 포함돼 있으며, 그들이 하는 이야기 주제의 대부분을 차지한다.

많은 성장 챔피언들에 있어 혁신은 이제 핵심 제품과 기술을 훨씬 벗어나 있다. 나라야나 흐루다얄라야와 인디텍스는 운영의 효율성을 최적화하기 위한 프로세스 혁신을 보여준다. 아우디와 폭스바겐의 사례에서도 발견된다. 독보적 역량으로서 프로세스 혁신은 삼성, 타타, 애플, 레킷 벤키저 내에서도 찾아볼 수 있다. 스타우드 호텔의 서비스 혁신도 대체로 많은 비용을 들이지 않고 멋진 고객 경험을 창출할 수 있는 새로운 프로세스 혁신에 근거한다. 아마존과 구글도 마찬가지다. 이런 혁신 활동으로 일부 회사는 새로운 틈새시장을 발견하거나 만들어낸다. 스타우드 호텔의 헤븐리 베드(Heavenly Bed), 아마존의 킨들, 인디텍스의 즉석 패션 등, 모든 제품이 특별한 고객 경험과 연관된다.

프로세스 측면에서뿐만 아니라 사업 모델 자체에서 혁신의 영향력이 높아지고 있다. ARM과 바르티는 해당 부문 내의 독특한 사업 모델이 경쟁력 우위의 근거가 되고 있는 회사들이다. '한 번 설계하여 여러 번 라이선스를 판매하는 것'은 ARM이 그토록 매력적인 기업이 된 원인이다. 바르티는 다양한 제휴 관계를 통해 이동통신 부문에서 독보적 역량을 확보했다. 기반 시설 투자 비용을 부담하지 않고 급속히 확장하여 수백만 신규 고객들에게 통신 서비스를 제공하면서다. 롤스로이스의 '시간당 출력' 토탈케어 서비스에서 애플의 아이튠스와 아마존의 마켓플레이스까지 고강도 고수익 사업 모델 혁신은 지금도 이뤄지고 있다. 구글이 플랫폼 사업 모델의 선구였음을 잊어서는 안 된다. 애드워즈에서 지메일과 안드로이드까지, 구글은 사업 모델 혁신을 가장 효과적으로 가치 창출의 수단으로 받아들인 회사일 것이다.

수많은 성공 챔피언들은 자신의 경계를 벗어나 변형된 개방형 혁신을 받아들인다. 변형된 개방형 혁신이란 폭넓은 사업 생태계와 교류하면서 자체 R&D 투자를 줄이는 동시에 혁신을 추진하는 적극적 프로그램을 말한다. 바스프의 퓨처 비즈니스, P&G의 커넥트 앤드 디벨롭, 셸의 게임체인저 활동, 레고의 크라우드소싱, 그리고 롤스로이스의 대학 프로그램이 모두 그 성공 사례들이다. 이런 외부 프로그램들이 증가함에 따라 그들은 사내 R&D 투자를 늘리지 않고 성과를 내고 있다. ARM은 한 번 설계해 여러 라이선스로 응용해 R&D 비용을 산업 전체에 분산시킨다. 사내 R&D를 하는 모든 기업의 전통적인 모델에 비해 약 320억 달러를 절약한 것으로 추산된다.

많은 기업이 파괴적 혁신(disruptive innovation)과 점진적 혁신(incremental innovation) 사이에 균형을 이루고자 노력한다. 아우디와 레킷 벤키저, 바스프, 타타 등 일부 기업들은 주로 점진적 혁신에 주력하지만, 파괴적 혁신을 받아들인 기업들도 일관성 있게 혁신을 추진해 왔다. 스타우드 호텔은 기존 브랜드를 발전시키는 것은 물론, 특히 현상을 타파하는 새로운 틈새시장과 고객 경험을 창출하기 위한 새로운 브랜드를 만들어냈다. P&G는 특별한 팀을 새로 구성해 핵심 브랜드 팀 내에서 지속적인 점진적 혁신과 병행해 파괴적 혁신에 주력했다. ARM의 사업 모델은 반도체 칩 설계 분야의 판도를 바꿔놓았다. 아마존은 소매업계의 기존 틀을 계속 파괴하고 있다. 구글의 여러 혁신 활동의 중심은 인접 부문 시장 판도를 와해시키는 것이다. 레고도 마찬가지로 '놀이의 미래를 창조하려' 함에 따라 다른 회사들의 동요를 불러일으키고 있다. 인디텍스는 산업이 재고 수준과 출시시기를 판단하는 방식을 바꿨다. 이 기업들은 파괴적 혁신이 어떻게 혁신 활동의 일부가 돼 점진적 혁신과 균형을 이루고, 광범한 성장 전략의 필수적인 부분이 될 수 있는지를 명확하게 보여준다.

대부분의 경우 기업들은 유기적 성장을 하려한다.

P&G의 공식적인 목표는 '우선 유기적 성장에 주력한 다음, 장기적인 전략적 성장을 위해 기업을 인수한다는 것'이다. 레킷 벤키저 CEO는 이렇게 말했다.

"우리는 일차적으로 기업을 유기적으로 성장시키는 데 초점을 맞춘다. 그렇다고 기업 인수를 꺼려하는 것은 아니다. 전략적으로 합당한 경우에만 기업을 인수한다."

기업 인수를 통해 성장이 이뤄지는 경우, 제품이나 브랜드, 또는 기술 포트폴리오의 부족한 틈을 메우는 것과 연관된다. 단순히 시장 점유율을 인수하는 게 아니다. 구글과 롤스로이스처럼 다른 기업들도 비슷한 모습을 보인다. 몇 년에 걸친 구글의 기업 인수는 대체로 새로운 기술 도입에 초점을 맞춰 소규모로 이뤄졌다. 유튜브나 모토로라처럼 큰 기업을 인수하면, 고객 증가나 서비스 통합, 혹은 지적 재산권 포트폴리오의 확대 등 분명한 시너지 효과가 있다. 내부 성장 전략만 제대로 서 있다면 말이다. 롤스로이스도 그렇게 기업 인수에 주력했다. 이 회사는 고체 산화물 연료전지 기술을 개발하거나, 해양 에너지 자동화 서비스를 확대하기 위해, 또는 토탈 케어 포트폴리오를 구축하려는 목적으로 소규모 기술업계 회사들을 인수했다. 기업 인수는 강력한 혁신 동기를 일으키고, 그 혁신 동기에 의해 또다시 뒷받침된다.

타타는 코러스와 재규어 랜드로버의 인수로 시장 점유율과 기술 역량을 보완했다. 마찬가지로 바르티도 기업 인수를 이용해 혁신적인 사업 모델을 새로운 시장에 응용했다. 셸의 경우 2010년 페트로차이나(PetroChina)와 오스트레일리아의 석탄층 가스 회사인 애로우 에너지(Arrow Energy Limited)를 공동 인수했다. 그렇게 해서 석탄층 가스 이용에 필요한 기술을 인수했고 제휴 업체를 통해 중국 시장 접근 능력도 높였다. 다시 말하지만 이들의 기업 인수 전략은 모두 유기적 성장 전략을 뒷받침하기 위해서다. 혁신은 인디텍스와 애플, 바스프 등과 마찬가지로 이 기업들의 성장 의

제에 속한 주요 요소다.

핵심 교훈 네가지

- 전반적인 혁신에 철저히 집중해야 성공적인 성장이 가능해진다. 핵심적인 제품과 서비스에서의 내부 프로세스와 새로운 사업 모델 구상까지 다방면의 혁신이 요구된다.

- 혁신은 기업의 목표에 깊이 자리 잡고 있어야 한다. 따라서 혁신은 기업 구조의 지속 가능성과 밀접하다.

- 혁신에 대해 말하기는 쉽다. 실제로 이를 실행하느냐는 별개다. 혁신을 지원하고 보상하는 구조나 제도가 창의성 및 자율성과 균형을 이뤄야 한다. 그러면 우리가 무슨 일을 하는지, 어떤 방법으로 하는지가 저절로 드러난다.

- R&D 투자나 대중 매체를 통한 이미지가 기업의 혁신성을 나타내는 유일한 지표로 취급돼서는 안 된다. 성장은 한 가지 활동으로 이루어지지 않고, 여러 요소의 유연한 결합으로 이뤄진다.

또 다른 공통된 특징

영감을 불러일으키는 리더십, 명확한 목표, 가치 공유, 조직의 자신감, 혁신 DNA 는 20개 성장 챔피언들에서 찾아볼 수 있는 공통 요소이다. 일부 기업들에선 추가 로 두 가지 다른 공통점이 있다. 그것은 '미래 예측력과 현실 통찰력', 그리고 '다각 화'다.

미래 예측력과 현실 통찰력 | 의사결정에 영향을 줘 격차를 벌린다

시장 흐름과 별개로 일을 뛰어나게 잘한다는 건 실패로 가는 지름길이다. 리더스 다이제스트(Readers Digest)와 브리태니커 백과사전(Encyclopaedia Britannica), 보더스 (Borders)에서 울워스(Woolworths)와 TWA까지, 우리는 시대 흐름을 못 따라간 기업 들의 사례를 여기서 볼 수 있다. 코카콜라나 GM도 뉴코크나 GM EV1 전기 자동 차 출시 등은 시장이 제대로 변하기 전에 많은 투자를 해 실패를 봤다. 다행스럽게 도 스스로 뭔가 잘못하고 있다는 사실을 일찍 깨달은 덕택에 회사가 망가지는 일을 막을 수 있었다. 사업 실적이 감소되면 많은 기업은 시장이나 사회가 변화한 사실을 깨닫기보다는 운영 체제를 개선하려 한다. 마찬가지로 뜻밖의 기회가 주어져도, 상황 인식이 부족하거나 고객과 기술, 시장의 영향을 깊이 이해하지 못한 탓에 그 기회를 활용하지 못하는 기업이 많다.

많은 성장 챔피언들은 중요한 도전에 맞서 기회를 잘 활용하는 능력을 보여준다. 그들의 예측력이나 통찰력이 잘 발달되어 있거나, 두 가지가 잘 결합돼 있는 덕분이다. 중요한 점은, 예측력과 통찰력은 일부에만 국한돼 있지 않고 의사 결정 과정과 직접 연결돼 있다는 사실이다.

셸은 시나리오를 비롯해 여러 가지 예측 기술을 이용해 앞으로 20~50년에 걸친 변화를 읽는다. 다른 기업들보다 셸은 산업 내에 어떤 변화가 일어날지 잘 알고 있다. 규제 당국, 고객, 기술과 재정 면에 대해서도 마찬가지다. 에너지 부문 내의 수요와 공급의 역동성은 물론, 정부와 다국적 기업의 생각에 어떤 공통점과 차이가 있는지에 대한 인식도 탁월하다. 셸은 현재 속해 있는 생태계와 그 생태계가 앞으로 전개되어갈 방식도 잘 알고 있다. 롤스로이스와 ARM, 나라야나 흐루다얄라야, 노보 노르디스크, 타타, 바스프에 대해서도 같은 말을 할 수 있다. 그들은 그들의 시장을 형성하는 세력들, 그 산업에 미치는 영향, 그리고 현재의 기회와 위험을 명확하게 인식하고 있다.

P&G도 소비자의 취향과 선택, 행동에 대한 통찰력이 탁월하다. '등대' 프로그램을 이용해 앞에 놓인 도전과 기회를 훨씬 깊이 이해한다. 화장품과 건강관리의 통합 흐름과 제품 공급에 적용될 수 있는 환경적 제약 등 여러 변수를 깊이 인식하고 있다. 이런 인식이 민족지적, 기호론적 연구 등에서 얻은 소비자 행동에 대한 분석과 결합되는 것이다. 그렇게 되면 기업이 앞으로 어디서, 어떻게 활동할 것인지, 그 핵심적인 의미는 무엇인지, 그리고 미래 성장에 대비할 수 있는 최선의 방법은 무엇인지를 간단히 전망할 수 있다. 다른 성장 챔피언들도 비슷한 방법을 쓴다. 식품 부문의 네슬레와 펩시코는 온라인계의 아마존과 애플, 구글처럼 탁월한 현실 통찰력이

훌륭한 예측력과 조화를 이룬다.

성장 챔피언들의 서로 다른 문화와 역량은 예측력을 발휘하는 방식을 결정한다. 셸은 기술적인 솔루션을 추구하고, 네슬레는 기술적으로 가능하면서 상업적으로 성공할 수 있고, 또한 사회에 필요한 무엇인가를 추구한다. 한편 삼성은 새로운 솔루션을 개발하기 위해 무엇보다 디자인 원칙을 내세운다.

현재 상황에 더욱 집중해도 되거나 환경 변화가 거의 없어 예측력이 별로 중요하지 않은 기업들도 있다. 레고나 레킷 벤키저, 스타우드 호텔, 바르티, 혹은 인디텍스 등이 여기에 속한다. 다른 대부분 기업의 경우는 다르다. 미래 예측력과 현실 통찰력의 긴밀한 통합이 무엇보다 중요하다.

핵심 교훈 세 가지

- 성장 챔피언들은 그들의 산업과 사업에 대한 현실 통찰에 탁월하다. 사업의 의미를 이해하고 그것을 혁신과 예외적인 성장을 가져오는 실천으로 전환시키는 능력을 과시해 왔다.

- 시장을 형성하는 요인들과 흐름, 그리고 현실 통찰과 함께 그 의미를 이해하는 기업들은 새로운 기회를 포착하기에 좋은 위치에 있다. 날로 격변하는 세계에서 이런 능력은 더욱 소중해질 것이다. 이는 승자와 패자를 판가름할 요소다.

- 미래 예측과 현실 통찰력만으로는 성장을 이뤄낼 수 없다. 그 두 가지가 실제 경영에 영향을 미치고 행동을 촉진해야 한다.

다각화 | 삼성·타타 등 아시아 기업의 매력

일부 성장 챔피언들은 사업을 다각화한 시기가 있었다. 펩시코는 레스토랑을 운영했고, 셸은 원자력과 석탄, 임업, 광업, 태양열 발전 분야에 진출한 적이 있었다. 레고는 테마 파크를 소유했다. 회사들이 지금까지 번창한 까닭은 이제 '핵심으로 돌아왔기' 때문이다. 여러 회사를 정리하고 핵심 사업에 집중함으로써 성공을 이뤄냈다. 바스프, 네슬레, P&G, 레킷 벤키저 등, 다른 기업들도 한때 브랜드와 제품 구성을 다각화했지만, 지금은 화학제품이나 미용, 그루밍(grooming), 또는 생활 용품 등, 명확하게 한정된 분야 내에서만 사업을 한다. 우리가 선택한 그룹 외에, ABB, AEG, 디아지오(Diageo), 캐터필러(Caterpillar), 보잉, 유니레버, 유나이티드 테크놀로지스(United Technologies)와 같은 회사들에서도 비슷한 모습을 보인다. 모두 활동 범위가 극히 일부 분야에 집중돼 있다. 이런 형태를 '좁은 범위의 복합 기업(narrow conglomeracy)'이라고 부를 수 있을 것이다.

이 개념의 유일한 예외는 GE일 것이다. GE는 '에너지와 건강, 운송, 기반 시설에 대한 혁신에 전념하는 첨단 기술·서비스·금융 회사'임을 자처한다. 넓은 영역에 포진해 있으면서 크게 성공한 기업이다.

서구에서는 복합 기업이 소수에 속하지만, 아시아에서는 눈에 많이 띈다. 인도에서는 리라이언스(Reliance), ITC, 에사르(Essar), 마힌드라(Mahindra)와 같은 기업들이 번성한다. LG와 현대와 같은 재벌들이 지배하는 한국에서도 마찬가지다. 중국에서는 포선인터내셔널(Fosun International), 국태인터내셔널(Guotai International), HNA 그룹 등이 다각화된 경영을 하고 있으며, 특히 홍콩에서는 허치슨왐포아(Hutchinson Whampoa), 스와이어그룹(Swire Group), 자딘매디슨(Jardine Matheson)이 여전히 강력한 기업이다.

일본에서도 미쓰비시와 같은 그룹이 본질적으로 다종 산업형 회사에 속한다. 서방의 경영학자들이 비효율적이고 초점이 없다고 무시했던 방식이 여전히 기업을 지탱하고 있다.

성장 챔피언들 중 세 회사가 아시아의 복합 기업이라는 사실은 주목할 만하다.

타타는 차와 철강, 자동차에서 호텔, 컨설팅, 통신까지 다양한 사업을 하는 인도 최대 기업 중 하나다. 바르티는 통신이라는 강력한 핵심 사업이 있지만 소매업과 부동산, 보험, 식품 사업에도 관여하고 있으며, 삼성 그룹은 한국 최대 재벌로, 전자회사는 물론, 조선, 소매, 테마 파크, IT 컨설팅, 그리고 보험회사까지 거느리고 있다. 삼성이 하나의 국가라면, GDP로 세계 50대 국가에 속할 것이다.

서구의 경영 사상이 한 두 부문에서 탁월한 성과를 낳는 기업에 집중할 때, 이 아시아의 기업집단은 이들을 앞지르고 있다는 말이다. 그들은 서구의 기업 인수가 가치를 창출하지 못했을 때 효율적인 M&A를 성장 전략의 성공 요인으로 삼았다. 그들이 이런 성과를 거두는 까닭은 사업 부문을 아우르는 통일된 문화와 상호적인 재정 지원, 그리고 노하우 공유가 결합된 덕분이다. 타타가 차와 철강, 자동차 사업 전체에 걸쳐 인수 기업을 효과적으로 통합하는 기술을 터득한 것처럼, 바르티는 합작 투자에서 탁월한 능력을 발휘했고, 삼성은 여러 활동 부문에 걸쳐 프로세스 혁신을 이뤄냈다. 서구에서 복합 기업이 부활할지, 아시아 그룹들이 더욱 성장할지, 시간이 지나면 알게 될 것이다. 그러나 현재로서는, 이 아시아 복합 기업들이 서구의 많은 기업들이 50여 년 전에 이룬 것과는 다른, 훨씬 효과적인 방법으로 성과를 내고 있다.

핵심 교훈 세 가지

- 다각화를 이루면서 통합된 문화를 이루는 복합 기업이 한 두 영역에 집중하는 기업보다 경쟁력이 높을 수 있다.
- 복합 기업 모델 자체로는 성공을 보장할 수 없다. 조직의 문화와 역량, 리더십의 목표와 조화를 이뤄야 한다.
- 복합 기업은 다양한 부문에 걸쳐 사내의 지식 이전과 역량 구축을 가능케 한다.

위의 기업들을 검토해보면, 크게 두 가지가 핵심이다. 바로 문화와 전략이다. 각 회사의 특수한 문화에 영향을 미치는 직원들, 특히 CEO, 가치관, 그리고 관련된 목표 등, 기업 특유의 요소들에 주목해보자.

다른 회사들이 이 요소들 중 일부를 모방하려 하지만, 실제로는 거의 불가능에 가깝다. 그 요소들은 기업의 성격을 규정한다. 성장 목표, 혁신 활동의 범위, 예측력과 통찰력의 이용, 그리고 조직 활동의 구조 등은 모방할 수 있는 성질의 것들이다. 이런 것들은 전략적으로 선택할 수 있다. 우리가 검토한 성장 챔피언들을 보면, 성공은 단지 기업의 성격 덕분도 아니고, 활동하는 방식과 장소, 이유와 관련해서 취해진 특별한 결정 덕분도 아니다. 성공은 성장 목표를 중심으로 한 문화와 전략의 통일로 추진된다. 지속적인 성장은 문화와 전략이라는 이 두 가지 서로 다른 쟁점이 일관되게 통일체를 이룬 결과다.

미래의 도전

앞서 소개된 기업들은 지난 10년에 걸쳐 새로운 전략을 개발하여 지속적으로 성장하는 데 성공했다. 그렇지만 그 과정이 순조롭기만 했던 것은 아니었다.

예컨대, 레고와 P&G에는 사업의 영속 가능성에 대한 의문이 있었고, 네슬레와 펩시코는 비만 문제를 둘러싼 부정적인 홍보 여론에 시달렸다. 아우디와 바스프, 셸, 타타는 환경 문제로 골치를 썩었다. 그러나 우리의 챔피언들은 문제가 사라지기를 기대하며 현실을 회피하지 않았다. 현실을 제대로 파악해 명확한 결정을 내렸다. 그 결과 조직을 재편하고, 지속적인 성장 기반을 새로 창출했다. 도전에 맞서는 데 능숙하다는 사실을 입증해 온 것이다.

미래에 번영을 추구하는 기업들도 해결해야 할 수많은 문제가 있다. 앞으로 10년에 걸쳐 지속적인 성장을 이루거나 유지하려면 맞서야 할 환경들이다.

중국 | 10년 이내 가장 강력한 경제 대국

무엇보다 중국의 영향을 무시하면 안 된다. 세계 인구의 5분의 1이 사는 중국은 전 세계에서 인구가 가장 많은 나라이고, 앞으로 10년 안에 가장 강력한 경제 대국이 될 것이다. 현재 추산으로는, 중국의 외환 보유고가 2조 달러를 웃돌며, 2009~2010년에 개발도상국들에만 1100억 달러의 차관을 제공했다. 이는 세계은 행이 제공한 것보다 많은 액수다. 앞으로 소비자가 될 막대한 인구, 전 세계에 미치 는 경제적 영향력, 높은 수준의 교육열, 그리고 수많은 대기업이 힘을 결합한다고 생각해보라. 미래 중국은 다양한 수준에서 도전과 기회를 제공하게 될 것이다.

앞서 소개한 많은 회사는 중국이 자신들의 제품과 서비스를 위한 최고의 신흥 시 장임을 확인했다. 현재까지 중국에서 이룬 성공에는 다양한 차이가 있다. 중국은 삼 성에게 가장 가깝고 큰 시장이고, 아우디에겐 브랜드력이 어느 곳보다 최고로 성장 한 시장이다. 스타우드 호텔에는 다른 어떤 지역보다 많은 호텔을 개업한 나라이고, 타타에는 철강과 자동차를 위한 가장 중요한 시장이다. P&G, 레킷 벤키저, 펩시코, 네슬레, 애플, 바스프, 인디텍스에겐 지리적으로 미래 성장의 희망이다. 사실 구글 과 아마존에는 시작 단계에서 몇 차례 실패한 지역이기도 하다. 레고와 나라야나 흐 루다얄라야의 경우는 이 시장에 대해 아직 관망 중이다.

많은 기업이 망설이는 이유는, 중국이 이전에 성장을 이룬 기존 시장과 전혀 다르 기 때문이다. 이제까지 많은 회사가 합자 회사나 계열사를 통해 중국에 제품을 판 매할 수 있었다. 하지만 시장 규모가 확대되고 지역 경쟁업체들이 성장함에 따라 기 존 사업 방식에 위협을 받고 있다. 애플과 아우디 같은 브랜드는 소매업체와 장기적 인 제휴 관계를 수립해 상황이 나은 편이다. 다른 회사들은 중국 소비자에게 접근 하는 단계부터 문제가 많이 발생할 것이다.

레킷 벤키저와 같은 기업들은 자신의 사업 모델을 조정할 필요가 있다는 사실을 인식하고 있다. 서구에서 그토록 성공적이었던 보편적인 '명품 브랜드' 전략은 중국 엔 통하지 않을 수 있다. 오히려 '중국만을 위한 새로운 브랜드'가 현명하다. 그런데

이를 구현하기 위해선 제품의 판촉과 유통 방식이 달라져야 한다. 이미 폭넓은 입지를 확보한 편인 펩시코와 네슬레에게도 마찬가지다. 중국에서 성장한 국내 브랜드가 막강한 경쟁업체로 떠오를 때 지금의 전략으로는 대응하기가 충분치 않을 것이다. 스타우드 호텔은 이제까지 기존 브랜드들을 중국에 열심히 도입해 왔다. 중국인은 호텔을 이용할 때 숙박 목적은 물론 기대하는 경험도 서구와 전혀 다르다. 미국이 아직까지는 여행 산업의 중심임을 감안할 때, 중국 소비자 맞춤형 서비스는 기존 사업과 성공적으로 결합하기가 쉽지 않다. 유럽 중심의 경영진을 둔 아우디와 바스프, 레고, 셸과 같은 기업들에게도 마찬가지 상황이다.

중국은 이미 철강, 알루미늄, 콘크리트와 같은 주요 자원의 세계 최고 소비국이다. 곧 미국을 능가해 세계 최대의 에너지, 화학제품, 식품 소비국이 될 것이다. 경제가 계속 성장하고 건강관리 서비스를 이용하기가 수월해짐에 따라, 중국이 어느 시점엔가 세계 최고의 의약품 시장이 될 것으로 보는 사람이 많다. 노보 노르디스크와 같은 일부 기업에는 중국의 수요가 특별한 도전이 되고 있다. 식습관이 달라지고 부유층이 증가하고 있음을 감안할 때, 중국에서는 곧 다른 어느 지역보다 당뇨병이 많아질 것이다. 그때도 인슐린 가격이 현재의 중심 시장과 동일할까? 전혀 다른 문화 속에서 단백질과 즉석 식품 소비가 급증하고 있는 시장에 노보 노르디스의 교육 프로그램을 적용할 수 있는 최선의 방법은 무엇일까?

셸과 바스프의 입장에서 중국은 화석 연료와 석유 기반 화학제품에 대한 직접적인 수요의 주요 원천이다. 하지만 이 때문에 중국 산업과 연관된 환경 문제에 대처해야 할 필요성도 커지고 있다. 탄소 관점에서만 보더라도, 중국의 화석 연료에 대한 수요가 서구 수준에 근접한다면 전 세계가 대처할 방법이 없다. 중국은 다른 해결책이 필요하지만, 그 해결책은 어떤 것이며, 어떻게 그것을 개발할 것인가? 그것은 우선 석탄보다 가스와 원자력을 사용하고, 다음으로 수소나 풍력, 또는 태양열 에너지를 사용한다는 것일까? 화이트 바이오테크에 기반을 둔 화학제품을 더 많이 사용한다는 뜻일까? 그러면 이 회사들이 최신 기술을 중국에 먼저 제공하려 할까? 중국의 급증하는 수요는 전 세계 원자재 가격에 어떤 작용을 할 것이며, 그에 따라 기존 시장에는 어떤 영향을 미칠까? 이는 식품 부문의 네슬레처럼 철강 산업의 타타에도 중요한 문제다.

성장 챔피언들의 최종 목록에 오른 중국 기업은 없지만, 중국 기업은 최근 들어 급성장 중이다. 그 중 일부는 성공을 과시하기 시작했다. 통신 부문의 화웨이는 이미 에릭슨 등에 도전하고 있으며, 세계 최대의 이동 통신사들이 제휴를 원한다. 하이얼 그룹이 가전제품 부문에서 입지를 급속히 확대하고 있는 것처럼 레노보는 PC 시장을 성장시키고 있다. 현재, 100대 기업에 속한 중국 기업들 가운데 이 책이 언급하는 성장 챔피언은 없지만, 오래지 않아 나타날 것으로 보인다. 인도에서 타타와 바르티가 이미 최상층 그룹에 진입한 것처럼, 앞으로 2~3년 안에 많은 중국 기업이 비슷한 발전을 이룰 것으로 예상된다.

이런 흐름은 현재의 성장 챔피언들에는 커다란 도전이다.

중국 기업들은 중국 정부의 지원을 받고 있다는 특수성이 있다. 환율 정책에서 이득을 얻어 재정적으로 유리하다. 이들은 점차 원가는 물론 품질로도 경쟁할 것이다. 머지 않아 자동차와 가전제품, 금융에서 식품과 패션까지, 여러 부문에 적극 진출할 것으로 보인다. P&G와 레킷 벤키저, 네슬레, 펩시코의 경영진들과 향후 10년간의 세계 경제에 관해 대화를 나눠보면 드러나는 모습이다. 그들은 중국에 기반을 둔 새로운 브랜드들이 가장 막강한 경쟁자가 될 것으로 본다. 많은 은행은 중국 은행들의 약진을 염려하고 셸은 중국해양석유총공사(CNOOC)를 두려워한다. 구글은 바이두를 주시하고 있다.

주변 지역엔 대규모의 화교들이 있다. 중국 정부가 해외 투자 정책을 통해 이룩한 경제적 영향력을 대변하는 존재들이다. 중국 경제의 구조를 감안할 때, 그들은 특별한 규칙에 따라 활동하게 될 것이다. 중국은 2단계인 효율성 중심의 경제에서 3단계인 혁신 경제로 이동하고 있다. 이에 따라 우리는 중국이 앞으로 서구 중심의 기존 틀을 파괴할 것으로 보인다.

핵심 교훈 두 가지

- 앞으로 10년 동안 풍부한 자금력 아래 색다른 전략을 갖춘 중국의 많은 기업이 성장 챔피언이 될 것이다.
- 많은 기업 리더들이 이제 중국 기업을 저비용 공급업체가 아닌 기존의 경쟁 법칙을 바꾸는 존재로 보고 있다.

개방형 네트워크 협력 | 목표·가치의 공유 창출 있어야 성공

많은 성장 챔피언들은 전략적 제휴와 협력에 탁월하다. 그들은 자신이 모든 일에 능할 수 없다는 사실을 인식하고 있다. 그래서 필요하면 산업계 외부와도 언제든지 협력할 수 있다.

펩시코와 카길은 새로운 천연 감미료 원료에 관해 협력하고 있다. 레고는 생산을 펄렉스트로닉스와 유통 부문에선 DHL과 공조한다. 네슬레는 제너럴 밀즈, 코카콜라와 제휴 관계에 있다. 브라질에 합자 회사를 세운 셸이든, 바르티의 제휴 사업 모델이든, 아니면 경쟁사와 기술 공급 관계를 맺은 삼성이든, 효과적인 상호 협력 관계는 성장 챔피언들에게 눈에 띄는 부분이다.

많은 기업이 다른 곳과 제휴를 함에 있어서 실적 창출, 원가 관리, 그리고 효율성에 지속적으로 초점을 맞춰야 한다는 점을 잊지 않는다. 실제로 협력과 제휴를 통해 원가를 절감한 기업이 많다. 성공한 그들은 그렇게 해서 다른 기업이 참여하기 어렵게 만드는 규모와 경쟁 우위의 원천을 만들어낸다.

이처럼 협력하려면 목표의 공유와 가치 공유 창출이라는 상생 전략이 있어야 한다. 그렇지 않으면 협력에 따른 비용은 높다. 정보부터 자유롭게 공유하지 못한다. 사실 네트워크를 통해 가치를 제대로 창출하는 것은 극히 어려운 일이다. 그러나 서로 공감하는 목표가 공유되면, 비용을 낮출 수 있는 동시에 정보도 효율적으로 공유할 수 있다.

인디텍스는 패스트 패션 전략을 위해 다양한 제휴로 효율적인 공급망 네트워크를 운영하고 있다. 롤스로이스가 30여 개 대학과 형성한 UTC 네트워크는 모두에게 확실한 투입 자원과 핵심 역영이 있고, 따라서 함께 책임을 지는 연출된 전략의 가치를 입증하고 있다. ARM의 사업 모델을 통해 부각된 것처럼, 네트워크 전체에 걸친 협력 관계는 일부 부문에서 이루어진 근본적인 변화다. 이런 산업에서는 기업의 역량이 제휴 관계 관리에서 상생을 위한 생태계 조성이란 개념으로 급속히 이동하고 있다. 이런 협력 관계는 상호적인 제휴 관계 이상을 의미한다.

앞으로는 개방형 네트워크가 점차 전략적 제휴를 대체하고, 지적 재산권이 공유 재산이 되는 세상이 다가올 것이다. 사업 노하우가 공유화됨에 따라 협력 관계의 성격도 달라질 것이다. 이런 변화는 상호 간의 협력을 촉진하고, 높은 수준의 혁신을 불러온다. 단순한 개방형 혁신을 넘어서는 수준이 될 것이다.

앞서 소개한 기업들 중 일부는 이미 자원에 대한 직접적인 통제에서 개방형 네트워크 협력 관계를 활용해 자원에 접근하고 있다. 예컨대, 구글은 모토로라 인수로 얻은 지적 재산권을 안드로이드 네트워크에 속한 다른 모바일 기기 회사들과 공유하기 시작했다.

네트워크의 규모와 구성원 자격 기준이 변화하고 있는 것도 주목할 만한 흐름이다. 개방형 네트워크는 '내부' 대 '외부'의 문제보단 여러 가지 쟁점과 기술, 기회를 중심으로 활발하게 상호작용하는 클럽들의 유연한 구성에 초점을 맞춰야 한다. 기업 관계와 협력 네트워크는 점점 소셜 네트워크를 닮아가고 있다.

갑자기 등장한 개방형 네트워크 협력 관계들은 가치 사슬에서 별도의 위치를 차지하고 있다. ARM과 롤스로이스, 인디텍스, 아마존, 구글, 아이팟용 어플리케이션 등이 좋은 예다. 다른 조직과 협력할 부분과 통제할 부분을 선택해 적용하는 모습들이다. 애플은 제품 개발을 독자적으로 추진하려 하지만, 실제는 사업 협력을 계속 확대하고 있다. 응용 프로그램과 아이튠스 등을 중심으로 폭넓은 네트워크 활동이 이루어질 것으로 보인다. 대부분의 경우 새로운 개방형 네트워크를 주도하는 일은 앞으로 경쟁 우위의 중요한 원천이 될 것이기 때문이다. 특히 쇼핑, 정보, 오락, 연구, 건강관리 서비스 시장이 그렇다. 잠재 성장 면에서도 그렇고 기존 틀이 파괴될 가능성이 가장 큰 곳이다.

이런 흐름에 동의한다면 중요한 문제는 네트워크의 힘을 성공적으로 이용하는 데 필요한 역량을 개발하는 것이다. 롤스로이스의 사례를 보면 제휴 관계와 그 관계로 창출되는 콘텐츠를 모두 중시해야 한다는 것을 알 수 있다. 이렇게 되려면 두 가지 다른 역량, 즉 제휴 관계 관리와 콘텐츠에 대한 전문 지식을 갖춰야 한다. 그 두 가지는 조직 내부에 존재할 가능성이 높다. 따라서 외부의 개방형 네트워크의 성공 여부는 내부 활동을 관리하고 조정하는 능력에 있다고 봐도 과언이 아니다.

핵심 교훈 네 가지

- 협력 관계가 점차 중요한 성장동력이 되고 있다. 그러나 많은 기업이 그런 도약을 하기는 어렵다. 사고방식과 관리 기술의 근본적인 변화가 있어야 하기 때문이다.
- 기업은 가치 사슬 가운데 어느 부분에서 협력할 것인지, 그 이유는 무엇인

지 입장을 명확히 해야 한다. 그렇게 하기 위해서는 자신의 독보적 역량과 함께 협력을 통해 보완할 수 있는 부분을 탐구해야 한다.

■ 외부와의 협력은 산업이나 사회에서 기업이 차지하는 위치에 대한 인식에 근거한다. 협력적 사고는 위로부터 시작해 기업의 문화와 가치관에 뿌리내려야 한다.

■ 개방형 네트워크 협력 관계는 기존 전략에 혁신을 일으킨다. 새로 나타나고 있을지 모르는 산업 생태계에 재빨리 적응할 수 있게 한다. 그러나 이 시도가 성공하려면 제휴 관계를 꾸준히 유지하는 한편으로 네트워크로 창출되는 콘텐츠를 제대로 활용해야 한다. 그러려면 다양한 기술이 필요하다.

지속 가능성 | 냉정한 미래예측이 만든 자신감

많은 성장 챔피언들이 지속 가능성 문제로 고심한다. 구체적으로 들어가면 대부분은 환경 효율성에 대해 얘기하고 있다. 전 세계가 현재 자원 부족 문제와 마주하고 있고, 탄소와 에너지, 물, 토지 이용을 중심으로 여러 가지 규제가 새롭게 강화되기 시작한 탓이다. 그런데 이런 태도는 근시안적이다. 환경적 지속 가능성의 문제를 넘어 환경적, 사회적 관심사를 중심으로 삼아야 할 것이다.

지속 가능한 성장은 현재 많은 기업의 열망이지만, 이를 완벽히 달성한 곳은 지구 상에 없다. '지속가능'이라는 주제가 유행어가 됐음에도 불구하고 말이다. 일부에서는 경제 성장에 대한 좀 더 균형 잡힌 견해가 나타나기 시작했다. 서구가 아직 경기 침체에서 벗어나려 몸부림치고 있는 가운데 지속 가능성 문제에 집중할 수 있거나 집중할 열의가 있는 기업이 거의 없다고 보는 사람들의 의견이다.

그러나 성장 챔피언들은 지속 성장에 대한 믿음이 확고하다. 바스프와 셸은 자원의 지속 가능성이라는 문제와 씨름한다. 네슬레와 펩시코, P&G는 수자원에 많은 관심을 기울이고 있다. 타타는 저탄소 생산을 추구하고, 아우디는 전기 자동차 분야에서 강력한 영향력을 발휘하려 한다.

앞으로 10년을 바라보면 모든 기업에 있어 환경 효율성을 넘어 지속 가능성이라는 좀 더 폭넓은 관점으로 화제가 전환될 것으로 예상된다. 이를 통해 순수한 주주 가치에서 좀 더 넓은 이해 관계자 가치로 경영의 초점이 바뀔 것이다. 그래서 차원 높은 사회적 목적을 추구하게 될 것이다. 아직 갈 길은 멀다. 타타와 바르티가 그들의 재단으로 지원하는 활동이나 구글과 네슬레와 같은 기업들이 진행 중인 사회 공헌 계획으로는 충분치 않을지도 모른다. 아래와 같은 면도 고려해야 할 것이다.

예컨대, 모든 자원이 특정 지역에서 공급돼야 한다면 아마존과 같은 광역화된 장거리 유통 모델에 큰 도전이 될 수 있다. 바스프와 펩시코, P&G, 레킷 벤키저, 타타 등이 사업을 운영하는 방식에도 중대한 문제를 일으킨다. 네슬레와 펩시코의 경우 밀가루와 초콜릿, 물과 같은 주재료의 지역 공급이 한정돼 있는 상황을 어떻게 해결할 것인가?

레고는 주로 석유로 만든 플라스틱을 이용하는 제조업체다. 그래서 환경 문제와 밀접한 상황이다. 배기가스 목표와 탄소 가격제, 연료 제약은 운송업체를 죄여온다. 항공사의 경우 등유에서 바이오 연료로, 또 추진 장치 개선 움직임을 가속화할 수 있다. 롤스로이스의 기술 주도 흐름은 예상치 않은 새로운 기술 개발로 빼앗기게 될 수도 있다. 무소음 전기 자동차의 세계에서 아우디의 스포티한 고성능 브랜드는 여전히 최고급 제품이 될 수 있을까? 폐기물 재활용 법규에 따라 수명 주기가 끝난 제품은 제조업체가 수거해야 한다. 폐기물 처리 시설을 임대차로 전환하게 되면 삼성의 수익성과 사업 과정에 어떤 영향을 미칠까? 탄소 가격이 두 배가 되면 타타의 철강 생산과 수익성에 어떤 영향을 미칠까?

지속 가능성에 대한 사회적 태도 변화와 소비자와 규제 당국의 선택에 대응하는 문제도 있다. 예를 들어 유전자 조작 작물에 대한 반발은 네슬레와 펩시코는 물론 바스프 공급망에도 영향을 미칠 수 있다. 인터넷망의 발달로 사람들의 이동이 줄어든다면 롤스로이스 주문량뿐 아니라 스타우드 호텔과 나라야나 흐루다얄라야의 매출에 영향이 있을 수 있다. 사회적 측면에서 사생활 침해에 대한 대중의 반발이 거세다면, 애플은 물론 아마존과 구글에는 어떤 영향을 미칠까? 이 분야를 비롯한 여러 분야의 사전 규제는 어떻게 사업 활동을 제한할까? 어떤 시장의 매력을 떨어뜨릴까?

핵심 교훈 두 가지

- 기업들은 대부분 지속 가능성의 일부분에만 초점을 맞춘다. 지속 가능성이라는 문제 자체에 충분히 대처하기는 아직 좀 요원하다.
- 지속 가능성의 문제를 해결하면 성장을 촉진할 수 있다. 이 문제는 기업의 사회적 책임 그 이상이다. 이사회도 좋든 싫든 주목해야 할 사항이다.

또 다른 도전 | 혁신으로 효율은 높이고 비용은 낮추고

과거에는 기업들이 효율성을 높이고 저비용 전략을 따르거나, 고강도 혁신으로 뒷받침되는 차별성 있는 전략을 추구했다. 21세기의 도전은 살아남기 위해 두 가지를 다 해야 하는 것이다. 즉, 지속적으로 탁월한 실적을 올리면서 동시에 새로운 성장 경로를 개발하는 일이다.

❶ 지적 재산권의 종말? : 사회흐름·시간·중국은 특허의 적

기술 노하우와 지적 재산권 분야에 보이는 잠재적인 문제가 있다. 이를테면 요즘 이슈가 되는 클라우드소싱이 현재 아마존만의 추천 기반 시스템에 영향을 미칠 수 있다. ARM에 대한 인텔의 반격, 그리고 의약품에 대한 제약 특허의 국제적 공유 움직임 등은 모두 지식의 소유권에 의문을 제기한다.

실제로 많은 전문가는 지적 재산권이 지금 형태로는 점차 타당성을 잃게 될 것으로 본다. 개방형 혁신과 상호적 기술 제휴는 대체로 시장성 높은 지적 재산권을 보유하는 데 집중돼 왔다. 사업 모델 혁신이 더욱 표면화되면, 특허와 저작권보다 노하우에 관한 제휴가 많아질 것이다. 하나로 연결된 세계에서 노하우는 이 회사에서 저 회사로 트위터의 속도로 이전될 수 있다.

❷ 인재 쟁탈전 : 고급 인재와 계약직이라는 양극화

글로벌 기업의 경우 인재 확보 경쟁이 치열해질 것이다. 이는 점차 상근 직원은 줄어들고 프로젝트 단위로 근무하는 임시 계약직이 증가하는 현상과 맞물린다. 때문에 '채용할 가치가 있는 사람들'을 끌어들이는 데 더 많은 노력이 필요할 것이다. 세계 최고의 엔지니어들을 확보하려는 삼성과 바스프, 타타에겐 특히 크게 다가올 문제다. 소비자를 이해하는 최고 인재를 끌어들이려는 펩시코와 스타우드 호텔, 레고도 마찬가지다.

❸ 새로 나타난 문제들을 바로 보기 : 항상 겸손하게 대비하라

미래의 문제들이 동시다발적으로 나타날 가능성은 비교적 낮다. 하지만 이런 문제가 아예 발생할 가능성이 없다고 생각한다면 어리석은 일이다. 앞으로 10년에 걸쳐 어느 정도 영향을 미칠 사항들이다. 우리가 살펴본 대로 많은 기업들이 잠재적 혁신 기회를 부각시키기 위해 각자 특유의 예측기술을 이용한다. 새로 나타나는 위험들을 확인하고 평가하기 위해서다. 이는 개별 기업 내에서 일어나고 있을 뿐 아니라, 기업들로 이뤄진 개방형 협력 네트워크에서도 일어나고 있다. 성장 전략을 개발하고 실행할 때, 우리는 이미 알고 있다고 생각하는 것들을 경계해야 한다. 확실치 않지만 피할 수 없는 일들까지 예견하고, 예상치 못한 사태가 미칠 수 있는 영향도 탐구하고 대처해야 한다.

성장 어젠다, 그 본질적 의미

성장은 매력적인 기업 목표다. 성장을 꿈꾸는 기업이라면 다양한 사항에 주의를 기울여야 한다. 그중에서도 지속적인 성장을 위해선 다음의 10가지 핵심적인 요소에 신경 써야 한다. 성장 챔피언들의 공통점이기도 하다.

명확한 목표 | 직원·고객·이해 관계자 모두의 공유

성장 챔피언들은 가장 중요한 것이 무엇인지, 또 그것이 어디 있는지를 안다. 그들은 '시장 안에 틈새가 있는지, 틈새 안에 시장이 있는지'를 파악하고 있다. 지속적인 성장 기반이 될 새로운 시장을 창출하는 법에 대해서도 확실한 관점을 보인다. 어떤 분야의 리더라면 스스로 현재의 경쟁자만큼 미래의 경쟁자와도 차별화되는 점이 무엇인지를 쉬지 않고 공부하는 게 당연지사다. 이를 충분히 감안해 직원과 고객 등 광범위한 이해 관계자들이 모두 이해하는 명확하고, 간결하고, 독특한 목표를 내세운다.

독보적 역량 | 현재가 아닌 미래역량을 확보하라

많은 기업이 자신의 제품과 서비스로 고객들에게 제공할 수 있는 능력과 역량이 무엇인지 잘 알고 있다. 그런데 독보적 역량을 제대로 갖춘 기업은 드물다. 놀랍게도 자신이 경쟁자들과 비교해 당당히 내세울 수 있는 독특한 장점이 거의 없다. 이런 장점을 가까스로 꼽을 수 있더라도 그 유효기한에 대해선 무지하다. 성장 챔피언들은 이와 반대다. 미래에도 경쟁력 있는 독보적 역량을 꾸준히 찾아 나선다. 미래 환경에 있어 자신의 장점이 무엇이고, 어떻게 하면 자신들이 그것을 가장 효율적으로 구축하고 개발할 수 있는지도 잘 알고 있다.

최우선 과제인 혁신 | 경쟁업체와 차별화하는 요소

성공한 기업들은 다른 기업보다 혁신력 면에서 앞선다. 우선 과제도 명확하다. 그들은 경쟁업체와 차별화하기 위해 가장 효율적으로 혁신할 부분을 알고 있다. 그들은 완전한 혁신 생태계를 조성하기 위해 제품과 서비스, 사업 모델 전체에 걸쳐 혁신을 주창하고 실행한다. 미래의 우선 과제는 무엇인지, 또 그 이유에 대해서도 명확히 인지하고 있다.

독특한 통찰력 | 고객과 시장의 필요를 선점

많은 기업이 꾸준히 발전하는 통찰 기술을 활용한다. 하지만, 다른 기업과 같은 소스에서 규격품 같은 보고서를 참고하는 경우가 많다. 성장 챔피언들은 다른 기업보다 앞서 필요한 것이 무엇인지 안다. 그들은 또 경험과 정보를 함께 활용한다. 필요에 따라 맞춤형 연구도 활발하다. 이 모두는 해당 기업만이 가진 독특한 통찰력을 만들어낸다.

조직적 자신감 | 목표에 대한 자신감은 자산

지금까지 소개한 기업들은 모두 자신들이 하는 일과 그 존재 이유에 대해 확신이 있다. 그래서 그들은 각자가 세운 목표를 달성할 수 있다고 자신한다. 이런 확신은 다른 곳보다 탁월한 실적과 함께 조직의 독보적 역량을 이해하며 키워오는 가운데서 나온다. 이는 자신들이 반드시 올바른 일을 할 것이고, 그 일을 다른 회사보다더 잘할 수 있다는 확신으로 이어진다.

높은 위험 선호도 | 시도하지 않는 것보다 실패에서 배우는 게 낫다

실패를 줄이는 프로세스를 좋아하는 기업이 있는가 하면, 어느 정도 위험을 감수하고 창의성과 실험을 허용하는 곳도 있다. 성장 챔피언들은 후자에 속한다. 모두 위험에 대한 적절한 수준을 유지한다. 이는 위험 욕구라고 표현할 수 있다. 이들은 새로운 일이 100% 확정되기도 전에 시도해보려고 하며, 실패에서 재빨리 교훈을 얻으려고 한다. 어떤 기업은 모든 일을 내부에서 이루려고 하고 그 결과가 최대한 완벽에 가깝도록 강박적인 태도로 실험을 한다. 극단적인 두 입장에는 공통점이 있다. 모두 실험에 따른 위험을 꺼리지 않는다는 것이다.

균형감 있는 혁신 | 기업문화와 혁신은 공존할 수 있다

지난 몇 년간 성공한 성장 기업들은 제도 혁신과 창의성 간에 적절한 균형을 유지한다. 조직 내 문화와 구조가 혁신과 창의성이 공존하면서 협력할 수 있게 준비돼 있다. 계획된 활동 구성의 일부, 혹은 성장 기반의 핵심 요소로서 균형을 유지한다는 것이다. 이때 점진적인 혁신이나 시장 파괴적인 제품과 서비스 및 비즈니스 모델은 일관성 있는 전략의 일부가 된다. 한 기업 내에서 동시에 나타날 수 있다는 애기다.

파괴적 혁신 | 삼성처럼 대기업 집단에서도 가능

전통적 사고방식에 따르면, 파괴적 혁신(disruptive innovation)은 보통 작은 기업이 대기업에 맞서거나 시장에 근본적인 변화를 꾀할 때 나타난다. 이 책에서 소개한 여러 기업을 살펴보면 이런 파괴 전략이 더는 신생 기업만의 특성이 아니라는 것이다. 파괴적 혁신은 획기적인 성장을 이루기 위한 목적으로 대기업 내에서도 충분히 이뤄질 수 있다. 기업 규모를 떠나 모두에게 파괴적 혁신은 더 이상 주위에서 일어나는 어떤 사건이 아니라 중요한 성장의 원천으로 통한다.

현명한 투자 | 성장전략에 투자하라

여러 해 동안 분석한 결과, 혁신은 대부분의 기업에 큰 이득을 안겨준다. 여기에 재정적인 지원이 필요하다. 유기적 성장에만 집중하든, 역량을 높이기 위한 기업 인수를 포함하든, 미래의 성장 기반을 창출하기 위한 투자는 성장 전략에 맞춰져야 한다. 많은 기업의 경우 다른 곳보다 자본 비용을 줄이는 일은 중요한 업무다. 그 방법은 내부에 있을 수도 외부에서도 찾을 수도 있다. 성장 챔피언들은 혁신을 통해 높은 매출을 달성했다. 가장 필요한 부분에 초점을 맞춘 자원배분이 있었다.

신속한 행동 | 속도가 기존 시장을 파괴할 수 있다

마지막으로, 속도의 문제다. 앞서 나온 기업 사례에서 알 수 있듯이 시장에 신속하게 대처하는 일은 정말로 중요하다. 선도자이든 모방자이든 상관없이 가장 중요한 공통점이다. 성장 챔피언들은 방법을 가리지 않고 경쟁업체를 압도하는 속도로 움직인다. 새로운 기술과 사업 모델을 스스로 만들어 내거나, 다른 기업이 먼저 시도한 것을 뒤이어 시작했더라도 빠른 속도로 그들을 능가하려는 모습을 보인다.

이들 기업은 작업공정 시간(cycle time)을 꾸준히 단축했다. 많은 경우 해당 산업 평균의 절반 수준이다. 그들은 핵심적인 점진적 변화를 경쟁업체보다 더욱 신속하게 이뤄내는 한편, 시장을 파괴할 큰 변화를 창출해내기도 한다.

이 책 전부를 이용하든, 일부를 이용하든, 다양한 연구에서 얻은 견해와 통찰, 교훈들이 유익하기를 바란다. 위에 언급한 10가지 요소들이 지금까지 취재한 내용들을 간추린 실용적이면서 간결한 요약이 되면 좋겠다. 세계는 지금 그 어느 때보다 빠르게 변화하고 있다. 그만큼 새로운 도전과 기회가 우리 눈앞에 있다. 지속적인 성장을 이루고 싶은 이들에게 정보를 제공하고 성장 욕구를 자극하는 게 우리 목표였다. 독자들이 이 책에 담긴 여러 가지 사례와 관점들을 아무쪼록 유용하게 활용하기를 기원해 본다.

자료와 참고문헌

이 장에서는 책을 저술하는 데 주로 활용한 출판물들을 나열한다. 좀 더 깊은 내용의 정보를 알고 싶다면 활용해보길 바란다.

Part 1. 지금까지의 혁신은 버려라

- Accenture, *The Rise of the Emerging-Market Multinational*, Accenture, 2010
- Allan, Dave, Kingdon, Matt, Murrin, Kris and Rudkin, Daz, *Sticky Wisdom: How to Start a Creative Revolution at Work*, Capstone, 2002
- Andrews, Kenneth, *The Concept of Corporate Strategy*, Richard D. Irwin, 1971
- Barney, J. B., 'Firm Resources and Sustained Competitive Advantage', *Journal of Management*, Vol. 17: 1, pp. 99-120, 1991
- Birkinshaw, Julian, Bouquet, Cyril and Barsoux, J.-L., 'The 5 Myths of Innovation ', *MIT Sloan Management Review*, December 16, 2010
- Chesbrough, Henry, *Open Innovation*, Harvard Business School Press, 2003
- Collins, David and Montgomery, Cynthia A., 'Competing on Resources: Strategy in the 1990s', *Harvard Business Review*, Issue 73 (July-August), pp. 118-128, 1995
- Department for Business Enterprise & Regulatory Reform, High Growth Firms in the UK: Lessons from an Analysis of Comparative UK Performance, 2008 www.bis.gov.uk/files/file49042.pdf
- Economist Intelligence Unit, Brazil Finance: Stepping into Africa 2010 http://viewswire.eiu.com/index.asp?layout=VWArticleVW3&article_id=107358795&ec=true&rf=0
- Fast Company, The World's Most Innovative Companies 2011 www.fastcompany.com/most-innovative-companies/2011/
- Gutmann, Peter, 'Strategies for Growth', California *Management Review*, Vol. 6: 3 , pp. 31-36, 1964
- Harreld, J. B., O'Reilly, C. A. and Tushman, M. L., 'Dynamic Capabilities at IBM: Driving Strategy into Action', California Management Review, Vol. 49: 4, pp. 21-43 , 2007
- Huston, Larry and Sakkab, Nabil, 'Connect + Develop: Inside Procter & Gamble's New Model for Innovation', *Harvard Business Review*, Vol. 84: 3, March 2006
- Jackson, Tim, Prosperity without Growth, Routledge, 2009
- Jones, Tim, *Innovation Leaders*, Infi nite Ideas 2008 www.innovationleaders.org
- Jones, Tim and Dewing, Caroline, *Future Agenda*: The World in 2020, Infinite

Ideas 2010 www.futureagenda.org
- Kao, John, *Innovation Nation*, Free Press, 2007
- Kelley, Tom, *The Art of Innovation: Lessons in Creativity from IDEO*, America's Leading Design Firm, Crown Business, 2001
- Kim, W. Chan and Mauborgne, Renee, *Blue Ocean Strategy*, Harvard Business School Press, 2005 www.blueoceanstrategy.com
- Leadbeater, Charles and Meadway, James, *Attacking the Recession: How Innovation Can Fight the Downturn*, NESTA, 2008
- Lee, Anne C., Ten Most Innovative Companies in China 2010 www.fastcompany.com/mic/2010/industry/most-innovative-china-companies
- 'Nicolas Sarkozy Wants to Measure Economic Success in "Happiness"', *The Telegraph*, 2009 www.telegraph.co.uk/news/worldnews/europe/france/6189530/Nicolas-Sarkozy-wants-to-measure-economic-success-in-happiness.html
- OECD Innovation Strategy 2011 www.oecd.org/innovation/strategy
- Porter, Michael, *The Competitive Advantage of Nations*, Free Press, 1990
- Prahalad, C. K. and Hamel, Gary, *Competing for the Future*, Harvard Business School Press, 1996
- Prosperity without Growth Report, Sustainability Commission 2009 www.sd-commission.org.uk/data/fi les/publications/prosperity_without_growth_report.pdf
- Ricardo, David, *On the Principles of Political Economy and Taxation*, John Murray, 1817
- Schumpeter, Joseph A., *Capitalism, Socialism, and Democracy*, Harper & Row, 1942
- Schwab, Klaus, 'The Global Competitiveness Report 2011-2012', *World Economic*
  Forum http://reports.weforum.org/global-competitiveness-2011-2012/
- Selznick, Peter, *Leadership in Administration*, Row Peterson, 1957
- Smith, Adam, *An Inquiry into the Nature and Causes of the Wealth of Nations*, W. Strahan and T. Cadell, 1776
- Snyder, Nancy Tennant, *Unleashing Innovation: How Whirlpool Transformed an Industry*, Jossey-Bass, 2008
- Solow, Robert M., 'A Contribution to the Theory of Economic Growth', *Quarterly*
  Journal of Economics, Vol. 70: 1, pp. 65-94, 1956
- Stevenson, Howard H., 'Defining Corporate Strengths and Weaknesses', *Sloan Management Review*, Vol. 17 : 3, pp. 51 - 68 , 1976

- Swan, Trevor, 'Economic Growth and Capital Accumulation', *Economic Record*, Vol. 32: 2, pp. 334-361, 1956
- Teece, D., Pisano, G. and Shuen, A., 'Dynamic Capabilities and Strategic Management', *Strategic Management Journal*, Vol. 18: 7, pp. 509-533, 1997
- The Lisbon Treaty, Europa.eu 2007 http://europa.eu/legislation_summaries/institutional_affairs/treaties/lisbon_treaty/index_en.htm
- Tidd, Joe and Bessant, John, *Managing Innovation: Integrating Technological, Market and Organizational Change*, John Wiley & Sons, 2009
- Tushman, Michael L. and Anderson, Philip, *Managing Strategic Innovation and Change*, Oxford University Press, 1997
- Ulwick, Anthony, *What Customers Want: Using Outcome-Driven Innovation to Create Breakthrough Products and Services*, McGraw-Hill, 2005
- UN News Centre, 'Happiness Should Have Greater Role in Development Policy-UN Member States', 2011 http://www.un.org/apps/news/story.asp?NewsID=39084&Cr=general+assembly&Cr1=
- Von Hippel, Eric, *Democratizing Innovation*, MIT Press , 2005
- World Bank, Migration and Remittances Factbook 2011 http://siteresources.worldbank.org/INTPROSPECTS/Resources/334934 -1199807908806/Top10.pdf
- World Economic Forum(WEF), 'Summer Davos in Asia' 2010 http://www.weforum.org/pdf/summitreports/newchampions2010.pdf

Part 2. 성장 챔피언들

문헌조사 및 연구 외에도 우리는 다양한 인물들을 인터뷰했다. 사정상 책에 모두의 말을 담지는 못했다. 익명이나 출판물, 혹은 언론매체 등을 이용해 그들 의견을 나타내기도 했다. 더 많은 자료를 원한다면 회사 웹사이트나 재무자료를 찾아보길 바란다. 다음 자료도 참고가 될 것이다. ABC의 회사명 순서대로 나열한다.

아마존

- 'Amazon: The Wal-Mart of the Web', *The Economist*, 1 October 2011 www.economist.com/node/21530980
- Donkin, Richard, 'The Death of Management as We Know It', *Financial Times*, 10 October 2011 www.ft.com/cms/s/2/dc03b33e-f100-11e0-b56f-00144feab49a.html#axzz1alpk3Wcb
- Hamilton, James, 'Cloud Computing is Driving Infrastructure Innovation', Amazon Technology Open House, 2011 http://mvdirona.com/jrh/TalksAndPapers/JamesHamilton_AmazonOpenHouse20110607.pdf

- 'Interstate sales taxes: The Amazon War', *The Economist*, 21 July 2011 www.economist.com/node/18988624
- Rose, Charlie, 'A Conversation with Amazon.com CEO Jeff Bezos', *charlierose.com*, 19 November 2007 www.charlierose.com/view/interview/8784
- Routson, Joyce, 'Jeff Bezos Makes Magic Out of Online Retailing', *business.in.com*, 17 February 2011 http://business.in.com/article/stanford/jeff-bezos-makes-magic-out-of-online-retailing/22472/1

애플

- 'American Business: Big Apple vs. Big Oil', *The Economist*, 11 August 2011 www.economist.com/node/21525937
- Esslinger, Hartmut, *A Fine Line: How Design Strategies are Shaping the Future of Business*, Jossey Bass, 2009
- Hertzfeld, Andy, 'Pirate Flag', *folklore.org*, August 1983 www.folklore.org/StoryView.py?story=Pirate_Flag.txt
- Isaacson, Walter, *'Steve Jobs: A Biography'*, Simon & Schuster, 2011
- Kahney, Leander, 'Our Bad. Wired Had Some Tips For Apple-We Were Wrong', *Wired*, 18 March 2008
- Kirkpatrick, David, 'The Second Coming of Apple Through a Magical Fusion Of Man – Steve Jobs – and Company. Apple is Becoming Itself Again: The Little Anticompany That Could', *Fortune Magazine*, 9 November 1998 http://money.cnn.com/magazines/fortune/fortune_archive/1998/11/09/250834/index.htm
- Lashinsky, Adam, 'How Apple Works: Inside the World's Biggest Startup', *Fortune Magazine*, 23 May 2011 http://tech.fortune.cnn.com/2011/08/25/how-apple-works-inside-the-worlds-biggest-startup/
- Naughton, John, 'What Made Steve Jobs a Giant among the World's Greatest Communicators?', *The Observer*, 28 August 2011 www.guardian.co.uk/technology/2011/aug/27/steve-jobs-apple-ipod-ipad
- 'Steve Jobs' 2005 Stanford Commencement Address, Stanford University', *YouTube*, 2005 http://www.youtube.com/watch?v=UF8uR6Z6KLc
- 'Steve Jobs Introduces the "Digital Hub" Strategy at Macworld 2001', *YouTube*, 2001 www.youtube.com/watch?v=9046oXrm7f8
- 'Steve Jobs' Legacy: With Apple, the Medium Made the Message', *The Economist* , 11 October 2011 www.economist.com/blogs/prospero/2011/10/steve-jobss-legacy
- 'Steve Jobs Resigns: The Minister of Magic Steps Down', *The Economist*, 27 August 2011 www.economist.com/node/21526948

- 'Steve Jobs: The Magician', *The Economist*, 11 October 2011 www.economist. com/node/21531529
- Walters, Helen, 'Apple's Design Process', *Business Week*, 8 March 2008 www. businessweek.com/the_thread/techbeat/archives/2008/03/apples_design_p.html
- Wolff, Martin, 'In Memoriam: Steve Jobs', *Financial Times*, 10 October 2011 http://blogs.ft.com/martin-wolf-exchange/2011/10/10/in-memoriam-steve-jobs-2/#axzz1arCzNLes
- www.wired.com/techbiz/it/magazine/16-04/bz_apple_ourbad
- www.youtube.com/watch?v=UF8uR6Z6KLc

ARM

- Fern, M. J., 'ARM Disrupting Intel with its Business Model', *Fern Strategy*, 10 March 2011 http://fernstrategy.com/2011/03/10/arm-disrupting-intel-with-its-business-model/
- Watkins, Mary, 'Microsoft Strengthens the Outlook for ARM', Financial Times, 6 January 2011 www.ft.com/cms/s/0/6070eea6-19cb-11e0-b921-00144feab49a. html#axzz1alpk3Wcb

아우디

- 'Audi's Design Drive', *Business Week*, 26 November 2007 www.businessweek. com/innovate/content/nov2007/id20071119_404008.htm
- Pollard, Tom, 'CAR Video Interview: Audi Design Chief Wolfgang Egger', 2010 www.carmagazine.co.uk/News/Search-Results/Industry-News/CAR-video-interview-Audi-design-chief-Wolfgang-Egger/

바스프

- Schafe, Daniel, 'BASF Boosted by Rising Demand and Stake Sale', *Financial Times*, 6 May 2011 www.ft.com/cms/s/0/d5e759b4-77c6-11e0-ab46-00144feabdc0.html#axzz1alpk3Wcb
- 'The Chemical Industry: BASF Seeks a Stable Formula', *The Economist*, 23 June 2010 www.economist.com/blogs/newsbook/2010/06/chemical_industry

바르티

- 'India in Africa: Catching Up', *The Economist*, 26 May 2011 www.economist. com/node/18745335
- 'Indian Mobile Telecoms: Happy Customers, No Profits', *The Economist*, 16 June 2011 www.economist.com/node/18836120
- 'Interview: Manoj Kohli of Bharti Airtel', 1 April 2008, www.

globaltelecomsbusiness.com/Article/2199376/Regions/25189/Interview-Manoj-Kohli-of-Bharti-Airtel.html?ArticleID=2199376&Type=Regions&ID=25189

구글

- 'A Gamble for Google', *The Economist*, 17 August 2011 www.economist.com/blogs/babbage/2011/08/babbage-august-17th-2011
- Crawford, James, 'On the Future of Books', *Inside Google Books*, 14 October 2010
  http://booksearch.blogspot.com/2010/10/on-future-of-books.html
- 'Google's CEO: "The Laws Are Written by Lobbyists"', 1 October 2010 www.theatlantic.com/technology/archive/2010/10/googles-ceo-the-laws-are-written-by-lobbyists/63908/#video
- 'Google Reaches 1 Billion Global Visitors', *comScoreDataMine.com*, 22 June 2011
  www.comscoredatamine.com/2011/06/google-reaches-1-billion-global-visitors/
- 'In US, Smartphones Now Majority of New Cellphone Purchases', 30 June 2011 http://blog.nielsen.com/nielsenwire/online_mobile/in-us-smartphones-now-majority-of-new-cellphone-purchases/
- 'Inside Google+-How the Search Giant Plans to Go Social', 28 June 2011 www.wired.com/epicenter/2011/06/inside-google-plus-social
- Jenkins, Holman, W., 'Google and the Search for the Future', *Wall Street Journal*,
  August 14 2010 http://online.wsj.com/article/SB10001424052748704901104575423294099527212.html
- Levy, Stephen, *In the Plex: How Google Thinks, Works, and Shapes Our Lives*, Simon&Schuster, 2011
- Manyika, James, 'Google's View on the Future of Business: An Interview with CEO Eric Schmidt', *McKinsey Quarterly*, September 2008 www.mckinseyquarterly.com/Googles_view_on_the_future_of_business_An_interview_with_CEO_Eric_Schmidt_2229?pagenum = 1
- 'Marissa Mayer Talking to Stanford University Students', *YouTube*, 30 June 2006 www.youtube.com/watch?v=soYKFWqVVzg
- Merrill, Douglas, 'Innovation at Google', *YouTube*, 2 August 2007 www.youtube.com/watch?v=2GtgSkmDnbQ
- Rubin, Andy, @arubin, *Twitter*, 28 June 2011 https://twitter.com/#!/Arubin/status/85660213478309888
- Sims, Peter, 'The Montessori Mafia', *Wall Street Journal*, 5 April 2011 http://

blogs.wsj.com/ideas-market/2011/04/05/the-montessori-mafia/

– Taycher, Leonid, 'Books of the World, Stand Up and Be Counted! All 129,864,880 of You', *Inside Google Books*, 5 August 2010 http://booksearch. blogspot.com/2010/08/books-of-world-stand-up-and-be-counted.html

인디텍스

– Badia, Enrique, *Zara and Her Sisters*, Palgrave Macmillan, 2010

– Jones, Tim and Dewing, Caroline, *Future Agenda: The World in 2020*, Infinite Ideas 2010 www.futureagenda.org

– Nueno, Jose Luis and Ghemawat, Pankaj, 'Zara: Fast Fashion', *Harvard Business School*, Vol. 9, 21 December 2006, pp. 703-797

– Ton, Zeumetp, Corsi, Elena and Dessain, Vincent, 'Zara: Managing Stores for Fast Fashion', HBS Case 9-610-042, 19 January 2010

레고

– Koerner, Brendan I., 'Geeks in Toyland', *Wired*, Issue 14.02 (February), 2006 www.wired.com/wired/archive/14.02/lego.html

– Oliver, Keith, Samakh, Edouard and Heckmann, Peter, 'Rebuilding LEGO, Brick by Brick-Strategy+Business', Autumn 2007 www.strategy-business.com/article/07306?gko=99ab7

– Tidd, Joe and Bessant, John, 'Managing Innovation-LEGO Case Study', 2009 www.managing-innovation.com/case_studies/Lego.pdf

나라야나 흐루다얄라야

– Anand, Geeta, 'The Henry Ford of Heart Surgery', *Wall Street Journal*, 25 November 2009 http://online.wsj.com/article/SB125875892887958111.html

– IBEF, 'Indian Health Care Market Facts', 2011 www.ibef.org/industry/healthcare. aspx

– Khanna, Tarun, Rangan, Kasturi and Manocaran, Melina, 'Narayana Hrudayalaya Heart Hospital: Cardiac Care for the Poor', Harvard Business School Case N9-505-078, 14 June 2005

– Lange , Roy, 'The Wal-Mart Effect Makes Good Hearts', *Indian Newslink*, March 2011 www.indiannewslink.co.nz/index.php/archives_2011/feb_15_2011/%E2%80%98the-wal-mart-effect%E2%80%99-makes-good-hearts.html

– 'Now, Narayana Eyes Local Expansion', *The Economic Times*, 19 July 2010 http://articles.economictimes.indiatimes.com/2010-07-29/news/27599916_1_beds-hospital-trust-narayana-hrudayalaya

- 'Shetty Health to Bring Medical Tourism to Cayman Islands', *International Medical Travel Journal*, 20 April 2010 www.imtj.com/news/?EntryId82=196131

네슬레

- Bauer, Werner, 'Innovation and Renovation Consumers at the heart of Nestle's R&D', *Nestle Research Center*, November 2006, www.research. nestle.com/NR/rdonlyres/A0B6A926−179C−439E−906F−AC1E996D44E6/0/WernerBauerPresentation.pdf
- Edgar, Richard, 'Paul Bulcke Interview', *FT.com*, 31 March 2011 http://video.ft.com/v/873046492001/Paul−Bulcke−of−Nestl−Full−interview
- Lucas, Louise, ' Emerging Markets Fuel Nestle's Growth', *Financial Times*, 17 February 2011 www.ft.com/cms/s/0/420bac2e−3a8e−11e0−9c65−00144feabdc0.html#axzz1PMHKVSZj
- Nestle, 'Creating Shared Value', 2011 www.nestle.com/csv
- Porter, Michael and Kramer, Mark, 'The Big Idea: Creating Shared Value', *Harvard Business Review*, January 2011 http://hbr.org/2011/01/the−big−idea−creating−shared−value

노보 노르디스크

- 'Chronic Diseases in Developing Countries: Growing Pains', *The Economist*, 24 September 2011 www.economist.com/node/21530099
- 'Novo Nordisk', *Financial Times*, 29 October 2009 www.ft.com/cms/s/3/73f5a600−c46e−11de−912e−00144feab49a.html#axzz1alpk3Wcb
- 'Novo Nordisk', *Financial Times*, 11 September 2011 www.ft.com/cms/s/3/433d2834−d96c−11e0−b52f−00144feabdc0.html#axzz1alpk3Wcb

펩시코

- Gilligan, Tom, 'Indra Nooyi Interview with Dean of the McCombs School of Business', *YouTube*, 16 September 2010 www.youtube.com/watch?v=Ft7G549GF3Y
- 'Pepsi Gets a Makeover', *The Economist*, 25 March 2010 www.economist.com/node/15772138
- 'PepsiCo: Reasons to be Bubbly', *Financial Times* , 21 July 2011 www.ft.com/cms/s/3/55c18808−b3d1−11e0−855b−00144feabdc0.html#axzz1alpk3Wcb
- 'PepsiCo UK Health Report', 2010 www.pepsico.co.uk/purpose/health/health−report−2010

P&G

- Brown, Bruce and Anthony, Scott D., 'How P & G Tripled its Innovation Rate', *Harvard Business Review*, June 2011 http://hbr.org/2011/06/how-pg-tripled-its-innovation-success-rate/ar/
- 'Consumer Goods: Basket Cases', *The Economist*, 14 October 2010 www.economist.com/node/17258888
- Dhar, Ravi, 'Interview with P & G CEO Bob McDonald, Yale School of Management', *YouTube*, 2011 www.youtube.com/watch?v=mGnc-rquSpI
- Huston, Larry and Sakkab, Nabil, 'Connect + Develop: Inside Procter & Gamble's New Model for Innovation', *Harvard Business Review*, Vol. 84: 3, 2006 http://hbr.org/2006/03/connect-and-develop-inside-procter-gambles-new-model-for-innovation/ar/1
- Lafley, A. G. and Charan, Ram, *The Game-Changer: How You Can Drive Revenue and Profit Growth with Innovation*, Crown Business, 2008 www.amazon.com/Game-Changer-Revenue-Profit-Growth-Innovation/dp/0307381730
- Management Lab, 'MLab Case on P & G', 2010 www.managementlab.org/publications/casestudies/procter-gamble
- Sellers, Patricia, 'P&G's Lafley: Lessons in Leadership', *Fortune Magazine*, 9 June 2009 http://postcards.blogs.fortune.cnn.com/2009/06/09/pgs-lafley-lessons-in-leadership/

레킷 벤키저

- Becht , Bart, 'Building a Company without Borders', *Harvard Business Review*, April 2010 http://hbr.org/2010/04/how-i-did-it-building-a-company-without-borders/ar/1
- Moulds, Josephine , 'Consumer Champion', *CNBC Magazine*, April 2009 www.cnbcmagazine.com/story/consumer-champion/924/1/
- 'Reckitt Benckiser: Robust Results', *Financial Times*, 25 July 2011 www.ft.com/cms/s/3/3ab6b426-b6c8-11e0-ae1f-00144feabdc0.html#axzz1alpk3Wcb
- Urry, Maggie, 'Reckitt's Strongly Flavoured Essence', *Financial Times*, 21 January 2008 www.ft.com/intl/cms/s/0/0dc91f26-c842-11dc-94a6-0000779fd2ac.html#axzz1YMef2Umv
- Wilson, Amy, 'Reckitt Benckiser's Bart Becht: A Lean, Clean Sales Machine', *The Telegraph*, 21 July 2010 www.telegraph.co.uk/fi nance/newsbysector/retailandconsumer/7902281/Reckitt-Benckisers-Bart-Becht-a-lean-clean-sales-machine.html

롤스로이스

- 'Manufacturing: A Tale of Two Industries', *The Economist*, 30 July 2011 www.economist.com/node/21524937
- 'Rolls-Royce: Per Ardua', *The Economist*, 3 February 2011 www.economist.com/node/18073351

삼성전자

- 'Camp Samsung', *Business Week*, June 2006 www.businessweek.com/globalbiz/content/jun2006/gb20060622_914971.htm
- Freeze, Karen J. and Chung, Kyung-won, *Design Strategy at Samsung Electronics: Becoming a Top-Tier Company*, Design Management Institute, 2008
- Kharif, Olga, 'Samsung, LG Take Aim at Whirlpool with Smart Appliances', *Business Week*, January 2011 www.businessweek.com/technology/content/jan2011/tc20110126_265727.htm
- 'Research and Development: Rising in the East', *The Economist*, 30 December 2008 www.economist.com/node/12863581
- 'Samsung and its Attractions: Asia's New Model Company', *The Economist*, 1 October 2011 www.economist.com/node/21530984
- 'Samsung Design', *Business Week*, November 2004 www.businessweek.com/magazine/content/04_48/b3910003.htm

셸

- Colvin, Geoff, 'Harry Brekelmans on the Future of Shell', *Fortune Magazine*, October 2011 http://money.cnn.com/2011/10/05/news/companies/shell_harry_brekelmans.fortune/index.htm
- Reed, Stanley and Tuttle, Robert, 'Gas into Oil: Shell's Water-into-Wine Project',
  Business Week, 11 March 2011 www.businessweek.com/magazine/content/10_12/b4171054613987.htm
- 'The Future of Natural Gas: Coming Soon to a Terminal Near You', *The Economist*, 6 August 2011 www.economist.com/node/21525381

스타우드 호텔

- Center for Hospitality Research, ' Starwood Hotels and Resorts-A Case Study', Cornell University, 2003 www.hotelschool.cornell.edu/research/chr/pubs/register/login.html?url=%2Fchr%2Fpdf%2Fshowpdf%2Fchr%2Fresearch%2Fcasestudies%2Fstarwood.pdf%3Fmy_path_info%3Dchr%2Fresearch%2Fcasestudies%2

Fstarwood.pdf

- Davidson, Andrew, 'Frits van Paasschen Interview', *The Sunday Times*, 20 December 2009 www.thesundaytimes.co.uk/sto/business/article193145.ece
- 'Hotels 325: Special Report', *Hotels Magazine*, October 2010 www.marketingandtechnology.com/repository/webFeatures/HOTELS/2010giants.pdf
- Palmeri, Christopher and Balfour, Frederik, 'Behind Starwood's Hotel Expansion in China', *Business Week*, 27 August 2009 www.businessweek.com/magazine/content/09_36/b4145056702173.htm
- 'Starwood: Fashion House', *The Economist*, 16 March 2011 www.economist.com/blogs/gulliver/2011/03/starwood

타타

- Dobbs, Richard and Gupta, Rajat, 'An Indian Approach to Global M&A: An Interview with the CFO of Tata Steel', *McKinsey Quarterly*, October 2009 www.mckinseyquarterly.com/An_Indian_approach_to_global_MA_An_interview_with_the_CFO_of_Tata_Steel_2441
- 'Emerging-Market Giants: Tata Sauce', *The Economist*, 3 May 2011 www.economist.com/node/18283899
- Krishnan, Rishikesha, 'From Jugaad to Systematic Innovation: The Challenge for India', The Utpreraka Foundation, Bangalore, 2010 http://jugaadtoinnovation.blogspot.com/
- 'The BrandFinance Global 500', 2010 http://brandirectory.com/league_tables/table/global_500
- 'The Tata Group: Out of India', *The Economist*, 3 May 2011 www.economist.com/node/18285497

Part 3. 미래를 위한 교훈

- Drucker, Peter, 'A Message from Peter Drucker (1909-2005)', www.cgu.edu/pages/4126.asp

성장 챔피언들에 관한 주요 통계 자료

원서인 《Growth Champions》에는 책의 사례로 등장한 각 기업의 2005년도 이후 매출액, 영업이익률, 연구개발비 등의 통계가 나와 있습니다.